하용조 강해서 전집 12

마태복음 5

부활
죽음을 딛고 피어난 영원의 꽃

(21-28장)

하용조 강해서 전집 12

마태복음 5
부활
죽음을 딛고 피어난 영원의 꽃
(21-28장)

지은이 | 하용조
초판 발행 | 2012. 8. 1
개정판 발행 | 2021. 7. 21
등록번호 | 제1988-000080호
등록된 곳 | 서울특별시 용산구 서빙고로 65길 38
발행처 | 사단법인 두란노서원
영업부 | 2078-3352   FAX | 080-749-3705
출판부 | 2078-3331

책값은 뒤표지에 있습니다.
ISBN 978-89-531-3513-0 04230

독자의 의견을 기다립니다.
tpress@duranno.com   www.duranno.com

하용조 강해서 전집 12

마태복음 5

부활

죽음을 딛고 피어난 영원의 꽃

(21-28장)

두란노

예수 그리스도를 만나고,
천국 백성의 삶을 살기를 바랍니다

강해 설교에 대한 확신을 가진 후 본격적으로 설교의 감격과 축복을 나누게 된 것은 마태복음 강해를 시작하면서입니다. 그동안 온누리교회 성도들과 함께 주일 강단을 통하여 말씀의 능력과 축복의 실제가 무엇인지 경험했습니다.

참된 설교는 하나님의 말씀을 성령의 도우심으로 강해하여 그 시대 하나님의 백성에게 전달해 천국 백성의 삶을 살게 하는 데 있다고 생각합니다. 또 한 가지, 설교란 예수님이 하신 것처럼 알아듣기 쉬워야 하며, 적용이 실제적이어야 하며, 위로부터 오는 참된 능력이 있어야 한다고 생각합니다. 이번에 출간되는 마태복음 강해는 이런 점에 유의했다고 볼 수 있습니다.

이 강해집을 통하여 우리는 아브라함과 다윗의 자손이요 동시에 성령으로 잉태된 임마누엘이신 예수 그리스도를 만나게 될 것입니다. 예수 그리스도는 실로 온 인류의 메시아요 왕이며 우리의 구세주입니다. 이 영광스러운 왕과 동행하는 삶이 바로 그리스도인의 삶이요 마태복음 강해에서 보여 주는 삶입니다.

저에게 강해 설교에 대한 도전과 용기를 주신 분들을 잊을 수 없습니다.

첫째는, 10년 동안 강해 설교를 가르쳐 주신 데니스 레인 목사님입니다. 둘째는, 캠벨 모건과 마틴 로이드 존스 목사님의 강해 설교집을 통해 받은 은혜를 고백하고 싶습니다. 셋째는, 존 스토트, 존 맥아더, 그리고 짐 그레이엄 목사님의 강해 설교를 말하고 싶습니다. 특별히 강해 설교와 성령의 기름 부으심에 대한 짐 그레이엄의 통찰력은 저에게 또 하나의 빛이었습니다. 넷째는, 온누리교회 성도들과 특별히 제 아내입니다. 언제나 나의 설교에 대한 결정적인 비판자요 동시에 격려자는 제 아내였습니다. 마지막으로, 이 책이 나오도록 도와주신 두란노서원 식구들에게 감사를 드립니다.

차례

2부

그리스도를 믿는 천국 백성의 삶

마태복음 22:1-24:2

3부

마지막 때를 예언하신 그리스도

마태복음 24:3-25:46

6부

부활의 꽃을 피우신 그리스도

마태복음 28:1-20

1부

십자가를 준비하시는 그리스도

마태복음 21:1-46

예수님은 십자가를 앞두고 땀이 피가 되도록
심각한 고민과 기도를 하셨습니다.
예수님은 마지막 결정적인 순간에 하나님의 뜻에
자기를 굴복시켜서 십자가를 지신 것입니다.
예수님은 자신이 십자가에 못 박혀 죽음으로 말미암아
그의 피로 하나님과 우리를 화해시키셨습니다.

1

날마다
호산나를 외쳐라

마태복음 21:1-11

스스로 하신 대관식

본문 말씀은 메시아로 오신 예수님이 드디어 예루살렘으로 입성하시는 장면입니다. 이 사건에는 굉장히 깊은 진리들이 숨어 있습니다. 첫째로 예수님의 예루살렘 입성은 성공이나 축복, 유명해지는 것을 의미하지 않습니다. 그것은 고난과 죽음을 맞이하러 가신다는 뜻입니다. 마태복음 20장 18절에서 예수님은 이렇게 말씀하셨습니다.

"보라 우리가 예루살렘으로 올라가노니 인자가 대제사장들과 서기관들에게 넘겨지매 그들이 죽이기로 결의하고 이방인들에게 넘겨 주어 그를 조롱하며 채찍질하며 십자가에 못 박게 할 것이나 제 삼 일에 살아나리라."

이 말씀은 예수님이 제자들에게 자기가 예루살렘으로 올라가는 이유를 설명해 주신 말씀입니다. 마태복음에 나타난 예수님의 지금까지의 모든 사역은 한마디로 말하면 예루살렘으로 들어가기 위한 것이었습니다. 예루살렘으로 들어간다는 말은 온 인류의 죄를 대신하여 죽기 위해 십자가를 향해 간다는 말입니다.

또 한 가지는 인류의 왕으로 오신 예수님의 대관식의 의미가 있습니다. 예수님은 본래 하나님이셨습니다. 모든 인류의 죽음과 죄와 저주에서 우리를 구원하시기 위하여 하나님은 인간의 몸을 입고 예수라는 형태로 역사의 한복판에 오셨습니다. 하나님이 인간으로 오셨음에도 불구하고 이 지상에 있는 어떤 인간도 예수님을 영접하지 않았습니다. 이 상황을 요한복음에서는 다음과 같이 표현하고 있습니다.

그 안에 생명이 있었으니 이 생명은 사람들의 빛이라 빛이 어둠에 비치되 어둠이 깨닫지 못하더라(요 1:4-5).

생명이 왔습니다. 빛이 왔습니다. 구원이 왔습니다. 그러나 어느 누구도 구원의 왕이시요, 인류의 메시아이신 예수 그리스도를 영접하지 않았습니다. 영접하기는커녕 오히려 박해하고 결국은 십자가에 죽게 한 것이 인간의 대접입니다.

한 나라의 왕이 즉위할 때는 온 나라가 떠들썩한 잔치를 베풉니다. 요즘에는 왕이 아니라도 한 사람이 잔치만 해도 굉장합니다. 제가 영국에 2년 반 정도 있었는데 영국 여왕이 행차하거나 무슨 행사를 하면 온 국민과 텔레비전이 다 동원되어서 그렇게 열광할 수가 없었습니다. 황태자의 결혼식은 또 얼마나 굉장한지 모릅니다. 이렇듯 인간의 한 왕이 즉위식을 하거나 결혼식을 하면 팡파르를 울리고 온 나라에 잔치를 베풀면서 그 왕을 영접합니다. 그런데 인간이 아닌 하나님이 구원자로 이 세상에 오셨음에도 불구하고 예수님을 위해서 누구 하나 잔치를 베풀어 주거나 대관식을 베풀어 준 사람이 없었습니다. 그래서 예수님은 스스로 인류의 왕으로서의 대관식을 하시기로 결정하신 것입니다.

예수 그리스도의 겸손

이것은 죽음을 위한 입성이요, 십자가를 위한 입성이요, 그가 인류의 메시아요, 왕임을 선포하는 입성입니다. 우리는 이러한 예수님의 예루살렘 입성을 좀 더 깊이 생각해 볼 필요가 있습니다.

> 그들이 예루살렘에 가까이 가서 감람 산 벳바게에 이르렀을 때에 예수께서 두 제자를 보내시며 이르시되 너희는 맞은편 마을로 가라 그리하면 곧 매인 나귀와 나귀 새끼가 함께 있는 것을 보리니 풀어 내게로 끌고 오라(마 21:1-2).

예수님은 자신의 입성을 스스로 준비하셨습니다. 여기서 우리는 겸손하신 예수 그리스도를 만나게 됩니다. 요한복음 12장 1절에는 유월절 엿새 전에 예수님이 예루살렘 근방에 도착하셨다는 기록이 있습니다. 그래서 예수님은 베다니에 있는 나사로의 집, 죽었다 살아난 나사로의 집에 머무르십니다. 예수님은 나사로의 집에 유하면서 아주 놀라운 사건 하나를 경험하시게 됩니다. 마리아라는 여인이 자기의 가장 소중한 옥합을 깨뜨려서 예수님의 발에 향유를 붓습니다. 그리고 여자가 가장 소중하게 생각하는 머리털로 예수님의 발을 씻겨 드립니다. 이것이 무슨 뜻입니까? 예루살렘 입성과 십자가의 죽음과 한 여자가 향유를 부어 머리털로 예수님의 발을 씻겨 드리는 것은 무슨 상관이 있습니까?

이 사건을 목격한 가룟 유다는 그 여인을 나무랐습니다. "너는 어찌하여 삼백 데나리온이나 되는 이 비싼 향유를 낭비하느냐. 그 돈으로 가난한 자를 위해 쓰는 것이 좋지 않겠느냐." 굉장히 멋지고 설득력 있는 말입니다.

그때 예수님이 이렇게 말씀하십니다. "가만두어라. 나의 장례할 날을 위하여 그것을 간직하게 하라." 예수님은 이 여자가 자기의 옥합을 깨뜨리고 향유를 예수님의 발에 붓고 머리털로 씻는 것이 무엇을 의미하는지 알고 계셨습니다. 그러나 다른 사람들은 몰랐습니다. 향유를 부은 사건은 예수님의 죽음을 준비하는 엄청난 예배였던 것입니다. 이 여자가 향유를 붓는 사건은 예배의 본질을 설명하는 제일 중요한 본문입니다. 이것이 예배입니다. 예수님은 많은 사람에게 예배를 받지 않으시고 신앙이 깊고 영적으로 깨끗한 한 여인으로부터 진정한 죽음의 예배를, 십자가의 예배를 받으신 것입니다. 이것이 예수님의 겸손입니다.

새끼 나귀를 타신 왕

감람산에 오셔서 예수님은 사랑하는 두 제자에게 입성을 위한 준비를 시키십니다. 맞은편 마을로 가면 매여 있는 나귀와 나귀 새끼가 함께 있는 것을 볼 텐데 그 두 마리를 데려오라고 하셨습니다. 왜 예수님은 나귀를 데려오라고 하셨을까요? 왕이라면 보통 말을 타고 위풍당당하게 행차하는 법입니다. 그런데 예수님은 지금 나귀 새끼 한 마리를 타고 가시려는 것입니다. 어떻게 보면 유치하고 아이들 소꿉장난 같습니다. 그러나 여기에 깊은 영적 진리가 숨어 있다는 사실을 간과해서는 안 됩니다. 예수님은 어미 나귀가 아니고 새끼 나귀를 타셨습니다. 어린 나귀는 평화의 상징입니다. 마가복음과 누가복음을 보면 마태복음에 없는 사실 하나가 강조되어 있습니다. 이 나귀는 한 번도 타 보지 않은 나귀라는 말이 있습니다. 사람이 한 번도 타 보지 않은 순수하고 순결한 새끼 나귀였던 것입니다. 예수님은 평화와 순결을 상징하는 어린 나귀를 타시고 예루살렘으로 들어가십니다. 비록 아무도 알아주지 않고, 아무도 왕으로 준비해 주지 않았지만 스스로 입성하시는 것입니다. 여기서 우리는 다시 한 번 예수님의 진정한 겸손을 보게 됩니다.

일반적으로 사람들은 자기가 어떤 대접을 받느냐에 따라서 자기를 결정합니다. 그래서 자기가 받아야 할 대접을 받지 못했을 때 '나를 이렇게 대접할 수가 있는가' 하며 화를 냅니다. 어떤 사람은 자기가 큰 차를 타야 한다고 생각합니다. 아주 크고 좋은 차를 타지 않으면 자존심이 상합니다. 어떤 사람은 자기는 굉장히 큰 집에서 살아야 된다고 생각합니다. 전셋집에 살거나 단칸방에 살면 그것은 자기에 대한 가장 큰 모욕이라고, 차라리 자살하는 게 낫다고 생각합니다. '나는 이 정도의 월급은 받아야 된다. 나는 이 정도의 지위에 있어야 된다. 나는 그렇게 살아야 된다.' 보통 사람들은 이렇게 생각합니다.

제 아내가 저한테 여러 번 들려준 이야기가 있습니다. 뉴질랜드에서 신학교를 다닐 때 학장이 존경할 만한 분이었습니다. 선교사 출신인데 19세기 사람처럼 삽니다. 옷도 그렇게 입고 시계도 옛날 시계를 차고 다닙니다. 선교사 세계에서는 아주 유명한 분이신 그분이 어떤 교회의 예식에 초대를 받았습니다. 학생들이 학장님을 모시고 한 시간 반 동안 차를 타고 갔는데, 예배 시작하고 끝날 때까지 학장님께 아무것도 부탁하지 않았습니다. 보통 그런 곳에 초대받아 가면 사회를 맡든지 기도하든지 합니다. 그런 역할을 맡지 않으면 자존심이 상합니다. 그런데 이분한테는 아무것도 부탁하지 않았습니다. 그래서 학생들이 화가 났습니다. 이럴 바에야 자기들이 존경하고 사랑하는 어른을 무엇 하러 오랜 시간 차를 타고 오시게 했냐고 따졌습니다. 그때 학장님이 웃으면서 이렇게 말했다고 합니다. "나는 아주 중요하지 않은 사람이다. 여기 와서 예배드리는 것만 해도 감사한 일이다." 가만 생각해 보면 그 말씀이 옳습니다. 축도하면 좋겠지만, 안 하면 또 어떻습니까? 그런데 우리는 나는 축도해야 하는 사람, 나는 설교해야 되는 사람이라는 하나의 기준을 만들어 놓습니다.

사실 우리는 아무것도 아닙니다. 그런데 세상이 우리를 자꾸 그렇게 만듭니다. '어느 대학 나왔다', '어느 직장에 다닌다', '나는 이런 지위에 있는 사람이다'라는 식의 생각을 하며 그만 한 대접을 받으려고 합니다. 인류의 왕이시요 하나님이신 예수 그리스도에게 어느 누구도 하나님 대접을 안 했습니다. 그는 수백 마리 군마의 행렬이 아니라 나귀, 그것도 새끼 나귀를 타셨습니다.

한번 상상해 보십시오. 그 새끼 나귀를 타신 예수님의 얼굴은 열등감에 젖어 있었을까요? 패배감에 젖어 있었을까요? 대접받지 못한 억울함이 그 얼굴에 있었을까요? 아닙니다. 다른 성경 본문을 보면 예루살렘에 입성하시기 전에 예수님은 "예루살렘아, 예루살렘아" 하시면서 우셨습니다. 눈물을 흘리셨습니다. 예루살렘의 멸망을 보면서, 돌 하나도 돌 위에 남지 않은 그 참혹한 멸망을 보면서 불쌍한 예루살렘을 향해 우셨습니다. 사람들이 나를 어떻게 대접하는가 하는 생각은 눈곱만큼도 안 하셨습니다. 그런 얼굴은 예수님의 얼굴이 아니었습니다. 예수님은 불쌍히 여기는 안타까운 마음과 뜨겁고도 간절한 사랑을 가지고 오셨습니다. 사람은 정말 사랑하면 자존심을 버리게 됩니다. 정말 사랑하면 자기 위치를 버리게 됩니다. 영적인 사람은 자기가 어떤 대접을 받느냐에 따라 행동하지 않습니다. 내가 주님 안에서 어떻게 사랑하고 섬기느냐에 따라 행동합니다.

주님에게 쓰임 받는 축복

예수님은 제자들에게 동네 맞은편에 가서 나귀와 새끼 나귀를 끌고 오라고 하셨습니다. 남의 물건을 어떻게 함부로 가져옵니까? 그런데도 예수님은 아무 갈등 없이 이런 명령을 내리십니다. 혹시 누군가 왜 가져가느냐고 물으면 주님이 쓰시겠다 하라고 말씀하셨습니다. 이 말씀을 잘못 사용하면 비극이 생깁니다. 어떤 사람들은 이 말씀을 오용해서 하나님이 원하시니까 내놓으라고 합니다. 그러면 믿음이 없는 상식적인 사람들은 갈등합니다. 그런데 실제로 교회가 예수님의 이름으로 이렇게 잘못 행동하는 일이 많았습니다.

성경에는 이 나귀의 주인이 누구인지 나타나 있지 않습니다. 어쨌든 이 나귀의 주인은 분명히 하나님을 사랑하는 사람이었다는 것입니다. 그리고 어쩌면 예수님의 숨은 제자였을지도 모릅니다. 예수님이 그걸 아시고 그렇게 명령하신 것입니다. 예수님이 이 말씀을 하실 때 미안해하시거나 갈등하시는 표현이 전혀 없이 당연한 듯한 태도를 취하신 것을 보면 알 수 있습니다.

예를 들어 특별히 나를 사랑하는 분이 있다고 합시다. 이분은 평소에 나를 위해서 무언가 자꾸 해주고 싶어 합니다. 돈이 있으면 돈을 주고 싶고, 옷이 있으면 옷을 주고 싶고, 이렇게 많이 주고 싶은데 어느 날 내가 그에게 사람을 보내서 뭐가 좀 필요하다고 말할 때 그가 거절하겠습니까? 아닙니다. 있는 걸 다 쏟아 줄 것입니다.

본문 말씀은 이렇게 해석해야 합니다. 전혀 모르는 사람한테 가서 물건을 가져오는 것이 아닙니다. 이미 그 사람은 하나님이 선택한 사람이고, 하나님이 준비한 사람입니다. 그래서 주님이 쓰시겠다고 하실 때 이 사람의 마음은 기쁘기 그지없습니다. "지금까지 내가 돈을 이렇게 모아 놓은 이유는, 지금까지 내가 모든 것을 이렇게 훈련한 이유는 당신을 위해 쓰임받기 위해서였습니다"라는 태도입니다. 주님이 쓰시겠다니 얼마나 큰 축복입니까? 주님이 우리의 돈을, 재능을, 시간을 쓰시겠다면 얼마나 큰 축복입니까? 주님이 나를 쓰시기 원한다면 얼마나 큰 축복입니까? 주님이 나를 쓰셔서 하나님의 영광을 위하여 하나님의 일을 하신다면 얼마나 놀라운 일입니까?

그리스도인의 삶은 예언의 응답

주님이 나귀를 쓰시겠다는 이 사건은 단순하고 우연 발생적인 사건이 아니라 구약의 예언의 사건입니다. 얼마나 엄청난 일입니까? 그 나귀 주인이 주님이 쓰시겠다니까 너무 좋아서 "그래요. 다 쓰세요" 했는데 그것이 단순한 사건이 아니라 구약의 예언의 응답이라는 것입니다.

이는 선지자를 통하여 하신 말씀을 이루려 하심이라 일렀으되 시온
딸에게 이르기를 네 왕이 네게 임하나니 그는 겸손하여 나귀, 곧 멍
에 메는 짐승의 새끼를 탔도다(마 21:4-5).

구약의 스가랴 9장 9절에서 "시온의 딸아 크게 기뻐할지어다 예
루살렘의 딸아 즐거이 부를지어다 보라 네 왕이 네게 임하시나니
그는 공의로우시며 구원을 베푸시며 겸손하여서 나귀를 타시나니
나귀의 작은 것 곧 나귀 새끼니라"고 예언했습니다. 그러니까 나
귀를 가지고 있는 것도 하나님의 뜻이요, 소 한 마리 가지고 있는
것도 하나님의 뜻이요, 사업하는 것도 하나님의 뜻입니다.

우리의 삶은 우연이 없습니다. 그리스도인의 삶은 재수와 상관
이 없습니다. 운명과 상관이 없습니다. 그리스도인의 삶은 하나님
의 사랑의 섭리입니다. 나를 망하게 하신 것도, 나를 부하게 하신
것도, 나를 건강하게 하신 것도, 나를 병들게 하신 것도 다 하나님
의 영광을 위하여 예비하신 것입니다. 그러므로 우리는 감사하고
찬양하고 하나님에게 영광을 돌려야 합니다. 때가 되면 "주여, 쓰
시옵소서. 나는 주의 것입니다. 내 인생의 열쇠는 하나님 당신에게
있습니다"라고 해야 합니다.

짧은 삶이지만 우리는 주님이 원하시는 삶을 살아야 합니다. 주

님이 원하시는 직업, 주님이 원하시는 학문을 해야 합니다. 우리의 헌신과 봉사는 하나님의 예정과 축복입니다. 이 나귀의 주인은 스가랴에 나타난 예언의 응답이 있었던 것입니다. 오늘 하나님이 원하시면 순종하십시오. 그것은 예언의 응답입니다.

진실한 봉사와 감격이 있는 삶

이제 제자들이 새끼 나귀를 어미 나귀와 같이 데려왔습니다. 그다음에 어떻게 했습니까?

> 나귀와 나귀 새끼를 끌고 와서 자기들의 겉옷을 그 위에 얹으매 예수께서 그 위에 타시니 무리의 대다수는 그들의 겉옷을 길에 펴고 다른 이들은 나뭇가지를 베어 길에 펴고(마 21:7-8).

지금 예수님이 그 나귀 새끼 위에 앉으셔야 되는데 안장이 없습니다. 그래서 제자들은 자기들의 옷을 벗어서 나귀의 안장 위에 깔아 드렸습니다. 이것이 봉사요, 헌신입니다. 하나님은 우리에게 분수 넘게 헌신하고 봉사하라고 하시지 않습니다. 우리가 할 수 있는 것 중에서, 가지고 있는 것 중에서 주님을 사랑하는 마음으로 하면 되는 것입니다. 주님을 사랑하면 겉옷뿐만 아니라 속옷도 다 벗었을 것입니다. 사랑하면 다 주고 싶습니다. 주님이 지금 우리에게 원하시는 것은 쇼가 아닙니다. 진실입니다. 내게 겉옷밖에 없으면 예수님에게 겉옷을 깔아 드리십시오. 그것이 사랑이요, 봉사입니다.

제자들이 옷을 벗어 나귀 안장에 깔자 어떤 일이 일어났습니까? 제자들의 행동을 본 무리가 자신들도 옷을 다 벗어 길에 깔았습니다. 길가에 있는 종려나무도 꺾어서 깐 바로 그 순간이 성령에 감동하는 순간입니다. 그 순간 사람들은 인류의 왕이신 메시아를 보게 된 것입니다. 제가 분명히 믿기는 그때 예수님의 얼굴을 보면서 사람들은 다 감동했을 것입니다. 자기를 대접하지 않는다고 분노하는 태도가 아니라, 오히려 예루살렘을 보면서 눈물을 흘리며 불쌍히 여기는 하나님의 얼굴을 볼 때 그들은 감동하지 않을 수 없었을 것입니다.

> 앞에서 가고 뒤에서 따르는 무리가 소리 높여 이르되 호산나 다윗의 자손이여 찬송하리로다 주의 이름으로 오시는 이여 가장 높은 곳에서 호산나 하더라(마 21:9).

이것이 바로 그리스도인의 삶입니다. 사람들은 운동 경기를 보면서 흥분하고 열광하는 것은 괜찮다고 생각합니다. 그런데 예수 믿고 기도하고 찬송하면서 흥분하는 것은 너무 감정적이고 과한 행동이라고 말합니다. 세상일에 흥분하는 것은 괜찮고, 하나님 일에 흥분하는 것은 안 됩니까? 어떻게 예수님을 점잖게만 믿고 있습니까? 감정 표현이 왜 나쁩니까? 하나님 앞에서 어린아이처럼 춤추고 뛰는 것은 괜찮습니다. 그렇지 못한 병든 마음이 문제입니다.

무리가 '호산나 다윗의 자손이여' 하며 뒤를 따르며 춤을 췄습니다. 다윗의 자손은 메시아를 의미합니다. '호산나'는 '비옵나니 구원하소서'라는 뜻인데 찬양하는 외침 소리입니다. 사도행전 3장에서 앉은뱅이가 일어났을 때 그가 걷고 뛰며 찬송했다고 했습니다. 앉은뱅이가 한 사람 있는데 지금 만약 일어났다고 해보십시오. 점잖게 앉아 있겠습니까? 내 발이 나았으니 보라고 하며 뛰면서 왔다 갔다 할 것입니다. 우리에게는 그런 감격, 그런 기쁨이 필요합니다.

마태복음 21장 10절에 보면 "예수께서 예루살렘에 들어가시니 온 성이 소동하여 이르되 이는 누구냐 하거늘"이라고 했습니다. 진정 하나님의 교회라면, 진정 그리스도인이라면 주위가 감동해야 할 것입니다. 세상이 우리를 향해 "교회에는 기적이 있다. 교회에는 사랑이 있다. 교회에는 기쁨이 있다"고 소리 쳐야 할 것입니다. 온 성이 소리 지르고 소동했다고 했습니다. "그 사람이 누구냐? 누군데 이런 소동이 일어나느냐?"고 물었을 때 무리가 말하기를 "갈릴리 나사렛에서 나온 선지자 예수라"(마 21:11)고 했습니다. 예수님 때문에 이런 일이 일어났습니다. 우리 삶에 이 예수가 충만해야 할 것입니다.

○

2

사랑 외에는
어떤 것도 거래하지 마라

마태복음 21:12-17

○

예루살렘 성으로 들어오신 예수님은 무슨 일을 하셨습니까? 그분이 제일 먼저 찾아가신 곳은 어디입니까? 바로 성전입니다.

> 예수께서 성전에 들어가사 성전 안에서 매매하는 모든 사람들을 내쫓으시며 돈 바꾸는 사람들의 상과 비둘기 파는 사람들의 의자를 둘러 엎으시고(마 21:12).

주님은 총독을 찾아가거나 다른 곳에 들르지 않으시고 맨 처음 성전에 들어가셨습니다. 왜 성전에 가셨습니까? 성전은 예배하는 곳이기 때문입니다. 성전은 하나님이 임재하시는 상징입니다. 다른 곳에도 하나님은 계시지만 예수님은 특별히 선택된 한 장소에 하나님을 만나러 가신 것입니다. 여기서 우리는 예수님의 신앙은 성전 중심의 신앙이라는 것을 알 수 있습니다.

누가복음 2장 41절 이하를 보면 예수님이 열두 살 때 부모를 따라 예루살렘에 가신 일이 있습니다. 유월절 절기를 지키기 위해서였습니다. 절기를 다 마치고 부모는 예수님이 따라오는 줄 알고 그냥 갔는데 하룻길이 지날 만큼까지 가서야 예수님이 없다는 것을 알게 되었습니다. 부모는 애타는 마음으로 예루살렘으로 다시 가서 여기저기 찾다가 사흘 후에야 성전에서 예수님을 만나게 됩니다. 예수님을 보고 놀란 어머니는 "아이야 어찌하여 우리에게 이렇게 하였느냐 보라 네 아버지와 내가 근심하여 너를 찾았노라"(눅 2:48)라고 말했습니다. 그러자 예수님은 "어찌하여 나를 찾으셨나이까 내가 내 아버지 집에 있어야 될 줄을 알지 못하셨나이까"(눅 2:49)라고 말씀하셨습니다. 이처럼 예수님은 어렸을 때부터 성전을 사모하셨습니다.

거룩한 분노

예수님은 성전에 찾아오셨습니다. 아마 예수님은 성전에서 예배드리며 하나님을 깊이 묵상하기 위해 가셨을 것입니다. 그런데 성전에 들어서자마자 예수님의 눈에 이상한 것들이 보이기 시작했습니다. 그 순간 예수님은 예배하는 것을 포기하셨습니다.

　예수님의 분노는 우리의 분노와 다릅니다. 예수님이 분노하셨으니까 우리도 분노할 수 있다고 생각해서는 안 됩니다. 예수님의 분노는 죄 없는 자의 분노요, 우리의 분노는 죄인의 분노입니다. 본질적으로 다릅니다. 예수님은 거룩한 분노, 하나님의 분노를 성전에서 나타내셨습니다. 교회에서 장사하는 무리를 보신 것입니다. 그래서 예수님은 즉각 돈 바꾸는 사람들, 장사하는 사람들의 상을 엎으셨습니다. 비둘기 파는 자들의 모든 상행위를 물리적으로 저지하셨습니다. 그리고 노를 발하셨습니다. 21장 이전까지 예수님은 한 번도 이런 모습을 보이신 적이 없었습니다. 사탄을 꾸짖으신 적은 있었지만, 이렇게 거룩한 분노를 나타내신 적은 없었습니다. 웬만하면 다 용서하셨습니다. 예수님은 어떤 경우에도 화를 내지 않으셨습니다.

그런데 여기서 우리는 엄청나게 분노하시는 예수님을 만나게 됩니다. 요한복음 2장 12절 이하를 보면 예수님의 사역 초기에 성전에서 소와 양과 비둘기 파는 사람들과 돈 바꾸는 사람들의 앉은 것을 보시고 노끈으로 채찍을 만들어 돈 바꾸는 사람들의 돈을 쏟으시고 상을 엎었던 일이 나타납니다. 사역 초기에 한 번 그런 일을 하셨고, 지금은 예수님이 돌아가시기 바로 직전에 또 한 번 이런 일을 하고 계십니다.

예수님의 이런 행동은 무엇을 의미하는 것입니까? 예수님이 예배하러 가시다가 이런 거룩한 분노를 터뜨린 것은 무슨 의미가 있습니까? 한마디로 예수님의 의도는 성전은 거룩하게 해야 한다는 것입니다. 깨끗해야 하고, 순수해야 한다는 것입니다. '이것이 하나님의 집이다'라는 것입니다.

요즘 우리 교회의 현실을 보면 너무 세상과 비슷해져 있는 것을 발견합니다. 세상이 숫자를 좋아하면 교회도 숫자를 좋아합니다. 세상이 돈을 좋아하면 교회도 돈을 좋아합니다. 그래서 헌금을 강요하는 것이 아주 다반사입니다. 세상이 권력을 좋아하니까 교회도 권력 있는 사람들만 좋아하는 경향을 갖게 됩니다. 세상이 술수를 쓰니까 교회도 적당히 술수를 쓰는 것을 배우기 시작합니다. 그래서 교회가 부흥했다고 말합니다. 성공한 교회가 되었다고 말합니다. 과연 그럴까요? 만약 하나님이 저에게 교회에 대해 물어보신다면 저는 부끄러운 부분이 많습니다. 과연 우리 교회는 하나님이 인정하시는 교회일까요? 과연 하나님이 인정하시는 성도들일까요? 예수님은 예배하러 가시다가 상을 엎으시고 거룩한 분노를 나타내셨습니다.

성전은 기도하는 집

예수님은 성전이란 하나님이 거하시는 집이며 만민이 기도하는 집이라고 하셨습니다.

> 그들에게 이르시되 기록된 바 내 집은 기도하는 집이라 일컬음을 받으리라 하였거늘 너희는 강도의 소굴을 만드는도다 하시니라(마 21:13).

하나님의 집은 기도하는 집입니다. 성전은 기도하는 곳이지 정치하는 곳이 아닙니다. 성전은 예수의 이름으로 장사하는 곳도 아닙니다. 사회 개혁이나 구제 사업을 하는 곳도 아닙니다. 성전이란 교육 사업이나 병원 사업하는 곳도 아닙니다. 교회는 상처받고 버림받은 영혼들이 주님 앞에 와서 기도하는 곳입니다. 이 말씀은 이사야 56장에 나타난 이사야의 환상적인 예언을 예수님이 인용하신 것입니다.

내가 곧 그들을 나의 성산으로 인도하여 기도하는 내 집에서 그들을 기쁘게 할 것이며 그들의 번제와 희생을 나의 제단에서 기꺼이 받게 되리니 이는 내 집은 만민이 기도하는 집이라 일컬음이 될 것임이라(사 56:7).

하나님의 집인 교회는 병들고 상처받은 영혼들이 와서 위로받는 곳이요, 치료받는 곳이요, 기도하는 곳입니다. 왜 교회가 세상에서 자기 역할을 못 합니까? 자기 입장을 지키지 않았기 때문입니다. 하나님이 계시해 주신 그 입장을 지키면 반드시 빛과 소금의 역할을 하게 될 것입니다. 예수님은 말씀하셨습니다. "이 집은 기도하는 집인데 너희들이 강도의 굴혈을 만들었도다. 사기꾼들의 집합소가 되었구나. 말 잘하고 머리 좋고 교활한 사람들의 집단이 되었구나. 그것도 무식하게 사기 치는 것이 아니라, 가장 거룩하게 사기 치고, 목사의 이름으로 사기 치고, 교회의 이름으로 사기 치고, 하나님의 이름으로 너희들이 사기를 치는구나." 이런 의미입니다. 예수님 당시 사람들은 성전인 하나님의 집을 사람들의 집으로 바꾸었고, 기도하는 집을 장사하는 곳으로 바꾸었습니다. 그래서 예수님은 거룩한 분노를 표현하신 것입니다.

제도를 악용하는 사람들

성전이란 지성소와 성소가 있는 건물 자체를 말합니다. 그러나 여기서 말하는 성전은 성전 건물을 중심으로 관계된 모든 영역을 다 의미한다고 볼 수 있습니다. 성전에는 이방인의 뜰이 있었습니다. 여인의 뜰이 있었고 예루살렘의 뜰이 있었습니다. 그리고 대제사장의 뜰이 있었습니다. 이방인의 뜰은 모든 이방인이 다 올 수 있는 곳입니다. 여인의 뜰은 여인들만 가는 곳입니다. 예루살렘의 뜰은 제사 드리는 사람만 들어가게 됩니다. 대제사장의 뜰은 대제사장만 가는 곳입니다.

문제는 지금 이방인의 뜰에서 이 사건이 벌어지고 있다는 데 있습니다. 이방인의 뜰에서는 두 가지 일이 벌어졌습니다. 돈 바꾸는 일과 비둘기 파는 일입니다. 많은 사람이 유월절 제사를 드리기 위해 일 년에 한 번씩 예루살렘으로 오게 되어 있습니다. 그들이 올 때 빈손으로 오지 못합니다. 두 가지를 해야 합니다. 첫째, 성전세를 내야 합니다. 성전세는 일종의 의무세입니다. 하나님 앞에 누구든지 성전세 반 세겔을 내야만 했습니다. 그런데 이 성전세는 유월절 전에 납부해야지 만약 납부하지 못하면 예루살렘에 다시 가서 내야 하는 번거로움이 있습니다.

그래서 사람들은 예루살렘의 유월절에 오는 길에 미리 납부하기 위해 몰리는 것입니다. 그들의 편리를 위해 유월절 기간에 일종의 환전소를 이방인의 뜰에 차려 놓고 돈을 바꾸어 줌으로써 성전세를 낼 수 있도록 도와주었습니다. 참 좋은 제도입니다. 성전에서 돈 바꾸는 것 자체가 나쁜 것이 아닙니다. 우리의 오해가 여기에 있습니다.

예수님은 돈 바꾸는 제도에 분노하시지 않았습니다. 그것은 교인의 편리를 돕고 하나님에게 영광을 더 잘 드리기 위해 필요합니다. 그러나 문제는 어디에 있습니까? 돈을 바꾸면 2펜스를 떼먹습니다. 그리고 반 세겔보다 더 큰 돈을 가져와서 바꿔 주면 또 2펜스를 뗍니다. 4펜스를 떼먹는 것입니다. 일종의 수수료인 셈입니다. 그 당시에 8펜스가 노동자의 월급이었습니다. 그런데 돈을 바꿔 줘서 하나님을 잘 섬기게 해주는 것이 목적이라면 문제가 없는데, 사람들이 그 좋은 제도를 나쁘게 이용한 것입니다. 세월이 지날수록 제사장까지 물들어서 독점권을 주고 일종의 이익 사업을 유치했습니다.

그렇다면 비둘기 파는 일이란 무엇입니까? 이스라엘 사람들은 유월절에 절대 빈손으로 갈 수 없었습니다. 뭔가 제물을 가지고 가야만 했습니다. 그래서 비싼 양을 바칠 수 없는 가난한 자들은 양 대신에 비둘기 한 쌍을 바쳤습니다. 그것이 비둘기를 바꾸어 주는 장사가 생기게 된 원인입니다. 또 어떤 사람들은 먼 길을 올 때 동물을 가지고 왔는데 동물이 상처가 나거나 어떤 문제가 생겨서 온전한 제물이 되지 못하면 할 수 없이 바꾸어야 되는 경우가 있었습니다. 이럴 때의 편리를 위해 그런 제도를 만들어 놓았던 것입니다.

그러나 인간의 악은 그것을 이용하기 시작했습니다. 종교의 껍질을 뚫고 들어가서 종교를 부패시키기 시작한 것입니다. 검사관이 검사할 때 밖에서 산 물건은 다 퇴짜를 놓습니다. 이방인의 뜰 안에서 독점권을 가진 그 가게에서 산 것만을 받아들인 것입니다. 그런데 값이 같다면 문제가 안 될 텐데, 비싸게 받아먹습니다. 물론 그렇게 해서 생긴 이득을 성전 보수와 성전 유지, 도로 관리와 여러 가지 제사에 필요한 것을 공급하는 데 쓴다는 명목이 있었습니다. 그러나 문제는 그렇게 하는 척하면서 몇몇 사람들의 이기심을 만족시켰습니다. 하나님 앞에 바치는 산 제사에 관심이 있는 것이 아니라, 어떻게 하면 수입을 더 올릴 수 있느냐에 관심이 있었던 것입니다.

여기에 예수님의 분노가 있었습니다. 제도에 대한 분노가 아니라 제도를 악용하는 사람들에 대한 분노입니다. 양을 바치지 못하고 비둘기를 바쳐야 하는 가난한 자들을 종교적이고 거룩한 방법으로, 하나님의 이름으로, 제사의 이름으로 착취했다는 것입니다. 우리 교회의 위기가 여기에 있습니다. 교회에 이기적인 인간의 야심이 들어가고, 돈 버는 것에 대한 관심이 들어가면 예수님의 거룩한 분노가 있을 것입니다.

순결을 원하시는 하나님

오늘날 교회의 문제는 순결입니다. 성경공부, 지식이 문제가 아닙니다. 아무리 많은 것을 배운들 순종하는 태도가 없다거나 순결한 태도가 없다면 아무 쓸데없습니다. 부부 사이에 제일 중요한 문제가 무엇입니까? 남편이 돈을 산더미처럼 갖다 준다 해도 다른 여자를 하나 데리고 있다면 다 기쁘지 않은 것입니다. 순결처럼 중요한 것이 없습니다. 하나님은 우리에게 순결을 원하십니다. 순수함을 원하십니다. 진실함을 원하십니다. 크고 작은 것은 그다음 문제입니다. 그러므로 큰 예배당에서 수많은 사람들이 예배를 드려도 하나님이 안 받을 수가 있고, 반대로 강대상도 없고 설교단도 없고 그저 가마니 깔고 앉아 예배를 드려도 거기에 하나님이 임재하실 수가 있는 것입니다. 마음이 문제입니다. 태도가 문제입니다. 내적인 것이 문제입니다. 과연 우리는 하나님 앞에 겸손한가, 정직한가, 순결한가, 진실한가 하는 것이 중요합니다.

참된 예배란 이러한 더러운 동기, 잘못된 야심을 청소하는 데부터 시작됩니다. 예배 형식이 갖추어지지 않아도 괜찮습니다. 하나님이 원하시는 것은 제사가 아니라 상한 심령입니다. 어떤 때는 기도하지 못하고 "오, 하나님"이라는 한마디로 모든 것이 끝날 수가 있습니다. 그러나 모든 설교, 모든 기도, 모든 헌금, 모든 봉사가 그 한마디에 요약될 수도 있는 것입니다. 진실하고 순수하면 문제가 되지 않습니다.

교회의 본질

예수님이 성전 청소로 예배의 모든 조건을 만족시키신 것은 아닙니다.

> 맹인과 저는 자들이 성전에서 예수께 나아오매 고쳐 주시니(마 21:14).

성전을 청소하는 것이 부정적인 면이라고 본다면 병든 자를 치료하는 것은 긍정적인 면입니다. 성전에 많은 병든 자들과 이방인들이 왔습니다. 예수님은 그 잃어버린 영혼, 절망하는 영혼, 방황하는 영혼들을 사랑하셨습니다. 그들을 어루만져 주시고, 기도해 주시고, 안수해 주시고, 자신의 능력으로 그들을 다 고쳐 주신 것입니다.

이것이 우리가 해야 할 일들입니다. 이것이 바로 교회의 본질입니다. 잃어버린 영혼, 죽어 가는 영혼, 그래서 교회에 찾아오는 영혼에게 관심을 가져야 합니다. 그뿐만 아니라 부름받은 사람들을 위해 기도하고 도와줘서 그들로 하여금 몽골을 가게 하고, 스리랑카를 가게 하고, 아프리카를 가게 해서 잃어버린 영혼을 찾아야 합니다. 그것이 교회가 해야 할 본질적인 사명입니다.

교회의 본질이 이런 것이라면 오늘 우리의 상한 영혼들이 치료받게 되기를 바랍니다. 병든 육체들이 치유받기를 바랍니다. 저는 늘 "주여, 우리 교회로 하여금 예배 공동체, 성령 공동체, 선교 공동체가 되게 해주옵소서"라고 간절히 기도합니다. 우리 교회에 기적이 일어나기를 바랍니다. 성령이 오셔서 병든 자들이 일어나기를 간절히 기도합니다. 성령의 역사로 앉은뱅이가 일어나고 죽은 자가 살아나고 성도들의 삶에 기적이 일어나야 합니다. 죄와 싸워 이기고, 마귀와 싸워 이기는 능력 있는 삶이 우리의 직장 속에, 가정 속에, 자녀 교육 속에 있어야 합니다.

우리는 주님의 성전

이제 마지막으로 하나 더 생각할 것이 있습니다. 이 말씀 속에는 조금 더 깊은 의미가 있는데, 그것은 요한복음 2장 19절에 나타납니다. 예수님이 사람들에게 이렇게 말씀하셨습니다.

"너희가 이 성전을 헐라 내가 사흘 동안에 일으키리라."

거듭나야 한다는 말을 이해하지 못했던 사람들은 '아니, 이 성전이 몇 백 년 동안 지은 것인데 어떻게 이걸 사흘 만에 다시 세우겠다고 하는가'라고 생각했습니다. 요한은 "예수는 성전 된 자기 육체를 가리켜 말씀하신 것이라"(요 2:21)는 말을 덧붙입니다.

결국 예수님은 자신이 십자가에 죽고 다시 부활하는 것을 말씀하셨던 것입니다. 예수님의 몸이 성전입니다. 예수님의 몸이 성전인데 어찌 그곳을 강도의 굴혈로 만들 수가 있겠습니까? 교회는 그리스도의 몸입니다. 교회는 다 파괴되고 마는 건물이 아닙니다. 건물은 아무리 성소가 있고 지성소가 있고 법궤가 있어도 다 파괴됩니다. 참 성전은 예수 그리스도십니다. 예수 그리스도가 십자가에 못 박혀 돌아가셨을 때 성전의 휘장이 갈라진 것처럼, 예수님은 자신이 십자가에 못 박혀 죽음으로 말미암아 그의 피로 하나님과 우리를 화해시키셨습니다.

고린도전서에 "너희가 하나님의 성전인 것과 하나님의 성령이 너희 안에 계시는 것을 알지 못하느냐"(고전 3:16)라는 말씀이 있습니다. 교회는 그리스도의 몸이요, 성전은 그리스도의 몸입니다. 그런데 그리스도의 몸이 성전일 뿐만 아니라 성령을 받아 하나님을 모신 우리가 바로 성전입니다. 그러므로 먼저 가장 깨끗하게 청소해야 될 부분은 우리 자신입니다. 성경은 누구든 자신을 속이지 말라고 했습니다.

또한 "누구든지 하나님의 성전을 더럽히면 하나님이 그 사람을 멸하시리라 하나님의 성전은 거룩하니 너희도 그러하니라"(고전 3:17)고 했습니다. 오늘 우리 교회의 본질은 어떻게 거룩을 추구하느냐에 달려 있습니다. 다음 말씀에서 아주 구체적으로 적용하고 있습니다.

너희 몸이 그리스도의 지체인 줄을 알지 못하느냐 내가 그리스도의 지체를 가지고 창녀의 지체를 만들겠느냐 결코 그럴 수 없느니라 창녀와 합하는 자는 그와 한 몸인 줄을 알지 못하느냐(고전 6:15-16).

하나님의 거룩한 성전을 어떻게 창녀와 한 몸을 만듭니까? 한 번 생각해 보십시오. 어떻게 거룩한 몸에 독한 술을 자꾸 부어 넣을 수 있습니까? 우리 몸이 우리의 것입니까? 어떤 사람은 담배 연기를 들였다 뺐다 합니다. 이것은 심각한 문제입니다. 담배 피우고 술 먹었다고 구원이 없는 것은 아닙니다. 우리의 몸이 하나님의 집인데 그 집 속에 어찌하여 독약, 마약을 집어넣느냐는 것입니다. 우리가 먼저 청소해야 할 집이 있다면 우리의 몸입니다. 우리는 우리의 몸을 깨끗이 해야 합니다. 왜냐하면 결국 이 몸으로 영과 함께 하나님에게 예배를 드리기 때문입니다.

성전을 청소한다는 것은 바로 우리 몸을 청소한다는 것입니다. 육신을 잘 관리해야 합니다. 정욕에 불태워서는 안 됩니다. 야망에 불태워서도 안 됩니다. 우리의 몸은 거룩으로 불태워야 합니다. 성령으로 불태워야 합니다. 우리의 몸을 하나님이 원하시는 대로 써야 합니다. 우리의 몸을 깨끗하게 관리해서 하나님에게 예배드리기에 부족함이 없는 성전으로 바쳐야 합니다.

3

열매 없는 인생을
살지 마라

마태복음 21:18-22

성전을 떠나신 예수님은 성 밖 베다니로 가셨습니다. 그리고 거기서 하루를 묵으신 후 다시 예루살렘 성으로 들어오시다가 길가에서 한 무화과나무를 발견하셨습니다. 그때 마침 예수님은 몹시 시장하셨습니다.

이른 아침에 성으로 들어오실 때에 시장하신지라 길가에서 한 무화과나무를 보시고 그리로 가사 잎사귀밖에 아무것도 찾지 못하시고 나무에게 이르시되 이제부터 영원토록 네가 열매를 맺지 못하리라 하시니 무화과나무가 곧 마른지라(마 21:18-19).

아주 이상한 일입니다. 제자들은 예수님의 행동이 전혀 이해되지 않았습니다. 상한 갈대도 꺾지 않으시고, 참으로 연약하고 부족한 사람을 용서하시고 받아주시는 예수님이 어째서 열매 없는 나무를 이렇게 무자비하게 저주하셨을까를 생각하면서 제자들은 갈등이 생기기 시작했습니다.

제자들이 보고 이상히 여겨 이르되 무화과나무가 어찌하여 곧 말랐나이까(마 21:20).

여기서 제자들이 당황하고 이상히 여긴 것이 크게 두 가지 있습니다. 첫째는, 왜 예수님이 무화과나무를 저주하셨나 하는 것입니다. 우리는 본문 말씀에서 예수님은 하나님이시지만 동시에 완전한 인간이셨다는 것을 발견할 수 있습니다. 실제로 예수님은 목도 마르시고 배도 고프시고 피곤하시고 잠도 주무셔야 하는 한 인간이셨습니다. 영적 지도자들은 절대로 아프면 안 되고 피곤하면 안 되고 신경질 내면 안 된다는 생각을 하지 마십시오. 그들도 인간이기 때문에 약점이 있습니다.

열매 없는 무화과나무

아침 일찍 출발하셨기 때문에 예수님은 배가 고프셨고 그래서 길가에 있는 무화과나무에 열매를 얻고자 하셨던 것은 너무나 당연한 일입니다. 그 당시 길가에 있는 과일은 누구든지 따먹을 수 있었습니다. 그런데 잎이 무성하여 열매가 많으리라고 생각했던 무화과나무에 열매가 없었습니다. 예수님은 그 나무를 향하여 영원토록 열매를 맺지 못할 것이라고 저주하셨습니다. 왜 예수님은 제자들의 눈에 이상하게 비치는 이런 행동을 하셨을까요?

그 이유는 영적인 데 있습니다. 비록 그것이 한 그루 무화과나무라 할지라도 잎만 무성하고 열매를 맺지 못한다면 이러한 심판과 저주를 받게 된다는 사실입니다. 이것은 곧 우리가 그리스도인이라 하면서도 우리 삶에 진정한 영적 열매가 없다면 이런 심판과 저주를 똑같이 받게 된다는 것입니다. 무서운 말씀입니다.

열매란 크게 내적 열매와 외적 열매로 나누어집니다. 내적 열매는 자기 인격과 성품의 열매입니다. 예수님을 믿으면 세상 성격, 마귀 성격이 사라지고 그리스도의 성격으로 변합니다. 이것이 열매입니다. 예수를 아무리 잘 믿고, 교회를 아무리 잘 나오고, 헌금을 많이 하고, 봉사를 많이 한다 할지라도 그 성격이 못되어서 마귀 성격 그대로 부리고 자기 고집과 자존심, 이기심 등 세상 성격이 그대로 있다면 그는 열매 맺지 않은 사람입니다. 또 하나의 열매는 외적 열매로서 성령의 열매와 더불어 전도의 열매가 맺어지는 것입니다. 곧 전도의 열매를 맺지 못하면 열매가 없는 것입니다.

6월에 열리는 과일을 예수님이 4월에 찾았기 때문에 잘못됐다고 생각하는 사람도 있습니다. 그러나 자세히 생각해 보면 그렇지 않습니다. 이사야 28장 4절을 보면 "여름 전에 처음 익은 무화과"라는 표현이 있습니다. 그러니까 이것은 봄이라도 무화과 열매를 맺을 수 있다는 이야기입니다. 또 성숙한 열매가 아닐지라도 여름이 되기 전에 작은 열매들이 반드시 있어야 합니다. 그러나 문제는 잎만 무성한 이 나무에서 아무것도 찾아볼 수 없었다는 사실입니다.

열매를 통해 알 수 있는 신앙

번쩍거리는 것이 다 금이 아니듯이 겉모양으로 신앙을 화려하게 갖춘다고 해서 그것이 다 신앙이라고 말할 수 없습니다. 산상설교에서 예수님이 끊임없이 하신 말씀이 무엇입니까? "네 외양보다 중요한 것은 내적인 상태다. 네가 무슨 말을 하느냐보다 더 중요한 것은 네 마음의 동기가 어떠한가다. 네가 살인을 안 했느냐? 간음을 안 했느냐? 그것은 중요하지 않다. 네 마음에 음란한 생각을 품었으면 그것이 간음이요, 마음에 분노를 품었으면 이미 살인한 것이다"라고 예수님은 말씀하셨습니다. 지금 우리가 내면에 무슨 생각을 하고 있는가, 동기가 무엇인가, 그것이 곧 우리 자신입니다. 사람이 가장 잘 속기 쉬운 것은 자기 자신입니다. 사람들은 자기가 참 괜찮은 사람이라고 착각하며 삽니다. 또 괜찮아야만 합니다. 그러나 영적 실제에 들어가 보면 그렇지 않은 자신을 발견하게 됩니다. 예수님이 잎만 무성한 나무를 저주하신 것처럼 내면의 세계에 열매가 없고 내용이 없다면 그것은 저주받은 무화과나무처럼 심판과 저주의 대상이 될 것입니다.

이것은 마태복음에서 예수님이 이미 자세하게 말씀하신 적이 있습니다.

그들의 열매로 그들을 알지니 가시나무에서 포도를, 또는 엉겅퀴에서 무화과를 따겠느냐 이와 같이 좋은 나무마다 아름다운 열매를 맺고 못된 나무가 나쁜 열매를 맺나니 좋은 나무가 나쁜 열매를 맺을 수 없고 못된 나무가 아름다운 열매를 맺을 수 없느니라(마 7:16-18).

또 바로 이어지는 말씀을 주의 깊게 살펴볼 필요가 있습니다.

아름다운 열매를 맺지 아니하는 나무마다 찍혀 불에 던져지느니라 이러므로 그들의 열매로 그들을 알리라(마 7:19-20).

마지막 21절에서 예수님은 "하늘에 계신 내 아버지의 뜻대로 행하는 자"가 천국에 들어간다고 결론을 내리셨습니다.

입으로 '주여, 주여' 한다고 천국에 들어가지 않는다는 것입니다. 내 아버지의 뜻대로 사는 사람, 행하는 사람, 믿는 사람만이 천국에 들어갑니다. 이것은 행위의 문제를 말하는 것이 아닙니다. 진실의 문제를 말합니다. 내가 선한 행동을 하면 천국 간다는 뜻이 아닙니다. 사람이 비록 허물 많은 죄인이요, 지옥에 갈 만한 죄인이지만 정말 자기 마음속에 그리스도를 영접하고 진실로 그가 하나님을 향해 서 있으면 그 사람은 하나님의 인정을 받는 백성이 된다는 뜻입니다. 예수님이 시장한데 먹을 것을 찾다가 얻지 못해서 화풀이로 무화과나무를 저주한 것이 결코 아닙니다. 순간적으로 제자들도 이상하게 여겼지만 예수님의 참된 의도는 신앙이란 그 열매를 통해서 알 수 있다는 사실을 보여 주신 것입니다. 그리고

거짓과 위장과 허세의 신앙은 결국 저주와 심판의 대상이 될 뿐이
라는 사실을 웅변적으로 보여 주신 것입니다.

　요한복음 15장 8절을 보면 "너희가 열매를 많이 맺으면 내 아버
지께서 영광을 받으실 것이요 너희는 내 제자가 되리라"고 하셨습
니다. 성령이 임하면 성령의 열매를 맺게 되어 있습니다. 열매로
그 나무를 안다고 말씀하신 것입니다. 마태복음 3장 10절에서 세
례 요한은 "이미 도끼가 나무 뿌리에 놓였으니"라고 말했습니다.
성령 없는 사역, 기도 없는 사역, 예수 없는 사역, 이 모든 것은 열
매 없는 사역입니다. 사역은 사람의 눈을 혼돈하게 합니다. 과연
내 사역에 기도가 있는가, 과연 내 사역에 성령이 있는가, 과연 내
사역에 예수님이 계신가 생각해 봐야 합니다. 그 사역이 화려한가,
성공적인가는 중요하지 않습니다. 그 안에 열매가 있는가, 정말 주
님이 영광을 받으시는가, 아니면 주님도 영광을 받으시고 나도 덩
달아 영광을 받는가, 여기에 문제가 있습니다.

무한한 믿음의 세계

둘째로, 제자들이 놀란 것은 무화과나무가 즉시 말라 버렸기 때
문입니다. 마가복음에는 시간상으로 다음 날 말랐다고 되어 있으
나 실제로는 예수님이 저주하는 순간에 무화과나무는 죽어 버렸
을 것입니다. 그러나 하루가 지난 후에 더욱더 분명하게 죽은 나무

의 모습을 발견하게 된 것입니다. 이것이 하나님의 심판과 하나님의 저주입니다. 제자들은 '아니, 어떻게 말씀 한마디로 무화과나무가 죽는가?' 하며 놀랐습니다. 그들의 놀람은 예수님의 능력에 대한 의심이었습니다.

예수께서 대답하여 이르시되 내가 진실로 너희에게 이르노니 만일 너희가 믿음이 있고 의심하지 아니하면 이 무화과나무에게 된 이런 일만 할 뿐 아니라 이 산더러 들려 바다에 던져지라 하여도 될 것이요 너희가 기도할 때에 무엇이든지 믿고 구하는 것은 다 받으리라 하시니라(마 21:21-22).

능력과 기적은 어떻게 일어납니까? 예수님의 말씀에 의하면 믿고 의심하지 않으면 일어납니다. 아주 간단한 대답입니다. 그러나 우리가 여기서 조심해야 할 것이 있습니다. 믿음 자체가 능력을 만들어 내는 것은 아닙니다. 확실한 믿음이 기적을 끌어오기는 하지만 그것 자체가 기적은 아닙니다. 능력은 어디서 옵니까? 믿음 자체에서 오지 않고 하나님으로부터 옵니다. 구원은 어디서 누가 주는 것입니까? 믿음이 주는 것이 아닙니다. 구원은 하나님입니다. 예수 그리스도가 구원입니다. 그분 자신이 능력이요, 기적이요, 구원입니다. 그렇다면 믿음이란 무엇입니까? 하나님 속에 있는 능력, 예수님 속에 있는 능력과 기적을 나의 삶으로 끌어오게 하는 수단과 방법이 곧 믿음입니다. 믿음이 있으면 하나님의 능력과 기적이 내게로 임합니다. 예수님이 우리에게 이 비밀을 가르쳐 주고 계십니다.

우리는 하나님의 살아 계심을 믿습니다. 또한 하나님의 능력을 믿습니다. 그러나 그것이 내게로 온다는 사실은 잘 믿어지지 않습니다. 내가 할 수 있다고는 생각하지 않습니다. "하나님은 하실 수 있지만 나는 안 된다"는 생각을 많이 합니다. 예수님은 이 원리에 대해 우리에게 구체적인 환상을 하나 더 심어 주셨습니다. 그것은 너희가 믿고 구하면, 의심하지 아니하면, 이 무화과나무가 죽는 것 정도가 아니라 이 산더러 바다로 옮겨지라고 해도 옮겨진다고 하셨습니다. 이것은 엄청난 이야기입니다. 산이 바다로 옮겨진다는 것이 정말 믿어집니까?

그러나 저는 이 말씀 속에서 귀한 것을 발견합니다. 하나님이 우리의 믿음의 세계를 상상할 수 없는 데까지 열어 주신 것입니다. "믿음의 세계는 그 이상의 것이다. 너희가 나보다 더 큰 일을 하리라." 예수님은 이렇게 말씀하셨습니다. 이것은 말이 안 됩니다. 어떻게 예수님보다 우리가 더 큰 일을 할 수 있겠습니까? 그러나 영적인 세계, 믿음의 세계에는 이런 상상할 수 없는 무한한 가능성이 있습니다. 그것이 하나님의 세계요, 능력의 세계요, 기적의 세계요, 영의 세계입니다. 그런데 그 영의 세계와 기적의 세계를 우리의 것으로 만들 수 있는 비결을 예수님이 가르쳐 주셨습니다. "그 사실을 믿고 의심하지 아니하면 이런 일들이 네 믿음만큼 될 것"이라고 말입니다. 그래서 저는 그 믿음을 갖기로 결정했습니다.

저는 우리 교회에서 병이 낫는 기적이 계속 일어나기를 늘 기도합니다. 이것은 분명히 이루어질 것입니다. 왜냐하면 성경에 그렇게 기록되어 있기 때문입니다. 은사 받고 안 받고는 그다음에 하나님이 하실 일입니다. 저는 이 말씀 그대로를 믿습니다. 이 원리를 예수님이 마태복음 7장 7절에서 이렇게 적용하셨습니다.

"구하라 그리하면 너희에게 주실 것이요 찾으라 그리하면 찾아낼 것이요 문을 두드리라 그리하면 너희에게 열릴 것이니 구하는 이마다 받을 것이요 찾는 이는 찾아낼 것이요 두드리는 이에게는 열릴 것이니라."

저는 이 말씀을 사랑합니다. 그것은 인간의 상상력이나 최면이나 정신력의 연장이 아닙니다. 이것은 전혀 다른 것입니다. 최면이나 정신력이나 어떤 종교적인 수도나 힘을 통해서도 부분적으로 그런 것들이 가능합니다. 사람의 몸이 뜬다든지 불로 얼굴을 지진다든지 하는 일들이 많이 있습니다. 그러나 하나님의 세계와 사탄의 세계는 전혀 다릅니다.

믿고 의심하지 말라

우리의 삶 속에는 너무나 많은 불가능과 장애물과 고통이 있습니다. 부자든 가난한 자든, 배웠든 못 배웠든 사람마다 자기 절벽, 자기 절망을 가지고 삽니다. 그리고 그 절벽과 절망을 뚫고 나가 려고 나름대로 몸부림을 칩니다. 어떤 사람은 파산 직전에 있습니 다. 어떤 사람은 이혼 직전에 있습니다. 내일이면 부도가 납니다. 감옥에 들어가야 될지도 모릅니다. 그러나 예수님은 오늘 이 말씀 을 우리에게 주십니다. "네가 무화과나무가 순간적으로 죽는 것을 보았느냐? 하나님이 하신다는 사실을 믿고 의심하지 않으면 산이 옮겨져 바다에 던져질 것이다." 우리는 이 믿음을 가져야 합니다. 그리고 이 능력을 체험해야 합니다. 지금부터 시작하는 것입니다. 나무를 뽑으면 당장 노랗게 되지 않습니다. 시일이 지나면서 노랗 게 되는 것입니다. 지금 우리에게 아무 현상이 일어나지 않는다 할지라도 믿으십시오. 그것이 하나님의 약속이요, 하나님의 뜻입 니다. 하나님이 분명 그렇게 하실 것입니다. 우리 속에 있는 무거 운 짐들은 그리스도가 제거하실 것입니다. 미움의 문제도, 분노의 문제도 제거하실 것입니다. 우리의 성격도 하나님이 변화시켜 주 실 것입니다.

하나님보다 센 사람이 어디 있습니까? 하나님과 대결하지 마십 시오. 하나님이 반드시 이기십니다. 저는 우리의 성품이 더 변할 것을 믿습니다. 정말로 예수님과 같은 성품, 천사의 성품을 우리 모두가 가질 것을 믿습니다. 아들의 형상에까지 우리를 끌어올려 주실 것입니다. 우리의 이상은 예수 그리스도입니다. 그리스도의 장성한 분량에까지 우리의 인격과 삶과 믿음과 모든 것을 이끌어 주실 것입니다. 그렇게 믿고 의심하지 마십시오. 우리가 가진 모든 무거운 절망은 반드시 이길 수 있습니다. 이것이 예수님이 우리에게 주시는 말씀입니다.

4

하늘로부터 온
권위를 받으라

마태복음 21:23-27

십자가를 지시기 위해 예루살렘으로 들어가신 예수님은 또다시 종교 지도자들과 교권주의자들에게서 시련을 겪게 됩니다. 그것은 집요하게 계속되는 도전이었고 질문이었습니다. 첫 번째는 예수님의 권위에 대한 도전과 질문입니다. 도대체 네가 무엇인데 그런 일을 하느냐고 권위에 대해 도전했습니다. 두 번째는 세금 문제를 가지고 예수님의 가르침을 공격합니다. 그리고 세 번째는 부활에 관한 질문, 네 번째는 첫 계명에 관한 질문을 함으로 그들은 피상적인 공격을 시도했습니다.

첫 번째로 권위의 문제에 대한 것입니다.

> 예수께서 성전에 들어가 가르치실새 대제사장들과 백성의 장로들이 나아와 이르되 네가 무슨 권위로 이런 일을 하느냐 또 누가 이 권위를 주었느냐(마 21:23).

그들은 두 가지 질문을 했습니다. 한 가지 질문은 "도대체 네가 누구한테 허락을 받고 이 성전에서 마음대로 상을 뒤엎고 호통을 치는가. 그리고 네가 누구관대 세상을 시끄럽게 하고, 병을 고치고, 이상한 교리를 가르치는가"라는 도전이었습니다. 이 질문은 권위의 성격, 권위의 종류에 관한 질문입니다. "당신이 가르치는 권위가 정치적인 권위인가, 종교적인 권위인가, 사회적인 권위인가, 병 고치는 치유의 권위인가, 아니면 어떤 영적인 권위인가"를 묻는 것입니다.

또 한 가지 질문은 그런 종류의 권위가 있다면 "그 권위는 누구로부터 받은 권위인가, 누가 너에게 그런 권위를 주었는가" 하는 질문입니다. 예수님은 이 문제를 대충 대답하실 수가 없었습니다. 왜냐하면 만약 이 문제에 대한 해답이 분명하지 않다면 예수님의 사역은 모두 헛것이요, 거짓이요, 우연에 불과하기 때문입니다. 여기서 우리는 예수님의 해답을 듣기 전에 왜 권위라는 것이 그렇게 중요하며, 그 권위와 우리 신앙이 어떤 관계가 있는가를 먼저 생각해 볼 필요가 있습니다. 또 권위를 주시는 분은 누구인가, 그리고 그 권위를 받은 사람들은 어떻게 해야 될 것인가 하는 문제를 생각해 보아야 합니다.

권위의 근거이신 하나님

우리는 예수님을 믿으면서 구원에 대한 생각은 많이 하지만 권위에 대한 생각은 별로 하지 않았습니다. 우리 시대는 권위에 도전하는 시대가 되었습니다. 권위가 싫어서 모든 영역의 권위를 다 부숴버립니다. 당시 종교 지도자들도 예수님의 권위를 인정하고 싶지 않았습니다. 예수님의 권위에 항거하고 그것을 무너뜨리고 싶어 했습니다. 많은 사람이 권위를 불편하게 생각합니다. '권위' 하면 벌써 알레르기 반응이 옵니다. 그리고 권위 없는 세상에서 살기를 원합니다. 그러나 권위가 없으면 세상은 무너집니다. 권위가 무너 지면 신앙이 무너집니다. 신앙의 근거가 사라져 버립니다.

그러면 첫째로 왜 권위가 이처럼 중요합니까? 권위는 바로 하나 님 자신이요, 권위의 근거도 하나님 자신이기 때문입니다. 하나님 이 우주 최고의 권위자이시기 때문에 권위는 거기에서부터 나옵니 다. 그러므로 우리가 권위를 부인하는 것은 하나님을 부인하는 것 이 되고, 하나님을 부인하게 되면 신앙 자체를 부인하는 것입니다.

하나님은 스스로 존재하시는 분입니다. 누구로부터 창조되신 분이 아닙니다. 하나님은 근본 중의 근본, 절대 무한하신 분, 능력 이 한이 없고 어디든지 계신 분, 완전하신 분인데 바로 그것이 권 위의 근거입니다.

그리고 하나님과 더불어 또 하나의 권위가 있습니다. 그것이 성 경입니다. 성경은 사람에 의해 편집된 책이 아니라 하나님이 여러 시대를 거쳐 하나님의 영에 감동된 여러 사람을 통해서 직접 쓰신 책입니다. 그러므로 이 성경의 권위에는 토론의 여지가 없습니다. 만약 성경이 하나님의 말씀이 아니고 인간의 생각일 수 있다면 그 것은 권위가 아닙니다. 성경은 영원한 하나님의 말씀으로서의 권 위입니다.

창세기 1장 1절은 "하나님은 어디서부터 왔는가, 하나님의 본질은 무엇인가, 하나님은 누가 만들었는가" 하는 데 대한 아무런 해답 없이 "태초에 하나님이 천지를 창조하시니라"로 시작됩니다. 그것이 시작입니다. 왜냐하면 그분은 우주의 본질 자체요, 권위 자체요, 우주와 만물이 그로부터 나왔고 그로부터 통제되고 그를 통해 이루어지기 때문입니다. 또한 만물이 예수 그리스도의 발 아래 있고 만물 위에 교회를 주었다는 말도 다 여기에 속합니다.

우리의 신앙은 하나님에 의해 형성됩니다. 내가 불안해서 만든 것은 신앙이 아닙니다. 내가 병이 들었을 때 그 병을 고쳐 주실 분이 필요해서 만든 존재가 하나님이 아니라는 것입니다. 히브리서를 보면 "이는 하나님의 영광의 광채시요 그 본체의 형상이시라 그의 능력의 말씀으로 만물을 붙드시며 죄를 정결하게 하는 일을 하시고 높은 곳에 계신 지극히 크신 이의 우편에 앉으셨느니라"(히 1:3)고 했습니다. 권위가 없으면 모든 것은 무너지고 근거가 없게 됩니다. 하나님을 부인한다는 것은 권위 자체를 부인하는 것이 됩니다. 그리고 그 권위가 부인되면 인생의 존재 가치와 만물의 모든 것이 부인됩니다. 성경은 그 마음에 하나님이 없는 자를 어리석다고 말하고 있습니다. 그런데 하나님을 부인하는 어리석은 죄와 사탄은 영적으로 아주 밀접하게 연관되어 있습니다.

창조주의 권위에 거역한 사탄

그러면 성경에서 말하는 사탄과 죄란 무엇입니까? 사탄은 하나님을 가장 잘 섬기다가 하나님의 위치를 탐해 쿠데타를 일으켜서 하나님으로부터 내어 쫓긴 천사장 루시퍼입니다. 이사야 14장 12-15절을 보면 사탄이 하나님의 권위를 거역하는 과정을 말하고 있습니다. 하나님의 가장 가까운 자리에 있던 천사장이 하나님 자리를 넘본 것입니다. 천사는 피조물인데 피조물이 창조주의 권위를 거역한 것입니다. 이것이 사탄의 본질입니다.

에스겔 28장 13-17절은 하나님의 거룩을 짓밟는 교만의 과정을 묘사하고 있습니다. 하나님의 권위에 도전하는 것보다 더 큰 죄는 없습니다. 하나님처럼 되려 하고 하나님과 일대일로 대좌하여 거역하려는 태도가 곧 죄였던 것입니다.

우리가 어떤 죄를 짓고 나쁜 짓을 하고 음란을 행하고 도적질하고 사기 치는 것들은 현상에 불과합니다. 가장 본질적인 죄는 거역하는 영입니다. 그래서 신앙생활을 하면서도 뭔가 반항적이고 뭔가 분노하고 뭔가 거역하는 영들은 이미 사탄의 영향권 아래 있는 것입니다. 그것이 아무리 정의라는 이름으로 포장되었다 해도 거역하고 반항하고 비판하고 부정적이고 파괴하는 영들은 하나님의 영일 수 없습니다. 왜냐하면 사탄의 본질이 거기에서 출발했기 때문입니다. 그래서 이 메시지는 우리에게 굉장히 중요합니다.

혹시 성장 과정에서 생긴 쓴 뿌리로 인해 항상 반항하며 모든 것을 부정적으로 보고, 늘 불만이 있습니까? 이런 사람들은 하나님 앞에 기도하며 그 성격을 근본적으로 바꾸지 않는 한 하나님을 섬기기가 참 어렵습니다. 하나님의 영광스러운 권위 자체를 인정하고 성경의 권위에 자기를 맞추려고 할 때 그 사람은 변화되고 은혜를 입게 되는 것입니다. 또한 역사는 폭력적인 방법으로는 절대 바뀌지 않습니다. 러시아를 보십시오. "노동자야 일어나라"고 했던 구호는 한때 많은 사람의 심금을 울렸습니다. 그러나 그것은 영원한 진리가 아니었던 것입니다.

세상 질서가 움직이는 원리

둘째로, 그러면 이러한 권위를 누구에게 허락하셨을까요? 먼저 하나님은 이 권위를 세상에 주셨습니다. 이것이 바로 세상 질서가 움직이는 원리입니다. 로마서 13장 1절을 보면 "각 사람은 위에 있는 권세들에게 복종하라 권세는 하나님으로부터 나지 않음이 없나니 모든 권세는 다 하나님께서 정하신 바라"고 말씀했습니다. 이 말씀에 대해 논쟁이 많습니다. 악한 권위인 히틀러에게도 순종해야 되느냐는 논쟁이 여기서부터 나오게 되는 것입니다. 그러나 이 세상의 형태가 어떤 것이든지 기본적인 원리는 하나님은 권위를 이 세상 정부나 경제나 사회 구조나 모든 질서에 주셨다는 것입니다. 그래서 베드로서에서는 "너희들이 순한 주인뿐만 아니라 까다로운 주인에게도 순종하라"고 했습니다. 언젠가 불의한 주인에 대한 연구는 해봐야 하겠지만, 기본 원리는 세상 질서에 하나님이 권위의 질서를 주셨다는 것입니다.

이 권위가 무너지면 세상은 대혼란이 일어납니다. 마귀가 얼마나 교활합니까? 권위가 그렇게 중요하기 때문에 그와 비슷한 권위주의를 만들어 권위의 중요성을 가려 버렸습니다. 재림이 중요하니까 마귀는 다미선교회를 만들어 재림을 사모하는 사람들의 마음을 혼돈시켜 놓았습니다. 구원이 너무 중요하니까 마귀는 구원파를 만들었습니다. 그러나 우리는 영적으로 이것을 구분해야 합니다. 구원파가 그렇게 떠들어도 구원은 중요하며, 재림파가 그렇게 떠들어도 재림은 다시 강조되어야 하며, 권위주의가 그렇게 세상에 많아도 권위는 다시 강조되어야 합니다.

다음으로 하나님은 이 권위를 가정에 주셨습니다. 에베소서 5장 22-23절을 보면 "아내들이여 자기 남편에게 복종하기를 주께 하듯 하라 이는 남편이 아내의 머리 됨이 그리스도께서 교회의 머리 됨과 같음이니"라고 했습니다. 가정의 영적 지도력은 남편에게 있습니다. 하나님이 남자와 여자를 동시에 만드시지 않았습니다. 남자를 먼저 만드셨고 그 후에 남자의 갈비뼈를 뽑아서 여자를 만드셨습니다. 분명히 영적 질서가 있습니다. 남편이 잘났든 못났든, 존경받을 만하든 못하든, 그것은 사람의 문제입니다. 일단 남편은 권위입니다. 그러므로 남편이라는 가정의 영적 권위의 원리에 우리는 순종해야 합니다. 그렇지 않으면 그 가정은 망하게 되어 있습니다.

학교의 교수님이 아무리 마음에 안 들어도 내쫓는 일은 없어야 됩니다. 권위를 무시하는 일은 정말 하나님의 권위에 대한 도전입니다. 부모가 아무리 싫어도 부모입니다. 남편이 아무리 싫어도 남편입니다. 이것이 지켜져야만 가정이 지켜지고, 세상이 지켜집니다. 그러면 불의에 대해서는 어떻게 하란 말입니까? 순교해야 합니다. 반항하는 것이 아닙니다. 그래서 기독교에 순교가 있는 것입니다. 반항하는 힘보다 책임을 지고 기도하는 기도의 능력이 더 위대합니다. 소리 지르는 능력보다 무릎 꿇고 기도할 때 하나님이 역사를 바꾸어 주신다는 확신과 믿음을 갖는 것이 더 중요합니다.

또한 하나님은 교회에도 이 권위의 질서를 주셨습니다. 데살로니가전서는 "형제들아 우리가 너희에게 구하노니 너희 가운데서 수고하고 주 안에서 너희를 다스리며 권하는 자들을 너희가 알고 그들의 역사로 말미암아 사랑 안에서 가장 귀히 여기며 너희끼리 화목하라"(살전 5:12-13)고 했습니다. 영적 지도자들을 하나님이 교회의 권위자로 주신 것입니다. 그래서 사도 바울은 디모데에게 너의 연소함을 사람들이 업신여기게 하지 말라고 했습니다. 그 사람이 나이가 많고 적고, 잘났고 못났고, 도덕적으로 결함이 있고 없고 이런 것은 중요하지 않습니다. 권위가 그에게 주어졌다는 것이 중요합니다.

하나님은 자신의 영적인 일을 위하여 특별하게 어떤 지도자에

게 권위를 베풀어 주십니다. 모세와 다윗과 같은 사람이요, 신약의
사도들과 집사들 같은 사람들입니다. 또한 구역에서 가르치는 자
들에게도 이러한 영적 권위를 하나님이 위임하셨습니다.

맹종과 다른 진정한 순종

셋째로, 그렇다면 권위 아래 있는 사람들은 이 권위를 주신 하나님에
게 어떻게 할 것인가 하는 문제입니다. 한마디로 순종입니다. 순종을
단순한 맹종이라고 생각하면 안 됩니다. 그 사람이 틀린 줄 알면서도
속아 주고 따라가는 사람이 제일 무섭습니다. 몰라서 속는 것도 아니
고 몰라서 순종하는 게 아니라, 알지만 그것이 영적 능력이요 질서이
기 때문에 하는 것입니다. 사랑을 통하여 미움을 이기고 용서를 통하
여 분노를 이기고 순종을 통하여 모든 부정을 이기는 것입니다. 이것
은 포기가 아닙니다. 이것은 부정과의 타협이 결코 아닙니다. 순종의
능력입니다. 하나님이 우리에게 구원을 위하여 믿음이라는 방법을
주셨습니다. 믿음을 통하여 우리는 구원을 얻습니다.

그러면 그 받은 구원을 어떻게 잘 유지하고 열매를 맺습니까?
순종하는 삶을 통해서 구원이 완성됩니다. 그러므로 구원은 믿음
으로 시작해서 순종으로 완성됩니다. 순종하는 영혼 앞에 항거할
수 있는 사람은 한 사람도 없습니다.

성경은 한 번도 우리에게 분노와 비판과 불순종과 항거의 방법으

로 선을 이루라고 말한 적이 없습니다. 많은 사람들은 남을 희생하고 죽이고 정죄함으로써 정의가 이루어진다고 생각합니다. 그러나 예수님은 정의를 이루기 위해 민중 봉기를 하지 않았습니다. 소리지르지도 않았습니다. 그렇다고 죄와 타협하신 것도 아닙니다. 그저 잠잠히 십자가에 못 박혀 죽으셨습니다. 자신이 죽으심으로 하나님의 의를 이룬다고 생각하셨습니다. 이것이 예수님의 방법입니다.

하늘로부터 온 권위 vs 사람으로부터 온 권위

예수님은 권위에 항거하고 권위의 근거를 따지는 무리에게 이렇게 대답하셨습니다.

> 나도 한 말을 너희에게 물으리니 너희가 대답하면 나도 무슨 권위로 이런 일을 하는지 이르리라(마 21:24).

이것은 대답인 것 같기도 하고 아닌 것 같기도 한 아주 놀라운 말입니다. 이것은 질문에 대한 회피도 아니고 침묵도 아닙니다. 만약 제자들이 그렇게 물었다면 예수님은 대답을 잘 해 주셨을 것입니다. 묻는 사람들이 정말 권위에 대한, 진리에 대한 목마름 때문에 질문했다면 예수님은 이렇게 대답하지 않으셨을 것입니다. 그들의 동기가 불순한 것을 예수님이 아셨습니다. 그래서 "그 해답은 네 속에 있다. 네가 아는 질문을 왜 나한테 묻느냐. 네가 대답해라"고 하신 것입니다.

> 요한의 세례가 어디로부터 왔느냐 하늘로부터냐 사람으로부터냐 그들이 서로 의논하여 이르되 만일 하늘로부터라 하면 어찌하여 그를 믿지 아니하였느냐 할 것이요 만일 사람으로부터라 하면 모든 사람이 요한을 선지자로 여기니 백성이 무섭다 하여 예수께 대답하여 이르되 우리가 알지 못하노라 하니 예수께서 이르시되 나도 무슨 권위로 이런 일을 하는지 너희에게 이르지 아니하리라(마 21:25-27).

예수님이 자기가 무슨 권위로 이런 일을 하는 것을 몰라서 그렇게 대답하신 것이 아닙니다. 이 대답은 내가 가진 권위는 하늘로부터 온 권위라는 말입니다. 예수님의 생애를 보면 십자가에 못 박혀 죽으실 때까지 항상 이런 무리가 따라다닙니다. 심지어는 예수님의 제자 가운데도 있었습니다. 이런 구조 속에서 예수님은 계속해서 십자가를 향하여 자기 사역의 길을 가십니다.

예수님의 대답에서 우리는 권위에는 두 가지 종류가 있다는 것을 알게 됩니다. 하나는 하늘로부터 온 권위요, 또 하나는 사람으로부터 주어진 권위입니다. 예수님이 가진 권위는 하늘로부터 온 권위입니다. 우리가 오늘 교회에 온 것, 하나님의 자녀가 된 것, 구원받은 것, 주님의 뜻대로 하려는 것들은 누구로부터 온 권위입니까? 이것이 예수님에 대한 질문이요, 세례 요한에 대한 질문이요,

우리를 향한 질문입니다. 만약 우리가 하나님의 일을 한다면서 그것이 하나님으로부터의 부름이요, 하나님으로부터 주어진 명령이라는 권위에 대한 확신이 없다면 우리의 봉사는 피곤해지기 시작할 것입니다. 칭찬해 주면 좋아하고 안 알아주면 섭섭해 하는 것은 사람으로부터 인정받기 원하는, 곧 사람으로부터 오는 권위에 근거해서 일하기 때문입니다.

마태복음 7장 28-29절에 보면 "무리들이 그의 가르치심에 놀라니 이는 그 가르치시는 것이 권위 있는 자와 같고 그들의 서기관들과 같지 아니함일러라"라고 말했습니다.

교회는 철저하게 사람으로부터 오는 권위를 막아야 합니다. 예수님의 권위는 곧 하나님의 권위와 일치합니다. 예수님은 자신이 하나님으로부터 보냄을 받은 자라고 말씀하셨습니다. '나와 하나님은 하나'라고 하셨습니다.

나를 본 자는 아버지를 보았거늘(요 14:9).

예수님이 승천하시기 전에 하신 말씀이 무엇입니까?

하늘과 땅의 모든 권세를 내게 주셨으니(마 28:18).

이 권세는 세상적인 권세가 아닙니다. 어느 정권이나 대학이나 단체나 연구소나 재벌회사에서 준 권세가 아닙니다. 이것은 곧 영적인 권세요, 하늘로부터 오는 권세요, 하나님의 권세입니다. 반면에 사람으로부터 오는 권세는 사람들이 투표해서 얻는 권세요, 세상적 권세를 가진 사람들이 주는 권세입니다. 이를테면 검찰의 권세요, 국정원의 권세요, 군대의 권세요, 정권의 권세요, 총장의 권세요, 교수의 권세요, 박사의 권세요, 재벌의 권세입니다. 어떤 사람들은 이러한 세상의 훈장들을 교회에까지 가지고 들어옵니다. 그것으로 자기를 보호하고 나타내면서 교회 권세와 세상 권세를 적당히 섞어 놓으려고 합니다.

장로가 세상 권세의 상징처럼 직책으로 변할 때, 목사가 이런 직책으로 변할 때 그것은 교회의 결정적인 위기입니다. 교회가 그 사람의 영적 상태는 중요시하지 않고 세상 직급을 가지고 교회의 권위를 형성하려는 것은 아주 무서운 사탄의 영향력입니다. 세상적으로 말하면 교회에서 청소하는 사람은 제일 하급에 속할 것입니다. 그러나 교회의 권위 질서에서는 그것이 아닙니다. 그 사람도 영광스러운 하나님의 제자요 종이 될 수 있습니다. 바로 이것이 하나님 나라의 질서입니다.

하나님을 위해 존재하는 권세의 영광

우리는 세상 권세의 허무함을 알아야 합니다. 무너질 것 같지 않았던 공산권 국가가 하나둘 무너졌습니다. 우리는 머지않아 북한의 권세가 무너지는 것을 보게 될 것입니다. 이것이 세상 권세입니다. 우리가 존재하는 이유는 하늘의 권세 때문이라는 고백을 할 수 있게 되기를 바랍니다. "나는 하나님으로부터 구원받았고, 나는 예수 그리스도로부터 이 권세를 위임받았고, 나는 성령님의 위탁을 받았다. 그래서 내가 세상의 권세 속에 있기는 하지만 그 권세 때문에 존재하는 것은 아니다. 돈 때문에 내가 존재하는 것도 아니고, 학위 때문에, 세상의 기술 때문에 존재하는 것도 아니다. 내가 어떤 직책의 '장'이 됐고, 영향력 있는 사람이 됐고, 많은 사람이 나를 따르기 때문에 내가 존재하는 것이 아니다. 그 모든 것은 하나님이 주시는 권세로 말미암은 하나의 섬기는 대상일 뿐이다"라고 하는 데까지 갈 수 있어야 합니다.

주기도문의 제일 끝에는 "나라와 권세와 영광이 아버지께 영원히 있사옵나이다"라고 쓰여 있습니다. 진정한 나라는 하나님의 나라요, 우리는 이 세상 속에서 그 나라를 이루어 가야 하는 것입니다. 또한 우리가 받을 수 있는 모든 영광은 하나님을 위하여 존재해야 하는 것입니다. 그래서 "영광은 당신이 받으시옵소서"가 주기도문의 끝입니다. 온 교회는 찬양하며 손을 들고 목소리를 높여서 모든 권세는 하나님으로부터 온 것임을 선포해야 합니다. 이 확신은 순종으로 표현됩니다. 권위를 존경하고 순종하고 높여 드리십시오. 그것이 바로 찬양입니다.

모든 아내들이여, 남편이 영적으로 부족하고 믿음이 없다 할지라도 가정의 영적 지도자로 인정하고 받드십시오. 순종을 통해서 남편을 영적 권위자로 만들어야 합니다. 그러면 우리 가정에 질서가 생길 것입니다.

모든 자녀들이여, 부모에게 거역하거나 분노를 품지 마십시오. 아버지가 잘못했거나 실수했더라도 사랑으로 용서하고 가정의 권위자로 부름을 받은 아버지를 위해 금식하고 기도하십시오. 그때 그 아버지는 변하게 되어 있습니다. 이것이 성경의 원리입니다.

모든 남편들이여, 자신이 하나님으로부터 가정의 권위자로 부름받았다는 사실을 깨닫게 되기를 바랍니다. 세상적 권위로 아내와 자녀를 괴롭히지 마십시오. 영적인 아버지, 참된 남편으로서의 권위를 지키십시오.

모든 학생들이여, 학교의 권위에 순종하십시오. 교수를 존경하십시오. 그를 존경할 수 없다고 판단했을 때 해야 할 첫 번째 일은 비판이 아니라 기도입니다. 그것을 통해서 자신이 성숙하고 그도 변하게 될 것입니다.

모든 성도들이여, 교회의 영적 지도력에 순종하십시오. 비록 어리고 연약한 자라 할지라도 영적 지도자로 권세가 위임되었다면 그 권위에 순종하십시오. 모든 일에 온유와 겸손과 순종으로 악을 이기고 승리할 수 있게 되기를 바랍니다.

5

신앙의 클라이맥스는
순종이다

마태복음 21:28-32

하나님의 권위에 불순종하는 사람들

대제사장들과 백성의 장로들이 예수님에게 나와서 "네가 무슨 권위로 이런 일을 하느냐 또 누가 이 권위를 주었느냐"(마 21:23)고 날카로운 질문을 했습니다. 이 질문은 진리를 알려는 것이 아니라 예수님에게 도전하려는 의도를 가진 교활한 질문이었습니다. 예수님은 그들의 간교함을 아시고 직접 대답하지 않고 도리어 반문하셨습니다. "세례 요한의 권세가 하늘로부터 온 것이냐 사람으로부터 온 것이냐"는 예수님의 질문에 그들은 대답할 수가 없었습니다. 그때 예수님은 나도 너희들의 질문에 대답할 수 없다고 하시며 한 비유를 들어 주셨습니다.

이 비유는 대제사장들과 장로들이 제기하는 권세에 대한 질문과 매우 밀접한 연관이 있습니다. 이 비유에서 세 가지를 발견할 수 있는데, 첫 번째 드러나는 것은 질문한 사람들의 교활함과 하나님의 권위에 불순종하는 모습입니다.

그 둘 중의 누가 아버지의 뜻대로 하였느냐 이르되 둘째 아들이니이다 예수께서 그들에게 이르시되 내가 진실로 너희에게 이르노니 세리들과 창녀들이 너희보다 먼저 하나님의 나라에 들어가리라(마 21:31).

아버지가 오늘 포도원에 가서 일하라고 말했을 때 첫째 아들은 가겠다고 흔쾌히 승낙했습니다. 그러나 돌아서면서부터 그는 가지 않기로 결정했습니다. 이 첫째 아들은 종교 전문가들인 대제사장들과 당시의 영적 지도자였던 백성의 장로들을 가리킵니다. 모든 제사는 이들을 통해서만 가능했습니다. 그러나 그들은 유감스럽게도 겉으로는 절대적인 종교적 권위를 행사하면서도 실제로 그 마음 깊은 곳에는 하나님의 권위, 즉 메시아를 인정하지 않았습니다.

둘째 아들은 처음에는 거절했던 사람들입니다. 예수님을 믿을 수 없는 불행한 환경에서 태어난 사람들, 곧 세리와 창기 같은 사람들을 말합니다. 비록 그들은 세상에서 버림받고 조롱받는 사람들이었지만 후에 새 생명을 발견하고, 천국을 발견하고 변화된 삶을 살았습니다. 예수님은 세리와 창기들이, 천국을 독점했다고 자처하는 너희들보다 먼저 하나님의 나라에 들어갈 것이라고 말씀하셨습니다.

요한이 의의 도로 너희에게 왔거늘 너희는 그를 믿지 아니하였으되 세리와 창녀는 믿었으며 너희는 이것을 보고도 끝내 뉘우쳐 믿지 아니하였도다(마 21:32).

여기서 예수님은 정면으로 대제사장들과 장로들의 불신앙과 회개하지 않는 강퍅한 마음을 지적했습니다. 그들은 세례 요한을 몰라서 안 믿은 것이 아니라 알고도 안 믿었습니다. 그것이 바로 교만이요, 불순종입니다. 그들이 세례 요한을 모를 까닭이 없습니다. 그러나 세례 요한을 인정하게 되면 자기들의 세속적인 권력과 권세와 인기와 명예를 다 빼앗기기 때문에 의도적으로 기피한 것입니다. 하나님을 믿지 않는 사람들은 진리가 보이지 않아서가 아니라 사실은 마음의 강퍅함 때문에 하나님을 거부하는 것입니다.

신앙의 클라이맥스, 순종

이 비유에서 우리가 두 번째로 생각할 점은 순종의 중요성입니다. 순종하는 아들과 불순종하는 아들의 비유 속에 오늘 우리가 누려야 할 축복이 있는데, 그것은 바로 순종입니다. 순종은 신앙의 클라이맥스에 해당합니다. 신앙이 깊어지면 그 사람은 겸손한 사람이 됩니다. 예수 그리스도의 온유와 겸손과 순종에까지 이르게 되는 것입니다. 이사야 53장 7절은 예수님의 모습을 다음과 같이 묘사했습니다.

"그가 곤욕을 당하여 괴로울 때에도 그의 입을 열지 아니하였음이여 마치 도수장으로 끌려가는 어린 양과 털 깎는 자 앞에서 잠잠한 양같이 그의 입을 열지 아니하였도다."

이사야가 성령을 통하여 영감을 받고 발견한 메시아 상입니다.

도살장에 끌려가는 어린 양을 생각해 보십시오. 이제 몇 십 분만 지나면 그는 도살당하는 운명에 처해 있습니다. 그러나 이 양은 반항하거나 소리 지르지 않고 잠잠히 끌려갈 뿐입니다. 예수님의 모습이 이러하다고 했습니다.

예수님은 십자가를 앞두고 땀이 피가 되도록 심각한 고민과 기도를 하셨습니다. 그것은 자신의 뜻과 아버지의 뜻 사이에서의 고민이었습니다. 그는 "이르시되 아버지여 만일 아버지의 뜻이거든 이 잔을 내게서 옮기시옵소서 그러나 내 원대로 마시옵고 아버지의 원대로 되기를 원하나이다"(눅 22:42)라고 하셨습니다. 예수님은 마지막 결정적인 순간에 하나님의 뜻에 자기를 굴복시켜서 십자가를 지신 것입니다.

최초의 인간 아담이 하나님을 거역한 이후에 모든 인간의 마음속에는 불순종이라는 원죄가 있습니다. 그래서 우리는 누구든지 다른 사람을 잘 인정하려 하지 않습니다. 라이벌 관계에서 지고 싶지 않은 것, 자기보다 조금 잘난 사람은 받아들이기가 어려운 것, 이런 것들이 단순한 인간의 본능적 감정 같지만 영적으로 분석하면 그것이 원죄에 해당합니다. 인간의 본능은 순종이 아니라 불순종입니다. 인간의 본능은 수용이 아니라 거부입니다. 인간의 본능은 투쟁입니다. 이것이 인간의 영혼 깊은 곳에 죄와 섞여 있는 것입니다.

로마서 5장 19절을 보면 "한 사람이 순종하지 아니함으로 많은 사람이 죄인 된 것같이 한 사람이 순종하심으로 많은 사람이 의인이 되리라"고 했습니다. 아담 한 사람이 하나님을 불순종한 이후로 온 인류는 불순종의 사람들이 되고 말았습니다. 태어나면서부터 불만과 비판과 불순종과 분노와 미움으로 점철된 모습의 인간상이 형성된 것입니다. 그러나 또 한 사람 예수 그리스도가 순종하심으로 말미암아 모든 사람이 의인이 되었습니다. 예수 그리스도는 자기의 뜻을 버리고 십자가에서 자기 몸을 완전히 죽이심으로 말미암아 불순종의 영을 제거하고 순종의 영으로 대치하신 것입니다.

우리의 구원은 예수 그리스도를 믿음으로 시작됩니다. 그러나 그 구원은 그분의 말씀을 나의 삶에 적용하고 말씀 그대로 순종함으로 완성됩니다. 오늘 예수님이 보여 주신 비유의 핵심 메시지는 경멸당했던 세리와 창기가 겸손하게 자기를 포기하고 온전히 하나님에게 순종함으로 말미암아 하나님의 나라에 들어가게 되었다는 것입니다. 그러나 잘난 척하고 똑똑하다고 생각하고 종교 지식이 많다는 종교 지도자들은 입술로는 하나님을 찬양하고 섬기고 예배하는 것 같지만 마음의 깊은 동기에는 하나님을 거역하고 하나님과 동등한 자격을 갖고 싶어 하는 교만과 불순종이 있다고 말씀하고 계십니다.

여기에서 우리는 하나님의 권위에 대한 인간의 응답은 순종임을 발견하게 됩니다. 이 말은 권위를 인정할 때만 참 자유가 있다는 뜻이요, 동시에 우리가 순종에 이를 때만 자유한 마음의 평화와 기쁨과 구원과 찬송과 능력을 소유할 수 있다는 말입니다. 순종하지 않고서는 어떤 경우에라도 마음의 평안을 유지할 수 없습니다.

절대 순종을 통해 임하는 하나님의 권위

하나님은 권위 그 자체십니다. 세상의 지식이나 수학적 가설은 다 증명되어야 합니다. 그러나 영적인 진리는 증명되는 것이 아닙니다. 하나님은 최고의 절대적 권위입니다. 그래서 성경은 하나님을 믿으라고 하는 것입니다. 하나님은 우리의 믿음과 순종의 대상이지 결코 연구의 대상이거나 단순한 인류의 희망의 대상이 아닙니다. 하나님은 그분의 권위를 아들이신 예수 그리스도가 이 지상에 계실 때 전부 그에게 주셨습니다. 그러므로 예수 그리스도는 하나님의 권위를 이 세상에서 완성시켜 놓으신 분입니다.

그러면 성령님은 누구십니까? 하나님과 예수 그리스도를 통해 이 땅에 완성된 구원의 권위를 우리에게 전달해 주는 역할을 하는 분입니다. 이 하나님의 권위는 권위에 대한 절대 순종을 통해서 우리에게 임하게 됩니다. 하나님은 믿어도 되고 안 믿어도 되는 분이 아니라 모든 사람이 반드시 믿어야 하는 대상입니다. 이것을 거역하는 사람을 가리켜 성경은 어리석은 자라고 한마디로 정죄해 버립니다. 성경은 하나님의 말씀이므로 그 자체가 권위를 갖습니다.

학자와 신학자, 누구의 증명도 필요하지 않습니다. 그러나 사람들은 이것을 학문적인 연구 대상이라고 생각하기 때문에 많은 문제가 생깁니다.

성경은 성령의 영감으로 기록된 하나님의 말씀이며 우리의 모든 삶의 기준이자, 구원의 기준으로 우리에게 전달된 것입니다. 그래서 성경을 공부할 때는 신뢰하고 권위를 믿고 순종하는 태도가 있어야 합니다. 성경에서 자기 이성에 맞지 않는 것은 다 빼고 자기가 필요로 하는 것만 골라서 믿는 것은 권위에 대항하는 것입니다.

여기서 순종의 문제가 나타납니다. 우리가 순종하지 않는 이유는 우리 안에 불순종의 영이 있기 때문입니다. 그런데 사람들은 그것을 교활하게 감추어 놓고 자꾸 현상적인 문제를 가지고 이야기하므로 영적인 진리에 들어가지 못하게 됩니다. 우리 안에 혹시 불순종의 영이 있는 것은 아닙니까? 우리 안에 무서운 자존심이 아직도 도사리고 있어서 그것 때문에 하나님에게 나가는 길이 막혀 있는 것은 아닙니까?

대제사장과 백성의 장로들이 바로 그러했습니다. 예수 그리스도를 보고 그분이 어떤 분인지 알면서도 인정하기가 어려웠습니다. 그래서 배척할 수도 없고 인정할 수도 없기에 계속해서 교활한 질문을 던짐으로 자기들의 갈등을 표현했습니다. 순종은 하나님에게 속한 것이고 불순종은 사탄에게 속한 것입니다.

입술의 순종과 마음의 순종

세 번째로 생각할 내용은 무엇이 순종이냐 하는 것입니다.

> 대답하여 이르되 아버지 가겠나이다 하더니 가지 아니하고 둘째 아들에게 가서 또 그와 같이 말하니 대답하여 이르되 싫소이다 하였다가 그 후에 뉘우치고 갔으니(마 21:29).

여기 보면 두 가지의 순종이 나타납니다. 그것은 입술의 순종과 마음의 순종입니다. 진정한 순종은 외적인 형태에 있는 것이 아닙니다. 그것은 내적인 것이요 영적인 것입니다. 순종은 상황을 초월합니다. 순종할 만한 상황이니까 순종하고 순종할 수 없는 상황이니까 불순종했다면 그것은 순종이 아닙니다.

어떤 사람을 보면 생김새가 아주 부드럽고 상냥한 사람이 있습니다. 무엇이든지 거절 못하고 자기 생각을 주장하지 못해 시키는 대로 다 합니다. 그러나 예수님은 단순히 이런 것을 순종이라고 하시지 않습니다. 또 어떤 사람은 겉으로는 순종하지만 속으로는 이를 갈고 분노를 키워가는 사람이 있습니다. 그러나 예수님이 말하는 순종은 이런 순종도 아닙니다. 또 어떤 사람은 순종하는데 그 마음이 아주 무감각해진 사람이 있습니다. 그냥 습관적으로 아무 감동이나 분노나 존경도 없이 맹목적으로 따라갑니다. 이런 것도 진정한 순종이 아닙니다.

진정한 순종 속에는 예수님의 순종의 영이 있습니다. 본래 인간은 불순종의 영으로 물들어 있었는데 예수 그리스도를 믿음으로 말미암아 성령님을 통해 거듭나면 하나님의 순종하는 영이 우리의 불순종하는 영을 깨고 들어오는 것입니다. 예수 그리스도의 순종의 영이 우리의 영에 근본적으로 들어오기 전까지 우리 삶의 갈등은 계속됩니다. 우리 안에 진정한 회개가 일어나고 그리스도를 영접할 때 우리의 영혼은 기쁨과 찬양과 감사로 놀라운 기적을 경험하게 됩니다. 해가 더 찬란하게 보이고 공기가 더 신선하게 느껴지고 모든 사물이 그렇게 새로울 수가 없습니다. 그리스도의 영이 임하면 새로운 피조물이 되는 것입니다. 그때 말할 수 없는 기쁨으로 하게 되는 봉사와 헌신은 예전과는 다릅니다.

또한 그리스도의 순종의 영이 들어오면 높은 자리에 있어도 교만해지지 않고 낮은 자리에 있어도 열등감에 빠지지 않고 자기가 어떤 처지에 있든지 중요하지 않게 됩니다. 누구 밑에 가면 순종을 잘하고 누구 밑에 가면 순종을 안 하는 그런 세속적인 순종을 하지 않고 좋은 주인 밑에서도 살 수 있고 까다로운 주인 밑에서도 갈등이 없게 됩니다. 이때 이 사람에게는 하늘의 기쁨과 축복이 넘치기 시작하고 영적인 것들이 눈에 보이기 시작합니다.

예수님은 참된 신앙에 대해 이렇게 말씀하셨습니다.

사람에게 보이려고 그들 앞에서 너희 의를 행하지 않도록 주의하라(마 6:1).

참된 영적 순종은 참된 신앙과 마찬가지로 사람을 의식해서 하는 것이 아닙니다. 오로지 하나님 앞에서, 그 권세 앞에서 감격하며 순종하는 것입니다. 그러면 순종하지 않으면 어떤 일이 생깁니까? 첫째로 오늘 본문에 나타난 대제사장들과 백성의 장로들처럼 겉과 속이 다른 위선자의 모습으로 변해 버리고 맙니다. 둘째로 하나님 나라에 들어가는 것이 지연되거나 불가능하게 됩니다. 셋째로 영적인 순종이 없다는 것은 진정한 회개를 하지 못한 증거라는 사실입니다.

> 요한이 의의 도로 너희에게 왔거늘 너희는 그를 믿지 아니하였으되 세리와 창녀는 믿었으며 너희는 이것을 보고도 끝내 뉘우쳐 믿지 아니하였도다(마 21:32).

비록 지금까지는 하나님을 거부하고 하나님에게 욕을 돌리고 살아왔다 할지라도 이제는 권위에 순종하여, 예수님을 영접한 세리와 창기들처럼 둘째 아들에 속한 사람이 되어야 할 것입니다. 순종은 사람의 권위 때문에 하는 것이 아니라 하나님 자신과 그분의 말씀 때문에 하는 것입니다. 진정한 영적 순종은 사람에게 강요받아 하는 것이 아니라 성령에 의해 자발적이고 기쁜 마음으로 하는 것입니다.

가장 훌륭한 순종의 모델

여기 순종의 모델 중 최고이신 한 분이 계십니다. 그는 예수 그리스도십니다. 그에 대해 성경은 이렇게 기록하고 있습니다.

> 그는 근본 하나님의 본체시나 하나님과 동등됨을 취할 것으로 여기지 아니하시고 오히려 자기를 비워 종의 형체를 가지사 사람들과 같이 되셨고 사람의 모양으로 나타나사 자기를 낮추시고 죽기까지 복종하셨으니 곧 십자가에 죽으심이라(빌 2:6-8).

예수님은 십자가에서 죽기까지 복종하셨습니다. 순종하는 사람은 자기 위치를 과시하지 않습니다. "나는 이런 학위를 가졌다. 나는 이런 전문성을 가졌다. 그래서 나는 이러한 특권에 대한 대우를 받아야만 한다"고 주장하지 않습니다. 예수님은 하나님이셨는데 하나님임을 포기하고 인간이 되셨습니다. 거기에 비하면 우리의 전문성은 아무것도 아닙니다.

자기를 비워 종의 형체로 오신 예수님은 제자들의 발을 씻어 주셨습니다. 우리는 직장이나 사회 생활에서 어떤 권위자가 밑에 내려와서 일하면 권위가 손상되고 체면이 안 선다고 말합니다. 이것은 예수님과는 정반대 생각입니다. 직책이란 하나의 수단일 뿐이지 목표가 아닙니다. 우리는 누가 밥을 가져다주면 앉아서 먹는 사람이 아니라 밥을 날라다 주는 사람이 되어야 합니다. 다 청소해 놓으면 들어가는 사람이 아니라 청소하는 사람이 되어야 합니다. 그것이 그리스도인입니다. 그것이 순종입니다. 예수님은 자기를 낮추시고 복종하셨는데 죽기까지 복종하셨습니다.

그런데 예수님이 십자가에서 못 박히실 때 의로운 사람들에 의해 의롭게 못 박히신 것이 아니었습니다. 여기에 마지막 중요한 메시지가 있습니다. 어떤 조직에서 한 사람이 순종하기 싫을 때 이렇게 변명합니다. "나는 하나님에게 순종한다. 그러나 사람에게는 순종하지 않는다." 그러나 그것은 순종하기 싫은 교만한 마음을 변명하는 것일 뿐입니다. 내가 정말 하나님의 사람이라면 나보다 형편없고 낮고 어리석은 사람일지라도 순종할 수 있어야 합니다. 그래서 진정한 그리스도인일수록 자꾸 낮은 데를 찾아갑니다. 병든 사람을 찾아가고 어려운 사람을 찾아가서 그들을 섬깁니다.

예수님은 불법을 행하는 사람들에게 처형 당하셨습니다. 불공정한 재판을 받았으나 예수님은 항의하거나 데모하거나 소리 지르지 않으셨습니다. 악한 무리를 이길 수 있는 방법은 순종입니다. 사랑을 통해서 미움을 이길 수 있고 겸손을 통해서 교만을 이길 수 있습니다. 순종을 통해서 불순종을 이길 수 있습니다.

베드로전서 2장 18절은 이렇게 말합니다.

"사환들아 범사에 두려워함으로 주인들에게 순종하되 선하고 관용하는 자들에게만 아니라 또한 까다로운 자들에게도 그리하라."

순종할 만한 사람한테만 순종하는 것은 순종이 아닙니다. 누구에게든지 순종할 줄 알아야 합니다. 그 사람이 나보다 더 어리석은 사람이라 할지라도 그 사람에게 순종하는 영을 갖게 되면 하나님이 우리를 높이 들어 쓰시게 되고, 우리가 인간관계 때문에 갈등을 느끼지 않게 될 것입니다. 순종하며 겸손히 종으로 섬기는 사람에게는 하나님의 영광이, 진정한 존경과 사랑이 주어질 것입니다.

6

버린 돌도
모퉁이 돌이 될 수 있다

마태복음 21:33-46

어느 집주인이 포도원을 만들었습니다. 그리고 거기에 울타리를 두르고, 포도즙을 짜는 구유를 파고, 그 포도원을 지킬 수 있는 망대도 세웠습니다. 그리고 농부들에게 포도원을 새로 주고 자기는 타국으로 나갔습니다. 결실할 때가 되자, 주인은 과실을 받으려고 종들을 보냈는데 문제가 생겼습니다. 농부들이 이 종들에게 과실을 준 것이 아니라 종들 중 하나는 심히 때렸고 하나는 죽였고 하나는 돌로 쳤다는 것입니다. 주인이 이 소식을 듣고 다른 종들을 처음보다 더 많이 보냈습니다. 그런데 그 사람들이 똑같은 행동을 반복했습니다. 주인은 마지막으로 자기의 상속자인 아들을 보내기로 했습니다. 그런데 농부들은 이 아들을 보자마자 모의하기 시작했습니다. "이 아들만 죽이면 포도원은 우리 것이 될 수 있다." 그리하여 그들은 하나밖에 없는 아들을 죽여 버렸습니다.

　이러한 비유의 말씀을 하시고 예수님은 그러면 주인이 돌아왔을 때 주인이 어떻게 하겠느냐 하는 질문을 던지셨습니다.

농부들을 사랑하고 신뢰한 포도원 주인

여기서 포도원 주인은 하나님 자신을 가리킵니다. 포도원은 이스라엘이요, 농부는 종교 지도자들을 의미합니다. 또한 포도원 주인이 보낸 종은 하나님의 선지자들이고, 그의 상속자인 아들은 예수 그리스도를 의미합니다.

이 비유는 주인의 선한 의도에 불순종한 악한 농부들에 대한 하나님의 심판을 이야기하고 있습니다. 이 비유에서 먼저 포도원 주인에 대해 살펴보고, 다음으로 농부들에 대해 생각해 보겠습니다. 그다음에 죽은 종들과 아들에 대해 살펴보겠습니다.

포도원 주인에게서 우리는 세 가지 중요한 교훈을 받게 됩니다. 첫째, 포도원 주인은 농부들을 사랑했고 신뢰했습니다. 33절을 보면 주인은 포도원을 만들고 거기에 울타리도, 포도즙을 짤 수 있는 기구도, 포도원을 지킬 수 있는 망대까지도 만들어 주었습니다. 사람들이 먹고 살 수 있게 해준 것입니다. 물론 세를 바치게 하긴 했지만 농부들이 살 수 있도록 모든 여건을 마련해 주었습니다. 얼마나 자상한 배려입니까? 이것은 하나님이 인간을 사랑하고 신뢰하고 계시는 것을 보여 줍니다. 주인이 멀리 타국으로 가면서 모든 것을 믿고 맡긴 것입니다. 그렇습니다. 하나님은 우리를 사랑하셔서 에덴 동산을 만들어 주셨고 거기에 충분히 먹고 살 수 있는 모든 것을 주셨습니다. 이것이 하나님의 사랑이요 선물입니다.

그런데도 어떤 사람들은 하나님이 인간에게 병 주고 약 주며 괴롭힌다고 말합니다. 물론 잘못된 생각입니다. 인간을 괴롭힌 것은 인간 스스로의 선택이었습니다. 하나님이 인간에게 죄를 주신 것이 아니라 인간이 스스로 택한 것입니다. 그러고 나서도 사람들은 말합니다. 하나님이 능력이 있으면 죄를 만들지 말지 왜 죄를 만들어서 나를 죄짓게 만드느냐고 말입니다. 그것은 마치 아담과 하와가 선악과를 따먹는 죄를 지었을 때 아담이 하나님에게 "당신이 준 그 여자가 먹으라고 해서 먹었습니다. 내가 죄를 지은 것은 내 잘못이 아니라 당신 잘못입니다"라고 말한 것과 같습니다.

하나님의 사랑과 신뢰에 대해서 인간은 두 가지로 반응할 수 있습니다. 첫째는 주인이 있든지 없든지 충성스럽게 순종하는 사람과 주인이 있을 때는 꼼짝 못하다가 주인이 없으면 온갖 나쁜 짓을 하는 불순종하는 사람입니다.

포도원 주인의 인내

둘째로 주인의 인내를 배울 수 있습니다. 주인이 타국에서 농부들의 배은망덕과 배신의 소식을 들었습니다.

> 농부들이 종들을 잡아 하나는 심히 때리고 하나는 죽이고 하나는 돌로 쳤거늘(마 21:35).

이 얼마나 기가 막힌 일입니까? 믿는 도끼에 발등이 찍힌 것입니다. 이럴 때 주인이 어떻게 했습니까?

다시 다른 종들을 처음보다 많이 보내니 그들에게도 그렇게 하였는지라(마 21:36).

주인은 바로 심판하지 않았습니다. 참고 기회를 주었고 또 다른 사람을 보냈습니다. 그러나 그들은 똑같이 종들을 심하게 구타하고 죽여서 보냈습니다. 주인은 여기서 끝나지 않았습니다. 한 번 더 인내했습니다. 최선을 다했던 것입니다.

후에 자기 아들을 보내며 이르되 그들이 내 아들은 존대하리라 하였더니 농부들이 그 아들을 보고 서로 말하되 이는 상속자니 자 죽이고 그의 유산을 차지하자 하고(마 21:37-38).

주인은 마지막에 자기의 하나밖에 없는 아들을 보냈습니다. 그러나 농부들은 그 상속자를 보자마자 나쁜 생각을 한 것입니다. "저 아들만 죽이면 우리가 이것을 다 가질 수 있다." 그래서 결국은 죽였습니다. 우리는 여기서 하나님의 인내를 보게 됩니다. 얼마만큼 하나님이 기다리셨습니까? 자기의 아들을 십자가에 못 박아 죽이기까지 우리를 기다리고 참으신 것입니다. 이것이 하나님의 사랑입니다. 하나님은 우리를 신뢰했습니다. 뿐만 아니라 우리에 대해서 오래 참고 기다리셨습니다.

심판하는 포도원 주인

포도원 주인에게서 셋째로 발견하는 것은 악한 농부들에 대한 분노와 심판입니다.

> 그러면 포도원 주인이 올 때에 그 농부들을 어떻게 하겠느냐 그들이 말하되 그 악한 자들을 진멸하고 포도원은 제 때에 열매를 바칠 만한 다른 농부들에게 세로 줄지니이다(마 21:40-41).

결국 주인이 돌아와서 악한 농부들을 모두 심판하고 진멸합니다. 만약 최후의 심판이 없다면 정의도 진리도 무의미하게 됩니다. 그날에 있을 의롭고 완전한 심판 때문에 진리는 진리가 되고 정의는 정의가 됩니다. 우리에게 어두운 시절이 있을 수 있습니다. 암흑시대가 있을 수 있습니다. 그때는 진리를 말할 수가 없습니다. 진리를 말하는 사람은 처형당해야 합니다. 정의를 외치는 사람은 처형당해야 합니다. 그렇다고 진리와 정의가 처형당합니까? 그 시대에는 처형당할 수 있습니다. 그러나 마지막 순간에 하나님의 의로운 심판이 있을 때 그것들은 다시 살아나게 됩니다.

이 세상에는 최후의 심판이 반드시 있습니다. 주님이 다시 오심과 함께 의로운 흰보좌 심판이 있습니다. 이 세상은 영원히 무의미하게 전진하는 것이 아닙니다. 죄는 절대로 숨겨지거나 잊히는 법이 없습니다. 2천 년의 세월이 흘렀다고 해서 죄가 희미해지지 않

습니다. 죄가 낡지도 않습니다. 우리가 지은 죄는 반드시 그대로
노출됩니다. 성경은 이렇게 말합니다. "너희들이 방 안에서 한 말
을 그날에는 지붕 위에서 큰 소리로 말하게 될 것이다." 마음속으
로 은밀하게 지은 죄라 할지라도 죄는 결코 없어지지 않습니다. 그
것은 어느 날 만인이 보는 앞에서 드러나고 재판받게 될 것입니다.
하나님은 지은 죄에 대해서 반드시 계산하십니다. 만약 하나님이
죄를 적당하게 지워 버리시거나 적당하게 용서하셨다면 그분은
하나님이 아닙니다.

하나님은 우리 죄를 용서해 주기 위해 뒤에서 눈물을 흘리셔야
했습니다. 죄의 대가를 치르기 위해 자기 아들을 죽여야만 했습니
다. 하나님은 죄와 타협할 수 없는 분이기 때문입니다. 이 사실을
알게 될 때 우리는 굉장한 충격을 받게 됩니다.

> 한번 죽는 것은 사람에게 정해진 것이요 그 후에는 심판이 있으리
> 니(히 9:27).

우리는 죄 가운데 태어났습니다. 인간은 본래 허물과 죄로 죽었
기 때문에 죄를 지을 수밖에 없습니다. 사람이 나이 들수록 더 순
결해지면 얼마나 좋겠습니까? 지식을 쌓을수록 더 순결해진다면
얼마나 좋겠습니까? 경험이 많을수록 인간이 더 거룩해지면 얼마
나 좋겠습니까? 그러나 인간은 세월이 흐를수록 지저분해지고 죄

를 더 많이 짓게 됩니다.

우리가 지은 죄에 대해 지금 예수 그리스도의 이름으로 회개하고 용서를 받아야 합니다. 만약 우리가 지은 죄를 그리스도의 이름으로 용서받지 않는다면 그 죄는 최후의 심판, 그리스도의 심판대에서 다 드러나게 됩니다. 왜냐하면 죄는 절대로 적당히 용서되지 않기 때문입니다. 그래서 예수님은 누구든지 '내 이름'으로 용서를 빌면 주홍같이 붉은 죄라도 눈과 같이 깨끗이 씻어 준다고 하셨습니다. 그 죄는 하나님이 기억도 안 하신다고 하셨고, 동이 서에서 먼 것처럼 멀리하겠다고 하셨습니다. 빽빽한 구름이 사라지는 것처럼, 깊은 바다에 던지는 것처럼 하겠다고 하셨습니다.

용서받지 못한 죄는 몇 천 년이 지나도 없어지지 않습니다. 세월이 아무리 지나도 그 죄의 모습은 그대로 생생하게 남을 것입니다. 죄를 심판대까지 끌고 가겠습니까? 아니면 죽기 전에 빨리 회개하겠습니까? 우리가 의식이 있을 때 빨리 이 문제를 정리해야 합니다.

죄의 종노릇한 농부들

다음으로 농부들에 대해서 생각해 보겠습니다. 이 농부들은 순종보다는 불순종을, 은혜에 보답하기보다는 배은망덕한 태도를 취했습니다. 주인이 있을 때는 잘했는데 주인이 없는 동안에 그들은 딴 짓을 했습니다. 그 마음 깊은 곳에 선한 주인에 대한 불신과 반항과 불복종의 태도가 있었던 것입니다. 그들은 특별한 이유 없이 두 번씩이나 종들을 죽이고 구타하고 돌로 쳤습니다. 아마 처음부터 이 사람들이 이렇게 악하지는 않았을 것입니다. 그러나 어느 순간부터 잘못되어 그 지경까지 가고 만 것입니다.

> 이에 잡아 포도원 밖에 내쫓아 죽였느니라"(마 21:37-39).

악은 악을 낳습니다. 작은 죄는 큰 죄로 갑니다. 처음부터 간음하려는 생각을 가진 사람은 없습니다. 그런데 어찌하다 보니 간음까지 하게 되는 것입니다. 처음부터 살인하려고 의도하는 사람은 없습니다. 그러나 어찌하다 보니 살인까지 하게 되는 것입니다. 급기야 자기가 원하지 않는 돌이킬 수 없는 자리까지 가고 맙니다. 한 번의 실수는 두 번의 실수로 연결되고 두 번의 실수는 격정적인 실수로 연결되고 마는 것입니다. 죄는 어디서 끊어야 합니까? 지금 이 자리에서 끊어야 합니다.

교회에 나오는 사람들 중에 악한 농부들처럼 악의 노예가 되어 끊임없이 괴로워하는 사람도 있습니다. 순간적으로 악을 선택하고 괴로워하다가 성령님의 도움을 받아 회개하기도 하고 그러다가 또 사탄의 종노릇하는 사람들입니다. 어떤 경우에도 죄의 종노릇하거나 악의 놀잇감이 되지 않도록 하십시오. 사탄이 우리에게 어떤 이익을 가져다준다 해도 그 유혹에 넘어가지 마십시오. 결국은 농부들처럼 최악의 불순종의 자리에 서게 됩니다.

기회가 왔을 때 회개하라

우리는 이 농부들에게서 한 가지를 더 배우게 됩니다. 그것은 회개하지 못하면 심판의 자리까지 가게 된다는 것입니다. 이 사람들은 기회가 있었습니다. 하나님이 기다려 주신 것입니다. 그러나 마지막 순간까지 그들은 자기의 길을 갔습니다. 죄를 짓고도 아무 일이 없다고 괜찮은 줄로 착각해서는 안 됩니다. 죄는 명백하게 기억되고 있습니다. 우리가 예수 그리스도의 이름으로, 보혈로 해결하지 않으면 그 죄는 심판대까지 가는 것입니다.

지금 끊으십시오. 지금이 기회입니다. 지금 막지 못하면 우리는 돌이킬 수 없는 비극의 주인공이 됩니다. 작은 죄부터 끊으십시오. 지금은 이를 악물면 끊을 수 있습니다. 무릎 꿇고 금식하고 회개하면 끊을 수 있습니다. 그러나 그것이 커지면 어려워집니다. 우리는 모두 이러한 유혹과 갈등을 가지고 있는 것입니다.

대제사장들과 바리새인들이 예수의 비유를 듣고 자기들을 가리켜 말씀하심인 줄 알고 잡고자 하나 무리를 무서워하니 이는 그들이 예수를 선지자로 앎이었더라(마 21:45-46).

이 사람들이 회개했습니까? 안 했습니다. 이들의 마음이 더 강퍅해졌습니다.

예수님의 십자가 옆의 두 강도를 생각해 보십시오. 한 사람은 예수님이 십자가에 못 박혀 돌아가실 때 "네가 그리스도냐. 그러면 너도 구원하고 우리도 구원해 봐라" 하며 조롱했습니다. 그러나 다른 한 편의 강도는 그를 꾸짖으며 "네가 동일한 정죄를 받고서도 하나님을 두려워하지 않느냐. 우리는 우리 행한 일에 상당한 보응을 당연히 받는 것이지만 이 사람이 행한 것은 옳지 않은 것이 없다. 예수여, 당신의 나라에 임하실 때 나를 생각하소서" 하며 마지막 순간에 하나님 앞에 무릎을 꿇었습니다. 이에 대해 예수님은 "오늘 네가 나와 함께 낙원에 있으리라"고 말씀하셨습니다. 주님은 우리의 과거를 묻지 않으십니다. 우리가 과거에 지은 죄도 묻지 않습니다. 그것을 위하여 이미 예수 그리스도가 십자가에 못 박히셨기 때문입니다. 똑같은 상황에서 두 강도에게 기회가 주어졌지만 한 사람만 기회를 선택했습니다. 그 결과가 지상에서 끝나면 괜찮습니다. 영원히 죽지 않고 불못에 던짐을 받는 비극적인 저주를 받게 되는 것입니다. 이 얼마나 무서운 일입니까?

모퉁잇돌이 되신 예수님

이제 죽은 종들과 아들에 대해 생각해 보겠습니다. 이 종들은 하나님의 예언자들을 뜻하는데 그들을 계속해서 보냈다는 것은 예언자들이 계속해서 나타났다는 것을 의미합니다. 상속자인 아들은 예수 그리스도를 의미합니다. 여기서 재미있는 것은 종과 상속자의 차이입니다. 종이 죽은 것과 상속자가 죽은 것은 다릅니다. 마호메트교에서는 예수 그리스도를 하나의 훌륭한 예언자로 여기지만 예수 그리스도는 예언자 중의 하나가 아닙니다. 예수님은 하나님의 상속자, 그분의 아들이십니다. 종도, 예언자도 모두 자기의 죄 때문에 죽었지만 예수님은 하나님의 어린 양으로서 우리의 죄를 위해 대신 십자가에 못 박혀 죽으신 것입니다.

예수님은 비유를 드신 후에 돌 이야기로 결론을 맺으십니다.

예수께서 이르시되 너희가 성경에 건축자들이 버린 돌이 모퉁이의 머릿돌이 되었나니 이것은 주로 말미암아 된 것이요 우리 눈에 기이하도다 함을 읽어 본 일이 없느냐(마 21:42).

하나님은 이스라엘 백성을 택하셨습니다. 그들을 통해 메시아가 나올 수 있도록 해주셨습니다. 하나님을 섬기는 사람의 대표가 대제사장들이요, 바리새인들이요, 서기관들이요, 백성의 장로들이었습니다. 그러나 그들은 메시아를 알아보지 못했습니다. 아니, 알았지만 배척했습니다. 메시아가 건축자의 버린 돌이 되고 말았습니다. 산돌이신 예수 그리스도는 바로 그 건축의 머릿돌로 오셨으나 이스라엘 백성은 예수 그리스도를 메시아로 받아들이지 않고 거부한 것입니다. 그런데 그 버린 돌을 이방인들이 주워서 머릿돌로 삼아 구원의 집을 지었습니다. 이방인들이 구원받게 된 것입니다.

> 하나님의 나라를 너희는 빼앗기고 그 나라의 열매 맺는 백성이 받으리라(마 21:43).

이스라엘 백성은 선택된 백성, 참으로 하나님의 집을 지을 수 있는 백성이었는데 그 특권을 빼앗기고 하나님 나라의 열매는 다른 백성이 먹게 되었다는 것입니다. 나중 된 자가 먼저 되고 먼저 된 자가 나중 되는 것입니다.

우리는 교회 오래 다닌 것을 자랑해서는 안 됩니다. 삼 대째 그리스도인 집안에서 태어났다고 자랑하지 마십시오. 우리 할아버지가 목사니까 자동적으로 천국 갈 것이라고 생각하지 마십시오. 교회 봉사 많이 했다고 자랑하지 마십시오. 예수 그리스도를 영접한 것을 자랑하고, 하나님의 아들이 된 것을 자랑하십시오.

44절에 놀라운 말씀이 있는데 이 구절은 아주 해석하기 어려운 부분입니다.

"이 돌 위에 떨어지는 자는 깨지겠고 이 돌이 사람 위에 떨어지면 그를 가루로 만들어 흩으리라 하시니."

예수 그리스도는 건축자들이 버린 돌이었지만 모퉁잇돌로서 모든 구원 받는 백성의 초석이 되셨습니다. 모든 것이 다 그에게로 연결되어 건물과 건물이 연결되는 것입니다. 비록 유대인들이 그 돌을 버렸을지라도 이방인을 통하여 그가 구세주로서 모퉁잇돌의 역할을 한 것입니다. 이 말씀은 우리의 산돌이신 예수 그리스도, 구원이신 예수 그리스도를 거부하는 자는 자기의 머리를 돌 위에 떨어뜨려 부숴 버리는 것과 똑같다는 말씀입니다.

곧 그리스도를 거부하는 개인이나 국가는 모두가 이 돌로 말미암아 부서져서 가루가 되어 흩어져 버릴 것이라는 말씀입니다. 예수 그리스도를 영접한 것을 감사하십시오. 그 안에서 구원받은 것을 감사하십시오. 그러므로 우리는 그를 전해야 할 책임이 있습니다.

45-46절에서 대제사장들과 바리새인들은 비유가 자기들을 향한 것임을 알고 예수님을 잡으려 했습니다. 회개하지 않는 강팍한 불순종의 모습을 보게 됩니다. 우리는 죄를 지적받으면 불쾌하게 생각하지 말아야 합니다. 어떤 분은 "목사님은 꼭 나에 대해 이야기한다"고 말합니다. 그것은 제가 이야기한 것이 아니라 저를 통해 성령님이 말씀하신 것입니다. 그런 것으로 자존심 상해하지 말기를 바랍니다. 끈적끈적하게 죄의 끈을 가지고 있는 사람들은 빨리 회개하고 끊으십시오. 우리는 어리석은 농부처럼 더 심각한 상태로 가지 않아야 합니다.

2부

그리스도를 믿는 천국 백성의 삶

마태복음 22:1-24:2

구원받은 우리는 하나님의 자녀요, 천국 시민입니다.

우리는 우리 자신의 것이 아닙니다. 하나님의 것입니다.

우리는 영원에 속한 사람이요, 영생을 소유한 사람들입니다.

우리의 자녀는 우리의 것이 아닙니다. 하나님의 것입니다.

우리의 재물도, 우리의 시간도 모두 하나님의 것입니다.

우리의 삶은 온전히 하나님의 것입니다.

이제는 내가 사는 것이 아니요 내 안에 그리스도가 사시는 것입니다.

7

천국 혼인 잔치에
참여하라

마태복음 22:1-14

본문 말씀에서 예수님은 천국을 혼인 잔치에 비유해서 말씀하셨습니다.

> 예수께서 다시 비유로 대답하여 이르시되 천국은 마치 자기 아들을 위하여 혼인 잔치를 베푼 어떤 임금과 같으니 그 종들을 보내어 그 청한 사람들을 혼인 잔치에 오라 하였더니 오기를 싫어하거늘(마 22:1-3).

여기서 혼인 잔치를 베푼 임금님은 하나님 자신이요, 혼인 잔치에 신랑으로 나타난 아들은 예수 그리스도를 의미합니다. 당시에는 혼인 잔치에 초청할 때, 먼저 초대할 사람들에게 언제 결혼식이 있는지 구두로 알려 줍니다. 그리고 혼인이 베풀어지는 그 날에 주인은 자기 종을 보내어 초청한 사람들을 데려오게 하는 전통이 있었습니다. 그래서 본문에 나오는 임금도 잔칫날이 되자, 이미 구두로 초대했던 사람들에게 종들을 보내 오늘 결혼식이 있으니 오라고 말했던 것입니다.

천국은 기쁨과 축복의 축제인 혼인 잔치와 같습니다. 이 혼인 잔치에 초대받은 사람들은 선택받은 이스라엘 백성입니다. 하나님이 그 백성을 택하셔서 천국 백성으로 삼고자 하셨습니다. 그들을 통해 메시아를 탄생시키신 것입니다. 여기서 초청은 메시아 대망, 즉 그리스도를 대망하는 것을 의미합니다. 또한 초청한 사람을 데리러 갔던 종들은 구약에 나타난 예언자들과 특별히 마지막 예언자였던 세례 요한으로 생각할 수 있습니다.

> 다시 다른 종들을 보내며 이르되 청한 사람들에게 이르기를 내가 오찬을 준비하되 나의 소와 살진 짐승을 잡고 모든 것을 갖추었으니 혼인 잔치에 오소서 하라 하였더니(마 22:4).

임금은 잔치를 적당히 준비한 것이 아니었습니다. 완벽하게 준비했습니다. 요한복음 14장 1-3절에서 예수님은 "너희는 마음에 근심하지 말라 하나님을 믿으니 또 나를 믿으라 내 아버지 집에 거할 곳이 많도다 그렇지 않으면 너희에게 일렀으리라 내가 너희를 위하여 거처를 예비하러 가노니 가서 너희를 위하여 거처를 예비하면 내가 다시 와서 너희를 내게로 영접하여 나 있는 곳에 너희도 있게 하리라"라고 말씀하셨습니다.

예수님은 우리를 위해 완전한 천국을 예비해 놓으셨습니다. 이제 사람이 오기만 하면 됩니다. 그런데 어찌 된 일인지 그들은 계속해서 거절했습니다.

초청을 거절한 사람들

그들이 초청을 거절한 이유를 다음의 말씀에서 살펴보겠습니다.

> 그들이 돌아보지도 않고 한 사람은 자기 밭으로, 한 사람은 자기 사업하러 가고 그 남은 자들은 종들을 잡아 모욕하고 죽이니 (마 22:5-6).

이 말씀은 천국 혼인 잔치에 초대받은 사람들의 영적 상태를 보여 줍니다. 첫째, 그들은 초청을 귀하게 생각하지 않았습니다. 하나님이 베풀어 주신 구원의 잔치를 등한히 여겼습니다. 실제로 그들은 하나님의 종들의 예언을 무시했습니다. 귀를 막고 듣지 않았으며 마음을 닫고 강팍하게 행했습니다. 하나님을 섬기다가 우상 숭배로 돌아갔습니다. 하나님보다는 현실이 좋았고 눈에 보이지 않는 영적 축복보다는 물질적 축복이 좋았던 것입니다. 어떤 사람들은 이웃에게 "교회에 나와 보아라, 예수를 믿어라" 하며 간절한 심정으로 초청하고 전도합니다. 그러나 사람들은 그 말에 좀처럼 귀를 기울이지 않고 눈살을 찌푸립니다. 천국 잔치에 초대하는 말을 대수롭지 않게 듣습니다. 그들은 이 초청이 얼마나 귀중한 것인지를 미처 깨닫지 못합니다. 세상에는 수많은 초청이 있습니다. 그러나 천국 혼인 잔치의 초청은 우리의 운명을 좌우하는 초청입니다. 우리의 영생을 결정하는 중요한 초청인 것입니다.

둘째, 그들은 천국보다는 현실이 더 중요했기 때문에 초청을 거절했습니다. 첫 번째 사람이 혼인 잔치를 거절한 이유는 자기 밭에 가서 농사짓는 일 때문이었습니다. 농사는 때를 따라 밭을 갈고 씨를 뿌리고 거름을 주고 열매가 열리면 열매를 따야 합니다. 농사짓는 사람이 농사일을 게을리하면 망하게 될 것입니다. 생업은 세상을 살아가는 우리의 현실에서 결코 등한히 할 수 없는 중요한 일입니다. 그러나 이 사람은 자기 직업보다 더 중요한 영적인 일이 있다는 사실을 몰랐습니다. 이 사람은 눈에 보이는 것이 인생의 전부라고 생각한 것입니다.

두 번째 사람은 사업차 여행을 떠났다고 했습니다. 아마 어떤 계약을 위해 흥정해야 했을 것입니다. 요즘도 사업차 이곳저곳을 다니며 접대하느라 분주하고, 주일날도 인맥 쌓으려고 골프장에서 바쁘게 지내는 사람이 있습니다. 교회에 가야 하는 것도 알고 하나님을 섬겨야 하는 것도 알지만 지금 눈앞에 보이는 흥정과 계약이 더 중요하기 때문에 그것을 우선시하는 것입니다. 그는 자신이 생각하기에 가장 합리적이고 그럴듯하게 초청을 거절했던 것입니다. 그러나 그는 더 중요한 것을 미처 깨닫지 못했습니다. 영원한 세계의 중요성을 몰랐던 것입니다.

오늘이나 내일이나 우리가 어떤 도시에 가서 거기서 일 년을 머물며 장사하여 이익을 보리라 하는 자들아 내일 일을 너희가 알지 못하는도다 너희 생명이 무엇이냐 너희는 잠깐 보이다가 없어지는 안 개니라(약 4:13 - 14).

어리석은 사람들은 생명이 자기 것이라고 생각합니다. 시간도, 재물도, 명예도 모두 자기 것이라고 생각합니다. 그래서 자기의 힘과 노력과 배경으로 수단과 방법을 가리지 않고 일을 하고 그것만이 성공이라고 생각합니다.

세 번째 사람은 남아 있는 사람들로서, 초청하러 온 종들을 능욕하고 죽였습니다. 보통 결혼식이면 초청하러 온 종들을 죽일 것까진 없지 않겠습니까? 그런데 이것은 천국을 비유한 혼인 잔치이기 때문에 영적으로 일어날 사건에 대해 설명하고 있습니다.

사람이 언제 죽음에 대해 실감합니까? 병들면 실감합니다. 건강할 때는 잘 모르나 죽음이 자기 앞에 들이닥치면 생각이 달라집니다. 그동안 벌어 놓은 돈과 쌓아놓은 명예가 아무런 의미가 없습니다. 자식들이 아무 의미가 없어집니다. 이런 현실 앞에 서면 인생의 가치관이 달라지기 시작합니다. 과연 무엇이 중요합니까? 육체가 중요합니까, 영혼이 중요합니까? 보이는 현실이 중요합니까, 영생이 중요합니까? 많은 사람은 영혼보다는 육체가 중요하다고 생각하며 삽니다. 우리의 영혼은 어떻습니까? 잘 준비되어 있습니까?

실제로 기독교를 믿지 않는 집안에서 예수 믿는 며느리가 고통당하는 것을 많이 봅니다. 또한 물질에 빠져 있는 남편 앞에서 눈물로 전도하는 아내도 많습니다. 남편에게 내가 무엇이든 다 할 테니 교회만 가 달라고 합니다. 그러나 아무리 하소연해도 남편은 바위같이 움직이지 않고 박해까지 합니다. 예수 믿으려면 이혼하자는 사람도 있습니다. 어떤 나라는 예수 믿으면 감옥에 가야 합니다. 예수 전하다가 죽는 수도 있습니다. 이런 것들을 볼 때 종들을 능욕하고 죽였다는 일이 영적으로 보면 가능한 것입니다.

하나님의 심판과 이방인 구원

이 혼인 잔치는 임금이나 신랑을 위한 것이 아니라 초대받은 사람을 위한 것입니다. 임금이 우리를 위해 이 축제를 준비한 것입니다. 이 축제를 위해 임금은 어떤 희생을 치렀습니까? 자기의 아들 예수 그리스도를 십자가에 못 박아 죽게 하는 대가를 치렀습니다. 사망 권세와 죄와 사탄과 싸워 승리하고 하나님 나라를 건설한 것입니다. 그것이 십자가의 죽음입니다. 그러나 사람들은 유감스럽게도 이 영적인 사실을 깨닫지 못하고 거절했을 뿐만 아니라 예수님을 죽이고 능욕했습니다. 이러한 사실을 목격한 임금은 두 가지 태도를 취했습니다.

임금이 노하여 군대를 보내어 그 살인한 자들을 진멸하고 그 동네를 불사르고 이에 종들에게 이르되 혼인 잔치는 준비되었으나 청한 사람들은 합당하지 아니하니(마 22:7-8).

임금이 화가 나서 군대를 보내어 살인한 자들을 진멸하고 동네를 불살랐다고 했습니다. 실제로 메시아를 거부하고 능욕하고 십자가에 못 박아 죽인 이스라엘 백성은 주후 70년에 로마 군대에게 돌 위에 돌 하나 남지 않는 비참한 패배를 당했습니다.

하나님의 은혜에 대한 거부는 심판으로 나타납니다. "주 예수를 믿으라 그리하면 너와 네 집이 구원을 받으리라"(행 16:31)는 천국 초청에 지체하지 말고 지금 바로 응답하기를 바랍니다. 돈 버는 일 때문에, 시집 가고 장가 가는 일 때문에 바쁘다는 핑계를 대지 마십시오. 이 초청은 우리의 영원을 결정하는 아주 중요한 초청입니다. 천국의 초청을 거절하는 사람에게는 영원한 형벌과 심판이 있다고 성경은 말합니다. 이것을 위협이나 공갈로 생각하지 마십시오. 임금이 취한 또 한 가지 태도는 이방인을 구원하는 것이었습니다. 임금은 생각을 바꾸었습니다. 자격에는 맞지 않지만 다른 사람들을 초청했습니다.

네거리 길에 가서 사람을 만나는 대로 혼인 잔치에 청하여 오라 한대 종들이 길에 나가 악한 자나 선한 자나 만나는 대로 모두 데려오니 혼인 잔치에 손님들이 가득한지라(마 22:9-10).

네거리 길에는 평범한 사람도 있고 잡배도 있습니다. 악한 사람도 있고 선한 사람도 있으며, 건강한 사람도 있고 병든 사람도 있습니다. 종들이 거기 가서 사람들을 만나는 대로 혼인 잔치에 데려왔습니다. 여기서 우리는 하나님이 말씀하시는 참된 구원에 대해 세 가지 중요한 진리를 찾아볼 수 있습니다.

모든 사람이 초청된 천국 혼인 잔치

첫째, 선택받은 이스라엘 백성에게만 임하리라고 생각했던 구원이 버림받았다고 여겨졌던 이방인에게도 임했음을 볼 수 있습니다. 구원은 누구에게나 열려 있는 하나님의 초청입니다. 건강한 자에게도, 병든 자에게도, 배운 자에게도, 못 배운 자에게도 구원은 조건 없이 임합니다. 구원을 독차지한다고 자만했던 바리새인들과 서기관들, 백성의 장로들은 구원받지 못했습니다. 오히려 구원받을 수 없는 저주받은 인생이라고 생각되었던 문둥병자나 창녀, 세리, 그리고 구원이 전혀 임할 수 없다고 여겨져 개처럼 취급받았던 이방인들에게 구원이 선포되었습니다. 예수 그리스도를 바라보는 모든 사람에게 구원이 선포된 것입니다.

그런데 마귀는 우리에게 찾아와 "너의 과거의 모습이나 과거의 신분을 보면 너는 구원받을 수 없다"라고 하며 깊은 열등감과 죄책감과 절망감을 심어 줍니다. 또 "너는 차라리 자살하는 게 낫다.

너는 인생 쓰레기다"라고 하며 하나님의 형상을 파괴해 버립니다. 그러나 하나님은 말씀하십니다. "네 과거가 어떠했을지라도, 네 죄가 주홍같이 붉을지라도, 네가 수십 명을 살해했을지라도, 네가 창녀 중의 창녀, 사기꾼 중의 사기꾼이라 해도 나는 너를 구원하노라. 나는 너를 사랑하고 너를 영접하노라. 네 죄를 용서하노라." 본문 말씀을 보면 네거리에 있던 사람들은 누구든지 이러한 구원의 초청을 받았습니다. 그래서 하나님의 천국 혼인 잔치에는 가난한 자, 창녀, 살인자, 사기꾼, 병자, 귀신들린 자, 건강한 자, 똑똑한 자, 부자, 모두가 다 있게 된 것입니다.

죄인들을 사랑하시는 하나님

둘째, 구원은 어떤 사람들에게 베풀어졌습니까? 선한 사람에게만 주어졌습니까? 기도 열심히 하고, 성경공부 열심히 하고, 교회 열심히 나오고, 헌금 열심히 하고, 봉사 열심히 하는 사람에게만 주어졌습니까? 본문을 보면 악한 자들에게도 선한 자들과 똑같이 구원이 베풀어진다고 말씀하셨습니다. 저는 이 말씀을 읽다가 얼마나 기쁜지 춤을 출 것 같았습니다. 만약 구원이 의롭고 거룩한 사람에게만 임한다면 저는 구원을 못 받았을 것입니다. 건강한 사람에게는 의원이 필요 없고 병든 자에게 의원이 필요하듯이 자기가 의롭고 거룩하다고 생각하는 사람에게는 구원이 없습니다. "나는 죄 중에 태어났습니다. 나는 행하는 것마다 죄밖에 없습니다. 겉으로는 의롭고 거룩하게 보이지만 깊은 내면에는 말할 수 없는 죄가 있습니다. 나는 죄로 말미암아 고민하는 사람입니다", "나는 곤고한 사람입니다. 이 사망의 몸에서 누가 나를 건져내겠습니까"라고 심각하게 죄 문제를 고민하는 사람에게 구원이 있습니다. 악한 사람들이 회개해서 선하게 된 후에 잔치 자리에 왔습니까? 아닙니다. 이 사람들이 한 일은 단지 그 초청에 응한 것뿐입니다.

성경에 나오는 구원받은 수많은 사람을 생각해 보십시오. 예수님의 십자가 옆에 달렸던 한 강도가 구원을 받았는데 그 강도가 선을 행해서 구원을 얻었습니까? 아닙니다. 그는 죄 중에 죽어야만 했습니다. 그러나 마지막 순간에 예수 그리스도를 발견하게 된 것입니다. 그가 한 말은 "나를 기억하소서"였습니다. 그는 더 이상 착하고 의롭게 살 시간이 없었습니다. 그는 오직 한 가지 사실, 예수님이 구원자심을 믿었습니다. "오늘 네가 나와 함께 낙원에 있으리라." 예수님을 하나님의 참 아들이라 믿고 의지하는 순간에 죄가 사라지고 구원이 임했습니다.

간음하다 붙잡힌 여인에게 예수님은 "너를 고발하던 그들이 어디 있느냐"고 물으신 후에 이렇게 말씀하셨습니다. "나도 너를 정죄하지 아니하노니." 이 말은 "네 죄를 용서한다. 네 과거를 묻지 않겠다"라는 뜻입니다. 간음한 여자도 회개하고 착하게 된 후에 구원받은 것이 아닙니다. 그녀가 간음해서 붙잡혀 있을 때 예수님을 만났고 예수님을 영접한 순간 그녀의 죄는 모두 용서받고 사라졌습니다. 그다음에 예수님은 "가서 다시는 죄를 범하지 말라"(요 8:11)고 하셨습니다. 이 말은 다른 질의 삶을 살라는 말입니다. 과거처럼 살지 말고 새로운 피조물로, 하나님의 자녀로 살라는 말입니다.

하나님은 내가 지은 죄를 용서하시는 것이 아니라 죄인인 나를 용서하십니다. 죄인인 나를 용서하기 때문에 내가 지은 모든 죄도 용서받는 것뿐입니다. 우리의 죄가 어떤 죄냐는 그다음 문제입니다. 하나님이 관심을 가지신 것은 죄인인 우리 자신입니다. 허물과 죄로 죽었던 우리, 이미 지옥 자식이었던 우리를 하나님이 먼저 사랑하셔서 구원하신 것입니다. 그래서 모든 죄의 현상이 사라지게 되었습니다.

예수님의 보혈과 정결함

셋째, 이제 구원은 다 완성된 것입니까? 아닙니다. 한 가지가 더 남았습니다. 당시 초청받은 사람들이 결혼식장에 들어갈 때는 주인이 예복을 준비해서 입히게 되어 있었습니다.

임금이 손님들을 보러 들어올새 거기서 예복을 입지 않은 한 사람을 보고 이르되 친구여 어찌하여 예복을 입지 않고 여기 들어왔느냐 하니 그가 아무 말도 못 하거늘 임금이 사환들에게 말하되 그 손 발을 묶어 바깥 어두운 데에 내던지라 거기서 슬피 울며 이를 갈게 되리라 하니라(마 22:11-13).

이 예복은 예수 그리스도의 의의 옷이요 보혈의 옷입니다. 죄인은 하나님을 만날 수 없습니다. 예수 그리스도의 십자가의 피로 말미암아 우리가 깨끗하게 되어 하나님을 만나는 것입니다. 이 예복을 입지 않은 자는 천국 잔치에 들어갈 수 없습니다. 주인이 마련한 옷을 보고 "이까짓 것 안 입겠다. 내 옷 입지 왜 남의 옷 입냐"고 자존심을 내세우고 고집을 부리며 불순종한 사람은 주인이 와서 당장 내어 쫓는다고 했습니다.

요한복음 17장 3절을 보면 "영생은 곧 유일하신 참 하나님과 그가 보내신 자 예수 그리스도를 아는 것"이라고 했습니다. 우리가 교회에 와서 예배 드리는 것은 참으로 잘한 일입니다. 그러나 예복을 입지 않는다면 우리는 초청받지 못하게 됩니다. 죄인의 모습으로는 하나님을 만날 수 없기 때문입니다. 예수 그리스도의 보혈로 우리의 죄를 정결하게 씻어야 하나님의 자녀가 됩니다. 우리 보고 옷을 만들라고 하시지 않았습니다. 준비한 옷을 그냥 걸치기만 하면 됩니다. 그런데 이 간단한 사실을 많은 사람이 거부합니다.

청함을 받은 자는 많되 택함을 입은 자는 적으니라(마 22:14).

많은 사람이 교회에 올 수는 있으나 다 구원받는 것은 아닙니다. 우리 눈에는 그것이 잘 안 보이지만 하나님의 눈에는 보혈에 적셔지지 않은 사람이 보입니다. 예복을 입는다는 것은 예수님이 나를 위해 십자가에 피 흘려 돌아가셨다는 사실을 믿는 것입니다. 하나님이 베풀어 주신 구원을 "아멘! 주여, 감사합니다!" 하고 받는 것입니다. 능력은 어떤 힘이 아니라 내 안에 죄가 깨어지고, 내 안에 더러움이 사라지고, 내 안에 모든 사탄의 세력이 사라지는 것입니다. 기술, 지식이 능력이 아닙니다. 죄가 사라지는 것이 능력입니다. 하나님이 임재하시는 것이 능력입니다. 하나님은 예수 그리스도의 보혈로 죄 씻음을 받은 사람을 사용하십니다. 그를 통하여 성령의 능력이 나타나는 것입니다. 이런 일을 통해 우리의 병이 낫고 우리 삶에 혁명이 일어납니다.

사도행전 3장을 보면 베드로가 앉은뱅이를 일으킬 때 발과 발목에 힘을 얻고 뛰며 걸으며 찬송하며 하나님을 찬미했다고 했습니다. 우리 그리스도인의 삶이 이런 것입니다. 새가 새장에서 풀려나오듯 우리는 억눌림과 양심의 가책, 죄의 멍에에서 풀려나 자유와 기쁨과 생명의 삶을 살아야 합니다.

청함을 받은 사람은 많으나 택함을 받은 사람은 적고, 교회에 오는 사람은 많으나 보혈을 경험한 사람이 적어서는 안 될 것입니다. 예수님의 피와 살이 있는 곳에 하나님의 생명이 있습니다. 생명이 있는 곳에 하나님의 능력이 나타납니다.

8

하나님의 것은
하나님에게 바치라

마태복음 22:15 - 22

마태복음 21장에서 바리새인들은 예수님의 권세에 대해 질문했습니다. 그리고 계속해서 납세에 대해 질문함으로써 예수님을 곤경에 빠뜨리려 하고 있습니다.

> 이에 바리새인들이 가서 어떻게 하면 예수를 말의 올무에 걸리게 할까 상의하고(마 22:15).

한 번 시험에 빠져서 교회나 하나님에 대해 비판적인 시각을 갖게 된 사람들은 좀처럼 거기서 헤어 나오기가 어렵습니다. 아무리 좋은 것도 나쁘게 생각하고 의로운 것도 불의하게 해석합니다. 비록 나중에 진실이 드러날지라도 그들은 자기의 생각을 고치려 하지 않습니다. 오히려 자기가 속고 있다는 깊은 불신감에 사로잡히게 됩니다.

일반적인 편견 중에서 가장 심한 것이 바로 신앙에 관한 편견일 것입니다. 하나님에 대한 잘못된 생각, 그것이 비록 과거의 어떤 상처에서 비롯된 것이라 할지라도 일단 하나님에 대한 부정적이고 반항적인 시각을 갖게 되면 그는 무신론자가 되어 버리고 맙니다. 아니, 무신론자에서 철저하게 반신론자가 되어 버립니다. 하나님을 부인하면 자기 존재의 근거가 없어집니다. 하나님을 부인하면 자기 인격이 파괴됩니다. 그럼에도 불구하고 그렇게 되어 버리고 맙니다. 또 하나의 반대 현상이 있다면 그것은 아주 이상하고, 상식을 초월한 극단적인 형태의 신앙을 갖게 되는 것입니다.

본문 말씀에 나타난 바리새인들이 그런 종류의 사람들이었습니다. 그들은 반신론자도 무신론자도 아니었습니다. 누구보다도 하나님을 잘 섬긴다고 자처했던 사람들이었습니다. '바리새인'이란 분리주의자라는 말입니다. 그들은 다른 사람들과 구별되어서 하나님만 경건하게 섬기는 자들, 하나님을 섬기는 전문가들이었습니다. 그러나 가장 신앙적이고 가장 하나님 중심의 삶을 산다고 자처한 그들이 놀랍게도 가장 불신앙적이고 반신앙적인 태도를 취하고 있습니다. 물론 그들은 입술로는 지극히 신앙적인 표현을 쓰지만 그들의 내면에는 깊은 불신앙이 있음을 발견하게 됩니다.

그들은 예수 그리스도를 책잡기 위해, 메시아를 방해하고 수치를 주기 위해 영적 권세의 문제를 가지고 도전했습니다. 즉 "네가 무슨 권위로 이런 일을 하느냐 또 누가 이 권위를 주었느냐"(마 21:23)라는 본질적인 문제를 예수님에게 들고 나왔던 것입니다. 그러나 예수님은 "요한의 세례가 어디로부터 왔느냐 하늘로부터냐 사람으로부터냐"(마 21:25)라고 물으심으로써, 권세는 하나님으로부터 오는 권세가 있고 사람으로부터 오는 권세가 있음을 보여 주셨습니다. 이 문제에 대해 더 이상 할 말이 없게 되자 그들은 방향을 바

구어 정치적으로 공격하기 시작했습니다. 그것이 바로 세금 문제입니다.

불의한 자들의 속성

> 자기 제자들을 헤롯 당원들과 함께 예수께 보내어 말하되 선생님이여 우리가 아노니 당신은 참되시고 진리로 하나님의 도를 가르치시며 아무도 꺼리는 일이 없으시니 이는 사람을 외모로 보지 아니하심이니이다(마 22:16).

우리는 불의한 사람들에게서 나타나는 두 가지 속성을 보게 됩니다. 첫째, 그들은 목적을 위해서는 수단과 방법을 가리지 않습니다. 원래 바리새인들은 율법에 충실하며 하나님의 뜻대로 사는 것을 신앙 원칙으로 삼은 사람들이었습니다. 어느 정도가 아니라 아주 철저하게 그렇게 살도록 훈련된 사람들입니다. 그들은 여러 가지 율법을 지키는 것 외에도, 율법을 해석한 법들을 만들어서까지 하나님의 법을 완전하게 지키려고 애썼습니다. 그래서 그들은 로마의 세력에 대해서는 늘 반항적이었습니다. 그들은 세속적이고 이방적이고 정치적인 세력에 대해서는 동의하지 않았습니다. 가이사에게 세금을 바치는 것을 그들은 아주 불쾌하게 생각했습니다. 가능하면 바치지 않는 방법을 택하려고 노력했던 것입니다.

그러나 그들은 예수 그리스도를 공격하기 위해서 자기들이 생명처럼 여기는 신앙의 신조마저도 버리고 헤롯당원들과 합세했습니다. 놀라운 일입니다. 헤롯파란 헤롯을 지지하는 친로마 세력입니다. 그들은 신앙적이고 종교적이라기보다는 정치적이고 세속적인 하나의 권력 집단에 속한 사람들입니다. 그런데 바리새인들이 그런 헤롯당을 찾아갔습니다. 헤롯당과 야합하여 예수님을 공격하는 세력으로 둔갑한 것입니다. 바리새인들은 가이사에게 세금 내는 것을 기뻐하지 않는 그룹입니다. 반대로 헤롯파는 가이사에게 세금 내는 것을 좋아하는 그룹입니다. 신앙적으로나 정치적으로나 서로 접근할 수 없는 사람들입니다. 그러나 예수님을 공격하는 데는 주저하지 않고 서로 야합했던 것입니다. 어찌 보면 헤롯파 사람들은 원래 정치적이고 세속적이기 때문에 야합한다는 것은 당연한 그들의 속성일지 모르겠습니다. 그러나 바리새인들의 경우는 다릅니다. 그들은 그렇게 해서는 안 되는 사람들이었습니다. 참 신앙인인가 아닌가는 목적을 위해서 쉽게 아무 수단이나 방법을 쓸 수 있느냐 없느냐로 결정됩니다. 자기의 목적을 위해 권모술수를 쉽게 쓰는 사람은 신앙적인 사람이 아닙니다.

둘째, 불의한 사람들은 마음에도 없는 거짓말을 그럴 듯하게 합니다. 사탄은 원래 살인자입니다. 사탄은 거짓말쟁이입니다. 귀신이 들어오면 사람은 순결을 잃어버리고 지조를 잃어버리게 됩니다. 몸을 더럽게 씁니다. 귀신이 들어오면 생각이 더러워집니다. 귀신이 들어오면 삶이 지저분해집니다. 마음대로 삽니다. 어떤 사람들은 거짓말을 아주 쉽게 합니다. 자기 상상력이 진실이라고 믿는 사람들이 있습니다. 말이 왔다 갔다 하는 사람들도 있습니다. 때에 따라 말이 수시로 바뀝니다. 거짓말하는 것이 습관이 된 사람도 있습니다. 뭔가 과장하고 거짓말이 많은 사람은 이미 사탄의 영향권 안에 들어가 있다는 사실을 알아야 합니다. 마귀는 거짓말하는 자요 살인자입니다. 예수님에 대한 바리새인들과 헤롯당원들의 말을 들어보십시오.

"당신은 참되시고 진리로 하나님의 도를 가르치시며 아무도 꺼리는 일이 없으시니 이는 사람을 외모로 보지 아니하심이니이다."

이 말이 거짓말이라는 말이 아닙니다. 이 말은 진실입니다. 이 사람들은 자기도 모르게 놀라운 진리를 선포하고 말았습니다. 마귀들도 가끔 하나님을 선포합니다.

예수님은 하나님의 진리와 도를 가르치셨던 분입니다. 예수님은 자기의 생각이나 사상을 전하신 일이 없습니다. 예수님은 다른 사람의 철학이나 문학이나 예술을 전하신 일이 없습니다. 예수님이 가르쳐 주신 진리는 하나님 나라에 관한 진리였습니다. 예수님은 사람을 외모로 취하지 않으신 분입니다. 신앙의 본질은 외적인데 있지 않고 내적인 데 있습니다. 하나님은 우리의 껍데기를 보시지 않습니다. 하나님은 우리의 명함을 보시지 않습니다. 하나님은 그 사람의 지위도, 재산도, 능력도 보시지 않습니다. 하나님은 그 사람의 중심을 보십니다.

신앙은 영적인 것이며 내적인 것입니다. 내적인 사람은 사람을 두려워하지 않습니다. 그러나 외적인 사람은 사람을 두려워합니다. 심지어 어떤 사람은 기도해 놓고도 "내 기도, 어때?"라고 합니다. 찬양도, 기도도, 봉사도 하나님 앞에서 해야 합니다.

예수님은 사람의 중심을 보시고 겉모양은 보시지 않기 때문에 사람을 두려워하지 않으셨습니다. 혹시 사람이 무섭습니까? 그렇다면 마음이 병든 것입니다. 사람은 두려워할 존재가 아닙니다. 두려워할 존재는 오직 하나님 한 분뿐이십니다. 사람을 두려워하지 마십시오. 하나님을 두려워하십시오. 예수님은 아무도 꺼리지 않으셨습니다.

하나님에 대한 나의 영적 태도가 어떠하냐가 나를 결정합니다. 바리새인들과 헤롯당원들은 예수님을 거꾸러뜨리기 위해 주님에게 아부했습니다. 사람은 칭찬을 해보면 그가 어떤 사람인지 알 수 있습니다. "도가니로 은을, 풀무로 금을, 칭찬으로 사람을 단련하느니라"(잠 27:21)고 했습니다. 예수님은 진정한 찬양이라면 받으셨을 것입니다. 그러나 입바른 소리는 듣지 않으십니다. 마음에 없는 기도, 마음에 없는 찬양을 하나님은 듣지 않으십니다. 마음에 없는 봉사, 체면으로 하는 수고, 체면으로 하는 헌금을 하나님은 받지 않으십니다.

외식하는 자들을 꾸짖으신 예수님

이들은 예수님에게 존경과 찬사를 보내고 나서 올무에 걸릴 수 있는 질문을 하나 던졌습니다.

> 그러면 당신의 생각에는 어떠한지 우리에게 이르소서 가이사에게 세금을 바치는 것이 옳으니이까 옳지 아니하니이까(마 22:17).

여기서 말하는 세금이란 인두세입니다. 당시의 세금에는 토지세, 재산세, 인두세가 있었는데, 14세에서 65세 사이의 사람은 누구든지 인두세를 내야만 했습니다. 이 질문은 예수님을 진퇴양난에 빠뜨리는 질문이었습니다. 만약 예수님이 세금을 내지 말라고 한다면 로마 정부에 반대하는 입장에 서게 될 것입니다. 그리고 가이사에게 세금 내는 것을 좋아하는 헤롯당원들의 반감을 사게 될 것입니다. 반대로 세금을 내라고 하면 유대인들에게 신앙적으로 배척과 의심을 받게 될 것입니다. 유대인들에게 왕은 오직 하나님뿐이었습니다. 그들은 정치적으로 시련과 압제를 당하고 있었기 때문에 로마의 권력과 왕을 몹시 싫어했습니다. 할 수만 있다면 어떻게 해서든지 가이사에게 내는 세금을 안 내려고 했습니다.

이 문제에 대해 예수님은 어떻게 반응하셨습니까? 첫 번째 반응입니다.

예수께서 그들의 악함을 아시고 이르시되 외식하는 자들아 어찌하
여 나를 시험하느냐(마 22:18).

예수님은 두 얼굴, 두 마음, 이중적인 생각이 있는 그들의 정체
를 드러내셨습니다. 사실 바리새인들의 가장 큰 원수는 헤롯파였
습니다. 그럼에도 불구하고 그들은 야합해서 예수님을 함께 시험
했습니다. 예수님은 그들의 속을 꿰뚫어 보셨고 그 속에 숨어 있는
악을 보셨습니다.

악을 여러 가지로 정의할 수 있지만, 본문 말씀에 의하면 악은
'외식'입니다. 외식은 두 얼굴, 즉 겉 다르고 속 다른 것입니다. 말
과 생각이 다릅니다. 행동과 생각이 다릅니다. 예수님은 그들의 악
함을 아시고 "외식하는 자들아 어찌하여 나를 시험하느냐"고 꾸
짖으셨습니다. 이것은 예수님이 40일 동안 금식하며 기도하신 후
마귀와 대적할 때 쓰셨던 "사탄아 물러가라"와 같은 말입니다.

우리가 어떤 죄를 지었을 때 먼저 죄를 고백하고 용서를 받아야
합니다. 그러나 어떤 부분은 꾸짖어야 합니다. 우리 속에 들어와
있는 악한 귀신은 꾸짖어야 합니다. 사탄의 세력을 예수 그리스도
의 이름으로 꾸짖고 추방해야 합니다. 예수님은 하나님의 권위와
능력으로 꾸짖으셨습니다.

가이사의 것은 가이사에게, 하나님의 것은 하나님에게

예수님의 두 번째 반응은 다음의 말씀에서 볼 수 있습니다.

> 세금 낼 돈을 내게 보이라 하시니 데나리온 하나를 가져왔거늘 예
> 수께서 말씀하시되 이 형상과 이 글이 누구의 것이냐 이르되 가이
> 사의 것이니이다 이에 이르시되 그런즉 가이사의 것은 가이사에게,
> 하나님의 것은 하나님께 바치라 하시니(마 22:19-21).

예수님은 가이사에게 바칠까 말까 질문하는 그 돈을 가져오라
고 하셨습니다. 그리고 그 돈에 새겨진 형상이 누구의 것이냐고 물
으셨습니다. 그러자 그들은 가이사의 것이라고 대답했습니다. 그
당시의 화폐는 로마 황제의 형상이 새겨진 것이 통용되었습니다.
그리고 거기에는 "만인의 주 신성한 아우구스도의 아들 디베료 가
이사"라는 글이 쓰여 있었습니다. 그들이 '가이사의 것'이라고 말
하는 순간, 예수님은 단호하게 아주 놀라운 말씀을 하셨습니다.
"가이사의 것은 가이사에게, 하나님의 것은 하나님께."
이 말에서 우리는 세 가지의 중요한 의미를 찾아볼 수 있습니다.
첫째, 하나님의 것과 세상 것은 구별되어야 한다는 것입니다. 많
은 사람이 세상에 살면서 하나님의 것과 사람의 것을 섞으려고 합
니다. 우리가 하나님의 뜻대로, 하나님의 말씀대로 살지 못할 때
하나님을 인간의 차원으로 끌어내리려 하는 것입니다. 어떤 경우

에 사람들은 예수 그리스도를 자기 상식과 이성, 경험과 합리성에 맞추려고 합니다. 그러나 죄와 거룩은 타협하거나 섞일 수 없습니다. 세상의 권력과 정치가 교회 안에 들어올 수 없고 동시에 교회의 거룩과 순결이 세상의 정치와 권력에 이용당할 수도 없습니다. 이것은 물과 기름처럼 엄연히 다른 것입니다.

둘째, 이 말씀에서 배우는 것은 '가이사의 것은 가이사의 것'이라는 사실입니다. 우리가 세상에 살면서 한편으로는 이 세상이나 국가에게 충성하라는 뜻입니다. 쉽게 말하면 세금을 잘 내라는 것입니다. 예수 믿는 사람이 세금을 내지 않고 합리적으로 피할 수 있는 길은 없습니다. 예수 믿는 사람이 먼저 좋은 시민이 되어야 하고 질서를 지켜야 합니다. 로마서 13장 1절은 "각 사람은 위에 있는 권세들에게 복종하라"고 말씀하고 있습니다. 악한 주인일지라도 순종하고 악한 왕일지라도 그 권세에 순종하라는 말입니다. 베드로전서 2장을 보면 놀라운 말씀이 있습니다.

너희가 이방인 중에서 행실을 선하게 가져 너희를 악행한다고 비방하는 자들로 하여금 너희 선한 일을 보고 오시는 날에 하나님께 영광을 돌리게 하려 함이라(벧전 2:12).

셋째, 구원받은 우리는 하나님의 자녀요, 천국 시민입니다. 우리는 세상 사람이 아닙니다. 우리는 우리 자신의 것도 아닙니다. 하나님의 것입니다. 우리는 영원에 속한 사람이요, 영생을 소유한 사람들입니다. 우리의 자녀는 우리의 것이 아닙니다. 하나님의 것입니다. 우리의 재물도, 우리의 시간도 하나님의 것입니다. 우리의 삶은 온전히 하나님의 것입니다. 이제는 내가 사는 것이 아니요 내 안에 그리스도가 사시는 것입니다. 이 말은 하나님의 것은 하나님에게 바치라는 말씀의 의미입니다.

예컨대 물 위에 떠 있는 배를 생각해 볼 때 세상은 바다고 그리스도인은 배 위에 타고 있는 사람입니다. 이 배는 바다 위에만 다닙니다. 그리스도인은 기도원에서만 사는 사람이 아니라 죄 많은 현실의 한복판에서 사는 사람입니다. 그러나 결코 세상의 물결이 배 안에 들어오지 못하게 합니다. 바닷물이 배 안으로 들어오면 배는 파선되고 맙니다. 우리는 유유히 이 세상을 항해하는 사람들입니다. 가끔 고난의 태풍이 불기도 합니다. 그러나 태풍이 불면 배는 빨리 갑니다.

그리스도인과 세상의 관계는 바다와 물고기의 관계와 같습니다. 물고기는 바다 속에서 아주 자유롭게 헤엄치며 돌아다닙니다. 그리스도인은 이 세상에서 자유롭게 헤엄치며 다니는 사람과 같습니다. 짠 물을 먹은 고기라고 짜지 않습니다. 그리스도인은 세상 속에 살지만 그는 결코 세속적인 사람이 아닙니다. 거룩한 사람이요, 의로운 사람이요, 하나님의 인 치심을 받은 백성입니다.

하나님의 기적은 하나님의 사람이 하나님의 것을 하나님에게 드릴 때 일어납니다. 하나님의 사람은 하나님이 주시는 것을 먹고 사는 사람입니다. 세속적인 것을 하나님에게 바치면 안 됩니다. 사기 쳐서 번 돈으로 헌금하지 마십시오. 하나님은 가난한 거지가 아니십니다. 하나님은 도박으로 번 돈은 헌금으로 받지 않으십니다. 땀 흘려 신실하게 애써서 번 것을 통해 하나님의 기적이 일어납니다. 헌신은 제일 좋은 것을 하나님 앞에 드리는 것입니다. 남는 시간을 드리는 것이 아니라 바쁜 중에서도 제일 좋은 시간을 드리는 것입니다. 나를 위해서 하나님이 존재하는 것이 아니라 하나님을 위해서 내가 존재합니다. 이것이 "하나님의 것은 하나님께"라는 말씀의 뜻입니다.

우리의 삶에 이런 아름다운 축복이 있기를 바랍니다. 우리는 결코 세상을 떠나서 사는 사람이 아닙니다. 세상 한복판에서 가이사의 것은 가이사에게 주고, 하나님의 것은 하나님에게 드리는 삶을 살아야 합니다.

9

산 자의 하나님을
믿으라

마태복음 22:23-33

권세의 문제를 가지고 예수님에게 도전했던 대제사장들과 백성의 장로들은 결코 하나님이신 예수 그리스도를 실패하게 할 수 없었습니다. 바리새파와 헤롯파 사람들도 세금 문제로 예수님에게 도전했지만 예수님은 가이사의 것은 가이사에게, 하나님의 것은 하나님에게 바치라는 말씀으로 그들의 공격을 물리치셨습니다. 이번에는 부활의 문제를 가지고 예수님에게 나타난 사두개파 사람들에 관한 말씀입니다. 권세가 종교의 본질에 관한 문제라면, 세금은 정치, 사회적인 영역에 관한 문제고, 부활은 교리의 문제라고 할 수 있습니다.

  부활이 없다 하는 사두개인들이 그 날 예수께 와서 물어 이르되
  (마 22:23).

  같은 하나님을 믿고 같은 신앙의 뿌리가 있다고 하지만 바리새인들과 사두개인들은 서로 교리가 달랐습니다. 바리새인들은 몸의 부활을 믿었고 사두개인들은 부활을 믿지 않았습니다. 그들은 바리새인들이 예수님을 공격하는 데 실패한 것을 보고 자기들의 교리 문제로 또다시 공격했습니다.

선생님이여 모세가 일렀으되 사람이 만일 자식이 없이 죽으면 그 동생이 그 아내에게 장가들어 형을 위하여 상속자를 세울지니라 하였나이다 우리 중에 칠 형제가 있었는데 맏이가 장가들었다가 죽어 상속자가 없으므로 그 아내를 그 동생에게 물려주고 그 둘째와 셋째로 일곱째까지 그렇게 하다가 최후에 그 여자도 죽었나이다 그런즉 그들이 다 그를 취하였으니 부활 때에 일곱 중의 누구의 아내가 되리이까(마 22:24-28).

여기서 예수님을 공격하기 위한 사두개인들의 질문이 얼핏 보면 굉장히 예리하고 날카로운 것 같습니다. 그러나 그 질문을 영의 눈을 가진 사람이 보면 얼마나 허구성이 가득한 질문인지를 알게 됩니다.

사두개인들의 질문의 허구성

첫째, 질문 내용이 거짓된 내용입니다. 어떤 사람이 일곱 형제가 있었다는 것입니다. 딸만 일곱 있는 가정은 있어도 아들만 일곱 있는 가정은 일반적인 경우가 아닙니다. 게다가 일곱 형제 중 큰아들만 결혼했고 동생들은 다 결혼도 못 했습니다. 그리고 큰아들이 죽고 둘째, 셋째에서 마지막 일곱째 아들까지 죽고 나서야 그 여자가 죽었다고 했는데, 그 연차대로 따져보면 있을 수 없는 일입니다.

이러한 가상적인 스토리를 가지고 마치 진실인 양 말하는 이 질문의 허구성을 우리는 꿰뚫어 보아야 합니다. 사두개인들은 단지 예수님을 교리적으로 골탕 먹이기 위해 이야기를 지어낸 것이 분명합니다.

둘째, 그들은 자신들이 인용한 신명기 25장의 말씀을 잘못 이해하고 있습니다. 신명기 25장 5-6절의 내용은 이렇습니다.

"형제들이 함께 사는데 그 중 하나가 죽고 아들이 없거든 그 죽은 자의 아내는 나가서 타인에게 시집가지 말 것이요 그의 남편의 형제가 그에게로 들어가서 그를 맞이하여 아내로 삼아 그의 남편의 형제 된 의무를 그에게 다 행할 것이요 그 여인이 낳은 첫 아들이 그 죽은 형제의 이름을 잇게 하여 그 이름이 이스라엘 중에서 끊어지지 않게 할 것이니라."

우리는 다말이라는 여자를 알고 있습니다. 다말은 인륜으로 생각하면 참 이해할 수 없는 여자입니다. 왜냐하면 시아버지를 완전히 의도적으로 유혹해서 아기를 낳았기 때문입니다. 그러나 그 여자가 예수님의 족보에 들어갔습니다. 훌륭한 여자로 인 침을 받은 것입니다. 왜 그렇습니까? 메시아의 맥을 잇는 일을 했기 때문입니다. 그러므로 이 말씀에서 제시된 본뜻은 죽은 형제의 후사를 잇게 하여 그 이름을 이스라엘 중에서 끊어지지 않게 하는 데 있습니다. 그런데 사두개인들은 이 말씀의 본뜻은 제쳐놓고 부활이 없다는 자기들의 교리를 합리화시키기 위해 이 말씀을 인용했습니다.

사두개인들은 예수님을 공격하기 위해 가상의 이야기를 지어냈고, 모세의 율법을 잘못 인용했다는 것을 우리는 알 수 있습니다.

우리가 전도해 보면 어떤 사람들은 아주 그럴듯한 이유를 들면서 하나님을 거부하고 예수님을 믿지 않으려 합니다. 그들 가운데는 성경을 많이 알고 있는 사람도 있고, 교회에 관해 누구보다도 익숙하고 해박한 지식을 가졌다고 자부하는 사람도 있습니다. 또 어떤 이는 교리적으로 부활이나 기적 같은 사실을 받아들일 수 없기 때문에 거절하는 사람도 있고, 믿는 사람들 때문에 시험받아 거부하는 사람도 있습니다.

그러나 어떤 형태로 예수 그리스도를 거부하든 간에 그들이 말하는 이유는 사두개인들의 질문과 비슷한 허구성이 있습니다. 그들이 알고 있다는 성경이나 교회에 관한 지식은 성경에 나타난 사두개인들의 수준과 별 차이가 없습니다. 그들이 거부하는 이유는 여러 가지겠지만 그들의 근본적인 문제는 결국 마음속에 하나님에 대한 적대감, 불신앙, 영적 교만이 도사리고 있다는 것입니다. 그러나 누구라도 겸손한 마음으로 성경을 펴서 구도자적 자세로 정직하게 성경을 읽고 연구하면 반드시 하나님을 믿게 될 것입니다.

사두개인들의 실수
이러한 사두개인들의 질문에 예수님은 어떻게 대답하셨습니까?

예수께서 대답하여 이르시되 너희가 성경도, 하나님의 능력도 알지 못하는 고로 오해하였도다(마 22:29).

예수님은 그들의 질문에 나타난 두 가지 잘못을 지적해 주셨습니다. 첫째, 그들이 성경을 인용했지만 예수님이 보시기에는 성경을 제대로 알지 못하고 있다는 사실을 지적하셨습니다. 그렇습니다. 성경을 백 번 읽고 신학교를 수석으로 졸업했다 한들 성경의 참 내용을 바로 깨닫지 못했다면 무슨 소용이 있겠습니까? '전도폭발'을 창설했던 제임스 케네디 목사님은 신학교를 수석으로 졸업한 사람입니다. 그가 신학의 지식을 가지고 목회를 시작하면서 누구보다도 목회를 잘할 줄 알았습니다. 그러나 계속해서 실패를 경험합니다. 자기의 신학 지식으로, 자기의 인간적인 정열로 목회가 안 된다는 것을 깨닫기 시작합니다. 그런 그가 회개하고 무릎을 꿇고 다시 시작한 것이 전도폭발 훈련입니다. 복음으로 되돌아온 것입니다.

이단을 만나면 성경을 아주 잘 아는 것처럼 느껴집니다. 그러나 그들은 자기들이 원하는 교리만을 구슬 꿰듯 꿰어 신구약을 전부 짝맞춥니다. 그리고 그것을 달달달 외웁니다. 여호와의 증인이 그렇고, 통일교가 그렇고, 구원파가 그렇습니다. 성경 전체의 중심 내용을 파악하지 못하고 자기들이 원하는 내용만 꿰어서 성경을 이해하는 것입니다. 다른 사람이 들을 때는 아주 합리적이고 그럴

듯합니다. 성경에 대해 정통한 것처럼 보입니다. 그러나 그들이 예수님 앞에 가면 "너희가 성경을 오해하였느니라"는 말씀을 듣게 될 것입니다. 성경을 크게 오해하여 성경의 핵심과 본질을 잃어버렸다고 하실 것입니다.

그러면 여기서 성경을 바로 이해하지 못했다는 말씀은 무슨 뜻입니까? 그것은 부활이 있다는 성경의 주장을 믿지 않았다는 뜻입니다. 저는 모태신앙이었고, 유아세례를 받았고, 교회 생활에 아주 익숙한 사람이었습니다. 부흥회, 새벽 기도회에 참석했고, 중고등부 회장도 했습니다. 하지만 예수님을 잘 몰랐습니다. 이 말은 제가 예수님을 제 개인의 구주로 영접하지 않았다는 말이요 구원의 확신이 없었다는 말입니다. 그때 저는 성경을 읽으면서 윤리적인 말씀이 그렇게 좋을 수가 없었습니다. "오른편 뺨을 치면 왼편 뺨을 돌려 대라"는 등의 말씀만 눈에 들어왔습니다.

그러나 구원을 받으면 달라집니다. '예수 그리스도의 십자가', '그리스도의 죽음'이라는 단어가 눈에 들어오기 시작합니다. 그리고 성령을 체험하고 보니 '성령'이라는 말이 또 그렇게 많이 보입니다. 성경 전체가 성령으로 가득 차 있는 것을 보게 됩니다. 또 귀신을 인정하지 않았을 때는 귀신 쫓았다는 말이 전혀 눈에 안 들어오더니 귀신의 역사를 체험하고 영적 싸움에 눈을 뜨면서는 예수님이 얼마나 많은 귀신을 쫓으셨던가를 알 수 있었습니다. 창세기부터 요한계시록까지의 말씀에서 마귀가 수없이 많은 영혼을 노략질한다는 것을 알게 되었습니다. 성경을 보는 눈이 달라진 것입니다. 성령을 체험해야 성경의 진리에 눈을 뜹니다.

많은 사람이 성경을 읽지만 '부활'이라는 말에 눈을 돌리지 못합니다. 구약을 보면 부활이라는 단어를 직접 쓰지는 않지만 곳곳에서 몸의 부활을 이야기하고 있습니다. 신명기 32장 39절에서는 "나는 죽이기도 하며 살리기도 하며 상하게도 하며 낫게도 하나니 내 손에서 능히 빼앗을 자가 없도다"라고 했고, 이사야 26장 19절에서는 "주의 죽은 자들은 살아나고"라고 했습니다. 하나님의 사람 에녹은 죽지 않고 산 채로 들림을 받았고 엘리야는 불 수레를 타고 승천했습니다. 그러나 이단은 이러한 놀라운 부활의 진리를 인정하려 들지 않습니다. 이것이 바로 교리에 얽매인 사람들의 불행입니다.

이단에 얽매인 사람들은 자신들이 믿는 것 외에는 진정한 진리에 대해서 눈을 감기로 결정해 버립니다. 그리고 그들은 자기 스스로가 성경을 제일 잘 안다고 착각합니다. 사두개인들이 성경을 읽고 인용했지만 그들은 많은 부분을 자기들이 편한 대로 사용했고 자기들이 주장하는 교리대로 진리를 오용했습니다.

교회에서 하는 성경공부는 양이 중요하지 않고 그 내용이 중요합니다. 창세기에서 요한계시록까지 공부하면서 거기에서 예수 그리스도를 발견하지 못했다면 아무것도 발견하지 못한 것입니다. 예수 그리스도가 우리를 위해 십자가에 피 흘려 돌아가셔서 그 보혈로 우리의 죄를 용서해 주셨다는 사실을 발견하지 못했다면 아무것도 발견하지 못한 것입니다. 예수 그리스도는 십자가에서 돌아가시고 부활하시고 승천하셨으며 영광 중에 다시 오신다는 사실, 또 주님이 성령을 보내 주시고 우리에게 "오직 성령이 너희에게 임하시면 너희가 권능을 받고 예루살렘과 온 유대와 사마리아와 땅 끝까지 이르러 내 증인이 되리라"(행 1:8)고 명령하신 사실을 발견하지 못했다면, 그리고 영광스러운 주님의 몸 된 교회를 발견하지 못했다면 그 성경공부는 아무 의미도 없습니다. 이러한 성경의 놀라운 진리를 발견할 때 우리는 성경의 전체적인 의미를 바로 깨닫게 됩니다.

하나님의 능력을 알지 못함

둘째, 사두개인들의 또 한 가지 실수는 참 능력을 알지 못했다는 것입니다. 그들은 죽은 자를 살리시고, 없는 것을 있게 하시고, 안 되는 것을 되게 하시는 전능하신 하나님의 능력을 믿지 않았습니다. 가장 심각한 불신앙은 하나님을 자기의 지성과 경험으로 제한하려는 것입니다. 그것은 하나님이 아닙니다. 인간이 만든 신에 불과합니다. 우리가 성경을 보면 가장 큰 죄는 믿지 않는 죄라는 것을 알게 됩니다. 귀신들린 아이의 부모가 예수님에게 찾아와서 "무엇을 하실 수 있거든 우리를 불쌍히 여기사 도와주옵소서"라고 했을 때 예수님은 어떻게 대답하셨습니까? "귀신아 떠나라"가 아니었습니다. 예수님은 "할 수 있거든이 무슨 말이냐 믿는 자에게는 능히 하지 못할 일이 없느니라"고 말씀하셨습니다.

그 때에 귀신들린 아이의 부모가 생각을 바꾸어 "내가 믿나이다 나의 믿음 없는 것을 도와주소서" 하고 간곡히 요청했습니다.

믿음이 없습니까? 안 믿어집니까? 어린아이처럼 구하십시오. 믿음이 생기기를 간절히 구해야지, 믿음 없는 것을 고집하지 말기를 바랍니다. 믿음 없는 것은 자랑이 아닙니다. "믿음 없는 나를 불쌍히 여기셔서 하나님이 원하는 믿음을 갖게 해 주옵소서"라고 기도할 때 믿음이 자라는 것입니다. 하나님에게는 불가능이 없습니다. 겨자씨만 한 믿음만 있어도 이 산을 저 바다에 옮길 수 있다고 말씀하셨습니다. 예수님은 "나보다 너희들이 더 큰 일을 할 수 있다"고 하셨습니다. 하나님은 이러한 엄청난 가능성을 우리에게 주신 것입니다.

저는 요즘 저 자신과 싸우고 있습니다. 제 안에 자꾸 합리적으로 가려는 생각, 상식적으로 가려는 생각, 또 인간적으로 가려는 모습을 보고 얼마나 싸우는지 모릅니다. 목회에서도 저의 연약한 육신의 생각 때문에 자꾸 부정적인 생각이 들어오는 것 같았습니다. 우리는 이러한 부정적인 생각을 물리쳐야 합니다. 우리는 약하지만 하나님은 강하십니다.

우리는 위대한 일을 할 수 있습니다. 위대한 믿음을 하나님이 우리에게 주시기 때문입니다. 그것을 가지고 우리는 이 세대를 주님 오시기 전까지 복음화할 수 있습니다. 내 안에 찾아오는 인간적인 생각, 상식적인 생각, 경험적인 생각, 합리적인 생각 등 하나님을 제한하는 것들을 깨뜨려 버려야 합니다. 우리는 하나님의 능력을 믿어야 합니다. 연약한 모습의 내가 기준이 되어서는 안 됩니다. 성경이 기준이 되어야 합니다. 우리 하나님은 능력 있는 아버지십니다. 참된 믿음이 있으면 참된 기적이 일어납니다. 왜 많은 사람에게 기적이 일어나지 않습니까? 믿고 신뢰하지 않기 때문입니다. 하나님의 생각보다 자기의 생각이 더 위대하다는 교만이 있기 때문입니다.

우주의 주인이신 하나님은 과거에 하신 것처럼 지금도 우리에게 능력을 나타내실 것입니다. 앞으로 오고 오는 세대에도 하나님의 능력을 사모하는 자에게는 이 능력이 그대로 임할 것입니다. 하나님은 어제나 오늘이나 영원토록 동일하십니다. 예수님이 기적을 베풀지 않으실 때가 있었는데 그것은 예수님이 자라나신 고향에서였습니다. 고향 사람들은 예수님의 어릴 때 모습을 보았기 때문에 예수님이 능력이 있는 하나님의 아들이라는 사실을 믿을 수가 없었습니다. 그들은 과거의 선입관으로 예수님을 제대로 바라보지 못했습니다. 혹시 과거에 예수님에 대한 쓰라린 선입관이 있는 사람이 있다면, 지금 이 순간 주님의 이름으로 다 치유 받기 바랍니다.

세상 질서와 천국의 질서

부활 때에는 장가도 아니 가고 시집도 아니 가고 하늘에 있는 천사
들과 같으니라(마 22:30).

이 말씀의 요점은 세상 질서와 하나님 나라의 질서는 다르다는
것입니다. 대부분의 사람은 천국을 세상적인 관점에서 이해하려
고 합니다. 세상에서는 시집가고 장가가는 것이 있습니다. 아기 낳
는 것이 있습니다. 그러나 천국에는 그런 질서가 없습니다. 그것
은 차원이 다른 세계입니다. 세상에는 누가 누구와 더 친하고 덜
친한 게 있습니다. 그러나 천국에서는 아닙니다. 모두가 그리스도
안에서 한 형제일 것입니다. 더 친하고 덜 친한 것 없이 모든 사람
과 공평하게 다 친할 것입니다. 그래서 천국에는 시기와 질투가 없
고 미움도 없습니다. 그리스도의 온전한 사랑, 흠도 티도 없는 완
벽한 사랑만 있습니다. 우리는 이런 깊은 영적 진리에 이르러야 합
니다. 우리의 사랑에는 편견이 있고 우리의 사랑에는 선입관이 있
습니다. 그러나 주님은 창녀든, 세리든, 베드로든 누구나 다 똑같
이 사랑하셨습니다. 사두개인들은 이런 부활의 진리를 몰랐기 때
문에 가상적이고 유치한 질문을 하게 되었고 부활까지 부인하게
된 것입니다.

죽은 자의 부활도 그와 같으니 썩을 것으로 심고 썩지 아니할 것으로 다시 살아나며 욕된 것으로 심고 영광스러운 것으로 다시 살아나며 약한 것으로 심고 강한 것으로 다시 살아나며 육의 몸으로 심고 신령한 몸으로 다시 살아나나니 육의 몸이 있은즉 또 영의 몸도 있느니라(고전 15:42-44).

우리가 세상에서는 육의 몸을 가지고 삽니다. 그러나 하늘나라에서는 신령한 몸을 가지고 살게 될 것입니다. 천국은 더 이상 지상처럼 결혼하거나 생산하는 것이 필요하지 않는 곳입니다. 그곳은 하나님이 통치하시는 영광스러운 나라입니다.

살아 있는 자의 하나님

죽은 자의 부활을 논할진대 하나님이 너희에게 말씀하신 바 나는 아브라함의 하나님이요 이삭의 하나님이요 야곱의 하나님이로라 하신 것을 읽어 보지 못하였느냐 하나님은 죽은 자의 하나님이 아니요 살아 있는 자의 하나님이시니라(마 22:31-32).

이 말씀은 출애굽기 3장 6절에 나왔던 말씀입니다. 모세가 호렙산에 올라가서 떨기나무 불꽃 속에서 하나님을 보았을 때 하나님의 음성이 들렸습니다.

이리로 가까이 오지 말라 네가 선 곳은 거룩한 땅이니 네 발에서 신을 벗으라 또 이르시되 나는 네 조상의 하나님이니 아브라함의 하나님, 이삭의 하나님, 야곱의 하나님이니라(출 3:5-6).

아브라함의 하나님, 이삭의 하나님, 야곱의 하나님이라는 말은 죽은 자의 하나님이 아니라 살아 있는 자의 하나님이라는 뜻입니다. 즉 아브라함을 갈대아 우르에서 부르셔서 믿음의 조상으로 인치 시기까지 신실하게 인도하시고 보호하셨던 살아 계신 아버지 하나님이란 뜻입니다. 또한 이삭의 순종과 제사를 통해 나타났던 것처럼 십자가에 못 박히시기까지 우리를 사랑하셨던 성자 하나님의 모습입니다. 그리고 아주 못되고 고약한 성품의 소유자였던 야곱을 연단시키고 훈련시켜 드디어 이스라엘로 이름을 바꿔 주시며 거듭나게 하시는 살아 계신 성령 하나님을 말씀하고 있습니다.

그 하나님은 죽은 자의 하나님이 아니요, 살아 있는 자의 하나님이십니다. 이것이 부활의 근거입니다. 우리 하나님은 하나의 관념, 하나의 이론에 갇혀 있는 죽은 하나님이 아니요, 철학자나 종교 사상가들이 만들어 낸 하나님이 아닙니다. 그분은 살아 계셔서 역사하시는 하나님이시요, 죽은 자를 살리시는 하나님입니다. 병든 자를 치유하시는 하나님이시요. 파멸과 죽음에서 우리를 구원하시는 능력의 하나님이십니다. 아브라함을 불러냈던 하나님이시고 이삭을 축복해 주셨던 하나님이시며 야곱을 변화시켜 주셨던 하나님이십니다.

죽은 자에게 하나님은 죽은 하나님일 뿐입니다. 살아 있는 자에게 있어서만 참된 하나님이 되는 것입니다. 파스칼은 자신이 예수 그리스도를 통해 살아 역사하시는 하나님을 발견했을 때 《팡세》에서 이렇게 고백했습니다. "아브라함의 하나님, 이삭의 하나님, 야곱의 하나님은 죽은 자의 하나님이 아니요 산 자의 하나님, 그리고 철학자의 하나님이 아니요 나의 하나님입니다." 그는 하나님을 발견하고 "환희, 환희, 환희!"라고 외쳤습니다. 그렇습니다. 우리 하나님은 살아 있는 자의 하나님이십니다.

우리에게 하나님은 어떤 분이십니까? 살아 역사하시는 하나님이십니까, 아니면 죽어 있는 관념의 하나님이십니까? 우리는 살아 역사하시는 하나님, 능력의 하나님, 지금도 오셔서 우리를 구원하시고 축복하시고 새롭게 하시는 하나님을 믿고 인정하고 그분에게 영광을 돌려야 할 것입니다.

10

첫째도 둘째도
사랑이다

마태복음 22:34-40

예수님이 사두개인들의 도전을 물리치시자, 또다시 바리새인들이 등장하여 계명의 문제에 관해 질문을 던집니다.

예수께서 사두개인들로 대답할 수 없게 하셨다 함을 바리새인들이 듣고 모였는데 그 중의 한 율법사가 예수를 시험하여 묻되 선생님 율법 중에서 어느 계명이 크니이까(마 22:34-36).

여기서 바리새인들이 질문한 목적은 예수님을 시험하기 위해서였습니다. 바리새인 가운데 특별히 '율법사'가 등장하는데, 율법사란 율법에 정통한 사람으로 율법 해석의 전문가입니다. 마가복음에서는 '서기관'이라는 표현을 썼고, 누가복음에서는 '교법사'라는 표현을 썼습니다. 이 사람은 율법전문가였기 때문에 자기의 전문 지식으로 예수님을 시험하려 했습니다. 우리 가운데 자기 전공에 자신 있는 사람은 조심해야 합니다. 자기 전공 때문에 교만해져서 하나님을 못 믿는 경우가 있습니다.

유대 랍비들은 율법을 확대 해석해서 토론하고 끊임없이 변론하기를 좋아했습니다. 율법에 대해 끊임없이 변론하는 것이 곧 하나님을 사랑하는 것이라고 생각했습니다. 그들은 하나님이 만들어 놓으신 율법에다 많은 주석과 해석을 달았습니다. 율법을 613개로 나누어, 248개는 적극적인 율법, 365개는 소극적인 율법으로 만들어 사람들을 꼼짝 못 하게 했습니다.

이것은 전혀 하나님이 의도하시지 않은 또 하나의 율법이 되고 말았습니다. 그들은 이 율법을 가지고 끊임없이 논쟁했고 예수님을 이 논쟁에 끌어들이려 했습니다. 그래서 예수님에게 나아가 아주 겸손한 척하며 질문합니다. "어느 계명이 더 큽니까?" 그것은 예수님에게 대답을 듣기보다는 예수님을 자기들의 전공 지식으로 끌어들여 트집을 잡아 공격하려는 의도가 컸습니다.

가장 크고 첫째 되는 계명 : 하나님 사랑

예수님은 그들의 질문을 듣고 지체 없이 명쾌하게 구약의 율법 중 가장 큰 계명을 선포하셨습니다.

> 예수께서 이르시되 네 마음을 다하고 목숨을 다하고 뜻을 다하여 주 너의 하나님을 사랑하라 하셨으니 이것이 크고 첫째 되는 계명이요(마 22:37-38).

예수님은 구약 율법의 가장 핵심적인 정신, 모든 율법의 원리가 되는 큰 계명이 '마음을 다하고 목숨을 다하고 뜻을 다하여 주 너의 하나님을 사랑하는 것'이라고 하셨습니다. 이 말씀은 신명기 6장 4-9절에 나타난 유대인들의 '쉐마'에서 인용된 말씀입니다. '쉐마'란 "들으라"는 뜻입니다. 이스라엘 백성은 자녀 교육에 있어서 삶의 중심을 이루는 핵심적인 교훈으로 이 쉐마를 늘 암송했습니다.

이스라엘아 들으라 우리 하나님 여호와는 오직 유일한 여호와이시니 너는 마음을 다하고 뜻을 다하고 힘을 다하여 네 하나님 여호와를 사랑하라 오늘 내가 네게 명하는 이 말씀을 너는 마음에 새기고 네 자녀에게 부지런히 가르치며 집에 앉았을 때에든지 길을 갈 때에든지 누워 있을 때에든지 일어날 때에든지 이 말씀을 강론할 것이며 너는 또 그것을 네 손목에 매어 기호를 삼으며 네 미간에 붙여 표로 삼고 또 네 집 문설주와 바깥 문에 기록할지니라(신 6:4-9).

한 분이신 하나님을 사랑하라는 이 말씀을 돌에 각을 뜨듯이, 나무에 각을 뜨듯이, 네 마음에 각을 떠서 기록하라. 그리고 자녀들에게 이 말씀을 주야로 가르쳐라. 그들의 머릿속에 완전히 들어가도록 가르쳐라. 집을 나갈 때에도, 들어올 때에도, 앉았을 때에도, 일어날 때에도, 길을 걸을 때에도 하나님을 생각하고 사랑하라는 것입니다. 이것이 이스라엘의 교육 원리요, 기독교의 전부라고 말할 수 있습니다.

한 분이신 하나님을 사랑하고 그분을 기쁘게 하고 영원토록 즐거워하는 것이 모든 인생의 본분입니다. 즉 인간은 자기를 지으신 하나님에게 영광과 존귀를 돌리기 위해 존재합니다. 그래서 성경은 마음과 성품과 힘을 다해 하나님을 사랑하는 것을 어려서부터 자녀들에게 가르치며 시간과 공간을 초월해서 '하나님 사랑'을 기억하라고 한 것입니다. 38절에서 예수님은 '하나님 사랑'이 율법 가운데서 가장 큰 계명일 뿐 아니라 첫째 되는 계명이라고 하셨습니다. 하나님 사랑의 반대는 자기 사랑입니다. 사람들은 끊임없이 자기 사랑, 자기 만족, 자기 성취를 위해 싸우고 서로 착취합니다. 자기라는 우상을 가지고 살아갑니다. 교회에 오는 것도 자기를 위해 옵니다. 자기의 성공을 위해, 자기의 건강을 위해 하나님이 필요한 것입니다. 교통사고 안 나도록, 사업이 잘되도록 기도하는 모든 것이 자기중심적입니다. 이기적이며 물질적이며 지배적이며 투쟁적인 것이 우리가 살고 있는 세상의 원리입니다. 반대로 하나님 나라의 원리는 하나님의 사랑에 기초해 있습니다. 하나님 나라에 속한 사람들은 하나님을 사랑하는 데 자기의 존재 의미가 있다고 믿습니다. 그래서 지배 대신에 섬김의 삶을 삽니다. 투쟁하는 대신에 희생하고, 받는 대신에 주는 삶을 삽니다.

과연 우리는 어떤 삶의 원리로 살아가고 있습니까? 우리의 삶의 목적이 무엇입니까? 하나님 나라는 자기의 이익을 위하여 투쟁하거나 다른 사람을 착취하거나 지배하는 나라가 아닙니다. 우리 인생의 의미는 하나님을 사랑하는 데 있습니다. 우리의 인생은 하나님으로부터 왔습니다. 우리의 짧은 생애는 하나님을 위해서 사는 인생입니다. 이렇게 살다가 우리는 어디로 갑니까? 하나님에게로 돌아갑니다. 하나님을 위해 살지 못한 사람은 하나님에게로 돌아가는 것이 부끄러울 것입니다. 우리 인생의 목적이 이렇기 때문에 성경에서는 "너는 마음을 다하고 성품을 다하고 힘을 다하여 너의 하나님을 사랑하라"고 한 것입니다.

우리가 하나님의 영광을 위해 살기 시작하면 우리는 남을 지배하는 사람이 아니라 섬기는 사람이 되고, 투쟁하는 사람이 아니라 희생하는 사람이 되고, 받는 사람이 아니라 주는 사람, 시기하는 사람이 아니라 축복하는 사람이 될 것입니다.

하나님 사랑의 세 가지 태도

그러면 어떻게 하나님을 사랑해야 하겠습니까? 예수님은 세 가지 태도를 가르쳐 주셨습니다. 첫째, 마음을 다하여 사랑하라고 하셨습니다. 하나님을 향한 사랑은 머리의 사랑이 아니라 가슴의 사랑입니다. 하나님을 느끼고 싶고 알고 싶은데 왜 안 됩니까? 머리로 사랑하기 때문에 그렇습니다. 하나님은 관념이나 지성으로 사랑할 수 없습니다. 하나님은 이론이 아니라 실제입니다. 살아 계신 분입니다. 비인격이 아니라 인격이십니다. 하나님은 신학이나 교리 안에 계시지 않습니다. 그분은 교리나 신학보다 더 크신 분이기 때문입니다. 하나님은 우리의 가슴을 열고 마음으로 뜨겁게 사랑해야 할 분입니다. 우리 하나님은 학문의 대상이 아닙니다. 그분은 살아 역사하시는 분이요 지금 우리 앞에 임재하시는 분입니다.

둘째, 목숨을 다하여 사랑하라고 하셨습니다. 하나님은 생명을 걸고 사랑하지 않으면 느껴지지 않습니다. 생명을 걸고 사랑하는 것만이 사랑입니다. 우리의 아내를, 우리의 남편을 그렇게 사랑해야 합니다. 그 사람이 병들었든지 건강하든지 그 사람이 예쁘든지 아니든지 무조건 사랑해야 사랑입니다. 사랑은 따지는 것이 아닙니다. 조건이 있는 것이 아닙니다. 상대적인 것이 아닙니다. 진짜 사랑은 생명을 거는 것입니다. 가장 높으신 하나님을 사랑하는데 어찌 시시한 사랑을 할 수 있습니까? 하나님을 시시하게 사랑해 놓고 어찌 위대한 사랑을 요구할 수 있겠습니까?

하나님은 우리를 어떻게 사랑하셨습니까? 하나님은 그분의 생명을 걸고 우리를 사랑하셨습니다. 자기의 독생자 예수 그리스도를 십자가에 비참하게 죽이기까지 우리를 사랑하신 것입니다. 그런데 우리는 너무 시시하게 하나님의 사랑을 받습니다. 너무나 무가치하게 생각합니다. 자기의 사랑이 변덕이 많고, 이기적이듯이, 하나님의 사랑도 그렇다고 생각합니다. 그러나 그렇지 않습니다. 하나님의 사랑은 생명을 주는 사랑입니다. 조건 없는 절대적인 사랑입니다. 이런 하나님을 우리는 가슴으로 사랑해야 합니다.

우리 가운데 진실로 이러한 사랑을 하는 사람들이 있습니다. 선교사들입니다. 그들은 자기의 직업을 포기하고 자기의 삶, 자기의 가족도 포기하고 하나님을 사랑하기 때문에 오지에 갔습니다. 그들은 자기의 생명을 버리고, 자기의 청춘을 버리고, 자기의 인생을 버리고 뛰어들었습니다. 그래서 그들이 만나는 하나님은 위대한 하나님입니다.

셋째, 뜻을 다하여 사랑해야 합니다. 이것은 온 정성을 다하여, 모든 생각과 의지를 동원하여 사랑하라는 뜻입니다. 우리가 동원할 수 있는 모든 힘과 능력, 즉 돈, 시간, 정열, 모든 은사 등을 다하여 하나님을 사랑하라는 것입니다. 자기에게 아무런 이익도 없고 영광도 없고 빛도 없는 일이지만 주님을 사랑하는 마음 때문에 시간을 들이고 정성을 들이는 사람을 보면 참 존경스럽습니다.

하나님에 대한 사랑은 상대적이거나 부분적이거나 일시적일 수 없습니다. 하나님은 최상의 존재요, 최고의 존재입니다. 최상의 존재, 최고의 존재에게 드리는 사랑은 나의 최선의 것, 나의 최상의 것이어야 합니다. 이것이 바로 참된 예배요, 참된 사랑입니다.

'예배'란 가장 가치 있는 것을 드린다는 말입니다. 바꾸어 말해 내가 가지고 있는 최선의 것, 최상의 것을 드리지 않는 것은 예배가 아닙니다. 시간이 있으니까 나와 주고, 돈이 있으니까 헌금을 많이 하는 것이 예배가 아닙니다. 하나님은 동정받으실 만큼 낮은 분이 아닙니다. 우리를 만드신 분이요, 우주를 만드신 분이요, 영광과 권세와 존귀를 받으실 만한 최선, 최상, 최후의 존재십니다. 그런 분에게 어찌 내가 쓰다 남은 시간, 쓰다 남은 돈을 드릴 수 있겠습니까? 주일 교회에 와서 아무리 앉아 있어도, 우리의 마음과 뜻과 정성과 최선의 것을 드리지 않는다면 그것은 예배가 아닙니다. 그분에게 나의 마음과 뜻과 정성과 최선의 것을 드린다면 그 속에 하나님의 영광이 나타나고 하나님의 사랑이 나타납니다. 이 세상에서 경험해 보지 못한 놀랍고 거룩하고 신비하고 새로운 것들로 가득 찬 것을 느낄 수 있는 것입니다.

두 번째 계명 : 이웃 사랑

그러면 큰 계명 가운데 두 번째는 무엇입니까? 바리새인들이 질문하지는 않았지만 예수님은 두 번째 계명까지 말씀하셨습니다.

> 둘째도 그와 같으니 네 이웃을 네 자신같이 사랑하라 하셨으니 (마 22:39).

이 말씀은 레위기에서 인용된 말씀입니다.

> 너는 네 형제를 마음으로 미워하지 말며 네 이웃을 반드시 견책하라 그러면 네가 그에 대하여 죄를 담당하지 아니하리라 원수를 갚

지 말며 동포를 원망하지 말며 네 이웃 사랑하기를 네 자신과 같이 사랑하라 나는 여호와이니라 (레 19:17-18).

예수님은 하나님에 대한 사랑의 구체적인 표현은 곧 이웃 사랑으로 나타나는 것이라고 하셨습니다. 그것이 바로 율법의 핵심이라고 하셨습니다. 우리가 어떻게 눈에 보이지 않는 하나님을 구체적으로 사랑할 수 있겠습니까? 눈에 보이지 않는 하나님을 사랑하는 방법은 눈에 보이는 우리의 이웃을 사랑하는 것입니다.

누구든지 하나님을 사랑하노라 하고 그 형제를 미워하면 이는 거짓 말하는 자니 보는 바 그 형제를 사랑하지 아니하는 자는 보지 못하는 바 하나님을 사랑할 수 없느니라 우리가 이 계명을 주께 받았나니 하나님을 사랑하는 자는 또한 그 형제를 사랑할지니라 (요일 4:20-21).

눈에 보이는 형제를 사랑할 수 없는 자가 눈에 보이지 않는 하나님을 어찌 사랑한다고 말할 수 있겠느냐는 것입니다. 하나님을 사랑하는 것처럼 착각하고 있을 뿐이라는 뜻입니다. 마음을 다하고 목숨을 다하고 뜻을 다하여 하나님을 사랑한다고 고백했다면 그는 반드시 눈에 보이는 이웃을 사랑할 수 있어야 합니다.

레위기에서 말씀한 나의 이웃은 누구입니까? 이웃을 복잡하게 관념적으로, 철학적으로 생각하지 말고 실제적으로 생각하십시오. 나의 남편, 나의 아내가 내 이웃이고 나의 자녀가 내 이웃입니다. 그런데 어떤 사람은 이웃은 사랑하는데 자기 남편, 자기 아내는 사랑하지 못합니다. 인류를 사랑한다는 한 고상한 휴머니스트가 옆에 있는 냄새나는 거지를 보면서 "너는 인류를 모독하고 있다"고 했을 때, 그의 인류는 허상입니다. 우리의 이웃은 우리 집에 찾아오는 거지입니다. 어디 가서 위대한 행동을 하려 하지 말고 가까이 있는 이웃에게 사랑을 베푸십시오. 이것이 하나님의 명령입니다.

그런데 인간의 사랑에는 편견과 편애가 있습니다. 아무리 편견을 갖지 않으려 해도 편견을 갖게 되고, 아무리 편애하지 않으려 해도 편애하게 됩니다. 또한 인간의 사랑은 조건적이고, 상대적이며, 감정적이고, 본능적입니다. 자식을 사랑하지 않는 부모가 어디 있습니까? 그러나 우리가 불완전하기 때문에 자식을 사랑하는 데는 사랑도 있지만 독도 있습니다. 그래서 부모가 자식을 그토록 사랑해도 자식이 타락하는 것입니다.

이웃을 사랑하는 법

그러면 우리는 어떻게 이웃을 내 몸처럼 사랑할 수 있을까요? 저는 두 가지 성경 말씀을 인용하려고 합니다. 첫째는 요한복음의 말씀입니다.

새 계명을 너희에게 주노니 서로 사랑하라 내가 너희를 사랑한 것 같이 너희도 서로 사랑하라 너희가 서로 사랑하면 이로써 모든 사람이 너희가 내 제자인 줄 알리라(요 13:34-35).

저는 이 말씀에서 얼마나 위로를 받고 소망을 갖는지 모릅니다. 인간의 사랑에는 편견과 편애가 있습니다. 부모가 자식이 다섯이면 똑같이 사랑하지 못합니다. 그중에 누군가를 더 사랑하게 되어 있습니다. 그것이 인간의 사랑입니다. 그래서 사랑을 덜 받는 입장에 있는 자식에게는 열등감이 생기게 됩니다. 이렇듯 우리는 완전한 사랑을 할 수 없을 것처럼 보입니다. 그러나 놀랍게도 우리는 그런 사랑을 할 수 있습니다. 만약 그런 사랑을 할 수 없다면 성경은 그렇게 말하지 않았을 것입니다. 하나님은 우리를 먼저 사랑해 주셨습니다. 그러므로 우리가 이 사실을 믿으면 우리 같은 사람도 그런 사랑을 할 수 있게 됩니다.

성도들 가운데 이렇게 말하는 사람이 있습니다. "어떻게 죄를 안 지을 수 있습니까?" 그러나 성경은 우리가 죄를 짓지 않을 수 있다고 말합니다. 정말 그렇습니다. 주님이 내 안에 계셔서 주인이 되시면 결코 우리는 죄를 지을 수 없습니다. 나쁜 생각도 할 수 없습니다. 주님이 우리를 먼저 사랑하셨다는 사실 앞에서 우리는 주님의 사랑과 똑같은 사랑으로 다른 사람을 사랑할 수 있는 능력을 가질 수 있습니다.

요한복음 15장 16절은 "너희가 나를 택한 것이 아니요 내가 너희를 택하여 세웠나니"라고 했고, 로마서 5장 8절은 "우리가 아직 죄인 되었을 때에 그리스도께서 우리를 위하여 죽으심으로 하나님께서 우리에 대한 자기의 사랑을 확증하셨느니라"고 했습니다. 그러므로 우리를 그렇게 사랑하신 분이 우리 안에 계시기만 하면 우리는 놀라운 생애를 살 수 있습니다. 그분의 사랑이 먼저 우리에게 왔다는 사실을 믿으면 우리도 그런 사랑을 하게 되는 것입니다. 만약 우리가 그런 사랑을 하게 되면 우리의 마음이 녹고 사랑에 눈이 뜨여서 미워하던 사람도 사랑하게 될 것입니다. 우리는 주위에서 그런 사람들을 볼 수 있습니다. 사랑의 원자탄이라 불리는 손양원 목사님은 자기 아들을 죽였던 공산당을 용서하고 양아들로 삼았습니다. 인간의 상상을 초월한 사랑 아닙니까? 성령이 부어지기만 하면, 하나님의 사랑이 내 속에 부어지기만 하면 우리 같은 죄인들에게도 이런 사랑이 가능해집니다.

소망이 우리를 부끄럽게 하지 아니함은 우리에게 주신 성령으로 말미암아 하나님의 사랑이 우리 마음에 부은 바 됨이니(롬 5:5).

저는 이 말씀을 참 사랑합니다. 성령이 우리 안에 거하시면 하나님의 사랑이 우리 마음속에 부어진다는 것입니다. 우리같이 교활하고 간사하고 이기적이고 편견과 오해가 많은 인생에도 하나님의 사랑이 부어진다는 말씀이 얼마나 놀랍습니까!

갈라디아서 5장 22-23절을 보면 성령의 아홉 가지 열매, 곧 사랑, 희락, 화평, 오래 참음, 자비, 양선, 충성, 온유, 절제가 나오고 그다음에 무슨 말이 있습니까? "이 같은 것을 금지할 법이 없느니라"고 했습니다. 성령이 부어지기만 하면 이런 사랑을 한 자신을 보고 놀랍니다. 초자연적인 생각, 초자연적인 삶, 초자연적인 용서, 초자연적인 어떤 것들이 자기 안에 일어나는 것을 느끼게 되는 것입니다.

이런 놀라운 성경 말씀을 오늘 우리의 삶에도 적용하며 살아야 합니다. 처음부터 완전하지는 않을 것입니다. 그러나 하나님은 이런 사랑을 우리에게 부어 주십니다. 그러면 모든 불가능이 우리 앞에서 사라지고 마음의 무거운 짐들이 다 녹아지고 주님 안에서 엄청난 믿음의 세계가 전개될 것입니다. 두려움이 없어지고 감사와 찬송과 영광이 나타나게 될 것입니다. 성령이 임하기만 하면, 그리스도의 사랑이 들어오기만 하면 우리도 예수님과 같은 사랑을 할 수 있습니다. 마태복음 22장 40절에 "이 두 계명이 온 율법과 선지자의 강령이니라"고 했습니다. 모두가 하나님을 사랑하고, 이웃을 사랑하며 살기를 바랍니다.

11

다윗의 그리스도를
찬양하라

마태복음 22:41-46

지금까지 우리는 바리새인들과 서기관들이 예수님에게 와서 질문했던 내용들을 생각해 보았습니다. 질문한 사람들 가운데는 대제사장들, 서기관들과 백성의 장로들, 또 헤롯당원들도 있었습니다. 그런데 본문 말씀에서는 뜻밖에도 예수님이 거꾸로 그들에게 질문하시는 모습을 볼 수 있습니다. 예수님의 이 한마디 질문 속에 그들이 했던 수많은 질문의 모든 해답이 내포되어 있습니다.

바리새인들이 모였을 때에 예수께서 그들에게 물으시되 너희는 그리스도에 대하여 어떻게 생각하느냐 누구의 자손이냐 대답하되 다윗의 자손이니이다(마 22:41-42).

다윗의 자손, 그리스도

마태복음 16장 13절을 보면 가이사랴 빌립보에서 예수님이 제자들에게 "사람들이 인자를 누구라 하느냐"고 물으십니다. 그때 제자들이 예수님에게 세상 사람들이 하는 여러 가지 말들을 전해 줍니다. "더러는 세례 요한, 더러는 엘리야, 어떤 이는 예레미야나 선지자 중의 하나라 하나이다."

그런데 15절을 보면 예수님이 말을 바꾸십니다. "너희는 나를 누구라 하느냐." 이때 베드로는 성령을 받아 이렇게 대답합니다. "주는 그리스도시요 살아 계신 하나님의 아들이시니이다."

예수님에 대한 이러한 질문은 사울이라는 한 청년에게서도 발견할 수 있습니다. 예수님을 박해하고 예수 믿는 사람들만 보면 잡아 죽이려고 했던 것이 그가 가졌던 신앙이요, 하나님을 사랑하는 태도였습니다. 그래서 그는 밤잠을 자지 않으면서까지 예수 믿는 사람들을 쫓아다니며 없애려 했습니다. 어느 날 사울은 예수 믿는 사람들을 잡으러 가다가 다메섹 도상에서 강력한 빛을 발견하고는 무릎을 꿇습니다. 그리고 그 빛 앞에서 질문합니다. "주여, 당신은 누구십니까?" 이때 그는 "나는 네가 핍박하는 예수라" 하는 주님의 음성을 듣습니다.

그런데 본문 말씀을 보면 예수님은 바리새인들에게 굉장히 의미 있는 질문을 던지십니다. "그리스도에 대해 어떻게 생각하느냐?" 그리스도란 '기름 부음을 받은 자' 또는 '메시아'라는 뜻입니다. 이 질문은 "너는 메시아에 대해서 어떤 의견과 생각이 있느냐"라는 질문입니다. 그리고 나서 바로 예수님은 질문의 내용을 좀 더 좁혀 주셨습니다. "메시아는 누구의 자손이냐?" 하는 것이었습니다. 그때 그들은 주저 없이 "다윗의 자손입니다"라고 대답했습니다. 그것은 통상적인 유대인의 메시아 사상이었습니다. 예수님은 그들이 이렇게 대답할 것이라고 예측하셨습니다.

예수님의 성경관

이르시되 그러면 다윗이 성령에 감동되어 어찌 그리스도를 주라 칭하여 말하되 주께서 내 주께 이르시되 내가 네 원수를 네 발 아래에 둘 때까지 내 우편에 앉아 있으라 하셨도다 하였느냐 다윗이 그리스도를 주라 칭하였은즉 어찌 그의 자손이 되겠느냐 하시니 (마 22:43-45).

예수님의 둘째 질문의 요점은 다음과 같습니다. "너희들이 메시아가 다윗의 자손이라고 거침없이 말했는데, 그렇다면 어찌하여 다윗은 성령에 감동하여 그리스도를 주님이라 말했겠느냐? 어떻게 다윗의 자손이 다윗의 주님이 되겠느냐?"

이러한 예수님의 질문에서 우리는 예수님이 구약 말씀에 대해 가지신 세 가지 성경관을 발견하게 됩니다. 첫째는, 시편의 말씀이 다윗의 기록이라고 인정하신 점입니다. 예수님은 시편 110편의 말씀을 인용하셨습니다. 다 아는 사실이지만 이것이 왜 그렇게 중요합니까? 그 이유는 요즘 많은 학자들이 다윗의 시편은 다윗의 기록이 아니라 후대 사람들의 편집이라고 주장하기 때문입니다.

둘째는, 다윗이 시편을 쓸 때 성령의 감동을 받았다는 점입니다. 오늘날 많은 사람이 성경을 하나님의 말씀으로 생각하지 않고 단순히 유대인의 역사적인 기록으로 생각하는 경향이 있습니다. 또

한 성경을 성령의 감동으로 기록한 책으로 보지 않고 유능한 어떤 사람의 기록으로 보는 경향이 있습니다. 그러나 여기서 예수님은 분명하게 다윗이 성령의 감동을 입어서 썼다고 말씀하셨습니다. 그러면 성경이 성령의 감동으로 쓰였다는 것은 무슨 뜻입니까? 디모데후서 3장 16-17절을 보면 "모든 성경은 하나님의 감동으로 된 것으로 교훈과 책망과 바르게 함과 의로 교육하기에 유익하니 이는 하나님의 사람으로 온전하게 하며 모든 선한 일을 행할 능력을 갖추게 하려 함이라"고 말씀합니다. 그렇습니다. 성경은 지식이나 경험, 사상으로 쓰인 책이 아니라 성령의 감동으로 쓰인 책입니다. 인간의 지식이나 경험, 능력을 빌려서 사용했지만 실제로 성경을 기록한 분은 하나님 자신이셨다는 뜻입니다.

우리는 이 말씀을 좀 더 깊이 생각해 볼 필요가 있습니다. 성경은 구체적으로 40여 명이나 되는 많은 사람에 의해 역사의 한 과정 가운데 쓰였습니다. 1,500년이란 긴 세월 속에서 각기 다른 종류의 직업이 있는 사람들이 그때그때 하나님의 부름을 받고 하나님의 영감을 받아 쓴 책입니다. 제가 언젠가 창조과학회에서 자연과학 교과서를 만드는 것을 본 적이 있습니다. 창조과학회에 속한 사람들은 일 년 동안 만나 의논하면서 주제를 정하고 목차를 나누어 통일할 것들을 공유하며 공동 집필을 합니다. 그럼에도 불구하고 책 내용을 보면 통일성이 완전하지 못한 부분들을 발견하게 됩니다. 그런데 성경은 오랜 세월을 거쳐서 쓰였지만 한 번도 저자들이 만나서 회의한 적이 없습니다. 직업도 다 다릅니다. 어부도 있고, 농부도 있고, 목자도, 왕도, 군인도 있습니다. 이렇게 각계각층의 사람들이 역사의 다른 상황 속에서 기록했음에도 불구하고 성경은 주제가 같고 통일성이 있습니다.

성경은 인간이 썼지만 실제로는 그 저자가 하나님이라는 말은 마치 예수님이 세상에 나실 때 동정녀 마리아의 몸을 빌어서 태어났지만 그는 단순한 인간의 아들이 아니라 하나님 자신이셨다는 것과 똑같은 이치입니다. 예수님은 우리와 똑같은 육체와 감정을 가지셨습니다. 그래서 배고프기도 하셨고, 피곤하기도 하셨고, 울고 웃으셨고, 사랑을 느끼기도 하셨으며, 십자가에서는 친히 실제적인 고통을 느끼셨습니다. 또한 그는 100% 하나님이셨습니다. 그는 죄가 없으셨습니다. 물 위를 걸으시고, 중풍병자를 고쳐 주시고, 죽은 자를 살리셨습니다.

예수님이 100% 인간이요, 100% 하나님이신 것처럼 성경은 인간이 기록한 책이지만 동시에 일점일획도 틀림없는 하나님의 말씀입니다. 성경은 누구의 증거가 필요한 책이 아닙니다. 성경 자체가 증거입니다. 하나님은 누구에 의해서 증명되실 분이 아닙니다. 하나님은 믿음의 대상일 뿐입니다. 성경은 우리로 하여금 구원에 이르도록 하는 하나님의 지혜입니다. 인간의 계획과 생각으로는 상상할 수 없는 방법으로 주어진 구원의 선물입니다.

셋째는, 본문에 인용된 시편 110편 1절의 말씀은 메시아에 관한 말씀이라는 점입니다. 많은 사람이 구약의 말씀을 메시아와 연결하여 생각하기를 거부합니다. 그래서 구약을 보면서도 감동이 없고, 하나님의 위대한 능력을 파악하지 못합니다. 어떤 사람들은 성경을 수면제처럼 읽기도 합니다.

창세기를 보면 계속 "죽고, 죽고, 죽고"가 나옵니다. 죽는 게 싫어서 신약의 마태복음을 열어 보았더니 거기에는 또 "낳고, 낳고, 낳고"가 계속됩니다. 거기서 보통 많은 사람이 성경을 덮어 버리고 맙니다. 그런데 여기에 굉장히 신비스러운 의미가 있습니다. 구약의 "죽고, 죽고, 죽고"는 죄를 지은 인간은 죽어야만 한다는 것입니다. 그러나 신약의 "낳고, 낳고, 낳고"는 그리스도로 말미암아 생명, 곧 영생을 얻는다는 것입니다.

마태복음 1장 23절을 보면 마태가 예수님의 탄생에 대해 이사야 7장 14절을 인용하여 이렇게 말합니다.

"보라 처녀가 잉태하여 아들을 낳을 것이요 그의 이름은 임마누엘이라 하리라."

이렇게까지 기록되어 있는데도 신앙 없는 많은 학자들은 처녀가 어떻게 아들을 낳느냐고 하며 다르게 해석해 버립니다. 또한 모세가 홍해를 갈랐다고 했을 때에도 그것은 홍해가 아니라 갈대숲이었다고 하며 '사실은 중요하지 않다. 다만 의미만 중요하다'라고 합니다. 예수님이 부활했다는 사실에 대해서도 '어떻게 죽은 자가 다시 살아나느냐. 그게 아니고 부활이란 절망한 사람이 소망을 갖게 되는 것, 정의가 승리하는 것을 말한다'고 합니다. 또 많은 사람이 천국과 지옥을 말하면 고상하지 못하다고 하고, 그것은 인간의 종교적인 상상이며 심리학적인 이야기라고 합니다.

여기에 아주 중요한 신앙의 갈림길이 있습니다. 과연 신앙은 하나의 의미고 상징일까요? 신앙은 우리의 이성과 상식과 경험의 세계 안에 안주하는 것일까요? 그렇지 않습니다. 만약 예수님이 부활하시지 않았다면 우리의 신앙은 다 헛것이라고 했습니다. 예수님이 부활하시지 않았다면 2천 년의 기독교사는 지상 최대의 사기극이 됩니다. 하지만 예수님은 정말 부활하셨습니다. 우리도 마지막 날에 모두 부활하게 될 것입니다.

창세기 3장 15절은 "내가 너로 여자와 원수가 되게 하고 네 후손도 여자의 후손과 원수가 되게 하리니 여자의 후손은 네 머리를 상하게 할 것이요 너는 그의 발꿈치를 상하게 할 것이니라"고 했습니다. 이 말씀이 바로 메시아에 대한 첫 번째 약속임에도 불구하고 일부 사람들은 이것을 그 당시의 신화적 사실로 취급하려고 합니다. 본문 말씀에서 예수님이 '주께서 내 주께 이르시되'의 '내 주'가 메시아임을 해석해 주시지 않았다면 얼마나 많은 불신앙의 무리가 그것은 메시아가 아닐 수 있다고 우기겠습니까? 사실 성경을 믿음과 성령의 눈으로 자세히 살펴보면 모든 것이 예수 그리스도에 관한 말씀임을 알 수 있습니다.

참 메시아의 의미

그러면 다시 예수님의 질문으로 돌아와서 왜 예수님이 바리새인들에게 이러한 질문을 하셨는가 생각해 보겠습니다. 예수님은 대답했던 자들에게 메시아가 다윗의 자손이라면 다윗이 어찌 그 메시아를 주님이라 했겠느냐고 반문하셨습니다. 그것은 참 메시아는 다윗의 자손 그 이상이시라는 의미가 있습니다.

로마서 1장 3-4절에 이런 말씀이 있습니다. "그의 아들에 관하여 말하면 육신으로는 다윗의 혈통에서 나셨고 성결의 영으로는 죽은 자들 가운데서 부활하사 능력으로 하나님의 아들로 선포되셨으니 곧 우리 주 예수 그리스도시니라." 예수님이 육신으로는 아브라함과 다윗의 혈통에서 나왔다는 것은 모든 유대인이 다 동의하는 사실입니다. 사무엘하 7장 12절과 시편 132편 7절 이하를 보면 다윗의 자손에서 통치자가 나오고 언약이 이루어질 것을 말하고 있습니다. 예레미야 23장 5-6절에서도 "여호와의 말씀이니라 보라 때가 이르리니 내가 다윗에게 한 의로운 가지를 일으킬 것이라 그가 왕이 되어 지혜롭게 다스리며 세상에서 정의와 공의를 행할 것이며 그의 날에 유다는 구원을 받겠고 이스라엘은 평안히 살 것이며 그의 이름은 여호와 우리의 공의라 일컬음을 받으리라"고 했습니다.

그러나 문제는 참 메시아는 다윗의 혈통에서 태어날 육적인 메시아만이 아니라는 사실입니다. 로마서 1장 말씀처럼 그분이야말로 성결의 영으로는 죽은 가운데서 부활하여 능력으로 하나님의 아들로 인정되신 분입니다. 이것을 증명하기 위해 예수님은 시편 110편 1절의 말씀을 인용하면서 메시아가 다윗의 자손이라면 어찌하여 다윗은 성령에 감동되어 그 메시아를 주라고 했느냐고 하셨습니다. 즉 다윗이 주라고 불러야 할 분이 다윗의 자손이 되었다면 모순이 아니냐는 뜻입니다.

> 한 마디도 능히 대답하는 자가 없고 그 날부터 감히 그에게 묻는 자도 없더라(마 22:46).

바리새인들은 예수님의 이 놀라운 말씀 앞에 침묵할 수밖에 없었습니다. 그러나 그 침묵은 단순한 부정의 침묵이라기보다는 예수님의 말씀이 옳다는 위대한 증언 같은 것이었습니다. 그리고 참 메시아가 육적인 다윗의 자손 그 이상이라는 사실을 확인해 주는 침묵이었습니다. 유대인들은 메시아가 단순히 다윗의 자손에서 태어날 것만을 생각했던 것입니다. 그것은 메시아에 대한 반쪽 진리에 불과합니다. 예수님에게 나아와 질문했던 바리새인들과 사두개인들의 질문을 보십시오. 세속적이고 육적이고 불신앙적인 문제들을 가지고 오지 않았습니까? 예수님의 대답은 어떠했습니까? 모두가 하나님의 나라에 대한 것이고 영적인 것이며 능력에 관한 것이었습니다.

그렇다면 바리새인들과 서기관들의 분기점은 어디에 있습니까? 단순히 회칠한 무덤같이 아주 고집스럽고 전통적인 사람들을 바리새파라고 합니까? 아닙니다. 메시아를 육적으로 생각하는가, 영적으로 생각하는가에 달려 있습니다. 메시아를 유대인의 혈통에서 난 다윗의 자손으로만 생각한다면 그는 바리새인입니다. 그러나 예수님을 하나님의 아들이요, 구원자요, 의의 왕이요, 통치자요, 평화의 왕으로 오셔서 우리를 구원하신 하나님의 아들로 인정한다면 그는 진정한 그리스도인입니다.

다윗은 "메시아인 그분은 내가 태어나기 이전부터 계셨고 나의 혈통을 통해서 나실 분이시지만 나의 후손이 아니라 나의 주인이시다"라고 고백했습니다. 그분은 다윗이 고백한 대로 우리의 주님이십니다. 그 메시아가 그리스도시기 때문에, 그 메시아가 바로 하나님 자신이시기 때문에 주님은 부활하실 수 있는 분입니다. 다윗의 자손으로만 생각했다면 부활은 상상할 수가 없었을 것입니다. 다윗의 자손 이상이신 분이 메시아였기 때문에 그는 이 땅에 하나님의 나라를 소개해 줄 수 있었습니다.

하나님 나라의 원리는 무엇입니까? 하나님 사랑입니다. 이 세상 나라의 원리는 무엇입니까? 자기 사랑입니다. 그래서 우리에게 "예수께서 이르시되 네 마음을 다하고 목숨을 다하고 뜻을 다하여 주 너의 하나님을 사랑하라 하셨으니 이것이 크고 첫째 되는 계명이요 둘째도 그와 같으니 네 이웃을 네 자신같이 사랑하라 하셨으니"(마 22:37-39)라고 하신 것입니다. 예수님은 바리새인들과 서기관들과의 논쟁을 통해서 하나님의 나라는 세상의 나라와 섞일 수 없는 전혀 다른 것이라고 하시며 "가이사의 것은 가이사에게, 하나님의 것은 하나님께" 바치라고 하셨습니다. 또한 다윗의 자손 이상이신 그분은 사람이 준 권세가 아니라 하늘나라의 권세, 위로부터 온 진정한 권세를 가진 분이셨습니다. 참 메시아가 이 땅에 오시면 참된 구원과 평화와 사랑과 하나님의 나라가 이루어질 것입니다.

유감스럽게도 그렇게 평생 동안 하나님의 말씀을 전공했던 사람들에게는 이 진리가 감추어져 있었습니다. 성경을 아무리 많이 읽고 신학교를 나왔다 할지라도 인류의 구원과 예수 그리스도의 십자가, 부활, 다시 오심을 깨닫지 못한다면 오히려 불신자보다 더 악한 사람이 되어 버리고 맙니다. 그들은 해박한 성경 지식을 가지고 하나님을 대적하는 사람들이 될 것입니다. 바리새인들과 서기관들을 보십시오. 얼마나 불행합니까? 그러나 성경을 읽어 보지도 못한 사람은 신기하게도 어린아이같이 예수님을 잘 믿습니다.

예수 그리스도를 선포하는 일

그리스도는 다윗의 자손일 뿐 아니라 다윗의 주님이 되신다고 하셨습니다. 예수 그리스도가 우리의 주님 되심을 믿으면 하나님의 나라가 우리에게 임할 것입니다. 하나님을 가슴으로, 목숨을 걸고 사랑하게 될 것입니다. 만약 우리가 전심으로 하나님을 사랑할 수 없다면 그것은 상식적으로, 지성적으로, 하나의 인간적인 차원에서 믿는 예수에 불과합니다. 정말 예수님이 우리를 위하여 부활하셨다는 것을 믿는다면 도저히 시시하게 믿을 수가 없습니다.

초대교회 성도들을 보십시오. 부자나 유명한 사람이나 권력 있는 사람들이 없었습니다. 그러나 그들은 유럽을 변화시켰습니다. 로마의 정부가 그들의 사랑과 용서와 그들의 성령 충만함을 이기지 못했던 것입니다. 그것이 바로 예수 그리스도를 주님으로 영접한 사람들이 갖는 놀라운 능력입니다.

우리의 주님이신 예수 그리스도를 선포해야 합니다. 만왕의 왕, 부활하신 구주, 다시 오실 주님을 세계만방에 전해야 합니다. 부활을 부정하는 어떤 사람의 세력도, 십자가를 조롱하는 어떤 사람의 세력도, 성경을 부인하는 어떤 사람의 세력도 우리를 패배시키지 못할 것입니다. 왜냐하면 그분은 살아 역사하시는 분이기 때문입니다.

12

겸손이 신앙의 나이테를
굵게 한다

마태복음 23:1-12

본문 말씀은 예수님이 참된 신앙과 거짓된 신앙에 대해 서기관들과 바리새인들을 비유해서 하신 말씀입니다. 우리는 처음에는 순수하게 신앙생활을 시작합니다. 그러나 한참 지나다 보면 어느새 우리의 신앙이 변질되어 가는 것을 보게 됩니다. 우리는 바리새인들과 서기관들의 모습을 통해 우리 자신의 오염되고 변질된 신앙을 돌이켜 보아야 합니다.

인위적으로 만드는 권위

이에 예수께서 무리와 제자들에게 말씀하여 이르시되 서기관들과 바리새인들이 모세의 자리에 앉았으니(마 23:1-2).

첫 번째로 거짓된 신앙, 위선적인 신앙은 하나님이 주신 것을 인간적인 것으로 바꾸어 버립니다. 곧 하나님의 능력과 권위를 인간의 능력과 권위로 대치하는 것입니다. 2절을 보면 "서기관들과 바리새인들이 모세의 자리에 앉았으니"라고 말씀하고 있습니다. 여기서 서기관과 바리새인은 하나님의 말씀인 율법, 곧 십계명과 모세 오경의 전문가들입니다. 서기관들은 하나님의 말씀을 정확하게 해석하여 사람들에게 잘 가르쳐 줄 수 있게 하는 해석 전문가들이었습니다. 바리새인들은 서기관들이 해석한 율법의 모든 규칙과 규례를 그대로 지키려고 평생을 노력하는 특별한 사람들이었습니다. 이 얼마나 귀하고 아름다운 사람들입니까? 그러나 이러한 좋은 위치와 권위가 주어졌음에도 불구하고 그들은 실제로 거짓신앙을 대표하는 사람이 되고 말았습니다. 모세의 율법을 해석하는 위치와 권위가 주어졌어도 그들은 하나님에 의해서가 아니라 스스로, 인위적으로 자기들의 위치와 권위를 만들어 누려 왔던 것입니다.

오늘날도 이런 그리스도인이 많습니다. 기독교의 최대 위기는 하나님이 주신 영적 축복을 세속적인 것으로 바꾸어 버리는 데 있습니다. 초대교회의 베드로는 "은과 금은 내게 없거니와 내게 있는 이것을 네게 주노니 나사렛 예수 그리스도의 이름으로 일어나 걸으라"(행 3:6)고 했습니다. 실제로 그들은 돈이 없었습니다. 권력도 없었고 집도 없었습니다. 그러나 그들에게는 하나님의 능력이 있었습니다. 그래서 앉은뱅이를 일으켜 세울 수 있었던 것입니다. 그런데 중세 때 어떤 일이 생겼습니까? 금으로 교회를 짓기 시작했습니다. 대리석으로 교회를 꾸미기 시작했고 돈이 많이 생기게 되었습니다. 그래서 아퀴나스는 이런 말을 했습니다. "초대교회는 은과 금은 없었지만 나사렛 예수 그리스도의 이름이 있었다. 그러나 오늘 우리의 교회는 금이 생겼고 사람도 많아졌지만 '나사렛 예수 그리스도의 이름으로 일어나 걸으라' 하는 능력은 잃어버렸다." 이것이 오늘날 한국 교회와 그리스도인들의 비극입니다. 교회는 이제 무슨 일을 할 수 있을 만큼 세력도 생겼고 돈도 생겼습니다. 그러나 잃어버린 것이 있습니다. 그것이 영성이요, 능력입니다.

바리새인들이 그런 사람들이었습니다. 그들은 하나님이 주신 축복을 포기하고 세속적인 사람으로 변질되었습니다. 예수의 이름으로, 하나님의 이름으로, 율법의 이름으로 타락해 버리고 만 것입니다. 그래서 그들은 세상의 명예를 좋아하기 시작했고, 물질과 사람들의 칭찬을 좋아했습니다. 직업을 이용하여 자기 속에 있는 더러운 야망을 만족시켰습니다. 얼마나 불행한 일입니까? 이 본문 이후에 예수님은 일곱 번씩이나 "화 있을진저 외식하는 서기관들과 바리새인들이여"라고 야단을 치십니다. 무엇 때문입니까? 그들은 거룩한 종교의 옷, 거룩한 율법의 옷, 하나님의 옷을 입었지만 내면에는 인간적인 명예심과 체면, 더러운 욕망으로 가득 차 있었습니다. 그것을 예수님이 지적해 주고 계십니다.

신앙이란 겉으로 보이는 것이 중요하지 않습니다. 나의 내면의 삶 속에 무엇이 있느냐가 중요합니다. 지금 생각하는 그것, 지금 내 안에 있는 그것이 바로 우리 자신입니다. 교회 예배당에 몸이 와서 앉아 있다고 예배하는 것이 아닙니다. 우리의 중심에서 영이 하나님에게 예배하고 찬양할 때 진정한 찬양이 되며 진정한 예배가 되는 것입니다. 하나님의 축복은 어디에 임합니까? 우리가 하는 말에 임하는 것이 아니라, 그 말 속에 숨어 있는 동기에 임합니다.

바리새인들과 서기관들은 "스스로 모세의 자리에 앉았습니다." 이것을 좀 더 쉽게 이해하기 위해 대통령을 생각해 보겠습니다. 언젠가 TV에서 '미국 대통령을 만드는 사람들'이라는 프로그램을 본 적이 있었습니다. 한 사람을 대통령으로 만들기 위해 기막힌 권모술수를 펼쳐 가는 스토리입니다. 대통령은 누가 뽑습니까? 국민이 뽑습니다. 좋은 대통령은 그 자리에 앉으면 영광스럽고 훌륭한 일을 할 수 있습니다. 그러나 대통령을 만드는 사람들이 있습니다. 대통령이 될 사람이 아닌데 대통령을 만들어 갑니다. 이를 위해 사람을 죽이고 별의별 사건을 다 치른 후에 그 사람이 대통령이 됩니다. 그것이 바로 바리새인이나 서기관과 같은 모습입니다. 똑같은 영광스러운 자리지만 하나님이 주시는 것과 인간이 만드는 것은 다릅니다.

성직도 마찬가지입니다. 성직은 목사가 되어 설교하고 양 떼를 키우는 귀한 일입니다. 그러나 이것을 인위적으로, 인간적인 것으로 바꾸어 버릴 수도 있습니다. 그때 교회는 깨어지고 상처를 받고 말할 수 없는 어려움을 겪게 됩니다. 하나님이 주신 특권을 자기의 성공과 명예를 만족시키는 수단으로 생각했을 때 이런 일이 일어나는 것입니다.

말과 행동이 일치하지 않는 사람들

두 번째로 거짓된 신앙은 말과 행동이 일치하지 않습니다.

> 그러므로 무엇이든지 그들이 말하는 바는 행하고 지키되 그들이 하
> 는 행위는 본받지 말라 그들은 말만 하고 행하지 아니하며(마 23:3).

하나님은 말과 행동이 일치하시는 분입니다. "빛이 있으라" 하
시매 빛이 있었습니다. 예수님은 말씀이 곧 능력이요 행동이었습
니다. "일어나 걸으라" 하면 일어나 걷고, "귀신아, 나가라" 하면
나갑니다. 예수님에게서는 언어와 행동이 분리되는 것을 발견할
수 없습니다. 말씀은 언어와 행동이 일치하는 것입니다. 그러므로
참으로 예수 그리스도를 구주로 영접한 사람들은 점점 말과 행위
가 일치하게 됩니다. 이것을 가리켜 '신실하다'라고 말합니다.

누가 예수님을 잘 믿는 사람입니까? 하나님이 신실하신 것처럼
그의 삶이 신실한 사람입니다. 어떤 사람은 하나님의 일을 할 때
묵묵히 기도하며 기쁨으로 행합니다. 그런 사람일수록 자기 행위
를 보이려고 애쓰지 않습니다. 큰소리치지도 않습니다. 다른 사람
과 다투거나 싸우지 않습니다. 말은 적게 하고 행동은 크게 합니
다. 그러나 거짓된 신앙을 가진 사람은 소리가 시끄럽습니다. 행
동이 있기 전에 소리부터 나고 기도를 10분 정도 하면 기도했다는
소문을 한 시간 동안 내는 사람입니다. 예수님은 서기관들과 바리

새인들의 신앙적 태도가 이중적인 것을 지적하셨습니다. 조리 있게 말 잘하는 사람 중에 행동이 없는 사람을 조심하십시오. 큰소리 치는 사람, 장담하는 사람 중에 자기 헌신이 없는 사람을 조심하십시오.

입으로만 사는 사람들

세 번째로 거짓된 신앙을 가진 사람은 모든 것을 타인에게 뒤집어씌웁니다.

> 또 무거운 짐을 묶어 사람의 어깨에 지우되 자기는 이것을 한 손가락으로도 움직이려 하지 아니하며(마 23:4).

자기는 손가락 하나 까딱하지 않고 오직 입으로만 사는 사람들입니다. 좋은 말은 다 골라서 하고 또 그것들을 다른 사람들에게 강요합니다. 이런 위기에 제일 많이 빠질 수 있는 사람이 목사입니다. 자기는 안 지키고 교인에게만 지키라고 하기 쉽습니다. 율법학자들은 까다로운 규칙을 많이 만들었습니다. 그러나 그것은 자기가 지키기 위해서 만든 것이 아니라 다른 사람이 지키라고 만들어 놓은 것입니다. 동시에 그들은 율법적인 전문 지식을 가지고 자기는 빠져나갈 수 있도록 모든 것을 합리화해서 만들었습니다. 그들은 간음하면 안 된다고 율법으로 정리해 놓았습니다. 자기들은 간음하지 않았다는 것입니다. 자기들은 살인하지 않았고, 십일조를 잘 냈고, 금식을 잘했습니다. 그러나 예수님은 그렇게 보시지 않았습니다. "음욕을 품고 여자를 보는 자마다 마음에 이미 간음하였느니라"(마 5:28) 하시며 중심을 꿰뚫어 보셨습니다.

영국의 한 유명한 주교가 이런 말을 했습니다. 예수 믿는 사람 중에서 마음에 꺼리는 사람이 있는데, 바로 가난한 사람을 위해 살아야 한다고 외치는 사람이라는 것입니다. 그래서 왜 그러냐고 했더니 그런 사람일수록 가난한 자를 위해 살지 않고, 그저 말로만 외친다는 것입니다. 자기가 실제로 그렇게 살지 못하니까 외치기라도 하면 혹시 그런 일을 하는 사람들처럼 봐주지 않을까 생각한다는 것입니다. 진짜 성령을 받은 사람은 그냥 뛰어듭니다. 많이 외치지 않고 그냥 뛰어들어가 삽니다. 자신의 신앙을 점검할 때 먼저 바로 행동할 수 있고 포기할 수 있는가를 물어보십시오. 자기가 할 수 없는 일을 남에게 시켜서는 안 됩니다.

사람에게 잘 보이려는 사람들

네 번째로 거짓 신앙을 가진 사람은 언제나 사람에게 잘 보이려고 애씁니다.

그들의 모든 행위를 사람에게 보이고자 하나니 곧 그 경문 띠를 넓게 하며 옷술을 길게 하고 잔치의 윗자리와 회당의 높은 자리와 시장에서 문안 받는 것과 사람에게 랍비라 칭함을 받는 것을 좋아하느니라(마 23:5-7).

이들은 의도적으로 그렇게 한 것은 아닐지 몰라도 그렇게 변하고 말았습니다. 거짓 신앙의 사람들은 언제나 그 신앙의 행위가 사람에게 보이려는 형태로 변해 갑니다. 이것이 신앙의 위기입니다. 하나님 앞에서 기도하기보다는 사람을 감동시키기 위한 기도를 하기 쉽습니다. 또 헌금할 때도, 가난한 사람을 도울 때도 사람들 앞에 자기를 드러내기 위해 하기 쉽습니다. 그러나 우리는 모든 일을 하나님 앞에서 해야 합니다.

성경은 오른손이 하는 것을 왼손이 모르게 하라고 했습니다. 어떻게 오른손이 하는 것을 한 지체인 왼손이 모르겠습니까? 그만큼 하나님 앞에서 살아야 한다는 뜻입니다. 사람의 시선, 사람의 말, 사람의 입장을 생각하지 말라는 것입니다. 마태복음 6장 1절에서도 "사람에게 보이려고 그들 앞에서 너희 의를 행하지 않도록 주의하라 그리하지 아니하면 하늘에 계신 너희 아버지께 상을 받지 못하느니라"고 말씀했습니다. 그러나 우리는 이런 실수를 너무나 많이 합니다.

예수님은 바리새인들과 서기관들의 신앙의 잘못된 모습을 여섯 가지로 지적해 주셨습니다. 첫째, 그들은 사람에게 보이고자 경문 띠를 넓게 했다고 했습니다. 경문은 조그마한 상자 속에 하나님의 말씀을 기록해서 넣은 것인데, 그것을 이마에 차기도 하고 손목에 붙이기도 했습니다. 그 안에는 출애굽기와 신명기 말씀이 들어 있어서 너무나 중요하기 때문에 자나 깨나 앉으나 서나 어디를 가든지 몸에 붙이고 다녔던 것입니다. 바로 하나님의 말씀을 사랑한다는 표시였습니다. 그런데 재미있는 사실은 바리새인들은 그 상자를 크게 만들어 자기는 하나님의 말씀을 굉장히 사랑하는 사람이라는 것을 사람들에게 보이려 했다는 것입니다.

둘째, 옷술을 길게 했다고 했습니다. 옷술은 율법을 기억하기 위해서 겉옷 귀퉁이에 술을 드리우고 푸른 실로 장식한 것인데, 이것은 율법을 사랑한다는 표시였습니다. 옷술은 정해진 규격이 있었는데, 그들은 이 옷술도 길게 만들어 자기가 율법을 사랑한다는 것을 더욱 잘 나타내려 했습니다.

셋째, 그들은 잔치의 윗자리에 앉았다고 했습니다. 이것은 세속적인 영광을 취하는 것입니다. 서기관, 바리새인이라는 파워로 그들의 영광을 조금씩 취하기 시작했습니다.

넷째, 회당의 높은 자리에 앉았다고 했습니다. 회당은 하나님의 말씀을 가르치는 곳인데 그곳에서도 그들은 높은 자리에 앉아야만 했습니다. 그런데 요즘도 어떤 사람들을 보면 세상의 지위가 교회의 지위인 줄 착각하는 사람들이 있습니다.

다섯째, 이들은 일반 시장에까지 가서도 존경을 받으려고 했습니다. 그런데 목사들 가운데에도 꼭 이런 분들이 있습니다. 그냥 보통으로 걸어도 되는데 거룩하게 걸으려 하고, 말할 때도 강단에만 올라가면 목소리가 거룩하게 변하고, 기도만 하면 보통 때의 목소리와 달라집니다.

그런데 왜 그렇게 달라질까요? 바로 신앙의 열등감이 있어서입니다. '나는 누구에게도 독점을 빼앗길 수 없다. 모든 사람의 시선을 내가 받아야 하고, 모든 사건에 내가 개입해야 한다는 것입니다. 바리새인과 서기관들 속에 이런 것이 있었습니다. 그들은 언제나 잔치의 윗자리에 앉아야 하고, 교회의 높은 자리에 앉아야 하고, 시장에 가서도 존경받는 사람이 되어야 했습니다. 그런데 그것이 잘 안 되니까 자꾸 인위적으로 만들고 율법적으로 만든 것입니다. 더구나 이런 명예심과 야망 같은 것들은 겉으로 나타내면 안 되고 멋지고 세련되고 교양 있게 포장을 잘해야 합니다. 그래서 점점 위선적이 되는 것입니다.

여섯째, 그들은 랍비라는 말을 듣기 좋아했습니다. 그들이 사람에게서 존경받고 싶은 욕망이 얼마나 컸는지를 알 수 있습니다. 박사나 일인자라는 말을 너무 좋아하지 마십시오. 우리가 제일 잘 넘어지는 부분이 우리의 전공이라는 사실을 아십니까? 어떤 사람은 자기 전공으로 하나님을 가르치려고 합니다.

겸손히 섬기는 자가 돼라

예수님은 이러한 지적을 해 주시고, 다음과 같이 말씀하셨습니다.

> 그러나 너희는 랍비라 칭함을 받지 말라 너희 선생은 하나요 너희
> 는 다 형제니라 땅에 있는 자를 아버지라 하지 말라 너희의 아버지
> 는 한 분이시니 곧 하늘에 계신 이시니라(마 23:8-9).

이 말씀은 "너희는 선생이라는 칭호를 받기를 좋아하지 말라.
전문가라는 도취감에 빠져 있지 말라. 너희가 혹 성경을 좀 잘 안
다고, 지식이 좀 많다고 다른 사람을 깔보지 말라. 자기 전공에 겸
손하라. 마음을 낮추어라. 그러면 너를 높일 것이다"라는 뜻입니
다. 우리는 특별한 권세와 지위를 누릴 수 있는 랍비가 아니라 모
두가 다 한 형제요 자매입니다. 하나님 나라에서는 높고 낮음이 없
습니다. 더 사랑하고 덜 사랑하는 것도 없습니다. 모두가 하나님의
백성이기 때문입니다.

"땅에 있는 자를 아버지라 하지 말라"는 말씀은 땅에 있는 것을
결코 세력화하지 말라는 뜻입니다. '아버지'라는 말은 생명의 근
원이라는 뜻입니다. 그러므로 땅에 있는 권력, 땅에 있는 조직, 땅
에 있는 사람, 땅에 있는 제도, 땅에 있는 사상을 아버지라 하지 말
라는 것입니다. 지상에 있는 모든 것은 절대적일 수 없습니다. 하
나님 외에는 다 상대적입니다. 겸손하십시오. 자기를 낮추십시오.

이 지상에 있는 어떤 이론과 종교도 절대화할 수 없습니다.

> 또한 지도자라 칭함을 받지 말라 너희의 지도자는 한 분이시니 곧
> 그리스도시니라(마 23:10).

누가 우리의 지도자입니까? 예수 그리스도밖에 없습니다. 어떤 인간이 인간을 지배할 수 있겠습니까? 지식의 이름으로, 돈의 이름으로, 권력의 이름으로 지상에는 너무나 많은 계급이 있습니다. 심지어 이 계급이 교회에까지 들어왔습니다. 목사가 가장 높고, 장로가 그 다음이고, 안수 집사가 조금 위고, 그 밑에 서리 집사라는 식으로 계급을 만들어 놓았습니다. 이것들이 다 무슨 소용이 있습니까? 직책이란 봉사를 위해 있는 것이지 계급이 아닙니다. 저는 이 말씀을 묵상하다가 역시 북한은 하나님의 나라가 아니라는 생각을 했습니다. 그 이유는 그들의 영적 문제 때문입니다. 그들에게는 "김일성은 인간이 아니라 신이고 위대한 지도자다"라는 사상이 꽉 차 있습니다. 다음 말씀에 비추어 볼 때 그들의 잘못이 확실하게 드러납니다.

> 너희 중에 큰 자는 너희를 섬기는 자가 되어야 하리라 누구든지 자
> 기를 높이는 자는 낮아지고 누구든지 자기를 낮추는 자는 높아지리
> 라(마 23:11-12).

누가 과연 큰 사람입니까? 자기를 높이는 자가 아니라 자기를 낮추는 자라고 했습니다. 바로 겸손입니다. 어거스틴은 그리스도인의 첫 번째 덕이 무엇이냐고 물었을 때 겸손이라고 대답했습니다. 두 번째 덕이 뭐냐고 물었을 때도 겸손이라고 말했습니다. 세 번째 덕이 뭐냐고 물었을 때도 겸손이라고 대답했습니다. 우리 자신은 과연 겸손합니까? 정말 겸손이 내 안에 있습니까? 어떤 이는 이렇게 말합니다. "겸손은 자기를 낮추는 것이 아니라 그리스도를 바라보는 것이다."

그런데 진정한 겸손과는 달리 겸손한 척하는 사람이 있습니다. 계속 손을 비비면서 웃는다고 겸손한 것이 아닙니다. 어떤 사람들은 자기를 낮추므로 교만한 사람이 있습니다. 누가 뭐라고 야단을 쳐도 다 참고 웃습니다. 겸손하다는 것입니다. 그러나 웃을수록 속이 부글부글 끓어오른다면 그것은 겸손이 아닙니다. 내 힘으로는 겸손해지지 않습니다. 내 힘으로는 분노를 삭일 수가 없습니다. 성령이 임하셔야 합니다. "주 앞에서 낮추라 그리하면 주께서 너희를 높이시리라"(약 4:10)고 말씀하셨습니다.

주님이 우리에게 부탁하십니다.

"네 전공에 교만하지 말아라. 돈 있다고, 지식이 있다고 교만하지 말아라. 네가 남과 다른 위치에 있다고, 랍비라 칭함을 받을 수 있는 위치에 있다고 자랑하지 말아라. 오히려 그것이 겸손의 도구가 되도록 해라. 너를 낮추어라. 섬기는 사람이 되어라." 하나님이 내게 주신 이 모든 은혜는 다른 사람을 섬기기 위해 주신 도구입니다. 하나님이 내게 돈을 주시고, 건강을 주시고, 지식을 주신 것은 다른 사람을 섬기기 위해서입니다. 그것을 가지고 다른 사람을 지배하면 안 됩니다. 우리는 모두 주 안에서 한 형제입니다.

13

당신의 믿음을
회칠한 무덤에 넣지 마라

마태복음 23:13 - 22

바리새인들과 서기관들의 위선적인 신앙을 지적하신 예수님은 이제 그들에게 아주 강도 높은 비판을 가하십니다. "화 있을진저 외식하는 서기관들과 바리새인들이여." 이 말은 "저주를 받을지어다"라는 뜻입니다. 보통 사람이 이런 말을 해도 기분이 나쁜데 예수님이 이 말씀을 하셨으니 예삿일이 아닙니다. 그것도 한 번이 아니라 일곱 번씩이나 되풀이해서 말씀하셨습니다. 우리는 여기서 외식하는 위선적인 신앙에 대해 예수님이 얼마나 크게 분노하고 계신가를 읽을 수 있습니다.

"축복을 받을진저."

예수님이 저주하신 신앙을 공부하기 전에 왜 예수님이 이처럼 격렬한 비난과 분노의 말씀을 하셨는지를 이해할 필요가 있습니다.

첫째, 예수님은 저주하기 위해서 저주하신 것이 아니었습니다. 사실 저는 '화 있을진저'가 아니라 '축복을 받을진저'라고 표현하고 싶습니다. 예수님의 관심은 저주가 아니라 축복이기 때문입니다. 요한복음 3장 16절에서 "하나님이 세상을 이처럼 사랑하사 독생자를 주셨으니 이는 그를 믿는 자마다 멸망하지 않고 영생을 얻게 하려 하심이라"고 하셨습니다. 하나님이 예수님을 세상에 보내어 우리를 위해 십자가에 못 박혀 죽게 하신 것은 우리를 멸망시키기 위해서가 아니라 영생의 축복을 주려 함이라는 것입니다. 자식을 저주하는 부모가 어디 있겠습니까? 아무리 악한 부모라도 자식은 축복합니다. 비록 자식이 잘못되었을지라도 축복하고 싶은 것이 부모의 마음입니다. 우리는 하나님의 자녀입니다. 하나님은 우리를 축복하기를 원하십니다. 그러나 이러한 축복이 있음에도 불구하고 서기관들과 바리새인들처럼 스스로 축복을 거부해 버린 경우에는 '화 있을진저'라는 말이 나오는 것입니다.

예수님은 "화 있을진저 외식하는 서기관들과 바리새인들이여"라고 말씀하시기 전에 마태복음 5장에서 이미 '축복이 있을지어다'라고 여덟 번을 말씀하셨습니다. 만약 예수님이 '축복을 받을지어다'라는 말씀 없이 '화 있을진저'라는 말씀만 했다면 정말 슬플 것입니다. 그러나 예수님은 "심령이 가난한 자는 복이 있나니 천국이 그들의 것임이요 애통하는 자는 복이 있나니 그들이 위로를 받을 것임이요 온유한 자는 복이 있나니 그들이 땅을 기업으로 받을 것임이요 의에 주리고 목마른 자는 복이 있나니 그들이 배부를 것임이요 긍휼히 여기는 자는 복이 있나니 그들이 긍휼히 여김을 받을 것임이요 마음이 청결한 자는 복이 있나니 그들이 하나님을 볼 것임이요 화평하게 하는 자는 복이 있나니 그들이 하나님의 아들이라 일컬음을 받을 것임이요 의를 위하여 박해를 받은 자는 복이 있나니 천국이 그들의 것임이라"(마 5:3-10)고 하셨습니다. 세상에 오시자마자 자기가 사랑하는 모든 사람에게 축복을 명하셨던 것입니다. 그러나 이러한 천국의 축복을 의도적으로, 인위적으로 거부하는 사람에게는 서기관들과 바리새인들처럼 저주의 삶을 선언할 수밖에 없습니다. 이것은 하나님이 저주하신 것이 아니라 사람이 자기의 성격이나 생각, 사고방식을 가지고 하나님을 거부하여 스스로 저주를 자처한 것입니다.

우리가 구원받지 못하면 어떻게 될까요? 저주가 임합니다. 천국에 가지 못한다면 결국에는 지옥으로 가는 것입니다. 우리는 이 땅에서 살다가 생을 마친 후에는 어디로든 가야 합니다. 이것은 마치 대학입시와 같습니다. 아무리 자기가 원하는 학교에 가서 시험을 쳤어도 낙방하면 그 학교와는 아무 상관이 없게 됩니다.

하나님은 우리가 천국 백성이 되기를 원하십니다. 하나님의 자녀가 되기를 원하십니다. 그것은 서울대학교에 들어가는 것처럼 어려운 것이 아닙니다. 밤새도록 과외공부를 해야 하는 것도 아닙니다. 예수 그리스도를 믿기만 하면 하나님의 자녀가 되는 것입니다.

영접하는 자 곧 그 이름을 믿는 자들에게는 하나님의 자녀가 되는 권세를 주셨으니(요 1:12).

이 얼마나 놀랍고 아름답고 축복된 사건입니까? 예수님이 저주의 말씀을 우리에게 하신 것은 저주 때문이 아니라 축복 때문이었습니다.

하나님의 거룩과 공의에 대한 선포

둘째, "화 있을진저"라고 말씀하시는 예수님의 어조 속에는 분명하고도 확고한 의지와 불굴의 정신이 있는 것을 보게 됩니다. 예수님은 서기관들과 바리새인들에게 '외식하는 자들'이라고 자주 말씀하셨고, '어리석은 맹인, 눈먼 인도자, 독사의 새끼, 회칠한 무덤, 지옥의 판결' 등 격렬한 언어를 쓰셨습니다. 왜 그러셨을까요? 그 이유는 하나님의 거룩과 공의와 진리를 선포하시기 위해서였습니다. 죄를 털끝만큼도 용납 못 하시는 하나님의 성품을 나타내고 계신 것입니다. 하나님은 죄인은 용납하시지만 죄는 용납하시지 않습니다.

이사야 59장 1-2절에서 "여호와의 손이 짧아 구원하지 못하심도 아니요 귀가 둔하여 듣지 못하심도 아니라 오직 너희 죄악이 너희와 너희 하나님 사이를 갈라 놓았고 너희 죄가 그의 얼굴을 가리어서 너희에게서 듣지 않으시게 함이니라"고 말씀하셨습니다. 그래서 하나님은 우리를 위해 외아들 예수 그리스도를 십자가에 죽이셨고 그의 보혈을 믿는 자는 죄가 깨끗이 씻겨져 하나님과 교제할 수 있도록 만드셨습니다. 이것이 구원입니다. 예수 그리스도로 말미암아 우리는 의롭다 칭함을 얻고 그분의 거룩한 옷을 입고 하나님 앞에 나아가 하나님을 아바 아버지라 부르게 된 것입니다.

가슴속에 흐르는 뜨거운 사랑

셋째, "화 있을진저"라는 말씀에서 발견하는 것은, 예수님이 비록 격렬한 언어로 말씀하셨지만 그 마음에는 눈물과 가슴이 찢어지는 애통과 말할 수 없는 사랑이 흐르고 있었다는 것입니다. 일곱 번의 "화 있을진저"가 다 끝난 마태복음 23장 37절을 보면 그러한 예수님의 마음을 잘 읽을 수 있습니다.

"예루살렘아 예루살렘아 선지자들을 죽이고 네게 파송된 자들을 돌로 치는 자여 암탉이 그 새끼를 날개 아래에 모음같이 내가 네 자녀를 모으려 한 일이 몇 번이더냐 그러나 너희가 원하지 아니하였도다."

누가복음 19장 41절에는 예수님이 "가까이 오사 성을 보시고 우시며"라고 되어 있습니다. 예루살렘의 멸망을 보면서 "그토록 내가 너를 구원하고 싶었는데!"라고 가슴이 찢어지도록 아파하시며 우셨습니다. 그러므로 이 "화 있을진저", "저주받을지어다"라는 말씀 속에는 예수 그리스도의 기막히게 뜨거운 사랑이 있다는 것을 발견하게 됩니다.

사랑이 없는 공의는 칼과 같습니다. 그러나 하나님의 공의 속에는 인간을 너무나 사랑하시므로 예수 그리스도를 죽여야만 하는 아픔이 있었습니다. 한번 생각해 보십시오. 우리가 남을 비판할 때 눈물이 있었습니까? 만약 눈물을 흘리고 가슴을 치고 애통하면서 하는 비판이 아니라면 그 비판은 사람을 죽이는 것입니다. 여기서 그리스도인이 조심할 일이 하나 있습니다. 성경을 잘못 이해하는 이들은 예수님도 불의에 대해 채찍을 들고 성전의 상을 뒤엎고 분노하셨으니 우리도 거룩한 분노를 세상에 터뜨려야 된다고 생각합니다. 또 어떤 사람은 온통 예수 이름으로 비판하며 정죄하고 다닙니다. 그러나 하나님은 우리에게 그런 일을 맡기신 적이 없습니다. 예수님이 서기관과 바리새인들을 정죄할 수 있었던 것은 그분 자신이 죄가 없으신 하나님의 어린양이셨기 때문입니다. 그분은 그렇게 정죄할 수 있고 회초리를 들 수 있습니다. 그러나 우리는 그만 한 자격이 있는 사람이 아닙니다. 우리가 하나님을 대신할 수 없으며 예수님이 아니라는 사실을 명심할 필요가 있습니다. 우리는 모두 똑같은 죄를 범할 수밖에 없는 죄인입니다.

천국 문을 닫는 신앙

그러면 예수님이 정죄하신 신앙은 어떤 것입니까? 일곱 가지 가운데 먼저 세 가지만 생각해 보겠습니다.

> 화 있을진저 외식하는 서기관들과 바리새인들이여 너희는 천국 문을 사람들 앞에서 닫고 너희도 들어가지 않고 들어가려 하는 자도 들어가지 못하게 하는도다(마 23:13).

첫 번째는 천국 문을 닫는 신앙입니다. 서기관들과 바리새인들은 하나님의 율법을 해석하는 자요 지키는 자들이었기 때문에 어떤 의미에서는 천국의 열쇠를 맡은 자라고 할 수 있습니다. 그러나 놀랍게도 그들은 천국 문의 열쇠를 담당한 축복을 사용하지 않고, 오히려 천국 문을 닫아두고 자기도 들어가지 않고 남도 들어가지 못하게 했다는 것입니다.

천국 문을 닫아 놓았다는 것은 무슨 뜻입니까? 많은 사람이 우리를 통해서 예수님을 알려고 합니다. 그런데 우리가 사람들 앞에 본이 되지 않는 행동을 하면 사람들이 '저 사람을 보니 예수 믿고 싶은 마음이 전혀 생기지 않는군'이라고 합니다. 이런 행동이 자기도 못 들어가고 남도 못 들어가게 막는 것입니다. 세례도 받고 교회 직책은 다 갖고 있으면서도 세상의 빛 된 생활을 하지 않을 때, 이것이 바로 천국 문의 열쇠를 가지고 있으면서 자기도 안 들어가고 남도 못 들어가게 하는 일입니다. 자기가 먹기는 싫고 그렇다고 남 주기도 싫고, 그래서 그걸 땅에 던져 발로 밟아 버리는 사람이 있습니다. 이 얼마나 고약하고 삐뚤어진 마음입니까? 삐뚤어진 마음에는 저주가 임합니다. 그러나 가난한 마음에는 하나님의 축복이 임합니다.

가난한 마음은 자기가 아무것도 아니라는 마음, 내놓을 것이 하나도 없는 마음입니다. 자기가 돈이나 가문, 인기, 미모, 학벌 등 무엇이 있다고 생각하면 주장할 것이 많습니다. 그러나 자기가 의지할 것이 아무것도 없는 사람은 할 말이 없습니다. "주님, 나는 아무것도 못 합니다. 주님이 하십시오. 나는 내 인생을 이끌어 갈 힘이 없습니다. 주님이 이끌어 가십시오. 나는 사업을 이끌어 가기 어렵습니다. 주님이 이끌어 가 주십시오." 이것이 가난한 마음입니다.

남을 지옥 자식이 되게 하는 신앙

두 번째로 예수님이 정죄한 신앙은 다른 사람을 지옥 자식으로 만드는 신앙입니다.

> 화 있을진저 외식하는 서기관들과 바리새인들이여 너희는 교인 한 사람을 얻기 위하여 바다와 육지를 두루 다니다가 생기면 너희보다 배나 더 지옥 자식이 되게 하는도다(마 23:15).

이 사람이 첫 번째 사람보다 한층 더 악한 사람입니다. 첫 번째 사람은 천국 열쇠를 가지고 문을 잠궈 두고 들어오려는 사람을 막고 있는 사람인데, 두 번째 사람은 자기 젊음을 다 바쳐 바다와 육지를 다니다가 사람을 찾으면 자기보다 배나 더 지옥 자식으로 만드는 사람입니다.

사울이라는 청년이 있었습니다. 그는 예수 믿는 사람을 잡아 예루살렘으로 끌고 오려는 정열로 가득 찼습니다. 남자고 여자고 예수 믿는 자는 다 잡아다가 감옥에 처넣으려고 다메섹으로 갑니다. 그렇습니다. 우리는 여기서 잘못된 열정을 보게 됩니다. 이단들을 보십시오. 가정과 인격이 파괴될 정도로 그들은 몸과 마음을 다 바쳐서 헌신하는 것을 볼 수 있습니다. 참으로 바다를 건너고 육지를 건너는 열정이 있습니다.

그러나 문제는 전도받은 사람들을 자기들보다 배나 더 지옥 자식이 되도록 만든다는 사실입니다. 그들은 예수님을 가르치는 것 같지만 자기 마음대로 해석한 것을 가르치거나 성경에 다른 것을 섞어서 가르칩니다. 즉 성경 외의 원리강론이나 몰몬경이나 기타 다른 이론을 가르치는 것입니다. 누가 지옥에 갑니까? 성경을 믿지 않는 자도 지옥에 가지만 성경을 잘못 믿는 자도 지옥에 갑니다.

마태복음 7장 21-23절에 아주 정확한 말씀이 기록되어 있습니다. "나더러 주여 주여 하는 자마다 다 천국에 들어갈 것이 아니요 다만 하늘에 계신 내 아버지의 뜻대로 행하는 자라야 들어가리라 그 날에 많은 사람이 나더러 이르되 주여 주여 우리가 주의 이름으로 선지자 노릇 하며 주의 이름으로 귀신을 쫓아내며 주의 이름으로 많은 권능을 행하지 아니하였나이까 하리니 그 때에 내가 그들에게 밝히 말하되 내가 너희를 도무지 알지 못하니 불법을 행하는 자들아 내게서 떠나가라 하리라."

주의 이름으로 목회도 했고, 설교도 했고, 귀신도 쫓아냈고, 병도 고쳤고, 모든 능력도 다 행했습니다. 그런데도 그날에 "내가 너를 도무지 알지 못한다"는 예수님의 대답을 듣게 된다는 것입니다.

잘못된 신앙은 어떤 것입니까? 열심이 부족한 것이 아니라 성경을 잘못 가르쳐 주고 이단에 빠지게 함으로 사람들의 영혼을 지옥으로 보내는 것입니다.

현실적인 이해에 얽매인 신앙

세 번째로 정죄받는 신앙의 모습이 다음의 말씀에서 나옵니다.

> 화 있을진저 눈먼 인도자여 너희가 말하되 누구든지 성전으로 맹세하면 아무 일 없거니와 성전의 금으로 맹세하면 지킬지라 하는도다 (마 23:16).

예수님은 서기관과 바리새인의 신앙적 위선, 허위, 돈과 현실적 이해에 얽매인 신앙을 지적하셨습니다. 그들은 신앙보다 금이 더 중요했고 하나님의 백성을 하나님에게 인도하는 것보다는 높은 자리에 올라가고 박수를 받고 자기 유익을 얻는 데 관심이 있었던 것입니다. 이러한 신앙을 가리켜 "눈먼 인도자"라고 하셨습니다. 눈먼 자가 어찌 누구를 인도할 수 있겠습니까? 돈과 현실의 노예가 된 사람이 어찌 신앙과 영생을 말할 수 있겠습니까? 이것을 예수님이 저주하신 것입니다. 무서운 일입니다.

사람은 속일 수 있습니다. 그러나 하나님은 속지 않으십니다. 우리 자신은 속일 수 있을지라도 하나님은 속일 수 없습니다. 사실 우리가 교회 건물이나 숫자나 헌금이나 외형적인 성공에 얼마나 민감합니까? 한 사람이 구원받는 기쁨, 선교사를 보내서 한 지역이 복음화되는 감격을 구하기보다 현실적인 것에 안주해 버리는 것이 오늘 우리 교회의 현실입니다. 예수님이 이에 대해 저주하셨던 것입니다. 오늘날 교회는 어떤 의미에서 눈먼 자일지 모릅니다. 눈먼 자가 이끌면 구렁텅이에 빠집니다. 눈을 뜬 사람이 인도해야 백성이 안전하게 갈 수 있습니다. 돈에 탐욕이 있는 사람, 인기에 탐욕이 있는 사람들에게 예수님은 "저주를 받을지어다"라고 말씀하셨습니다.

본문 말씀을 보면 바리새인들은 "너희가 성전으로 맹세한 것에 대해서는 안 지켜도 되고 금으로 맹세한 것은 꼭 지켜야 한다"고 백성을 가르쳤습니다. 이것은 애통하는 온유한 모습과는 정반대 모습입니다. 참된 신앙은 자기 자신이 아무것도 아니라는 가난한 마음에서 시작됩니다. 아무것도 아닌 자신을 발견할 때 그는 가슴을 치며 애통하게 됩니다. 그리고 그러한 애통에서 참으로 온유와 겸손의 모습으로 변화하게 됩니다. 이러한 사람에게 천국이 주어지고, 하늘의 위로가 나타나며, 진정한 기업이 축복으로 주어지게 될 것입니다.

계속해서 예수님은 위선적인 신앙의 실체를 드러내십니다.

어리석은 맹인들이여 어느 것이 크냐 그 금이냐 그 금을 거룩하게 하는 성전이냐 너희가 또 이르되 누구든지 제단으로 맹세하면 아무 일 없거니와 그 위에 있는 예물로 맹세하면 지킬지라 하는도다 맹인들이여 어느 것이 크냐 그 예물이냐 그 예물을 거룩하게 하는 제단이냐(마 23:17-19).

헌금 드릴 때 돈보다도 더 중요한 것은 마음의 태도입니다. 동전 몇 닢이라도 마음의 태도가 귀하면 하나님은 그것을 천국의 보화처럼 받아 주신다고 했습니다. 그러나 아무리 돈을 많이 내도 그 안에 정성이 없고 하나님을 섬기는 태도가 나쁘면 헌금을 하지 않는 것과 마찬가지입니다. 헌금 자체가 중요한 것이 아니라 그 태도가 중요합니다. 돈으로 기도하면 지키고, 제단으로 기도하면 지키지 않아도 된다는 눈먼 신앙을 예수님이 지적하신 것입니다. 그리고 다음의 말씀으로 결론을 맺으셨습니다.

그러므로 제단으로 맹세하는 자는 제단과 그 위에 있는 모든 것으로 맹세함이요 또 성전으로 맹세하는 자는 성전과 그 안에 계신 이로 맹세함이요 또 하늘로 맹세하는 자는 하나님의 보좌와 그 위에 앉으신 이로 맹세함이니라(마 23:20-22).

우리는 저주받는 사람이 되지 말고 축복받는 사람이 되어야 합니다. 예수님은 "심령이 가난한 자는 복이 있나니 천국이 그들의 것임이요 애통하는 자는 복이 있나니 그들이 위로를 받을 것임이요"(마 5:3-4)라고 하셨습니다. 내 안에 있는 비참하고 형편없는 불쌍한 자신을 보고 가슴을 치고 우는 것입니다. 이것이 진짜 우는 것입니다. 내 죄를 보고, 비참한 나의 영혼을 보고 울 수 있어야 합니다. 애통해야 합니다. 누가 온유할 수 있습니까? 애통하지 않는 사람은 온유할 수 없습니다. 예수님은 온유한 자가 땅을 기업으로 얻을 것이라고 말씀하셨습니다. 우리는 하나님의 백성으로 축복받는 삶을 살아야 할 것입니다.

14

겉과 속이 다른
가짜 믿음을 주의하라

마태복음 23:23 - 28

이 장에서는 예수님이 말씀하신 일곱 가지 화 가운데 나머지 세 가지를 살펴보겠습니다.

화 있을진저 외식하는 서기관들과 바리새인들이여 너희가 박하와 회향과 근채의 십일조는 드리되 율법의 더 중한 바 정의와 긍휼과 믿음은 버렸도다 그러나 이것도 행하고 저것도 버리지 말아야 할지니라(마 23:23).

예수님은 내용보다는 형식을 좋아하는 사람들, 영적인 것보다는 세속적인 것을 찾는 사람들, 겉모양만 화려하게 꾸미는 사람들에게 분노하셨습니다. 참된 신앙이란 사람 앞에 서는 것이 아니라 하나님 앞에 서는 것입니다. 참된 신앙의 행위는 인간을 위해서 하는 것이 아니라 하나님 앞에서 하는 것입니다. 우리가 예배드릴 분은 오직 하나님 한 분뿐입니다. 그러나 사람들은 신앙생활을 하면서 눈에 드러나는 것들, 인간적인 것들, 외식하는 것들을 강조하게 됩니다. 이것을 예수님이 날카롭게 지적하셨습니다. '참된 신앙의 본질.' 이 메시지는 우리가 계속적으로 들어야 합니다. 왜냐하면 우리가 참된 신앙을 갖게 되었다 할지라도 순식간에 그것이 위선적인 신앙으로 변할 수 있기 때문입니다. 예수님은 오른손이 하는 일을 왼손이 모르게 하라고 하셨습니다. 그리고 기도할 때 골방에 들어가서 하라고 하셨습니다. 바로 이것이 예수님이 우리에게 주고자 하시는 메시지입니다.

은혜의 시작, 십일조

그 당시 사람들은 율법의 명령에 따라 십일조를 드렸습니다. 신명기 14장 22절은 "너는 마땅히 매년 토지 소산의 십일조를 드릴 것이며"라고 했고, 레위기 27장 30절은 "그 땅의 십 분의 일 곧 그 땅의 곡식이나 나무의 열매는 그 십분의 일은 여호와의 것이니 여호와의 성물이라"고 했습니다.

원래 십일조는 은혜의 시작이었습니다. 아브라함이 전쟁을 치른 후에 크게 감사하여 멜기세덱에게 모든 노획물의 십 분의 일을 드린 일에서 비롯되었습니다. 십일조는 너무나 귀한 것이어서 모세 때는 이것을 율법으로 규정하였습니다. 이 십일조는 하나님을 섬기기 위해 구별된 레위 족속을 부양하는 데 사용되었습니다. 요즘 말로 하면 하나님의 일을 위해 쓰이는 헌금과 같은 것입니다.

그런데 예수님이 지적하신 것을 보면 바리새인들과 서기관들은 땅의 소산의 십일조만 드린 것이 아니었습니다. 많은 사람은 땅의 소산의 십일조를 드렸습니다. 그러나 그들은 하나님을 사랑한다는 이유로 박하와 회향과 근채의 십일조를 했습니다. 음식의 향유에 속하는 박하, 약재로 쓰이는 회향과 근채, 이것들은 아주 작고 미세한 것들입니다. 그런데 이것들의 십일조를 쪼갰던 것입니다. 기가 막힌 일입니다. 요즘 말로 하면 수입의 십일조만이 아니라 시간의 십일조, 선물 받은 것의 십일조 등 모든 것을 다 바친 것입니다. 이 사람들은 정말 지극히 작은 것의 십일조까지 드리는 엄격하고 완벽한 신앙생활을 한 것입니다.

율법의 가장 중요한 정신

그러나 문제가 있었습니다. 그들이 눈에 보이는 것들은 철저하고 엄격하게 준행했지만 눈에 보이지 않는 것에 대해서는 소홀했던 것입니다. 아니, 소홀히 한 정도가 아니라 버렸습니다. 무관심해서 못 지킨 것이 아니라 아예 무시해 버렸다는 것입니다. 그들이 무시한 것은 무엇입니까? 율법의 참 정신입니다. 율법의 본질에 해당하는 것입니다.

> 박하와 회향과 근채의 십일조는 드리되 율법의 더 중한 바 정의와 긍휼과 믿음은 버렸도다(마 23:23).

율법의 가장 중요한 정신은 의와 인과 신입니다. '의'(Justice)는 하나님의 공의를 뜻합니다. '인'(Mercy)은 하나님의 사랑, 하나님의 긍휼입니다. '신'(Faithfulness)은 하나님의 신실함입니다. 율법의 이 세 가지 정신에 대해 이야기해 보겠습니다.

첫째, 율법에서 가장 중요한 것은 내 신앙 안에 하나님의 공의가 있는가 하는 것입니다. 기도하고 찬송하고 헌금하는 것 말고 내 안에 정말 정직이 있는가, 내 안에 거짓은 없는가, 위선은 없는가 하는 것입니다. 이것은 아무도 들여다볼 수 없습니다. 우리의 마음을 누가 들여다볼 수 있겠습니까? 그러나 하나님은 다 보고 계십니다. 음란하고 더럽고 거짓이 있고 음모가 있고 술수가 있는 것을 다 보십니다. 우리는 겉으로 구제하고 동정하지만 하나님은 그것을 보시지 않습니다. 그 동기를 보십니다. 우리의 입으로 하는 찬양 소리는 중요하지 않습니다. 하나님은 우리의 마음을 꿰뚫어 보고 계십니다. 우리의 신앙의 깊은 곳에 정직이 있는가, 순결함이 있는가, 나쁜 동기는 없는가, 이기적인 동기는 없는가, 열등감은 없는가를 보고 계십니다. 우리 신앙의 진면목은 우리가 외적으로 나타내는 표현 속에 있는 것이 아니라 우리의 마음 깊은 곳에, 아무도 보지 못하게 잠궈 놓은 그 속에 있습니다.

둘째, 진정한 신앙은 무엇입니까? 하나님은 우리가 생활비를 아껴서 하는 구제, 집을 팔아서 하는 구제에는 관심이 없습니다. 하나님의 관심은 우리가 펴는 구제의 손길에 하나님의 눈물이 있는가, 정말 하나님의 긍휼이 있고 사랑이 있는가에 있습니다. 그리스도인에게서 제일 무서운 것은 냉랭함과 무관심입니다. 우리 신앙의 깊은 곳에는 하나님의 눈물이 있어야 합니다. 사랑이 있고 긍휼이 있어야 진정한 신앙입니다.

셋째, 진정한 신앙은 어제나 오늘이나 영원토록 변함 없으신 하나님의 신실함이 내 안에 있는가 하는 것입니다. 그래서 예수님을 잘 믿는다는 것은 한마디로 '신실하다'는 것입니다. 어떤 사람이 예수님을 잘 믿는가, 아닌가는 변덕이 있나 없나를 보면 압니다. 변덕이 많은 것은 문제가 있는 것입니다. 그 사람이 진짜인가 가짜인가는 뜨거움이나 능력과는 상관이 없습니다. 처음이나 끝이나 변함없는 사람, 한 길을 가는 사람, 환경의 고통이 올지라도, 폭풍이 내리고 천둥이 치고 지진이 날지라도 변하지 않는 믿음, 이것이 진짜입니다.

신앙에 내용을 채우라

예수님은 말씀하셨습니다. "너희가 소산물의 십일조 정도가 아니라 박하와 회향과 근채의 십일조까지 드리는 철저한 신앙의 모습을 보여 주었지만, 율법의 참정신인 의와 인과 신은 아무리 찾아봐도 없다." 이런 사람에게 예수님은 화가 있다고 하셨습니다. 사람들은 "우리가 주의 이름으로 병도 고쳤고 주의 이름으로 능력도 행하지 않았습니까?"라고 할지도 모릅니다. 그러나 주님은 "나는 너를 모른다"고 하실 것입니다. 아무리 거룩하게 몸단장하고 떨리는 목소리로 기도하고 깨끗한 돈으로 헌금한다 할지라도 우리 속에 위선과 불의가 있다면 하나님은 우리와 상관하지 않으실 것입니다. 우리의 신앙 안에 무관심과 용서하지 못하는 분노와 미움이 있다면 예수님은 '너를 모른다'고 하실 것입니다.

이렇게 이중적인 신앙생활의 구조를 가진 사람에게 예수님은 다음과 같이 말씀하셨습니다.

"이것도 행하고 저것도 버리지 말아야 할지니라."

저는 예수님의 이 말씀을 아주 좋아합니다. 소산의 십일조뿐 아니라 박하와 회향과 근채의 십일조까지 내는 신앙을 예수님이 비판하지 않으셨습니다. 그것은 축복이라고 하셨습니다. 아침 일찍 일어나서 목욕하고 새 옷 입고 깨끗하게, 정성스럽게 교회에 오는 것을 주님은 기뻐하십니다. 우리가 정성스럽게 하나님을 섬기는 것을 기뻐하십니다. 저는 가끔 이름도, 빛도 없이 조용한 중에 크게 봉사하고 구제하는 사람들을 봅니다. 입장을 바꿔서 나 같으면 저렇게 할 수 있을까를 생각해 볼 때 참 대단한 믿음이라는 생각이 듭니다. 예수님은 그것을 비판하지 않으셨습니다.

그런데 문제는 그것만 하는 데 있습니다. 예수님은 박하와 회향과 근채의 십일조는 하지 말라고 하신 것이 아니라 그것 위에 더 하라고 격려해 주십니다. 어떤 사람들은 신약의 말씀에 따라서 십일조를 안 해도 괜찮다고 말합니다. 그러나 예수님은 "그것도 다

해야 한다. 구약 시대 때보다 더 해라. 십일조뿐만 아니라 네 인생 전체를 하나님에게 바쳐라"고 하십니다. 돈만이 아니라 내 시간, 내 재능, 내 생명까지 바칠 수 있으면 얼마나 좋겠습니까?

박하와 회향과 근채의 십일조까지 바치는 신앙을 계속하십시오. 그러나 거기에 머물지 말기를 바랍니다. 만약 거기에만 머문다면 저주받은 신앙이 될 수 있습니다. 거기에다 내용을 채우십시오. 하나님의 공의와 하나님의 사랑과 하나님의 신실함이 나의 믿음을 주관하게 해야 합니다. 예수님이 이 말씀을 하실 때 서기관들과 바리새인들에게 두 가지 별명을 붙여 주셨습니다.

맹인 된 인도자여 하루살이는 걸러 내고 낙타는 삼키는도다 (마 23:24).

서기관들과 바리새인들의 저주받은 신앙을 가리켜 예수님은 첫째로 '맹인'과 같다고 하셨습니다. 누가 맹인입니까? 영적 진리를 깨닫지 못한 사람, 율법의 더 중요한 의와 인과 신을 깨닫지 못한 사람, 율법의 형태는 지키지만 율법의 정신에 이르지 못한 사람을 가리켜 눈먼 장님과 같다고 하셨습니다. 이 세상에서 가장 불행한 사람이 있다면 자기가 맹인인 줄도 모르고 지도자가 되고 안내자가 된 사람입니다. 맹인이 맹인을 이끌고 가면 어떻게 될까요? 시궁창에 빠지든지 교통사고가 날 것입니다. 서기관들과 바리새인들은 자칭 종교 지도자들이었습니다. 그러나 그들은 맹인이었습니다.

둘째 별명은 '낙타를 삼키는 사람'입니다. 하루살이와 낙타는 불결한 짐승으로서 둘 다 먹어서는 안 되는 것이었습니다. 그런데 어떤 사람이 포도주를 짜는데 거기에 하루살이 한 마리가 빠져 있습니다. 그걸 보고 무명으로 정성껏 짜서 하루살이를 걸러 내는 정성은 있으면서도, 낙타는 막 집어삼킨다는 것입니다. 율법의 더 중요한 의와 인과 신은 생각하지 않고 지극히 작은 하루살이 같은 것을 가지고 평생을 거기에 얽매어 사는 율법의 노예들에 대한 이야기입니다. 자기들은 뒷구멍으로 어마어마한 죄들을 수없이 지으면서, 자기가 교회에 나오는 것으로 '하나님이 봐 주시겠지' 하며 합리화한다는 것입니다. 오늘 우리는 이러한 저주받은 신앙에서 탈출해야 합니다.

신앙의 그릇을 깨끗이 하라

이번에는 다섯 번째 화에 관한 말씀입니다.

> 화 있을진저 외식하는 서기관들과 바리새인들이여 잔과 대접의 겉은 깨끗이 하되 그 안에는 탐욕과 방탕으로 가득하게 하는도다 눈먼 바리새인이여 너는 먼저 안을 깨끗이 하라 그리하면 겉도 깨끗하리라(마 23:25-26).

예수님이 화가 있다고 하신 신앙은 겉과 속이 다른 것입니다. 신앙의 겉모양을 예수님은 잔과 대접으로 비유하셨습니다. 여기서 잔은 술잔이고 대접은 음식을 담는 그릇입니다. 잔과 대접의 겉은 깨끗합니다. 그릇의 모양과 그릇의 그림은 아름답습니다. 깨끗하고 세련된 그릇입니다. 항상 세련된 사람이 문제입니다. 아주 세련되게 죄를 짓기 때문입니다.

술잔은 깨끗합니다. 그러나 그 술잔에 담긴 것은 술입니다. 술은 우리를 방탕하게 만듭니다. 음식도 너무 화려하게 먹을 필요가 없습니다. 오히려 건강을 해치기 쉽습니다. 먹는 것도 간단하고 소박하게 먹어야 합니다. 그것이 우리의 영적 건강을 위해서도 좋고 육신의 건강을 위해서도 좋습니다.

술잔과 음식 그릇은 멋있고 좋습니다. 그러나 그 안에 들어있는 것은 탐욕과 방탕이라고 했습니다. 화려한 음식과 우리를 술 취하게 하는 것들이 우리를 타락하게 하고 파멸시킵니다. 이것은 우리의 삶을 음식으로 비유한 것입니다. 삶의 겉모습은 화려하고 멋있지만 마음속에는 이 끊임없는 탐욕과 나를 타락하게 하는 방탕이 있습니다. 사람들은 예수의 이름으로 자기의 야망과 명예욕을 채웁니다. 이러한 신앙에 대해 예수님은 "화 있을진저"라고 하셨습니다. 그러면 예수님의 처방은 무엇입니까?

눈먼 바리새인이여 너는 먼저 안을 깨끗이 하라 그리하면 겉도 깨끗하리라(마 23:26).

우리 안에 있는 모든 탐욕, 우리 안에 있는 모든 방탕의 근거를
제거하라고 하셨습니다. 어떤 사람들은 자기의 신앙이 자라기를
원합니다. 성령 충만하기를 원합니다. 그러나 내 안에 있는 죄는
아까워서 버리지 못하는 사람이 참 많습니다. 그것을 죽어라고 붙
들고 있습니다. 그것을 놓기 전에 우리는 성령 충만할 수 없습니
다. 우리 자신이 결단하고 죄를 끊지 않으면, 하나님이 지저분한
것 위에 성령을 부어 주실 수가 없습니다. 우리 몸은 성령의 전이
라고 했습니다(고전 6:19). 우리 몸이 더러운데 어찌 하나님의 성령
이 내 안에 들어올 수가 있겠습니까? "너희 안을 청소하라. 부정을
제거하라. 더러운 것을 제거하라. 음란을 제거하라. 그리하면 겉도
깨끗하게 될 것이다"라고 예수님은 말씀하셨습니다.

회칠한 무덤 같은 신앙

그다음 여섯 번째 화에 대한 말씀입니다.

화 있을진저 외식하는 서기관들과 바리새인들이여 회칠한 무덤 같
으니 겉으로는 아름답게 보이나 그 안에는 죽은 사람의 뼈와 모든
더러운 것이 가득하도다 이와 같이 너희도 겉으로는 사람에게 옳게

보이되 안으로는 외식과 불법이 가득하도다(마 23:27-28).

예수님은 겉과 속이 다른 신앙에 대해 계속 말씀하십니다. 여섯 번째 화는 다섯 번째 화에 대한 강조입니다. 다섯 번째 화는 아름다운 잔과 대접으로 설명하셨는데 여기서는 회칠한 무덤으로 설명하고 계십니다. 회칠한 무덤이 겉으로는 아름답게 보인다고 하셨습니다. 이 말씀의 뜻은 무엇입니까?

레위기 16장 16절을 보면 누구든지 들에서 칼에 죽은 자나 시체나 사람의 뼈나 무덤을 만지면 7일 동안 부정하게 된다는 율법이 있습니다. 시체를 만진 사람은 7일이 지날 동안은 제사를 드릴 수 없습니다. 유월절이 되면 이스라엘 백성은 예루살렘에서 유월절을 지키려고 곳곳에서 나아옵니다. 그런데 예루살렘 주위에는 무덤이 많기 때문에 자칫하면 무덤을 스칠 수가 있었습니다. 무덤을 스치게 되면 이 사람은 유월절 제사를 못 드리게 됩니다. 그래서 이런 실수를 범하지 않기 위해 무덤을 전부 하얗게 회를 칠합니다. 그러면 누구든지 '아, 이건 무덤이구나' 하고 옆에 가지 않아서 부정을 타지 않도록 했습니다. 이렇게 하얀 회를 칠한 데에 햇빛이 비치면 아주 찬란하고 아름답게 보였다고 합니다. 예수님이 지금 이것을 묘사하고 계신 것입니다.

그러나 겉으로는 아름답게 보이는 이 회칠한 무덤 속에는 죽은 사람의 뼈와 온갖 더러운 것들이 가득합니다. 이것이 바로 인간입니다. 화려하고 멋있는 옷을 입고 훈장을 차고 높은 지위 속에서 멋있게 등장하지만 인간의 내면 깊은 곳에는 죽은 사람의 뼈가 있다는 것입니다. 시체에서 흘러나오는 더러운 물이 있다는 것입니다.

어느 날 조용히 자신의 속을 들여다보십시오. 무엇이 있습니까? 거짓이 있습니다. 내 안에 거짓이 있습니다. 순간적으로 나쁜 짓하는, 순간적으로 남을 거짓말하게 하는 그런 교활하고 잔인한 것들이 인간성 속에 숨어 있습니다. 교양과 덕으로 안 그런 척하고 앉아 있는 것이지 사실 파보면 다 있습니다. 어떤 사람에게는 말 잘하는 기술, 글 잘 쓰는 기술이 있어서 정직을 가장한 위선을 할 수가 있습니다. 잘 숨기느냐, 못 숨기느냐의 차이입니다. 위선, 거짓, 부정, 부패, 권모술수, 음란, 미움, 질투, 분노, 좌절감, 이런 것들이 인간 속에 있습니다. 만일 그리스도의 피가 우리를 깨끗하게 하지 않았다면 실로 우리는 진노의 자식이요 죄와 죽음에 종노릇 할 수밖에 없는 자들임이 분명합니다. 이사야 59장 3-5절을 보면 인간의 본질에 대한 기막힌 표현이 있습니다.

"이는 너희 손이 피에, 너희 손가락이 죄악에 더러워졌으며 너희 입술은 거짓을 말하며 너희 혀는 악독을 냄이라 공의대로 소송하는 자도 없고 진실하게 판결하는 자도 없으며 허망한 것을 의뢰하며 거짓을 말하며 악행을 잉태하여 죄악을 낳으며 독사의 알을 품으며 거미줄을 짜나니 그 알을 먹는 자는 죽을 것이요 그 알이 밟힌즉 터져서 독사가 나올 것이니라."

저는 예수님이 왜 "독사의 새끼들아"라고 하셨는지 이해합니다. 가만히 생각해 보면 그 말씀이 맞습니다. 인간 영혼 깊은 곳에는 독사의 알이 있어서 그것을 먹는다고 했습니다. 그것을 밟으면 터져서 독사가 나온다고 했습니다. 인간은 죄악의 거미줄을 짠다고 했습니다. 인간의 심연 깊은 곳에는 바로 이런 것들이 있습니다.

기록된 바 의인은 없나니 하나도 없으며 깨닫는 자도 없고 하나님을 찾는 자도 없고 다 치우쳐 함께 무익하게 되고 선을 행하는 자는 없나니 하나도 없도다 그들의 목구멍은 열린 무덤이요 그 혀로는 속임을 일삼으며 그 입술에는 독사의 독이 있고 그 입에는 저주와 악독이 가득하고 그 발은 피 흘리는 데 빠른지라 파멸과 고생이 그 길에 있어 평강의 길을 알지 못하였고 그들의 눈앞에 하나님을 두려워함이 없느니라 함과 같으니라(롬 3:10-18).

십자가를 바라보라

하나님은 우리를 축복해 주기를 원하십니다. 본문 말씀은 이런 저주스러운 신앙을 갖지 말라고 주신 것입니다. 이 함정에 빠지지 말고, 겉만 화려한 위선적인 신앙을 갖지 말고, 중심에 하나님의 의와 사랑과 신실함, 예수 그리스도의 구원의 은총을 가지라고 말씀하신 것입니다.

"나는 자랑하고 주장할 것이 아무것도 없다. 나는 하나님 앞에 죽은 자와 같다"고 고백하며 눈물을 흘리며 애통하는 마음이라야 축복이 있습니다. 진정으로 애통하는 사람만이 온유할 수 있습니다. 억지로 온유한 사람은 교만한 사람입니다. 눈물을 흘리며 애통하는 사람만이 정말 온유한 사람입니다. 의에 주리고 목마른 영혼을 가져야 합니다. 정직하고 겸손해야 합니다.

예수님은 간음하다 현장에 붙잡힌 여자의 심령 속에서 가난함을 보셨습니다. 이 여자는 아무것도 주장할 것이 없고 자랑할 것이 없고 돈도 지위도 명예도 순결도 없는 가난한 여자였습니다. 그래서 그 여자를 축복해 주신 것입니다. 남편이 다섯인 여자가, 세리가 무엇을 자랑할 수 있겠습니까? 그러나 거기에서부터 신앙이 시작됩니다. 우리는 영적 능력이 있다고 자랑해서는 안 됩니다. 병고칠 수 있다고, 귀신을 쫓을 수 있다고 자랑하지 마십시오. 그것은 하나님이 우리에게 주신 은사일 뿐 그것을 가지고 자랑해서는 안 됩니다.

이 저주의 삶과 저주의 신앙에서 어떻게 축복의 신앙으로 돌아가려면 예수 그리스도의 십자가를 바라보아야 합니다. 예수 그리스도 앞에 와야 합니다. 주님은 십자가에서 침묵하셨습니다. 자기를 죽이려는 사람들을 저주하지 않으셨습니다. "아버지여 저들을 축복하여 주옵소서"라고 하신 그분 앞에 와야 합니다. 그분의 얼굴을 바라보아야 합니다. 그분이 흘리신 피에 우리의 죄를 적셔야 합니다. 그때 우리는 이 저주의 삶에서부터 축복의 삶으로 탈출할 수 있습니다.

성령이 임하셔야 우리 안에 있는 죄의 소욕을 이길 수 있습니다. 우리는 예수 그리스도의 십자가 앞에 무릎 꿇고 교만하지 말고 자기를 주장하지 말아야 합니다. 우리 안에는 사탄의 본성이 있습니다. 그러나 예수 그리스도가 우리를 위하여 피 흘려 돌아가심으로 말미암아 우리를 의롭다 하신 것입니다. 그래서 우리가 하나님의 자녀가 된 것입니다. 자기 신앙의 의를 말하지 마십시오. 예수 그리스도만을 바라보십시오.

15

이 세대를 향한
한 사람의 의인이 돼라

마태복음 23:29-36

예수님이 서기관들과 바리새인들을 향해 "화 있을진저"라고 하신 일곱 번째 말씀을 보겠습니다. 이 말씀은 두 가지 저주받는 신앙에 대해 지적하고 있습니다.

축복의 절정

첫째는, 선지자들을 박해하고 의인들을 죽이는 데 앞장섰던 사람들의 신앙입니다. 구약에 보면 최초로 피를 흘린 의인은 아벨이고, 마지막은 사가랴입니다. 많은 구약 선지자들과 의인들이 피를 흘렸습니다. 그리고 신약에도 피의 절정이 있습니다. 예수 그리스도가 십자가에 못 박혀 피를 흘리신 것입니다.

예수님 이후에도 계속 의로운 사람의 피가 흘려졌습니다. 스데반은 돌에 맞아 죽었습니다. 예수님의 열두 제자들도 사도 요한을 빼놓고는 모두 다 순교했습니다. 그 후의 교회사를 보아도 수많은 성도가 피를 흘렸습니다. 우리는 예수님 때문에 로마의 원형경기장에서 사자들의 밥이 되었던 성도들을 기억합니다. 그 피는 지금까지 계속되고 있습니다. 한국 땅에도 피가 흘려졌습니다. 주기철 목사님은 신앙을 사수하다가 순교하셨습니다. 그뿐 아니라 지금도 오지에서 선교하다가 총에 맞고 칼에 찔려 죽어가는 많은 선교사가 있습니다.

제가 일 년 동안 훈련받았던 WEC라는 선교단체에 가 보면 조그마한 강단이 있습니다. 그 강단에는 30여 명의 젊은이들 사진이 있습니다. 그들 가운데는 파일럿, 의사, 간호사, 교사 등 여러 직종의 사람들이 있는데 이들은 모두 20-30대 초반입니다. 이 얼굴들은 정글에서 게릴라들이나 원주민들에게 죽임을 당한 순교자들입니다. 거기에는 그들이 몇 년, 몇 월, 며칠, 어디서 어떻게 죽었다고 쓰여 있습니다. 그들의 순교의 피로 선교는 계속 진행되었던 것입니다.

피를 흘리는 사람이 있고, 피를 흘리게 하는 사람이 있습니다. 예수님은 "네가 나 때문에 피를 흘렸다면 축복받은 사람"이라고 하십니다. 그러나 "네가 내 이름으로 선지자들을 죽이고 핍박하고 의인들을 피 흘리게 했다면 저주받은 신앙을 가진 사람"이라고 하십니다. 마태복음 5장 10절을 보면 "의를 위하여 박해를 받은 자는 복이 있나니 천국이 그들의 것임이라"고 말씀하셨습니다. 팔복의 클라이맥스는 순교입니다.

어떤 축복이 가장 큰 축복입니까? 예수 그리스도의 이름 때문에 고난을 받는 축복입니다. 세상 사람들은 이것을 저주라고 말하지만 그리스도인에게는 축복 중의 축복입니다. 그래서 마태복음 5장 11절은 "나로 말미암아 너희를 욕하고 박해하고 거짓으로 너희를 거슬러 모든 악한 말을 할 때에는 너희에게 복이 있나니"라고 덧붙이고 있습니다. 누구 때문에 고난받느냐가 중요합니다. 나 자신 때문에 고난받는 사람이 얼마나 많습니까? 그러나 그리스도 때문에 받는 고난, 그것만이 진정한 의미가 있습니다.

그리스도인은 고난 속에서 자라납니다. 고난이 없는 그리스도인은 진정한 그리스도인이 아닙니다. 언제나 그리스도인은 고난 속에서 그리스도를 영화롭게 하는 것입니다. 그러므로 참된 축복은 의를 위하여, 예수 그리스도를 인하여 박해를 받는 데 있습니다. 이것이 예수님이 말씀하신 축복의 클라이맥스입니다. 많은 사람이 그리스도인의 축복에 대해 이것저것 이야기합니다. 건강의 축복, 물질의 축복, 결혼의 축복 등 갖가지 축복이 있습니다. 우리 모두가 이런 축복들을 받게 되기를 바랍니다. 그러나 더 큰 축복은 주는 것입니다. 내가 받아서 영광스러운 축복보다는, 축복의 클라이맥스, 축복의 절정은 내 생명을 내어 주는 데까지 가는 것입니다. 예수 그리스도의 이름으로 피를 흘리는 데까지 가는 축복, 예수님은 이것이 가장 귀한 축복이라고 말씀하십니다.

반면 어떤 사람들의 신앙이 가장 저주받은 신앙입니까? 의인의 피를 흘리게 하는 사람들, 의인을 박해하는 사람들에게는 화가 있을 것이라고 말씀하셨습니다.

속사람이 변하여 새 사람으로

둘째로, 저주받는 신앙은 겉으로는 존경하는 것처럼 하면서 속으로는 선지자와 의인을 박해하고 죽이는 데 참여했던 자들에게서 찾아볼 수 있습니다.

화 있을진저 외식하는 서기관들과 바리새인들이여 너희는 선지자들의 무덤을 만들고 의인들의 비석을 꾸미며 이르되 만일 우리가 조상 때에 있었더라면 우리는 그들이 선지자의 피를 흘리는 데 참여하지 아니하였으리라 하니 그러면 너희가 선지자를 죽인 자의 자손임을 스스로 증명함이로다 너희가 너희 조상의 분량을 채우라(마 23:29-32).

29절을 보면 그들은 선지자들의 무덤을 쌓고 있었습니다. 의인들의 비석을 만들어 주고 있었습니다. 겉으로는 선지자들의 무덤 공사를 크게 하고 의인들의 비석을 값진 대리석으로 만들어서 세워 줍니다. 그러면서 그들은 "우리는 절대로 조상들처럼 선지자들과 의인들의 피를 흘리는 데 참예하지 않는 사람"이라고 외칩니다. 그러나 31절에서 예수님은 그들이 "선지자를 죽인 자의 자손 임을 스스로 증명"한다는 무서운 말씀을 하셨습니다. 이들은 자기들을 선지자와 의인과 동일시하지만 예수님은 그것을 부정하십니다. 사람들은 피상적인 선한 행동이나 미소 짓는 위선적인 행동으로 자기의 과거를 감추고 자기 죄악을 감춥니다. 그리고 또 그렇게 해서 감추어질 것이라고 착각합니다. 그러나 죄악은 감추어지지 않습니다. 과거는 감추어지지 않습니다. 안경을 바꾼다고 얼굴이 바뀔까요? 어떤 사람은 모자를 바꾸어 쓰고, 새 신을 신고, 쇼핑센터에 가서 옷을 바꾸어 입습니다. 그리고는 자기가 새 사람이 된 줄로 착각합니다. 아닙니다. 겉모양을 바꾸었다고 해서 인간이 바뀌지 않습니다. 속사람이 변해야 진정으로 바뀌는 것입니다. 자리를 옮겼다고, 위치를 바꾸었다고 그 사람이 새 사람이 되는 것은 아닙니다. 높은 위치에 올라가도 나는 나고 낮은 위치에 떨어져도 나는 나입니다. 중요한 것은 나 자신입니다. 그러나 사람들은 높은 위치에 올라가면 자기가 아주 인격적으로 훌륭한 사람이 되었다고 착각합니다. 명령을 내릴 수 있으면 자기가 굉장히 위대한 사람이 되었다고 착각합니다.

예수님은 32절에서 "너희가 너희 조상의 분량을 채우라"고 말씀하십니다. 양을 채운다는 말은 부족한 부분을 채우는 것을 의미합니다. 이 말씀은 예수님의 십자가의 죽음을 의미하는 것이 분명합니다. 왜냐하면 선지자들과 의인들을 박해하고 죽이는 것은 아벨의 피와 스가랴의 피를 거쳐 나중에는 메시아를 십자가에 죽이는 데까지 그 양이 다 차야 하기 때문입니다. 누가 메시아를 죽였습니까? 바로 이 사람들이었습니다. 그래서 "너희가 그 분량을 채우라"고 말씀하신 것입니다.

겉과 속이 다른 신앙

예수님이 여기까지 말씀하시고 자기 스스로가 선지자와 의인의 반열에 섰다고 착각했던 그들을 가리켜 '뱀'이라고 말씀하셨습니다. 예수님이 이런 말씀을 하셨다는 사실이 매우 놀랍습니다. 그러나 우리는 이 말을 들어야 합니다.

> 뱀들아 독사의 새끼들아 너희가 어떻게 지옥의 판결을 피하겠느냐
> (마 23:33).

"뱀들아, 독사의 새끼들아! 겉으로는 너희들이 예수 잘 믿는 척하면서 속에는 온갖 더러운 것과 위선과 정욕이 가득하지 않느냐. 독사의 새끼들아, 너희들의 찬송이 무엇이며 너희들의 기도가 무엇이며 너희들의 선한 행동의 쇼가 무엇이냐? 너희들의 중심이 과연 그런 것이냐?" 예수님은 우리에게 이렇게 묻고 계십니다. 과연 우리는 보여지는 것과 감추어진 것이 같습니까? 마태복음에서 일관되게 나타나는 예수님의 관심은 "네 속과 겉이 같은가?"입니다. 하나님 앞에서의 진실한 신앙은 겉과 속이 같은 것입니다.

"뱀들아 독사의 새끼들아"라고 말씀하신 뜻은 무엇일까요? 그것은 하나님을 믿는다는 신앙이 이미 사탄의 권세 아래 들어갔음을 의미합니다. 요한계시록 12장 9절을 보면 "큰 용이 내쫓기니 옛 뱀 곧 마귀라고도 하고 사탄이라고도 하며 온 천하를 꾀는 자

라"는 말씀이 있습니다. 여기서 뱀은 분명히 마귀 또는 사탄을 말합니다. 창세기 3장 15절에서도 "여자의 후손은 네 머리를 상하게 할 것이요 너는 그의 발꿈치를 상하게 할 것이니라"고 했는데 이것은 사탄, 곧 뱀을 상징합니다. 세례 요한도 마태복음 3장 7-9절에서 광야에 찾아온 사두개인들과 바리새인들을 보면서 똑같은 말을 했습니다. "독사의 자식들아 누가 너희를 가르쳐 임박한 진노를 피하라 하더냐 그러므로 회개에 합당한 열매를 맺고 속으로 아브라함이 우리 조상이라고 생각하지 말라."

독사의 자식, 뱀 등은 위선적인 신앙을 가진 사람들에게 예수님이 주신 칭호였습니다. 이들의 운명은 어떻게 됩니까? 33절 하반부에 "너희가 어떻게 지옥의 판결을 피하겠느냐"고 하셨습니다. 겉으로는 의인들과 선지자들을 존경하는 척하면서 실제로는 박해하고 죽였던 위선적인 신앙을 가진 사람들의 마지막은 지옥입니다.

고난은 그리스도인의 표식

그러므로 내가 너희에게 선지자들과 지혜 있는 자들과 서기관들을 보내매 너희가 그 중에서 더러는 죽이거나 십자가에 못 박고 그 중에서 더러는 너희 회당에서 채찍질하고 이 동네에서 저 동네로 따라다니며 박해하리라(마 23:34).

이 말씀은 예수님이 바리새인들과 서기관들이 그들의 태도를 바꾸지 않으면 그들의 인생에 어떠한 결과가 올 것인가를 예언하신 것입니다. 예수님은 "나는 너희들에게 계속해서 선지자들을 보내 줄 것이다"라고 하셨습니다. 여기서 '선지자'란 신약적 의미의 선지자이며 하나님의 말씀을 가르치는 전도자를 뜻합니다. 그리고 '지혜 있는 자'는 성령의 지혜를 받은 사람들, 즉 성령을 받은 사람들을 말합니다. '서기관들'은 말씀을 가르치는 교사들을 가리킵니다. 이런 사람들을 하나님이 계속해서 보내신다는 것입니다. 이 말씀의 시제는 현재 진행형입니다. 하나님은 예수 그리스도의 죽음 이후에도 이런 사람들을 계속 보내십니다. 그러나 저주받은 신앙을 가진 사람들은 구약에서처럼 신약 시대에도 하나님의 사람들을 계속 박해할 것이요, 죽이리라는 것입니다.

그런 일들이 사도행전에서 실제로 일어났습니다. 그들은 스데반을 돌로 쳐 죽였습니다. 야고보를 칼로 죽였습니다. 선지자들과 지혜 있는 자들과 교사들을 십자가에 처형했습니다. 베드로를 거꾸로 박힌 십자가에 처형했고, 안드레는 엑스자 십자가에 처형했습니다. 사도행전을 보면 사도들이 채찍에 맞는 것을 많이 보게 됩니다. 특별히 사도행전은 "사도들을 불러들여 채찍질하며 예수의 이름으로 말하는 것을 금하고 놓으니 사도들은 그 이름을 위하여 능욕 받는 일에 합당한 자로 여기심을 기뻐하면서"(행 5:40-41)라고 증거하고 있습니다. 예수님을 믿으면서도 욕 한 번 안 먹은 사람들은 부끄러운 줄 알아야 합니다. 우리가 그리스도인이라는 증거는 그리스도 때문에 고난을 받는 것입니다. 진정한 그리스도인은 예나 지금이나 그리스도의 이름으로 고난을 받습니다. 인기를 잃어버리고 손해를 보고 모욕을 당하는 것이 그리스도인입니다. 우리는 예수님의 말씀에 귀를 기울여야 합니다. 겉 다르고 속 다른 신앙은 저주받은 신앙으로 가는 지름길입니다. 우리는 정직한 신앙생활을 해야 합니다.

의인 한 사람의 위력

> 그러므로 의인 아벨의 피로부터 성전과 제단 사이에서 너희가 죽인 바라갸의 아들 사가랴의 피까지 땅 위에서 흘린 의로운 피가 다 너희에게 돌아가리라 내가 진실로 너희에게 이르노니 이것이 다 이 세대에 돌아가리라 (마 23:35-36).

예수님이 결론을 내리십니다. 아벨의 피와 사가랴의 피가 땅에 흘려졌는데 그 피가 소리를 지른다는 것입니다. 아벨의 피는 인류 역사상 의인을 죽인 최초의 피였습니다. 사가랴의 피는, 여호와의 말씀으로 경계하고 채찍을 든 사가랴를 왕과 신하들과 모든 백성이 돌로 쳐 죽였던 일을 가리킵니다. 그런데 아벨이 죽은 후 그 피가 여호와에게 호소했다는 말이 창세기에 나타납니다. 피는 말을 합니다. 피는 그냥 흘려지는 것이 아닙니다. 역대하 24장 22절을 보면 사가랴가 죽을 때 이렇게 말했습니다.

"여호와는 감찰하시고 신원하여 주옵소서."

피가 말을 한다는 것입니다. 본문 말씀에서 예수님은 "땅 위에서 흘린 의로운 피가 다 너희에게 돌아가리라"고 무서운 말씀을 하셨습니다.

그런데 더 무서운 말씀이 36절에 있습니다.

"내가 진실로 너희에게 이르노니 이것이 다 이 세대에 돌아가리라."

무슨 말입니까? 나 하나가 피를 흘림으로, 나 하나가 하나님 앞에 저주를 받음으로, 나만 저주받고 내 가정만 저주받는 것이 아니라 도성 전체가 저주받는다는 것입니다. 범죄는 나 하나로 끝나는 것이 아닙니다.

이와 반대로 구약에 보면 하나님이 인정하는 의인 열 명만 있으면 저주 받을 소돔과 고모라는 용서받을 수 있었습니다. 이것이 의인의 능력입니다. 예레미야 5장에는 공의를 행하고 진리를 구하는 한 사람만 있다면 예루살렘의 모든 죄악을 용서해 줄 것이라고 했습니다. 서울에 교회가 적어서 이렇게 죄가 많습니까? 그리스도인의 수가 적어서 오늘 시대가 이렇게 타락했습니까? 아닙니다. 하나님 보시기에 정말 통회하고 가슴을 찢고 애통하고 눈물을 흘리는 한 사람이 없기 때문입니다. 교회에 많은 사람이 몰리지만 이 도시의 저주를 면하게 해줄 사람이 과연 있습니까? 한 사람의 의로운 사람, 한 사람의 거룩한 사람 때문에 하나님이 이 도시를 용서해 주시겠다고 했습니다. 반대로 의인을 죽이고 하나님의 선지자를 박해했던 그 한 사람의 피는 그대로 돌아갈 뿐 아니라 이 세대에도 그 저주가 임하게 되리라는 것입니다. 여기에 우리 성도들이 받아야 할 메시지가 있습니다.

우리 교회는 한국 사회를 살릴 수도 있고 죽일 수도 있는 입장에 있습니다. 지금이 바로 우리가 일할 때입니다. 주님 오실 날이 얼마 남지 않았습니다. 적당히 살고 교회에 좀 나오고 봉사 조금 하고 선교헌금 하는 것으로 세상이 변할 것 같습니까? 그렇지 않습니다. 우리는 헌신해야 합니다. 적당히 믿으면 나 하나도 변화시킬 수 없고 마귀의 조롱감밖에 되지 않습니다. 그런 신앙 가지고는 세상을 변화시킬 수 없습니다. 이제는 죽으나 사나 순교의 길뿐입니다. 이 길밖에는 이 세상을 구할 길이 없습니다. 한 사람만이라도 죽기를 결심하면 세상이 변할 것입니다. 세계 선교가 될 것입니다. 우리가 죽기로 결심하면, 아브라함처럼 자식을 포기하면, 나의 행복과 성공을 포기하면 세상이 변할 것입니다. 우리 하나님은 사도행전적 하나님이십니다. 우리는 사도행전을 우리 시대에 재현할 수 있습니다.

한 사람 때문에 그 도시가 망하고 심판받을 수 있습니다. 그러나

한 사람 때문에 그 도시가 구원받을 수도 있습니다. 한 교회의 결단과 희생이 세상을 변화시킬 수 있습니다. 예수님이 십자가를 지셨듯이 우리가 모든 행복과 권리를 포기하고 일심으로 스데반이 되고 일심으로 베드로가 될 수 있다면 세상이 변할 것입니다. 왜냐하면 열두 명의 제자가 세상을 변화시켰기 때문입니다.

16

하나님의
날개 안에 거하라

마태복음 23:37-39, 24:1-2

하나님의 눈물

우리는 본문 말씀에서 몇 가지 중요한 하나님의 영적 비밀과 교훈을 발견하게 됩니다.

> 예루살렘아 예루살렘아 선지자들을 죽이고 네게 파송된 자들을 돌로 치는 자여 암탉이 그 새끼를 날개 아래에 모음같이 내가 네 자녀를 모으려 한 일이 몇 번이더냐 그러나 너희가 원하지 아니하였도다(마 23:37).

"예루살렘아, 예루살렘아!"라는 말씀에는 한 사람이라도 멸망받지 않고 구원받기를 원하시는 예수님의 심정이 나타나 있습니다. 예수님은 일곱 번씩이나 저주를 선포하셨습니다. 그러나 저주를 선포하시고 나서 바로 "예루살렘아, 예루살렘아!"라고 하신 것을 보면, 예수님이 얼마나 예루살렘을 사랑하셨고, 이스라엘 백성을 사랑하셨고, 서기관들과 바리새인들이 구원받기를 원하셨던가를 알 수 있습니다.

이 외침은 마치 눈물과 사랑의 호소를 했건만 듣지 않고 타락하여 결국은 살인자로 철창신세를 진 자식을 향해 통곡하며 한탄하는 어머니와 같은 심정입니다. 살인자가 된 자식 앞에 넋 나간 모습으로 주저앉아서 아들의 가슴을 치며 "이 자식아, 이 자식아!" 하고 소리 지르는 것과 똑같은 것입니다. 하나님에게 돌아오지 않는 타락한 자식이 결국 매를 맞고 큰 곤경에 빠졌을 때 가슴을 찢듯이 애통하는 어미의 마음과 같습니다.

누가복음 19장 41절에도 예루살렘을 보시고 우시는 예수님의 모습이 나옵니다.

"가까이 오사 성을 보시고 우시며."

정말 사랑하면 울게 됩니다. 자기 자식을 그렇게 사랑했건만 그 사랑에 반응하지 않고 타락하는 걸 보면 어미의 가슴은 찢어집니다. 가까이 오사 성을 보시고 우시는 예수님의 눈물을 우리가 이해할 수 있습니까? 예수님은 왜 우셨습니까? 그들이 구원받기를 원했고, 사랑받기를 원했기 때문입니다.

우리는 남편이 예수 믿지 않는 것 때문에 얼마나 울고 있습니까? 우리의 자녀가 예수 안 믿는 것 때문에 얼마나 울고 있습니까? 소돔과 고모라처럼 타락해 가는 도시를 보면서 우리는 얼마나 울고 있습니까? 이 민족, 이 역사를 보면서 우리는 울고 있습니까? 구원받아야 할 내 민족, 복 받아야 할 내 민족이 저주의 길을 갈 때, 죽음의 길, 지옥의 길을 갈 때, 우리는 울지 않을 수 없습니다.

"선지자들을 죽이고 네게 파송된 자들을 돌로 치는 자여."

하나님은 최초의 인간 아담이 타락한 이후 계속 자기의 백성에게 선지자들을 보내 구원하려고 하셨습니다. 그러나 이스라엘 백성은 유감스럽게도 하나님이 보내신 선지자들을 환영하지 않았고, 그들의 말도 듣지 않았으며, 오히려 돌로 쳤습니다. 그러나 하나님은 포기하지 않으셨습니다.

저는 하나님의 눈물을 생각해 봅니다. 포기하는 것이 제일 쉽습니다. 그러나 하나님은 포기할 수 없는 죄인들, 어떻게 해서든지 끝까지 사랑하는 백성을 구원하고자 하셨습니다. 이것이 탕자 아버지의 심정입니다. 아버지를 배신하고 집을 나간 탕자를 아버지는 저주하지 않았습니다. 문 밖에 서서 오늘이나 내일이나, 아침이나 저녁이나 밤중에까지 문을 잠그지 못하고 기다리는 아버지의 심정, 우리는 이 아버지의 사랑을 여기서 보게 됩니다. 결국 하나님의 종들을 돌로 쳐 죽였지만 하나님은 그들을 포기하지 않으셨습니다. 오히려 자기의 외아들 예수 그리스도를 예루살렘의 심장부에 보내시고, 십자가에 못 박혀 죽는 것을 바라보셨습니다.

"암탉이 그 새끼를 날개 아래에 모음같이 내가 네 자녀를 모으려 한 일이 몇 번이더냐."

우리는 이 말씀에서 하나님의 모성애를 읽게 됩니다. 닭들이 병아리와 함께 평화스럽게 모이를 주워 먹고 있습니다. 그런데 갑자기 하늘에 매가 나타났습니다. 이것을 눈치챈 어미닭이 순식간에 새끼들을 자기의 날개 아래 감싸 안습니다. 바로 이것입니다. "너는 지금 죽음의 길로 가고 있는데, 그렇게 가면 안 되기 때문에 암

닭이 새끼를 날개 아래 감추듯이 내가 너를 감추려 했던 일이 얼마나 많았느냐?" 그런데 이 어리석은 새끼 병아리들은 그것을 모릅니다. '엄마가 왜 이리 나를 답답하게 껴안나'라고만 생각합니다.

주님은 이런 일이 "몇 번이더냐"고 하셨습니다. 하나님은 한 번 시도하신 것이 아니라 끊임없이 시도하셨다는 것입니다. 예수님은 한 번 전도하시고 끝난 것이 아니라, 거절당해도 또 하고 또 하고 끊임없이 하셨습니다. 우리를 짝사랑하신 것입니다. 사랑하는 사람은 결코 포기하지 않습니다. 우리가 왜 포기합니까? 사랑하지 않기 때문에 포기하는 것입니다. "사랑은 오래 참고"(고전 13:4)라고 했습니다. 정말 성령의 사랑을 하는 사람은 계속 기다려 주고, 속아 주는 것입니다.

죄에 대한 의지를 꺾으라

37절 말씀에서 우리는 또 한 가지 사실을 발견하게 됩니다. 온 인류를 구원할 메시아로서 이 세상에 오신 예수님은 유대인으로 오셨습니다. 이스라엘 백성으로 오셨습니다. 구원은 어디서부터 시작되어야 옳습니까? 유대인으로부터 시작되어야 옳았습니다. 그런데 정작 제일 먼저 환영하고, 받아들이고, 기뻐해야 할 유대인들은 복음을 거절했습니다. 메시아를 거절했던 것입니다. 여기에 예수님의 고통과 아픔이 있었습니다.

이 심정을 이해할 수 있겠습니까? 남은 구원했는데 정작 구원받아야 할 내 부모, 내 형제, 내 남편, 내 아내, 내 자식은 구원받지 못했을 때 그 사람이 갖는 아픔이 예수님에게 있었던 것입니다. 물론 예수님은 하나님의 아들이셨기 때문에 민족 감정이라는 테두리 안에 머물러 계시지 않고 그것을 초월하셨을 것입니다. 그러나 한편으로는 인간이셨기 때문에 자기 민족에 대한 아픔이 있었던 것입니다.

이방인을 위해 부름받은 사도 바울은 평생 이방인을 위해 복음을 전했습니다. 그러나 그의 마음속에는 고통과 눈물이 있었습니다. 그것을 로마서 9장 1-3절에서 이렇게 표현하고 있습니다.

"내가 그리스도 안에서 참말을 하고 거짓말을 아니하노라 나에게 큰 근심이 있는 것과 마음에 그치지 않는 고통이 있는 것을 내 양심이 성령 안에서 나와 더불어 증언하노니 나의 형제 곧 골육의 친척을 위하여 내 자신이 저주를 받아 그리스도에게서 끊어질지라도 원하는 바로라."

차라리 내가 예수 그리스도에게서 저주를 받아 끊어지는 한이 있다 할지라도 내 민족, 내 골육이 구원받기를 원한다는 그의 마음을 읽을 수 있습니다.

예수님의 마음속에도 자기 백성이 복음을 거부하는 데 대한 안타까움의 눈물이 있었습니다. 그래서 예수님은 예루살렘을 보시며 "예루살렘아, 예루살렘아" 하고 가슴이 찢어지는 기도를 하셨던 것입니다.

이 말씀에서 우리는 죄의 의도성을 발견하게 됩니다. 바리새인들과 서기관들로 상징되는 이스라엘 백성은 두 가지 죄를 지었습니다. 하나는 하나님이 파송한 자들을 돌로 쳐죽이는 죄입니다. 다른 하나는 예수 그리스도가 오셔서 그들을 구원하고자 했을 때, 그의 자녀들을 날개 아래 모으려고 했을 때 그 초청을 거부한 죄입니다. "너희가 원하지 아니하였도다"라는 말 속에 죄의 본질, 죄의 핵심이 나타나 있습니다.

죄의 본질에는 의지가 있는 것입니다. 내가 그렇게 하는 것입니다. 내가 하나님을 안 믿기로 결정하는 것입니다. "너희가 스스로 그렇게 하였다. 너희가 예수 그리스도를 의지적으로 거부하였다." 이것이 죄입니다. 죄는 몰라서 짓는 게 아니고 알고 의지적으로 짓는 것입니다.

우리는 죄에 대한 의지를 꺾어야 합니다. 의지적으로 우리 속에 있는 모든 죄를 끊어야 합니다. 의지적으로 죄를 지었다면 의지적으로 죄를 끊어야 합니다. 우리가 하나님의 사랑을 거부하는 것도 의지적인 불신앙입니다. 예수 그리스도의 구원을 거부하는 것도 의지적인 불신앙입니다. 성령님의 역사를 거부하는 것도 그냥 거부하는 것이 아니라, 내 안에 사탄의 의지가 있는 것입니다. 그러므로 우리는 내 생각을 사로잡아 꺾어야 합니다. 의지적으로 죄를 꺾어야만 합니다. 그리고 나의 믿음 없는 것, 할 수 없는 것을 도와주시라고 하나님에게 기도해야 합니다.

이스라엘의 멸망과 마지막 때의 회복

우리가 죄를 향해 가는 의지를 꺾지 않으면 어떤 일이 생깁니까?

보라 너희 집이 황폐하여 버려진 바 되리라(마 23:38).

죄를 꺾지 않으면, 사탄을 거부하지 않으면 그 안에 죄의 속성이 자리하게 됩니다. 그래서 '거짓말해라, 사기쳐라, 간음해라, 살인해라, 미워해라, 화를 내라'고 시킵니다. 이것을 꺾지 않으면 망하게 됩니다.

예수께서 성전에서 나와서 가실 때에 제자들이 성전 건물들을 가리켜 보이려고 나아오니 대답하여 이르시되 너희가 이 모든 것을 보지 못하느냐 내가 진실로 너희에게 이르노니 돌 하나도 돌 위에 남지 않고 다 무너뜨려지리라(마 24:1-2).

예수님은 그 아름다웠던 예루살렘 성전이, 그 화려했던 도성이 돌 위에 돌 하나 남지 않고 완전히 멸망하게 된다고 하셨습니다. 실제로 주후 70년 이스라엘 역사에 그런 일이 있었습니다. 이스라엘은 완전히 황폐해지고 만 것입니다. 지금 높은 자리에 있다고 자만하지 마십시오. 건강하다고 자랑하지 마십시오. 황폐하게 되면 무섭게 무너지는 것입니다. 죄의 의지를 꺾지 않으면, 사탄의 의지를 꺾지 않으면, 그리스도의 초청을 거절하면 '우리의 집이 황폐하여 버린 바 되는 것'입니다.

예수님은 이렇게 된 원인이 다른 데 있는 것이 아니라 메시아를 거부했기 때문이라고 하셨습니다. 그래서 결국 역사에서 사라질 수밖에 없다는 것입니다. 그리스도를 거부하면 천국이 사라져 버립니다. 구원이 사라져 버립니다. 우리에게 임하는 축복들이 사라져 버립니다. 반대로 그리스도를 영접하면 하나님 나라가 임하게 됩니다. 우리가 그리스도를 받아들이면 놀라운 구원과 영생과 축복이 주어집니다.

이스라엘 백성이 흘린 피는 그들 자신에게로 돌아갔을 뿐 아니라, 그 세대에게로 돌아갔습니다. 그들은 그 후 고아처럼, 미아처럼 전 세계를 방황하면서 얼마나 고생했습니까? 지금 조그만 땅덩어리인 팔레스타인을 지키면서 얼마나 고독하게 자기들의 생존을 이어가고 있습니까? 그러나 예수님은 이런 것을 예언하시면서 놀라운 말씀을 하셨습니다.

내가 너희에게 이르노니 이제부터 너희는 찬송하리로다 주의 이름으로 오시는 이여 할 때까지 나를 보지 못하리라 하시니라(마 23:39).

역사의 마지막 때에, 주님의 재림의 때에 이스라엘이 "찬송하리로다 주의 이름으로 오시는 이여"라고 말하게 된다는 것입니다. "그러나 그때까지 너희들은 나를 바라볼 수 없게 될 것이다"라고 하십니다. 예수 그리스도를 발견하지 못한 사람들은 발견할 때까지 고생합니다. 그러나 그들이 끝까지 고생하는 것은 아닙니다. 다시 회복될 것입니다.

여기서 우리는 이스라엘이 저주를 받고, 예루살렘이 황폐하게 되는 것을 예언하신 예수님이 그럼에도 불구하고 이스라엘에 대한 소망을 가지고 계심을 보게 됩니다. 한 도시의 멸망과 폐허를 바라보고 계신 예수님의 결론은 '좌절'이 아니라 '소망'이었습니다.

예수님이 예루살렘에 입성하시던 장면을 기억하십니까? 겉옷을 나귀의 안장에 씌우고 길거리에 깔았습니다. 그다음에 사람들은 종려나무 잎을 꺾어서 예수님이 가시는 길 앞에 놓았습니다.

호산나 다윗의 자손이여 찬송하리로다 주의 이름으로 오시는 이여 가장 높은 곳에서 호산나(마 21:9).

그들은 이렇게 외치며 예수 그리스도의 예루살렘 입성을 환영했습니다. 바로 이런 환호성이 예수님이 재림하실 무렵에 다시 있겠다는 것입니다. 이스라엘 백성을 통해서 그런 일들이 다시 있게 되리라는 것입니다.

로마서 11장은 이 역사의 끝의 놀라운 장면을 잘 기록하고 있습니다.

그러므로 내가 말하노니 하나님이 자기 백성을 버리셨느냐 그럴 수 없느니라(롬 11:1).

이스라엘 백성은 예수님을 거부했습니다. 그래서 그들은 황폐하게 되었습니다. 예수님이 오실 때까지 그들은 이 역사 속에서 유리방황하며 수없는 고난을 겪게 되었습니다. 그렇다고 하나님이 자기 백성을 버리셨습니까? 아닙니다. 우리가 누구 때문에 예수님을 믿게 되었습니까? 이스라엘 백성이 복음을 거부했기 때문에 복음이 이방인에게로 넘어온 것입니다. 이스라엘 백성의 역할은 복음이 이방인에게 건너가도록 만드는 것이었습니다. 그들이 예수 그리스도를 받아들이지 않았기 때문에 유리방황하며 고생했지만 결코 하나님은 자기 백성을 버리지 않으십니다. 로마서는 이것을 '신비'라고 했습니다.

이 신비는 이방인의 충만한 수가 들어오기까지 이스라엘의 더러는 우둔하게 된 것이라(롬 11:25).

이스라엘은 반드시 구원을 받습니다. 이는 성경의 약속입니다.

그리하여 온 이스라엘이 구원을 받으리라 기록된 바 구원자가 시온에서 오사 야곱에게서 경건하지 않은 것을 돌이키시겠고 내가 그들

의 죄를 없이 할 때에 그들에게 이루어질 내 언약이 이것이라 함과
같으니라(롬 11:26-27).

하나님의 이러한 역사 섭리에 대해 사도 바울은 이렇게 외쳤습
니다.

깊도다 하나님의 지혜와 지식의 풍성함이여, 그의 판단은 헤아리지
못할 것이며 그의 길은 찾지 못할 것이로다(롬 11:33).

우리는 온 열방에게, 온 민족에게 주 예수 그리스도의 복음을 선
포해야 합니다. 그리고 그것은 주님이 다시 오실 때 예루살렘의 회
복을 통해 완성될 것입니다. 예수님은 이러한 소망을 우리에게 보
여 주셨습니다.

우리는 마태복음 23장에서 외식하는 신앙, 위선적인 신앙, 거
짓된 신앙에 대해 예수님이 날카롭게 "화 있을진저"라고 지적하
시는 모습을 보았습니다. 오늘날 한국 교회는 상상할 수 없을 정
도로 부흥했습니다. 주일에 이 나라의 얼마나 많은 교회가 1, 2,
3, 4부까지 예배를 드립니까? 어느 교회는 7부까지 예배를 드립니
다. 그러나 우리는 교회 숫자가 많아졌다는 것, 교인이 많아졌다는
것, 헌금이 많아졌다는 것으로 만족해서는 안 됩니다. 정말 교회
안에 하나님의 공의가 있는가, 하나님의 의로움이 있는가가 문제

입니다. 교회가 많아지고, 성도가 많아졌다고 이 나라의 죄가 없어집니까? 아닙니다. 한 교회라도 의롭고 정직하게 주님의 뜻대로, 말씀대로 살려고 할 때 세상이 변합니다. 예레미야 5장 1절에 "너희가 만일 정의를 행하며 진리를 구하는 자를 한 사람이라도 찾으면 내가 이 성읍을 용서하리라"고 했습니다. 하나님의 공의를 행하며 사랑을 선포하는 한 사람, 주님의 말씀에 순종하는 한 사람이 오늘의 교회에 필요합니다.

본문 말씀에서 만난 예수 그리스도의 말씀은 사실 저주가 아니라 축복의 말씀입니다. 마태복음 23장을 우리에게 주신 것은 일곱 가지 화를 받을 만한 신앙을 갖지 말라고 경고해 주시는 것입니다. 이런 신앙을 갖는다면 바리새인들과 서기관들처럼 우리도 심판을 받을 것입니다. "화 있을진저"라는 말은 우리의 신앙에서 사라져야 합니다. 반대로 "심령이 가난한 자는 복이 있나니, 애통하는 자는 복이 있나니, 온유한 자는 복이 있나니, 의에 주리고 목마른 자는 복이 있나니, 긍휼히 여기는 자는 복이 있나니, 마음이 청결한 자는 복이 있나니, 화평하게 하는 자는 복이 있나니, 의를 위하여 박해를 받는 자는 복이 있나니"와 같은 축복이 우리에게 있기를 바랍니다.

3부

마지막 때를 예언하신 그리스도

마태복음 24:3 - 25:46

말세에는 미혹의 영들이 나타납니다. 말세에는 민족과 민족이 싸웁니다.
말세에는 심각한 기근이 있을 것입니다.
또한 성경은 거짓 선지자들이 일어난다고 했습니다.
이런 모든 현상이 일어날 때 그리스도인들은 흔들리지 말고
굳게 서서 끝까지 견디라는 것입니다.
지혜로운 다섯 처녀처럼 기름을 준비하여 깨어 기다리며
열심히 천국 복음을 전해야 합니다.
이런 사람이 참된 성도입니다.

17

마지막 때의 징조를 보고
천국을 소망하라

마태복음 24:3-14

마태복음 24장과 25장은 종말에 관한 예수님의 말씀입니다. 예수님은 이 말씀을 마치시고 십자가의 길을 걷게 됩니다. 그러므로 종말에 관한 말씀은 예수님의 지상 생애에 있어서 마지막 교훈입니다. 24장은 마지막 때에 관한 예언의 말씀이고, 25장은 마지막 때에 관한 비유의 말씀입니다.

대부분의 사람은 미래에 대해 관심이 많습니다. 미래에 어떤 일이 일어날 것인가? 이 지구와 우주는 종말이 있는가? 있다면 언제 어떻게 오는가? 이런 질문들이 끊이지 않습니다. 특별히 그리스도인은 종말에 관심이 많습니다. 종말에는 두 가지가 있습니다. 개인적인 종말과 우주적인 종말입니다. 이 세상에서 우리의 삶이 끝나는 날이 개인적인 종말입니다. 내 개인의 종말이 있듯이 우주에도 종말이 있습니다. 성경은 처음부터 끝까지 우리에게 분명히 말해 줍니다. "시작이 있듯이 끝이 있다. 우리가 이 세상에 탄생했듯이 죽는 순간이 있다. 이 세계가 시작한 날이 있듯이 이 세계가 끝나는 날이 있다." 뿐만 아니라 성경은 종말과 함께 심판이 있다고 말합니다. 우리가 죽으면 그것으로 우리의 영혼이 없어지는 것이 아닙니다. 거기에는 천국과 지옥이 있습니다. 우주의 종말에는 심판이 있습니다. 우주의 종말과 주님의 재림은 깊은 관계가 있습니다.

그러나 주의 날이 도둑같이 오리니 그날에는 하늘이 큰 소리로 떠나가고 물질이 뜨거운 불에 풀어지고 땅과 그 중에 있는 모든 일이 드러나리로다(벧후 3:10).

예언을 연구하는 바른 자세

우리는 마태복음 24장을 통해 성경의 마지막 때에 관한 예언을 듣게 됩니다. 예언이란 무엇입니까? 구약에는 예언의 책이 많습니다. 많은 예언자, 즉 대예언자들과 소예언자들이 나타나서 하나님의 백성에게 하나님의 일에 관해 예언했습니다. 구약의 모든 예언은 메시아가 이 세상에 오실 것에 대해 집중적으로 예언하고 있습니다. 신약에도 예언이 많습니다. 신약은 앞으로 재림하실 예수 그리스도에 대한 예언들로 가득 차 있습니다.

성경은 예언의 책이라 해도 과언이 아닙니다. 그러므로 마귀는 이 예언을 잘못 해석하도록 우리를 유혹하여 타락시키는 것입니다. 베드로후서는 이렇게 말합니다.

또 우리에게는 더 확실한 예언이 있어 어두운 데를 비추는 등불과 같으니 날이 새어 샛별이 너희 마음에 떠오르기까지 너희가 이것을 주의하는 것이 옳으니라(벧후 1:19).

날이 새어 샛별이 우리 마음에 떠오르기까지 종말에 있게 될 사건들과 주님이 오시는 사건에 대해 기록한 예언의 말씀을 주의 깊게 관찰하라는 것입니다.

성경의 모든 예언은 어두운 세상을 비추는 등불과 같습니다. 그러므로 예언을 연구하는 것은 아주 중요한 일입니다. 문제는 예언을 두렵고 떨림으로, 경건한 마음으로 묵상해야 하고, 성경 중심, 예수 그리스도 중심으로 묵상해야 한다는 것입니다. 베드로후서 1장에 예언을 대하는 태도에 관해 다음과 같이 말씀하셨습니다.

먼저 알 것은 성경의 모든 예언은 사사로이 풀 것이 아니니(벧후 1:20).

이단은 하나님의 예언을 사사로이 푸는 데서 나옵니다. 성경 중심으로 풀지 않고 자기의 철학과 이상과 목표를 가지고 인간적으로, 성령의 도우심 없이 풀어갈 때 이단이 생깁니다. 또 "예언은 언제든지 사람의 뜻으로 낸 것이 아니요 오직 성령의 감동하심을 받은 사람들이 하나님께 받아 말한 것임이라"(벧후 1:21)고 했습니다. 그러므로 우리가 하나님의 예언, 특별히 종말에 관한 예언을 공부할 때에는 성령의 도우심을 간절히 사모해야 합니다. 성령의 인도하심 가운데 하나님의 예언의 말씀을 받아야 할 것입니다.

종말에 대한 참된 신앙

요즈음 잘못된 영을 받아서 종말에 관해 예언하는 경우가 많습니다. 천국을 왔다 갔다 했다는 사람들, 신비체험을 했다는 사람의 대부분은 자기 체험을 잘못 해석하여 영적인 혼란을 줍니다. 특히 주님이 오실 날짜를 구체적으로 말하는 사람들은 성령을 받은 사람들이 아닙니다. 왜냐하면 성경은 한 번도 그런 말을 한 적이 없기 때문입니다.

마가복음 13장 32절에서 "그러나 그 날과 그 때는 아무도 모르나니 하늘에 있는 천사들도, 아들도 모르고 아버지만 아시느니라"고 했습니다. 주님의 날은 임박했습니다. 성경은 이것을 "주의 날이 밤에 도둑같이"(살전 5:2) 이르리라고 했습니다. "오늘일지, 내일일지, 주님이 언제 오실지 모른다"는 찬송이 있습니다. 주님은 어쩌면 이 예배 도중에 오실지 모르고 예배 후에 오실지 모르며 오늘 저녁에 오실지도 모르고 내일 아침에 오실지도 모릅니다. 재림이 얼마나 가까이 왔을까요? 지금 곧 오실 만큼 재림은 가까이 왔습니다. 그러나 언제 어느 때인지는 아무도 모릅니다.

두 종류의 이단이 있습니다. 첫째로 주님이 오시는 날을 정하는 사람들입니다. '몇 년 몇 월 며칠'에 오신다고 말하는 사람은 악한 영을 받은 사람입니다. 성령을 받았다고 말할 수가 없습니다. 왜냐하면 성경은 그렇게 말한 적이 없기 때문입니다. 둘째로 정반대 이단이 있습니다. '마지막 때란 없다. 주님의 재림이란 없다.' 이렇게 생각하는 사람들은 날짜를 정하는 이단보다 더 악한 이단입니다.

그러면 종말에 대한 참된 신앙을 가진 그리스도인은 어떤 사람입니까? 언제 어느 때 주님이 오실지 모르지만 성경대로 주의 날이, 심판이, 주의 재림이 가까웠다는 사실을 분명히 믿는 사람입니다. 지금 당장일지, 오늘일지, 내일일지, 한 달 후일지, 일 년 후일지 몰라도 주님이 오실 날이 임박했음을 깨닫고 지혜로운 다섯 처녀처럼 기름을 준비하여 깨어 기다리며 열심히 천국 복음을 전하는 사람입니다. 이런 사람이 참된 성도입니다.

예수님의 예언의 실현

예수께서 감람산 위에 앉으셨을 때에 제자들이 조용히 와서 이르되 우리에게 이르소서 어느 때에 이런 일이 있겠사오며 또 주의 임하심과 세상 끝에는 무슨 징조가 있사오리이까(마 24:3).

예수님이 감람산에 올라가 앉으셔서 예루살렘을 응시하고 계셨습니다. 이때 제자들이 예수님 앞에 조용히 두렵고 떨리는 마음으로 나아왔습니다. 왜냐하면 바로 전에 예루살렘 성 옆을 지나오면서 예수님이 "돌 하나도 돌 위에 남지 않고" 예루살렘이 철저히 파괴되리라고 예언하셨기 때문입니다. 그들은 예수님에게 첫째 질문을 던집니다. "예수님, 그렇다면 언제 이런 일이 일어나겠습니까? 82년 동안 심혈을 기울여 지은 성전, 어마어마하게 큰 돌과 백향목으로 지은 그 성전이 과연 허무하게 무너질 수 있단 말입니까?"

이 예언은 역사적으로 이루어졌습니다. 주후 70년에 예루살렘은 철저하게 파괴되었습니다. 완강하게 반항하던 유대인들에게 격노한 로마 장군 기도스는 예루살렘을 철저하게 파괴하기로 결정하고 도시 전체를 굶어 죽게 만드는 전략을 썼던 것입니다. 이 전쟁에 참전했던 요세푸스는 그의 《유대 전쟁사》에서 다음과 같이 기록했습니다.

"기근이 온 도시에 덮쳤다. 다락에는 기아로 죽어가는 여자들과 아기들로 가득 찼고, 길거리는 늙은이들의 시체로 채워졌다. 어린 아이들과 젊은이들도 기아로 퉁퉁 부어 망령처럼 거리를 배회하다가 쓰러졌다. 죽음 앞에는 눈물도 없었고, 할 말도 없었다. 깊은 죽음의 밤이 그 도성을 덮쳤고, 그들의 눈은 성전을 향한 채 죽어 있었다."

그 다음의 기록들은 너무 잔인해서 여기에 다 밝힐 수가 없습니다. 어린 아이들을 가마솥에 삶아서 먹는 일, 사람을 뜯어 먹는 일 등 너무 끔찍한 사건들이 기록되어 있기 때문입니다. 요세푸스에 의하면 그 당시 9만 7천 명이 포로로 잡혀갔고, 기아로 죽은 사람만 11만 명에 달했다고 합니다. 얼마나 철저하게 파괴되었는지 이 기록을 보면 알 수 있습니다. 사람들은 피할 곳이 없어 예루살렘 성전으로 도피했지만, 그 성전은 돌 위에 돌 하나 남지 않게 되었던 것입니다. 예수 그리스도의 예언은 100% 적중했습니다. 이 말씀은 예수님이 말씀하시는 앞으로의 일에 대한 예언이 100% 이루어진다는 의미입니다. 주님의 말씀은 일점일획도 틀림이 없기 때문입니다.

미혹의 영들로 인한 혼돈

둘째로 예수님의 제자들은 다음과 같이 질문했습니다. "주님이 다시 오실 때, 마지막 때에 무슨 징조가 있겠습니까?" 예루살렘의 파괴는 예수님이 돌아가신 후에 있었던 일입니다. 그러나 주님의 재림과 마지막 날의 징조는 2천 년이 지난 지금 앞으로 일어날 일들입니다.

> 예수께서 대답하여 이르시되 너희가 사람의 미혹을 받지 않도록 주의하라(마 24:4).

마지막 때에 미혹의 영들이 나타나서 사람들의 신앙을 혼돈시키고, 영적으로 방황하게 하는 일들이 일어날 것입니다. 이것이 말세에 첫 번째로 나타나는 가장 특징적인 징조입니다. 믿는 사람이라도 집어삼키려 하는 미혹의 영들이 어떻게 나타나는지 5절에 나와 있습니다.

"많은 사람이 내 이름으로 와서 이르되 나는 그리스도라 하여 많은 사람을 미혹하리라."

자칭 그리스도인이라는 사람들은 초대교회 때부터 있었습니다. 그리고 지금도 있습니다. 그러나 말세 때에 이런 사람들이 많이 나타날 거라고 성경은 말하고 있습니다.

그러나 문제는 이렇게 자칭 예수 그리스도라고 말하는 사람들에게 많은 사람이 미혹을 당한다는 것입니다. 왜 그런 사람들에게 교회 다녔다는 사람들이, 세례 받았다는 사람들이, 집사, 장로, 목사라는 사람들이 따라갑니까? 통일교를 따라가는 목사가 얼마나 많은지 모릅니다. 교단에서는 그 목사들을 모두 파면 처리합니다. 이처럼 말세에는 미혹의 영이 가득합니다. 이단은 예수 안 믿는 사람들이 따라가는 것이 아니라, 믿는 사람들이 따라갑니다. 그 이유는 구원이 흔들리기 때문입니다. 그러므로 우리의 구원을 확인해야 합니다. 암에 걸렸어도, 부도가 났어도, 집안 식구가 다 떠났어도 하나님이 나를 구원하셨다는 믿음이 흔들리지 않아야 합니다.

구원이 흔들리는 사람은 빨리 회개하고, 성경을 읽기 바랍니다. 한 달도 좋고, 두 달도 좋고, 일 년도 좋습니다. 우리가 받은 구원이 얼마나 귀한지 확인해야 합니다. 이 구원이 흔들리면 미혹의 영이 우리의 영을 채가서 적그리스도를 따라가게 됩니다. 우리의 구원이 정말 예수 그리스도로 말미암은 구원입니까? 어떤 고난이 와도, 어떤 위기가 와도 흔들리지 않을 수 있는 구원입니까? 이 구원이 내 생명을 바쳐 다른 사람에게 전해 줄 만큼 귀한 구원입니까? 나 혼자로 만족하는 구원입니까? 우리가 진정 구원을 받았다면 이 자리에 못 앉아 있습니다. 예수 그리스도를 전하지 않고는 견딜 수 없는 불타는 마음이 생깁니다. 이것이 선교이고 전도입니다.

심각한 자연의 파괴

두 번째로 나타나는 말세의 징조는 다음의 말씀에 있습니다.

> 난리와 난리 소문을 듣겠으나 너희는 삼가 두려워하지 말라 이런 일이 있어야 하되 아직 끝은 아니니라(마 24:6).

난리의 소문, 폭동의 소문이 계속될 것입니다. LA 폭동시에 거기 있었던 사람들은 얼마나 무서웠던지 지옥에 있는 것 같았다고 합니다. 그런 폭동과 난리와 전쟁의 소문이 계속 퍼지게 되며 실제로 그런 일들이 일어나는 것입니다.

> 민족이 민족을, 나라가 나라를 대적하여 일어나겠고 곳곳에 기근과 지진이 있으리니(마 24:7).

말세에는 민족과 민족이 싸웁니다. 소련이 무너졌습니다. 모든 민족이 독립하면서 이제 민족 내전으로 변해 가는 것입니다. 지금 우리나라에 경제적인 위기가 있습니다. 도덕성의 위기가 있습니다. 지금은 우리가 기도할 때입니다. 정신 차리고, 깨어서 기도해야만 이 민족이 다시 살아날 수 있습니다. 그러지 않고서는 이 민족을 구할 길이 없습니다. 전 세계는 지금 위장된 평화로 가득 차 있습니다. 겉보기에는 지금이 가장 평화로운 때인 것 같으나, 많은 민족과 민족, 나라와 나라가 싸우게 될 것입니다. 이것이 성경의 예언입니다.

말세에는 심각한 기근이 있을 것입니다. 아시아 인구 가운데 현재 수억 명이 기아선상에 있고, 당장 구제하지 않으면 절반 이상이 죽게 됩니다. 스리랑카나 방글라데시, 인도 쪽에 가 본 사람들은 그들이 동물처럼 기가 막히게 살고 있다고 전해 줍니다. 우리는 아프리카의 기근을 너무나 잘 알고 있습니다. 세계 도처에 기근이 있습니다. 또 지진이 있습니다. 캘리포니아에도 지진이 일어났습니다. 성경은 앞으로 더 많은 기근과 지진과 난리와 전쟁의 소문이 있을 것이라고 말합니다.

지구에는 어떤 의미에서 종말의 말기 현상이 일어나고 있습니다. 자원 고갈이 있다고 학자들은 말합니다. 과연 이 지구상에 보존되어 있는 자원을 가지고 인류가 얼마나 오랫동안 먹고 살 수 있을 것인가를 걱정합니다. 또한 환경오염을 말합니다. 오존층이 파괴되고, 인구는 환경오염이라는 절대 위기에 처해 있다고 말합니다. 도덕적 타락은 더 말할 것도 없습니다. 전쟁의 위험은 날로 심각해지고 있습니다. 이것이 종말에 일어날 현상이라고 예수님이 우리에게 가르쳐 주셨습니다. "이 모든 것은 재난의 시작이니라"(마 24:8)고 하셨습니다. 이 모든 것이 끝이 아니고 시작일 뿐이라고 하신 것입니다.

거짓 선지자들의 출현

세 번째, 마지막 때의 징조는 내면적인 것입니다.

> 그 때에 사람들이 너희를 환난에 넘겨주겠으며 너희를 죽이리니 너희가 내 이름 때문에 모든 민족에게 미움을 받으리라(마 24:9).

저는 우리나라에 태어난 것을 하나님에게 감사드립니다. 우리나라에서는 예수 믿는다고 박해하는 사람들이 하나도 없습니다. 잡아가는 사람도 없습니다. 그러나 전 세계 모든 나라가 대한민국 같지는 않습니다. 예수 믿는다고 박해받고, 잡혀 가는 나라가 세계 도처에 얼마나 많습니까? 신앙의 자유가 있는 나라는 몇 안 됩니다. 심지어 유럽은 신앙이 다 죽어 버렸습니다. 세계 도처에서 그리스도인들은 불상과 모슬렘과 이데올로기 등에 의해 박해받고 있습니다.

성경은 또 무슨 일이 있다고 했습니까?

> 그 때에 많은 사람이 실족하게 되어 서로 잡아 주고 서로 미워하겠
> 으며(마 24:10).

말세에는 그리스도인끼리 서로 고발하고, 시험 드는 일이 있다
고 했습니다. 사실 중국 문화대혁명 때 우리는 이런 간증을 수없이
많이 들었습니다. 많은 그리스도인이 고발을 당하고 잡혀 가고 죽
었습니다.

또한 성경은 거짓 선지자들이 일어난다고 했습니다.

> 거짓 선지자가 많이 일어나 많은 사람을 미혹하겠으며(마 24:11).

이것은 거짓 그리스도와 다릅니다. 자칭 선지자라고 하면서 이
상한 일을 해서 교회를 혼돈시키고, 성도들을 미혹시키는 사람들
이 많이 일어난다는 것입니다. 이런 거짓 선지자들이 한국에 많습
니다. 도처에 예수 이름으로 물의를 일으키는 사람들이 참 많습니
다. 이 거짓 선지자들은 자기만이 특별한 계시를 받았다고 주장합
니다. 이런 사람들의 일반적인 특성은 기성 교회를 비판합니다. 물
론 기성교회가 비판받을 것이 많습니다. 타락한 것이 많고 회개할

것이 많습니다. 그러나 의도적으로 기성 교회를 파괴하기 위해 비판하는 세력이 있다는 것입니다. 어느 단체든지, 어느 사람이든지 기성 교회를 비판하고 욕을 하는 곳에는 가지 마십시오. 거짓 선지자일 확률이 아주 높습니다. 기성교회를 파괴하면서 자기 집단의 성장을 꾀하는 것입니다.

우리 기성 교회는 회개해야 하고 거듭나야 합니다. 교회는 주님이 다시 오실 때까지 영광스러운 자기의 몸을 지상에 두신 것입니다. 그러므로 우리는 이 교회를 보호할 책임이 있습니다. 우리는 잘못된 교회에 들어가 개혁해야 하지만 교회를 비판하고 없애서는 안 됩니다. 마귀는 교회의 약점을 파고들어서 교회를 분쇄시키려 합니다. 이런 사람들은 이상한 칭호를 많이 씁니다. 그래서 '선지자'니 '예언자', '선생' 또는 '지도자'라는 말을 쓰기 좋아합니다. 성경에는 선생이나 지도자란 말을 쓰지 말라고 했습니다.

사랑이 없는 냉랭한 관계

네 번째로 "불법이 성하므로 많은 사람의 사랑이 식어지리라 그러나 끝까지 견디는 자는 구원을 얻으리라"(마 24:12-13)고 했습니다. 거짓 선지자들이 많이 일어나 사람들의 신앙을 미혹한다고 했는데, 이렇게 불법이 성하므로 사랑이 식어집니다. 은혜 대신 율법이 강조되고, 인간관계가 냉랭합니다. 모든 것이 비즈니스 관계, 주고 받는 관계지, 주는 관계가 없습니다. 형식적이고 냉정한 관계가 형성됩니다.

교회가 냉정해지기 시작합니다. 따지기 시작합니다. 누구를 돕자는데 말이 많습니다. 교회는 베풀 수 있는 만큼 조건 없이 도와주는 것이 좋습니다. 그것이 기적입니다. 세상은 따지기를 좋아하지만 교회는 속아 주고 베풀어 주고 은혜와 사랑을 나누어 주어야합니다. 그러나 말세에는 그렇지 않다는 것입니다. 교회는 굉장히 부자가 될 것입니다. 그러나 베풀지 못하는 이기적인 집단으로 타락할 가능성이 있습니다.

'불법'의 원어의 뜻은 '무도덕'입니다. 도덕이 없는 것이 불법입니다. 도덕 폐기론자가 되는 것입니다. 모든 것을 사회학과 심리학으로 해석하려고 하고 성령으로 해석하려 하지 않습니다. 말씀으로 해석하려 하지 않습니다. 모든 것을 상대화시킵니다. 하나님도 상대화시키고 신앙도 상대화시킵니다. 그렇게 해서 진리를 없애려고 합니다. 그렇게 되면 사랑이 식어진다고 성경은 말합니다.

마지막 때를 맞는 그리스도인의 삶

종말의 현상이 나타날 때 우리 그리스도인은 어떻게 살아야 합니까?

예수님은 우리에게 두 가지 방법을 제시해 주셨습니다.

"그러나 끝까지 견디는 자는 구원을 얻으리라."

거짓 그리스도, 전쟁과 난리, 기근, 종교적 박해와 고난, 거짓 선지자들의 등장, 불법과 사랑의 식음, 이런 모든 현상이 일어날 때 그리스도인들은 흔들리지 말고 굳게 서서 끝까지 견뎌야 한다는 것입니다.

어떻게 견딜 수 있습니까? 오직 말씀으로만 견딜 수 있습니다. 이제 우리의 신앙의 고향을 정리해야 합니다. 여기저기 왔다 갔다 하면 신앙이 뿌리를 내리지 못합니다. 지금은 미혹의 시대입니다. 악한 영, 미혹의 영이 우리의 신앙을 흔들어 버리려고 할 것입니다. 말씀 위에 굳게 서야 합니다. 예수 그리스도 위에 굳게 서야 합니다. 예수 믿는 것으로 만족하지 말고 훈련을 받아야 합니다. 철저하게 배워야 합니다. 절제해야 합니다. 그래서 흔들리지 않고, 시험 들지 않는 능력 있는 그리스도인이 되어 마지막 때에 끝까지 견디는 성도가 되어야 할 것입니다.

훈련받지 않은 성도들은 지금 훈련받기를 결심하십시오. 배우든지, 가르치든지 하십시오. 가르칠 자신이 없으면 배우십시오. 배우는 게 자존심이 상하면 가르치십시오. 어중간한 태도는 취하지 말아야 합니다. 이 미혹의 시대에 주일날 예배 한 번 드리는 신앙, 하루에 30분도 성경 안 읽고 기도 안 하는 신앙을 누가 보장할 수 있겠습니까? 훈련되지 않은 성도들을 누가 보장할 수 있겠습니까? 마귀가 와서 다 채 가는데, 세상의 모든 유혹이 나에게 밀려드는데 견딜 자신이 있습니까? 새벽마다 와서 기도하고 성경 앞에 무릎을 꿇으십시오. 겸손하게 배우고 훈련받아서 우리의 신앙이 말씀 안에 든든히 서야 합니다. 이단으로 흘러가는 사람들은 거의 예외 없이 훈련받지 않은 사람들입니다.

말세에 취해야 할 또 한 가지 삶의 방식은 다음의 말씀에 나타나 있습니다.

> 이 천국 복음이 모든 민족에게 증언되기 위하여 온 세상에 전파되리니 그제야 끝이 오리라(마 24:14).

말세 때 할 일은 복음을 선포하는 것입니다. 우리는 모두 예수님 때문에 바빠야 합니다. 교회 오는 것보다 더 좋은 일이 세상에는 없습니다. 하나님을 위해서 바치는 시간보다 더 값진 시간은 없습니다. 우리 인생에 평생 후회하지 않는 일은 전도입니다. 천국 복음을 전하는 것입니다. 모든 민족에게 천국 복음을 전해야만 그때에 끝이 오리라고 했습니다. 어차피 우리는 얼마 후에 각각 세상을 떠날 것입니다. 우리의 나이를 계산할 때입니다. 우리의 인생을 정리할 때가 되었습니다. 결심할 때가 되었습니다. 과거처럼 살아서는 안 되는 것입니다. 이 말세에 주님을 위해 천국 복음을 전하며 살아야 할 것입니다.

18

구원과 종말은
이미 시작됐다

마태복음 24:15-31

요즘 우리가 살고 있는 세상은 국내외적으로 예측할 수 없는 불안과 혼돈에 가득 차 있습니다. 예전에는 모든 것을 어느 정도 예측할 수 있었는데, 이제는 예측한다는 것이 아주 불확실한 일이 되고 말았습니다. 미국을 예측할 수 없고, 중국도 예측할 수 없습니다. 이제는 누구의 말을 믿어야 될지 모를 정도로 세상이 급변하고 있음을 모두가 실감하고 있습니다. 전 세계는 기아와 전쟁과 범죄와 재난으로 얼룩져 있습니다. 이제는 이 지구촌 전체의 기반이 흔들리고 있으며 우리는 그런 시대 속에 살고 있습니다.

그러나 이런 혼돈과 불안과 무질서는 오늘날만 있는 것이 아닙니다. 예수님 당시에도, 그 전에도, 그 후에도 모든 시대마다 이런 종말론적 현상이 있었습니다. 제1차 세계대전, 제2차 세계대전을 겪었던 사람들도 꼭 같은 불안과 절망을 겪었던 것입니다. 6.25 전쟁 때에도 주님이 내일 오시는 것처럼 느꼈을 것입니다. 각 시대마다의 종말론적 현상을 통해 예수님이 우리에게 말씀해 주시는 것은 우주의 종말이 있다는 사실입니다.

'이미'와 '그러나 아직' 사이에서

종말을 말할 때, 보통 "이미 그러나 아직"(already not yet)이란 말을 씁니다. 종말적인 상황을 보면 어떤 것은 이미 이루어지고 있는 것들이 있습니다. 그래서 그것만 보면 예수님이 내일 당장 오실 것만 같습니다. 그러나 아직 아닙니다. 이 두 가지 관계를 잘 보지 않으면 우리는 균형을 잃고 극단적인 그리스도인이 되어 나중에 이상한 이단의 현상으로 들어가게 되는 것입니다.

이미 구원은 시작되었고, 종말도 시작되었습니다. 주님 오실 날은 이미 가까웠고 모든 종말적 표징은 전 세계적으로, 국가적으로, 개인적으로 이미 이루어지고 있습니다. 주님은 곧 도적같이 오실 것입니다. 그러나 그것이 언제인지 모릅니다. 여기에 그리스도인의 삶의 현주소가 있습니다.

주님이 오신다고 해서 우리가 사업을 그만두고, 집 팔고 다 산으로 올라가야 한다는 것이 아닙니다. "그러나 아직"(not yet)을 모르는 사람들이 그렇게 하는 것입니다. 그러나 먹고 마시고 시집가고 장가가고, 주님이 언제 오실지 모르며 주님이 오신다는 것은 말도 안 되는 소리라고 한다면, 그것은 "이미"(already)를 잘못 이해하고 있는 것입니다. 이 두 가지 사이에서 그리스도인들이 살아가고 있습니다. 이렇게 살아가는 그리스도인의 모습은 긴장이요 경건함이며 깨어 있는 것입니다. 영적 전쟁을 하는 것입니다. 우리의 삶의 현장에서 졸아서는 안 됩니다. 이것이 바로 주님을 기다리는 신부의 모습입니다.

멸망의 가증한 것들

예수님은 종말 때의 특징적인 두 가지 사건들을 계속 설명해 주십니다.

> 그러므로 너희가 선지자 다니엘이 말한 바 멸망의 가증한 것이 거룩한 곳에 선 것을 보거든(읽는 자는 깨달을진저)(마 24:15).

여기서 읽는 자는 깨달으라는 말씀은 "귀 있는 자는 성령이 교회들에게 하시는 말씀을 들을지어다"(계 2:11)라는 말과 같은 뜻입니다. "멸망의 가증한 것이 거룩한 곳에 선 것"이란 말씀은 아주 해석하기 어려운 성경구절 중의 하나입니다. 이것은 다니엘서에 나타난 예언인데, 이 말씀을 잘못 해석해서 많은 사람이 이단에 빠지고 심판에 이르게 되었습니다. 마가복음과 누가복음에도 이 말씀이 똑같이 나옵니다. 이 말씀은 하나님의 성전에 우상이 자리 잡고, 거룩한 곳에 멸망의 가증한 것이 서는 징표를 말합니다.

실제로 그런 일들이 예수님 이전에도 있었습니다. 성전이 파괴되고 이스라엘 백성이 가장 거룩하게 여기는 하나님의 지성소에 우상이 들어서서 숭배를 받는 일들이 있었던 것입니다. 이스라엘 성전은 여러 번 파괴되었습니다. 특별히 주전 167년, 수리아 임금 안티오커스 에피파네스가 예루살렘 성전의 번제단을 다 없애고 그 자리에 제우스 신을 섬길 수 있도록 제단을 만든 사건은 대표적입니다. 주후 70년에 예루살렘 성전들은 다 무너졌습니다.

예루살렘 성전이 무너졌다는 것은 무엇을 의미합니까? 거룩한 곳에 멸망의 가증한 것이 들어섰다는 것은 무엇을 의미합니까? 그것은 이스라엘의 형벌과 이스라엘의 종말을 의미합니다. 하나님이 이스라엘 백성을 심판하실 때 성전부터 먼저 파괴하셨던 것입니다. 예수님 이전의 구약 시대뿐만 아니라 예수님 당시에도 이런 일이 있었습니다. 이러한 이스라엘의 심판과 종말에 관한 이야기는 이 우주와 역사의 종말에도 똑같이 적용되는 하나의 원리입니다.

공산주의 이념이 러시아와 중국을 지배했을 때 어떤 일이 생겼습니까? 북한도 마찬가지입니다. 모든 성전이 파괴되었습니다. 모든 성전 건물은 학교로, 사무실로, 공장으로 바뀌었습니다. 우리는 지난 70년의 역사 속에서, 공산주의 이념이 들어가는 곳마다 교회가 철저하게 파괴되고, 하나님의 거룩한 곳에 멸망의 가증한 것이 들어섰던 모습들을 보았습니다.

언젠가 교회 성도 한 분이 유학을 가서 통탄하는 내용의 편지를 보낸 적이 있었습니다. 지금 자기가 출석하는 교회는 모든 것이 풍족하고 좋은데, 교회 건물을 헐고 거기에 다섯 채의 집을 지어 가난한 사람들을 돕기로 결정했다는 것입니다. 이 일에 충격을 받고 너무 슬퍼서 저에게 이래도 되는 것이냐며 편지를 띄운 것입니다.

제가 영국에 있었을 때에도 비슷한 일이 있었습니다. 차를 타고 가다 보면 성전이 하나 있는데 그곳이 디스코텍 장소로 변했습니다. 십자가가 그대로 붙어 있는 상태에서 말입니다. 그 모습을 보고 얼마나 마음이 아팠는지 모릅니다. 교회에 교인이 없으니까 교회가 팔려서 공장으로 변하고, 나이트 클럽으로 변하는 일들이 일어나는 것입니다. 기억하십시오. 교회는 주님이 오실 때까지 거룩하게 보존되어야 합니다.

대환난을 기도로 준비하라

"창세로부터 지금까지 이런 환난이 없었고 후에도 없으리라"(마 24:21)고 하셨습니다. 이것이 대환난의 시작입니다. 예수님이 대환난이 일어날 때 우리가 해야 될 일들을 몇 가지 말씀해 주시고 있습니다.

그 때에 유대에 있는 자들은 산으로 도망할지어다 지붕 위에 있는 자는 집 안에 있는 물건을 가지러 내려가지 말며 밭에 있는 자는 겉옷을 가지러 뒤로 돌이키지 말지어다 그 날에는 아이 밴 자들과 젖 먹이는 자들에게 화가 있으리로다 너희가 도망하는 일이 겨울에나 안식일에 되지 않도록 기도하라 이는 그 때에 큰 환난이 있겠음이라 창세로부터 지금까지 이런 환난이 없었고 후에도 없으리라(마 24:16-21).

대환난이 시작되면 길이 없습니다. 그냥 이 환난에 빠져 들어갑니다. 예수님이 하신 말씀이 이것입니다. 환난은 피할 길이 없는데 안식일에 일어나지 않도록 기도하고 겨울에 일어나지 않도록 기도하라는 것입니다. 이 말세에 여러 가지 많은 징조와 징표들이 앞으로 일어나게 될 것입니다. 우리는 어떤 일이 일어나도 두려워하지 말아야 합니다. 모르면 불안하지만 알면 불안하지 않습니다. 이 시대가 앞으로 가면 갈수록 험악해질 뿐 좋아지지 않습니다. 정말 주님밖에는 소망이 없습니다. 믿음을 가진 자만이, 하나님을 신뢰하는 자만이 환난과 고통, 무질서, 이 세상의 모든 종말적 현상 가운데서 든든히 설 수 있습니다. 믿음이 없으면 우리가 아무리 많은 돈과 지식이 있더라도 감당하지 못할 것입니다. 믿음을 가진 자는 구원을 얻습니다. 지금 예수님이 우리에게 이것을 말씀하고 계신 것입니다. 그리고 16-20절 말씀을 깊이 생각해 보면 환난이 내게 임하지 않도록 기도하고 준비해야 한다는 결론을 내릴 수 있습니다.

과거의 유고 내전을 보십시오. 대표들이 나와서 아무리 화해하자고 해도 협상이 이루어지지 않았습니다. 유고 내전의 실상은 무자비할 정도로 심각했습니다. 당사자들도 전쟁을 원하지 않았지만, 끝내 이성을 완전히 잃어버린 무서운 대살육 사건이 곳곳에서 벌어지고 말았습니다. 이것을 누가 막을 수 있었겠습니까? 일단 환난이 시작되면 막을 자가 없습니다. 6.25를 누가 막을 수 있었겠습니까? 제1차 세계대전을 누가 막을 수 있었겠습니까? 전쟁이 일어나면, 대환난이 일어나면 아무리 예수 잘 믿고 착해도 이미 그 상황 속에 같이 들어가는 것입니다.

저는 레바논과 같은 사태가 한국에 일어나지 않기를 기도합니다. 우리나라는 그런 사태가 일어날 가능성이 굉장히 많은 나라입니다. 많은 사람이 이렇게 말합니다. 북한의 상황이 너무나 열악하고 심각하기 때문에 전쟁이 일어날 확률이 많다는 것입니다. 통일이 되어도 독일같이 우리 경제가 살아날 수 없다는 이야기도 많이 합니다. 이것이 우리의 현실입니다. 우리는 이제 "주여, 이 땅에 전쟁이 일어나지 않게 해주시옵소서" 하고 기도해야 합니다. 일단 한 번 대환난이 이 땅에 터지면 피할 수 있는 자가 없습니다. 선한 사람이든 악한 사람이든 모두가 그 환난 속에 들어가게 되는 것입니다.

우리는 지금 기도해야 합니다. 위기와 환난이 오지 않도록 믿음으로 기도하고 준비하는 것은 우리가 마땅히 해야 할 일입니다. 깨어 기도하지 않으면 우리 민족이 세계 선교의 사명을 어떻게 감당할 수 있겠습니까? 정말 하나님을 경외하고 두려워하는 사람이 이

나라를 지배할 수 있어야 하고, 하나님의 법이 통치할 수 있는 이 나라가 되어야 합니다. 방관해서는 안 됩니다. 우리가 전 세계나 한국이나 내 가정의 모든 문제를 놓고 볼 때 영적 전쟁이 지금 첨예화되고 있습니다. 깨어 기도해야 합니다. 더욱 열심히 전도해야 합니다. 경건하게 살아야 합니다.

영적 전쟁이란 단순히 귀신 쫓는 이야기가 아닙니다. 성령의 거룩한 영향력을 주는 것을 의미합니다. 오늘날 교회와 그리스도인들은 세상에 영적 영향을 주어야 합니다. 교회라는 말만 들어도, 그리스도인이라는 말만 들어도 세상 사람이 경건해질 수 있는 거룩한 영향력이 있어야 합니다. 그래야 세상이 변합니다. 전철에 가서 "예수 믿으시오" 했다고 해서 변하는 것이 아닙니다. 하나님의 거룩이 승리해야 합니다.

오늘의 한국 교회에는 여러 가지 영적 사건들이 일어나야 합니다. 우리가 서로 보고 충격을 받아야 합니다. "저 사람이 변했어. 옛날엔 그렇지 않았는데 지금은 완전히 달라졌어"라고 감탄하는 일들이 교회 안에 있어야 합니다. 이런 소문 없이 그냥 물에 물 탄 듯 술에 술 탄 듯 하는 삶을 살면 누가 우리를 보고 감동하겠습니까? 기도하십시오. 곧 환난 때가 임합니다. 환난이 임하지 않도록 경건하게 무릎을 꿇고 하나님 앞에 나가 기도해야 합니다. 영적 싸움을 해야 합니다. 졸면 안 됩니다. 누구도 책임지지 못합니다.

그 날들을 감하지 아니하면 모든 육체가 구원을 얻지 못할 것이나 그러나 택하신 자들을 위하여 그 날들을 감하시리라(마 24:22).

만약 심판의 날이 감해지지 않으면, 시간이 단축되지 않으면 구원받는 자가 없을 것이라고 하셨습니다. 모든 육체가 구원을 얻지 못할 것이라고 하셨습니다. 심판이 계속되면 다 죽게 됩니다. 그러나 택한 자들에게는 감해지는 역사가 있다고 했습니다. 하나님이 심판과 환난 속에서도 택한 백성을 보호하시고 구원해 주시는 은혜가 있다고 하셨습니다. "그날들을 감하시리라"는 말은 환난의 끝이 있다는 말입니다. 마치 일제의 압박 속에서 8.15 광복이 있었던 것처럼 대환난은 끝나는 날이 있습니다. 모든 성도는 들림받는 때가 있을 것입니다. 들림받지 못하고 환난 속에 남아 있는 성도에게는 '감해 주시는' 은혜가 있습니다. 하나님이 살려 주십니다. 그냥 내버려 두시지 않습니다.

역사의 마지막 때에도 이런 일들이 있지만 개인적으로도 이런 일이 있습니다. 어떤 성도가 고난에 빠져 있을 때 하나님이 그대로 두지 않으시고 그날들을 감해 주시는 은혜가 있습니다. 그래서 기도하라는 것입니다. 환난 때에 기도하고 준비하면 그런 일들이 임하지 않을 것이고, 또 임한다 하더라도 그날들을 하나님이 감해 주실 것입니다.

사람이 감당할 시험밖에는 너희가 당한 것이 없나니 오직 하나님은 미쁘사 너희가 감당하지 못할 시험 당함을 허락하지 아니하시고 시험 당할 즈음에 또한 피할 길을 내사 너희로 능히 감당하게 하시느니라(고전 10:13).

거짓 그리스도들의 미혹

그 때에 사람이 너희에게 말하되 보라 그리스도가 여기 있다 혹은 저기 있다 하여도 믿지 말라 거짓 그리스도들과 거짓 선지자들이 일어나 큰 표적과 기사를 보여 할 수만 있으면 택하신 자들도 미혹하리라(마 24:23-24).

이 말씀은 그리스도가 여기 있다 저기 있다 하는 일들이 환난 때에 더 많아진다는 것입니다. 거짓 그리스도들과 거짓 선지자들이 일어나 큰 표적과 기사를 나타내게 할 수만 있으면 누구든 택한 사람들도 미혹하려고 한다는 것입니다. 이것이 대환난 때 있는 가장 무서운 일입니다.

보라 내가 너희에게 미리 말하였노라 그러면 사람들이 너희에게 말하되 보라 그리스도가 광야에 있다 하여도 나가지 말고 보라 골방에 있다 하여도 믿지 말라(마 24:25-26).

제가 한번은 비행기 타고 서울로 오는데 좌석에 앉자마자 얼굴도 볼 새 없이 어떤 여자가 종이 한 장을 건네주었습니다. 엘리야 복음선교단에 대한 전단이었습니다. 이제 비행기 안에도 이단이 들어온 것입니다. 어떤 장로님은 러시아에 여행을 갔는데, 전도 집회하고 나오자마자 다미선교회에서 전단을 주더랍니다. 이단들이 곳곳에 다 숨어 있습니다. "그리스도가 여기 있다 저기 있다" 해도 속지 마십시오. 이단은 자신의 단체가 가장 그리스도의 복음에 합당한 역할을 한다고 말합니다.

엘리야 복음선교단 이야기를 다 읽어 본 저는 놀라운 사실을 하나 발견했습니다. 거기에는 엘리야가 세례 요한의 역할을 했다고 쓰여 있었습니다. 이 사람 말은 주님이 재림하기 전에 정말 엘리야가 온다는 것입니다. 그것이 자신들이라는 것입니다. 그런데 이단들의 내용을 보면 홀딱 반할 만큼 이야기를 잘 써놓았습니다. 그런데 핵심은 자기들이 엘리야라는 것입니다. 그래서 곧 메시아가 온다는 말입니다. 얼마나 교활한 논리인지 모릅니다.

누구든지 자기를 메시아라고 상징하거나 자기 집단을 메시아적인 역할을 한다고 상징하는 사람들은 모두 적그리스도입니다. 성경이 말하기를 영들을 다 믿지 말고 그 영이 하나님에게 속했나 시험하라고 했습니다.

영에는 언제나 능력이 있습니다. 성령이든 악령이든 다 능력이 있습니다. 성령도 능력을 행하고 악령도 능력을 행합니다. 그래서 악령이 행하는 잘못된 능력들을 보고 사람들은 혼동을 일으키는 것입니다. 거짓 그리스도와 거짓 선지자들이 일어나 큰 표적과 기사를 보여 택한 자들도 미혹한다고 했습니다.

장엄하게 펼쳐질 예수님의 재림

그러나 마지막으로 우리가 종말의 사건에 대해 배워야 할 중요한 것이 하나 있습니다. 주님은 어떻게 오시는가 하는 것입니다. 성경에는 여기에 대한 말씀이 아주 명쾌하게 기록되어 있습니다.

> 번개가 동편에서 나서 서편까지 번쩍임같이 인자의 임함도 그러하리라(마 24:27).

'휴거가 일어나면 다 들림받아 올라가는데 나는 안 가면 어떻게 하지' 하면서 걱정하는 사람이 있습니다. 불안해하지 마십시오. 데살로니가전서 4장을 보면 호령과 하나님의 소리와 천사들의 나팔소리로 강림이 일어난다고 했습니다. 어물쩍 적당히 골방에서 일어나는 것이 아닙니다. 주님의 휴거 사건이 있을 때는 모든 사람이 다 알 수 있도록 호령과 하나님의 소리와 천사들의 나팔 소리가 있다고 했습니다.

그러니 산에서 도를 통하고 내려온 사람을 믿지 마십시오. 어느 교회에 가면 산에서 계시받고 내려왔다는 사람이 있습니다. 하나님의 임재는 이렇게 나타나지 않습니다. 예수님의 초림은 마리아를 통해서 베들레헴에서 인간의 몸으로 나타났지만, 예수님의 재림은 팡파르를 울리면서 번개가 동에서, 서에서 번쩍이는 것같이 엄청난 사건으로 임할 것입니다. 그런데 가짜 그리스도인들은 계룡산에서 도통하고 내려와서 자기가 그리스도라고 말합니다.

하나님의 사건은 가시적인 사건이요 공개적인 사건입니다. 위엄과 장엄함이 있다고 말했습니다. 적당히 오지 않습니다. 이 사실을 꼭 기억하고 적당하게 말하는 사람들에게 미혹당하지 않기를 바랍니다. 산에서 소위 도를 닦고 내려온 사람들이 "며칠 금식하면서 계시를 받았다" 하는 것은 다 가짜입니다. 그럴 수가 없습니다. 성경은 그렇게 말한 적이 없습니다. 예언자가 그렇게 나타난 법이 없습니다.

"주검이 있는 곳에는 독수리들이 모일 것이니라"(마 24:28)고 말씀하셨습니다. 사람이 사막이나 광야에서 죽으면 어떤 일이 벌어집니까? 살아 있는 동안에는 독수리들이 나타나지 않습니다. 그러나 죽으면 독수리들이 나타나 그 시체를 다 먹어 버립니다. 이것은 심판이 구체적으로 있다는 것을 우리에게 보여 주는 말씀입니다.

그 날 환난 후에 즉시 해가 어두워지며 달이 빛을 내지 아니하며 별들이 하늘에서 떨어지며 하늘의 권능들이 흔들리리라 그 때에 인자의 징조가 하늘에서 보이겠고 그 때에 땅의 모든 족속들이 통곡하며 그들이 인자가 구름을 타고 능력과 큰 영광으로 오는 것을 보리라(마 24:29-30).

우주의 질서체계가 흔들린다는 것입니다. 별이 떨어진다고 했습니다. 달이 빛을 잃는다고 했습니다. 이것은 단순한 일식현상이 아닙니다. 우주의 모든 질서가 근본적으로 흔들린다는 것입니다. 주님이 오시는 것을 이렇게 명약관화한 것입니다. 우리는 절대로 속지 않아야 합니다. 공중휴거되는 것도 적당히 오는 것이 아닙니다. 가시적으로, 공개적으로, 하늘의 위엄과 영광으로, 장엄한 모습으로 나타나는 것입니다.

요한계시록 21장 1-2절에서 "또 내가 새 하늘과 새 땅을 보니 처음 하늘과 처음 땅이 없어졌고 바다도 다시 있지 않더라 또 내가 보매 거룩한 성 새 예루살렘이 하나님께로부터 하늘에서 내려오니 그 준비한 것이 신부가 남편을 위하여 단장한 것 같더라"고 했습니다. 얼마나 아름다운 모습입니까? 호령과 천사장의 소리와 큰 나팔 소리로 공중휴거가 이루어진다고 했습니다.

예수님은 곧 오십니다. 데살로니가전서 4장 16-17절을 보면 "주께서 호령과 천사장의 소리와 하나님의 나팔 소리로 친히 하늘로부터 강림하시리니 그리스도 안에서 죽은 자들이 먼저 일어나고 그 후에 우리 살아남은 자들도 그들과 함께 구름 속으로 끌어올려 공중에서 주를 영접하게 하시리니"라고 기록되어 있습니다. 그 날을 모두가 사모할 수 있게 되기를 바랍니다. 오늘부터 하늘을 열심히 쳐다보십시오. 우리 삶 속에 오신 주님, 언젠가 승리의 왕으로 이 역사를 심판하러 오실 영광스러운 주님을 사모하며, 경건하고 진실하게 전도하며 살기를 바랍니다.

19

깨어 있어
충성된 종이 돼라

마태복음 24:32 - 51

마지막 때의 중요성

마지막 때의 중요한 주제는 주님이 언제, 어디에, 어떻게 오시는가 하는 것이 아닙니다. 마지막 때의 중요한 첫 번째 주제는 성령 충만입니다. 우리가 성령의 능력을 받는 것이며, 성령의 능력을 받아 예수 그리스도의 참된 증인 노릇을 계속하는 것입니다.

두 번째 주제는 마지막 때가 다가올수록 경건하고 거룩하게 사는 데 관심을 쏟아야 한다는 것입니다. 베드로후서 3장 10-12절은 우주의 종말이 어떻게 될 것인지에 관해 설명하고 있습니다.

"물질이 뜨거운 불에 풀어지고 땅과 그 중에 있는 모든 일이 드러나리로다 이 모든 것이 이렇게 풀어지리니 너희가 어떠한 사람이 되어야 마땅하냐."

잘 들으십시오. "거룩한 행실과 경건함으로 하나님의 날이 임하기를 바라보고 간절히 사모하라"고 했습니다. 마지막 때의 참된 주제는 주님이 언제 오시는가가 아니라, 거룩한 행실과 경건함으로 사는 것입니다. 우리의 삶의 터전에서 이탈하여 어느 기도원으로, 어느 집단으로 가는 것이 아니라 내가 처해 있는 삶의 터전에서, 직장에서, 가정에서, 매일매일 하나님이 임하기를 간절히 사모하며 거룩하고 경건하게 사는 것이라고 말씀했습니다.

마지막 때의 세 번째 주제는 "깨어 있으라"는 것입니다. 이것이 본문 말씀입니다.

그러므로 깨어 있으라 어느 날에 너희 주가 임할는지 너희가 알지 못함이니라 ··· 이러므로 너희도 준비하고 있으라 생각하지 않은 때에 인자가 오리라(마 24:42, 44).

깨어 있다는 것은 경성하여 미리 준비하고 있는 삶을 뜻합니다. 대학입시 때가 되면 두 종류의 학생을 보게 됩니다. 한 학생은 고통스럽지만 날짜가 다가올수록 깨어서 시험에 대비합니다. 도시락 두 개, 세 개 싸들고 밤 열두 시, 한 시까지 열심히 공부합니다. 놀고 싶은데 놀지 못합니다. 반면에 또 이런 학생들이 있습니다. 시험 때가 가까워졌음에도 불구하고 스포츠나 놀이에 열심입니다. 게임에 빠져 PC방을 들락날락합니다. 계획 없이 잠을 자고 적당히 시간을 채웁니다. 어떤 때는 공부하느라고 책상 앞에 앉아 있기는 하지만 지속성이 없습니다. 이 두 학생의 차이는 언제 판명이 날까요? 결과는 너무나 뻔합니다.

이것은 비단 대학입시를 앞둔 학생만의 문제가 아니라, 주님이 곧 오실 마지막 때를 사는 우리의 문제이기도 합니다. 어떤 성도는 경성하여 깨어 기도하며, 거룩하고 경건하게 살아갑니다. 반면, 어떤 사람들은 교회에 나오기는 하지만 그것은 주일날 잠깐뿐이요,

세상에 취해서, 친구에 취해서 삽니다. 이 사람 만나고 저 사람 만나고, 이 사업 벌리고 저 사업 벌리고, 주님에 대한 관심은 없습니다. 자기의 경건한 삶에 대한 관심도 없습니다. 인생의 본질적 문제에 대한 관심도 없습니다. 어떤 때는 교회에 나옵니다. 부흥회에도 옵니다. 눈물도 흘립니다. 그러나 그다음에는 또 자기 마음대로 살아갑니다. 이 두 사람의 삶의 차이는 대학입시를 앞둔 두 사람의 차이와 똑같습니다. 그들은 언젠가 부끄러움을 당하게 될 것입니다. 수치를 당하고 어려움을 겪게 될 것입니다.

성경은 우리에게 말합니다. 마지막 때에, 주님이 아주 가까이 온 그때에 우리의 관심은 주님이 몇 월, 며칠, 몇 시에 오신다가 아니라, 성령 충만하여 그리스도의 능력 있는 증인으로 경건하게 살고, 깨어 준비하며 사는 데 있어야 한다고 말입니다.

징조가 보일 때 재림을 준비하라

예수님은 이것을 우리에게 좀 더 자세히 가르쳐 주시기 위해 무화과나무의 비유를 들어 주셨습니다.

> 무화과나무의 비유를 배우라 그 가지가 연하여지고 잎사귀를 내면 여름이 가까운 줄을 아나니 이와 같이 너희도 이 모든 일을 보거든 인자가 가까이 곧 문 앞에 이른 줄 알라(마 24:32).

또한 마태복음 24장 3-31절에서는 마지막 때의 징조에 관해 말씀해 주셨습니다.

"적그리스도가 나타나 미혹하고 난리와 기근과 지진이 일어날 것이다. 성도들과 교회는 핍박을 받게 되고 불법이 성하며 사랑이 식어질 것이다. 이러한 대혼란과 고통 속에서도 그리스도의 복음이 모든 민족에게 전파될 것이다. 그리고 선지자 다니엘이 말한 바 멸망의 가증한 것이 거룩한 곳에서는 엄청난 불상사들이 생기게 될 것이다."

창세로부터 지금까지 한 번도 없었던 엄청난 일들이 이 지상에 있게 될 것이라는 말씀입니다. 이 말씀을 하시고 예수님이 무화과 비유를 들어 주신 것입니다. 무화과나무의 나뭇가지가 연해지고 잎사귀가 나기 시작하면 여름이 왔다는 것을 사람들이 압니다. 마찬가지로 이런 징조와 사인들이 보일 때 주님의 재림이 가까웠다는 것을 기억하라는 것입니다.

이와 같이 너희도 이 모든 일을 보거든 인자가 가까이 곧 문 앞에 이른 줄 알라(마 24:33).

지금 예수님은 어디 계십니까? 문 앞에 계십니다. 심판의 문 앞에 계십니다. 아직 예수님을 믿지 않는 이들에게도 예수님은 찾아오셔서 문 앞에 계십니다. 그러니 문을 열기만 하면 예수님을 만나게 됩니다. 오늘 우리가 살고 있는 이 세상은 어떻습니까? 우리는 주님이 여기서 말씀하셨던 말세의 징조들을 성경 그대로 볼 수 있는 시대에 살고 있습니다. 그러나 이런 사실들을 의심하는 사람들이 있습니다. 그런 사람들을 위해서 예수님이 두 가지를 더 이야기하십니다.

> 너희에게 말하노니 이 세대가 지나가기 전에 이 일이 다 일어나리라 천지는 없어질지언정 내 말은 없어지지 아니하리라(마 24:34-35).

예수님이 이 말세의 징조들에 대해 말씀하시면서 "내가 한 말은 반드시, 천지가 없어질지라도 반드시 이루어지리라"고 하셨습니다. 예수님이 하신 말씀을 의심하지 말라는 것입니다. 마태복음 5장 18절에서도 "진실로 너희에게 이르노니 천지가 없어지기 전에는 율법의 일점일획도 결코 없어지지 아니하고 다 이루리라"고 하셨습니다. 하나님이 하신 말씀은 땅에 떨어지는 법이 없습니다. 잊혀지는 법이 없습니다. 민수기 23장 19절을 보면 "하나님은 사람이 아니시니 거짓말을 하지 않으시고 인생이 아니시니 후회가 없으시도다 어찌 그 말씀하신 바를 행하지 않으시며 하신 말씀을 실행하지 않으시랴"고 했습니다.

성경 말씀은 다 믿기를 바랍니다. 믿는 대로 됩니다. 믿는 사람은 하나님의 영광을 볼 것입니다. 환경과 타협하지 말고, 자기의 이성이나 경험과 타협하지 말고, 사람과 의논하지 말고, 하나님의 말씀을 있는 그대로 믿으십시오. 그러면 그 영광과 기적이 우리에게 나타나게 될 것입니다.

이 말씀을 하시고 나서 예수님은 때에 관하여, 기한에 관하여 말씀하셨습니다.

> 그러나 그 날과 그 때는 아무도 모르나니 하늘의 천사들도, 아들도 모르고 오직 아버지만 아시느니라(마 24:36).

예수님은 우주의 심판자로, 역사의 심판자로 이 지상에 다시 오십니다. 그리고 그 무렵에 여러 가지 징조가 있다고 말씀하셨습니다. 본인 자신이 심판주로 오신다고 하시면서 "그러나 나도 언제 올지는 모른다"고 하셨습니다. 그날과 때에 대해서는 하늘의 천사도 모르고 아들도 모른다고 했습니다. 그 기한은 하나님에게 속한 것입니다.

그런데 어찌 한 인간이 그것을 알 수 있겠습니까? 어찌 한 어린아이가 영광을 받아서 몇 월 며칠이라고 말할 수 있겠습니까? 역사적으로 보면, 몇 월 며칠에 온다는 사람들은 성경의 여러 부분을 근거로 추산합니다. 그러나 성경을 여러 군데 인용할지라도 예수님 자신이 "내가 심판주로 오는데 그 때는 천사도 모르고 아들도 모른다"고 하신 이 말씀보다 더 권위 있는 말씀이 어디 있겠습니까? 그러나 인간은 너무나 생각이 얕고 감각적이어서 몇 월 며칠에 온다고 하면 그쪽으로 다 빠지는 것입니다.

문제는 예수님이 오실 때에 내가 준비되어 있느냐입니다. 예수님이 내일 오실지도 모릅니다. 아니, 예배 끝나고 오후 3시에 오실지도 모릅니다. 10년 후에 오실지도 모릅니다. 그러나 내일이든 모레든 10년 후든, 당장 예수님이 오신다고 했을 때 내가 준비되어 있느냐가 중요합니다. 날마다 성령 충만하여 그리스도의 증인의 삶을 살아야 합니다. 매일매일 전도하며 선교를 위해 중보 기도하며 하나님이 필요로 하시면 선교사로 가야 합니다. 하나님이 나를 필요로 하시면 아낌없이 나를 다 드릴 준비가 언제라도 되어 있어야 합니다. 그리고 나의 직장을 떠나는 것이 아니라, 세상을 거부하는 것이 아니라, 내가 속해 있는 직장을 거룩하게 만들며 나의 삶을 거룩하게 만들어야 합니다. 나의 가정을 온전히 하나님의 가정으로 준비시키며 날마다 깨어 기도해야 합니다. 이런 성도의 삶을 성령은 요구하고 있는 것입니다.

하나님의 명대로 행한 노아

두 번째로 예수님은 주님이 오실 때가 가까워졌다는 사실을 의심하는 자에게 구약의 노아 홍수 사건을 예로 들어주셨습니다.

노아의 때와 같이 인자의 임함도 그러하리라(마 24:37).

예수님의 재림사건은 노아의 홍수 사건과 같다는 것입니다. 구약시대에 이미 이 사건을 다 보여 주셨습니다. 하나님은 보여 주지 않고 행하시는 법이 없습니다.

홍수 전에 노아가 방주에 들어가던 날까지 사람들이 먹고 마시고 장가들고 시집가고 있으면서 홍수가 나서 그들을 다 멸하기까지 깨닫지 못하였으니 인자의 임함도 이와 같으리라(마 24:38-39).

노아 사건이 왜 중요한가 하면 종말에 주님이 다시 오시는 것과 너무나 흡사하기 때문입니다. 우리는 이 노아 홍수 사건을 눈을 뜨고 마음을 열고 성령의 도우심을 받으면서 공부해야 합니다. 노아는 어떤 사람입니까? 창세기 6장 8절을 보면 그는 하나님에게 은혜를 받은 사람이었습니다. 그 악한 세대에, 심판받을 수밖에 없었던 그 파렴치한 세상에서, 그는 의인이었고 완전한 사람이었다고 소개되고 있습니다. 당시 세대가 얼마나 악했던지 하나님이 심판하지 않으면 안 되는 상황이었습니다. 한 사람도 남겨둘 수 없었던 죄악의 시대였습니다. 그래서 하나님은 사람을 만드신 것을 후회하시고 사람을 쓸어버리기로 결정하셨습니다. 그러나 그런 가운데 주님은 사람을 사랑하셔서 노아를 통해서 인류를 구원하기로 계획하신 것입니다. 주님이 노아에게 말씀하셨습니다. "내가 죄악 때문에 이 세상을 물로 심판할 것이다. 너는 방주를 만들어라."

그렇다면 노아의 사건에서 중요한 것이 무엇인지 아십니까? 노아가 여호와가 자기에게 명하신 대로 행했다는 것입니다. 노아는 하나님이 말씀하시면 그것이 이성에 맞든지 안 맞든지, 상황에 맞든지 안 맞든지, 손해를 보든지 안 보든지, 미친놈이란 소리를 듣든지 안 듣든지 상관없이 그 말씀을 믿기로 결정한 사람입니다. 누가 의인입니까? 선한 행동을 한 사람이 아니라 하나님을 신뢰하는 사람이 의인입니다. 그래서 하나님은 노아를 의로운 사람이라고 칭하신 것입니다.

그런데 노아가 받은 명령은 너무나 황당무계합니다. 우리는 때때로 하나님이 황당무계하시다고 느낄 때가 있습니다. 하나님은 가끔 이상한 것을 시키십니다. 노아에게 산에다 방주를 지으라고 하십니다. 방주는 우리가 쓰는 정식 농구장의 20배 정도 되는 크기입니다. 축구장 길이보다 더 깁니다. 그런 어마어마한 방주를 산에다 지으라는 것입니다. 그런데 배를 바다에 짓지 어떻게 산에다 짓습니까? 그것도 왜 짓느냐고 물으니까, 하나님이 지으시라고 했다는 것입니다. 기가 막힌 일입니다. 그러나 하나님이 하라고 하셨기에 노아는 방주를 지었습니다. 그것도 120년 동안 말입니다. 이것이 믿음입니다.

믿을 수 있는 것은 그 누가 못 믿겠습니까? 하나 더하기 하나는 둘이라는 것을 믿는다고 신앙이라고 하지 않습니다. 바랄 수 없는 것을 바라는 것, 믿을 수 없는 것을 믿는 것, 하나님이 그렇게 말씀하셨기 때문에 믿는 것, 이것이 신앙입니다.

여기서 우리는 두 그룹의 사람들을 봅니다. 먼저 노아와 그의 가족입니다. 그들은 왜 구원을 받았습니까? 첫째, 심판을 믿었기 때문입니다. 하나님이 세상을 물로 심판하겠다고 하셨을 때 노아는 그 말씀을 믿었습니다. 우리 역시 주님이 다시 오심을 믿어야 합니다. 이것을 믿지 않으면 구원이 없습니다. 노아 때에 물로 심판하신 것처럼 이 마지막 시대에 하나님이 의의 심판을 하신다는 말씀이 성경에 기록되어 있습니다. 노아는 성령받은 그리스도인의 상징입니다. 그가 어떻게 방주를 지을 수가 있었습니까? 하나님의 말씀을 믿었기 때문이요, 심판의 사실을 믿었기 때문입니다. 세상 사람에게는 이상하게 보일지라도 우리가 믿음으로 행동할 수 있는 것은 하나님의 말씀 때문입니다. 노아는 산에다 방주를 지으라는 그 말씀에 순종했습니다. 저 같으면 "하나님, 바닷가에 짓겠습니다" 하고 말했을 것입니다.

"짓기는 짓는데 바닷가에 짓겠습니다." 이것이 보통 우리가 하는 행동입니다. 그러나 우리는 하나님이 하라는 대로 해야 합니다. 산에다 지으라고 했으면 산에다 지어야 합니다. 순종하는 데 토를 달아서는 안 됩니다. 노아는 그대로 순종했습니다. 이것이 그리스도인의 삶의 본질입니다. 그리스도인의 삶의 비밀이 여기 있습니다.

노아에게 있어 또 한 가지 어려운 문제는 심판이 언제 있는지 하나님이 가르쳐 주시지 않았다는 것입니다. 그냥 심판이 있다는 것입니다. 그러니까 열심히 집을 짓습니다. 해가 뜨나, 비가 오나, 기분이 좋으나, 기분이 나쁘나, 그냥 짓는 것입니다. 최선을 다해서 집을 짓습니다. 그것이 믿음입니다. 우리는 주님이 하라시는 대로 기분이 좋든지 나쁘든지, 병들었든지 건강하든지 꾸준히 충성스러워야 합니다. 사람이 보건 보지 않건, 박수를 쳐 주건 쳐 주지 않건 끊임없이 충성해야 합니다. 노아는 그렇게 했습니다. 그래서 농구장보다 20배 큰 방주를 120년 걸려 만들었습니다. 600세에 방주를 다 지은 것입니다.

그런데 창세기 7장을 보면 방주를 짓자마자 하나님이 나타나신 것이 아니라 짓고 나서 노아가 또 기다렸습니다. 그러던 어느 날 하나님의 음성이 들려옵니다. "노아야, 방주에 들어가라." 방주를 누가 지었습니까? 노아가 지었습니다. 누가 명령했습니까? 하나님이 하셨습니다. 노아가 어떻게 해서 살아날 수 있었습니까? 방주 덕분에 살아났습니다. 이것이 구원입니다.

우리는 깨어 준비해야 합니다. 마지막 때에 성령 충만을 받아 그리스도의 증인이 되어야 합니다. 거룩하고 경건하게 살아야 합니다. 기름을 준비해야 합니다. 이것이 방주입니다. 이것을 실행하려고 하면 부인이 반대하고 자식이 반대하고 직장 동료가 비웃을 수 있습니다. 그래도 해야 합니다. 이렇게 하다 보면 어느 날에는 비가 올 것입니다.

계속해서 하나님이 노아에게 이렇게 말씀하셨습니다.

> 너와 네 온 집은 방주로 들어가라 이 세대에서 네가 내 앞에 의로움
> 을 내가 보았음이니라(창 7:1).

이것이 노아입니다. 그토록 오래 기다리고 참고 수모를 당했지
만, 비가 오나 눈이 오나 병이 들거나 건강하거나 끝까지 신뢰했다
는 것입니다. 이것이 구원받은 백성, 마지막 때를 사는 백성의 모
습입니다.

노아를 조롱한 사람들

당시 노아의 주변에는 다른 사람들도 많았을 것입니다. 그렇게
큰 방주를 산에다 지었으니 장안에 소문이 안 났겠습니까? 그것
도 1, 2년 지은 것이 아니라 오랜 세월이 걸렸습니다. 조금씩 조금
씩 완성되어 갔습니다. 그러니 사람들이 보고 얼마나 놀렸겠습니
까? 수많은 조롱과 박해와 반대에 부딪쳤을 것입니다. 그럼에도
불구하고 노아는 하나님의 말씀에 순종했습니다. 그것의 결론은
노아는 심판에서 구원을 받았지만 노아의 행위를 비웃었던 사람
들은 결국 다 물에 빠져 죽었다는 것입니다.

홍수가 나서 그들을 다 멸하기까지 깨닫지 못하였으니 인자의 임함
도 이와 같으리라(마 24:39).

노아 시대의 사람들은 어떤 사람들입니까? 첫째, 심판을 믿지
않았습니다. 심판을 믿지 않았기 때문에 그런 결과가 온 것입니다.
둘째, 하나님의 말씀을 믿지 않고 조롱했습니다. 성경을 보면 사람
들은 노아가 방주에 들어가는 날까지 먹고 마시고 시집가고 장가
갔다고 했습니다. 방주 문이 잠겼을 때까지도 사람들은 믿지 않았
습니다. 비가 적당히 내렸을 때까지도 사람들은 설마 했을 것입니
다. 그런데 비가 점점 거세어질 때 그들은 그제야 깨달았습니다.
노아의 방주에 가서 문을 아무리 두드려도 때는 이미 늦었습니다.

그 때에 두 사람이 밭에 있으매 한 사람은 데려가고 한 사람은 버려
둠을 당할 것이요 두 여자가 맷돌질을 하고 있으매 한 사람은 데려
가고 한 사람은 버려둠을 당할 것이니라(마 24:40-41).

그때 두 사람이 밭에 있는데 하나는 데려감을 당했습니다. 이는
노아와 모든 그리스도인을 의미합니다. 종말을 준비한 사람들입
니다. 하나는 버려둠을 당했다고 했습니다. 노아 외의 사람들, 즉
준비하지 않은 사람들입니다. 두 여자가 맷돌을 돌리고 있는데 하
나는 데려감을 당하고 하나는 버려둠을 당했습니다. 그러므로 우

리는 깨어 있어야 합니다.

깨어 있으라(마 24:42).

지금은 자다가 깰 때지, 이렇게 마음 놓고 살 때가 아닙니다. 지금 자신의 모습을 보십시오. 주님이 지금 오셔도 괜찮겠습니까? 주님이 오실 때에 우리가 할렐루야 하며 만날 수 있겠습니까? 아니면 부끄러워 숨겠습니까? 하나님은 우리에게 좋은 위치를 주셨습니다. 많은 사람에게 영향력을 줄 수 있는 위치를 주셨습니다. 그것을 잘 사용하고 있습니까? 하나님이 우리에게 주신 것을 잘 사용하고 있습니까? 우리 마음대로, 우리 정욕대로, 우리의 이기심대로 사용하고 있지 않습니까? 그러므로 성경은 "깨어 있으라. 어느 날에 주님이 오실지 모른다"고 말씀하십니다.

다시 오실 주님에게 인정받는 종

이제 예수님은 무화과나무의 비유를 들어 주신 다음에 도적의 비유를 하나 더 들어 주십니다.

너희도 아는 바니 만일 집 주인이 도둑이 어느 시각에 올 줄을 알았더라면 깨어 있어 그 집을 뚫지 못하게 하였으리라(마 24:43).

도적이 이제 곧 간다고 연락하고 오는 적이 있습니까? 그러면 도적이 아닙니다. 도적의 본질은 몰래 오는 것입니다. 만약 도적이 온다는 것을 안다면 누군들 대비를 못 하겠습니까? 예수님이 언제 오시는지 안다면 누구든 준비를 할 것입니다.

> 이러므로 너희도 준비하고 있으라 생각하지 않은 때에 인자가 오리라(마 24:44).

예수님은 생각하지 않은 때에 오십니다. 새벽 기도 잘하고 '이제 좀 쉬자' 하는 그때가 중요합니다. 예배를 잘 드릴 때 오시지 않습니다. "야, 끝났다. 가자"고 하는 그 때에 오십니다. 그러면 깨어 있다가 예비한 성도는 어떤 사람입니까? 예수님은 "충성되고 지혜 있는 종이 되어 주인에게 그 집 사람들을 맡아 때를 따라 양식을 나눠 줄 자가 누구냐"(마 24:45)라고 말씀하십니다. 이 사람을 가리켜 성경은 충성되고 지혜로운 자, 주인이 올 때에 '복이 있으리로다'라는 말을 듣는 자라고 말합니다.

> 주인이 올 때에 그 종이 이렇게 하는 것을 보면 그 종이 복이 있으리로다(마 24:46).

주인이 올 때라는 것은 예수님이 재림할 때를 말합니다. 우리는 이런 충성되고 지혜로운 종이 되어야 할 것입니다. 주님이 오셨을 때 우리가 피투성이가 될 만큼 악과 세상과 나 자신과 싸우며 믿음을 지키려 애쓰는 모습을 보시고, 주님이 우리의 땀을 닦아 주시며 "복되도다. 정말 수고했다"라고 하시는 음성을 우리 모두가 듣게 되기를 바랍니다. 성령 충만하여 전도하십시오. 세계선교에 참여하십시오. 그리스도의 참된 증인이 되십시오. 직장에서, 가정에서, 거룩하고 경건하게 사십시오. 깨어 준비하십시오.

내가 진실로 너희에게 이르노니 주인이 그의 모든 소유를 그에게 맡기리라(마 24:47).

재림을 준비하는 성도들에게 하나님은 영적인 모든 일을 맡겨 주십니다. 착하고 지혜롭고 충성된 종과 반대되는 사람들의 모습이 다음의 말씀에서 나옵니다.

만일 그 악한 종이 마음에 생각하기를 주인이 더디 오리라 하여 동료들을 때리며 술친구들과 더불어 먹고 마시게 되면 생각하지 않은 날 알지 못하는 시각에 그 종의 주인이 이르러 엄히 때리고 외식하는 자가 받는 벌에 처하리니 거기서 슬피 울며 이를 갈리라 (마 24:48-51).

주인이 오는 것을 무시하는 사람, 더디 믿는 사람, 안 올지 모른다고 생각하는 사람, 어저께 안 왔으니 오늘도 안 올 거라고 생각하는 사람, 그래서 다투고 싸우는 사람들은 어리석은 사람입니다. 특별히 술친구와 노는 사람은 예수의 이름으로 다 끊기를 바랍니다. 술친구를 끊든지, 그를 전도하든지, 둘 중 하나를 선택하기 바랍니다. 다른 길은 없습니다.

주님이 언제 오실지 모르지만 곧 오시리라 믿습니다. 깨어 준비하십시오. 새벽부터 깨어 준비하십시오. 항상 말씀 안에 거하십시오. 세상의 유혹에 빠지지 마시고 세상의 성공에 너무 말려들지 마십시오. 주님을 바라보며 경건하게 사십시오. 하나님의 오심을 기다리십시오.

20

준비된 열 처녀가
신랑을 맞는다

마태복음 25:1-13

우리 안에 이루어져 가고 있는 '천국'이라는 주제는 모든 그리스도인의 구원과 삶에 있어서 핵심적인 주제입니다. 우리가 구원을 필요로 하고 구원을 받은 이유는 천국이 있기 때문입니다. 천국이 없다면 구원 문제가 그렇게 심각해야 할 이유가 없습니다. 천국은 이미 우리 안에 임했습니다. 예수 그리스도가 십자가에서 구원을 완성하셨을 때 천국은 우리에게 완성된 것입니다. 그러므로 누구든지 예수 그리스도를 영접한 자에게는 천국이 이미 시작되었습니다. 그리고 천국은 이 세상을 살아가는 우리 안에서 지금 이루어져 가고 있습니다.

이것을 그리스도를 닮아가는 성숙한 삶이라고 말합니다. 출애굽기에 빗대어 말하자면 세상과 죄와 사탄의 때를 벗고 그리스도인으로, 천국 시민으로 살 수 있도록 광야에서 훈련받는 것과 같습니다. 우리는 이것을 '영적 투쟁'이라는 말로도 표현합니다. 어둠의 세력에게 빼앗겼던 것을 탈환함으로 하나님 나라가 이 땅에 확장되는 것입니다. 그런 의미에서 선교란 하나님 나라의 확장입니다. 잃어버린 땅을 찾고 잃어버린 영혼을 다시 찾는 작업입니다.

그리고 천국은 어느 날 완성될 것입니다. 마지막 날 우리가 육신의 옷을 벗고 주님 앞에 섰을 때 그 영광스러운 천국을 경험하게 될 것입니다. 또 주님이 이 세상에 승리의 주님으로 재림하실 때 우리는 완성된 완전한 천국을 보게 될 것입니다.

천국은 하나님의 통치와 주권이 그리스도 안에서 이루어진 세계입니다. 즉 어떤 지역이나 땅의 개념이 아니라 통치의 개념입니다. 하나님이 통치하시고 주님이 계신 곳은 어디든지 하늘나라입니다. 그러므로 예수 그리스도를 영접한 사람은 누구든지 그분을 영접하는 순간부터 그의 영혼 속에서 하나님 나라를 경험하게 됩니다. 천국은 죽은 후에 가는 어떤 곳이 아니라 예수 그리스도를 영접하는 순간부터 이 지상에서 경험할 수 있는 것입니다.

그러나 그것은 완성되거나 완숙된 경험이 아닙니다. 천국 자체가 미완성이라는 뜻이 아니라 천국에 대한 우리의 경험이 미완성이고 아직 이 땅 곳곳에 하나님의 나라가 아닌 세계가 많다는 뜻입니다. 정치 권력과 경제구조뿐만 아니라 세상의 모든 사회구조 속에 아직도 하나님의 통치가 미치지 못하는 어두운 영역이 많습니다. 예수 그리스도를 영접한 우리에게도 아직 예수님이 통치하시지 못하는 부분이 혹시 있을지 모릅니다. 천국은 이런 의미에서 자라나고 확장되는 것입니다. 이는 천국에 대해 나의 눈이 떠간다는 것과 이 세상에서 천국의 영토가 계속 확장된다는 것을 의미합니다. 이것은 어린아이 때 세상을 이해하는 것과 성인이 되었을 때 세상을 이해하는 것이 다른 것과 마찬가지입니다.

언젠가 이 세상에서 믿음의 선한 싸움을 다 싸우고 달려갈 길을 다 간 후에 우리는 이 육신을 벗게 될 것입니다. 그때 하늘의 나팔 소리를 듣고 천사의 환영을 받는 가운데 영광스럽고 온전한 하나 님 나라가 우리 앞에 전개될 것입니다. 새 하늘과 새 땅이 임하고 그 안에 새 예루살렘이 임하게 될 것입니다.

등불을 들고 신랑을 맞는 신부

예수님은 열 처녀의 비유를 들어 주셨습니다.

> 그 때에 천국은 마치 등을 들고 신랑을 맞으러 나간 열 처녀와 같다 하리니 그 중의 다섯은 미련하고 다섯은 슬기 있는 자라(마 25:1-2).

여기서 천국을 어떻게 말하고 있습니까? 또 천국과 우리의 관계 가 어떻게 묘사되고 있습니까?

천국이란 첫째로, 신랑을 맞이하는 신부와 같다고 했습니다. 신 랑은 바로 우리 주 예수 그리스도십니다. 남편이 누구냐에 따라 아 내의 위치가 결정됩니다. 남편이 돈이 있으면 부유하게 살게 되고, 권력이 있고 지위가 높으면 더불어서 같은 공동체 안에서 살게 됩 니다. 물론 아내가 출세하여 남편이 따라가는 경우도 있지만 그래 도 남편이 누구냐에 따라 가정의 모습이 어느 정도 결정됩니다.

우리의 신랑은 하나님이십니다. 우리의 신랑은 우주를 창조하신 예수 그리스도십니다. 우리를 얼마나 사랑하셨던지 자기의 목숨을 아낌없이 주시면서 나를 구원하신 남편입니다. 그저 부부싸움하고 자존심 싸움 하는 남편이 아닙니다. 우리의 영원하신 신랑을 찬양해야 합니다. 그분을 노래하고 그분을 전해야 합니다. 예수님을 믿는다는 것은 신랑을 가졌다는 자부심을 갖는 것입니다. 천국이란 자기의 신랑이 오실 것과 신랑이 자기를 사랑하는 것을 생각하며 기뻐하고 감사하고 눈물 흘리고 또 어떤 고난과 억울함이 있어도 개의치 않고 살아가는 것입니다.

둘째로, 신랑이신 예수 그리스도를 영접할 때 등이 있어야 한다고 성경은 말합니다. 천국이란 신랑을 기다리는 신부와 같은데 그 신부는 등을 가지고 기다린다고 했습니다. 등불은 밤길을 오는 손님을 맞이하는 안내 역할을 하는 것입니다. 그런데 신부의 자격에 얼굴이 예뻐야 한다든지, 학벌이 있어야 한다든지, 능력이 있어야 한다든지, 키가 커야 한다든지 하는 말이 전혀 없습니다. 신랑을 맞이하는 신부는 등불이 있다고 했습니다. 하나님은 얼마나 좋은 분인지 모릅니다.

그러면 이 등불을 준비한다는 것은 무슨 뜻입니까? 마지막 때에 성도의 할 일은 성령 충만으로 능력을 받아 그리스도의 증인 생활을 하는 것인데 이것이 곧 등불과 같은 것입니다. 베드로후서 3장 11절을 보면 마지막 때에 거룩한 행실과 경건함으로 하나님의 날을 기다리라고 했습니다. 이것 또한 등불과 같은 것입니다. 마태복음 24장을 보면 말세에는 적그리스도가 나타나는데 이 적그리스도에게 미혹당하지 말고 깨어 기도하며 준비하라고 합니다. 이것이 마지막 때의 등불과 같은 것입니다.

오래전 월남전에 참전한 사람들은 죽음을 무릅쓰고 고생하며 번 돈을 자기 아내에게 보냈습니다. 그들은 귀국할 때까지 아내가 살림을 잘해 줘서 아이들을 잘 키우고 집 한 칸 마련해서 살게 되기를 원했을 것입니다. 1980년대 초반에 우리나라 건설 회사들이 사우디나 쿠웨이트 건설현장으로 진출했습니다. 그때 근로자들은 돈을 벌어서 한국에 있는 자기 아내에게 보냈습니다. 그런데 많은 사람이 조국에서 오는 신문을 보고 나서 불안해하고 동요하게 되었습니다. 보내 준 돈으로 자식을 잘 키우고 있을 줄 알았던 아내들이 춤바람이 나고 계모임이 성행한다는 기사 때문이었습니다. 전쟁의 대가로 월급을 보내고, 외국의 건설 현장에서 번 돈을 보내면, 엉뚱하게 잘못 쓰는 아내들이 참 많았다고 합니다. 이것은 적그리스도에게 유혹받는 것과 같습니다. 반면에 아이들을 잘 키우고 새벽마다 교회 나와서 기도하고 남편이 보내 준 돈을 잘 관리해서 집 한 칸 마련해 남편 오기를 기다리는 아내들도 있습니다.

이렇게 두 종류의 아내가 있습니다. 남편이 돌아올 시간이 가까웠을 때 이들의 마음은 크게 다를 것입니다. 방종한 생활을 하던 아내는 남편이 올 때를 대비해서 많은 거짓말을 준비해 둬야 할 것입니다. 그리고 결국 남편이 돌아오면 부부는 싸움을 하고 이혼하고 패가망신하게 될 것입니다. 그러나 경건하게 준비한 아내는 남편이 돌아올 날을 손꼽아 기다리다가 남편이 귀국하는 날, 애들에게 옷을 곱게 입혀서 공항에 나가 기쁘게 맞이할 것입니다. 주님이 오실 날이 가까워 올 때 성도들이 어떤 삶을 사느냐도 이와 똑같습니다.

예수님의 관심은 '등'이 아니라 '기름'이다

성경을 보면 신랑을 기다리는 신부가 열 명이 있다고 했는데, 이 열 명은 모든 교회와 그리스도인을 가리킵니다. 그런데 기다리는 사람 가운데는 미련한 그룹과 지혜로운 그룹이 있습니다.

> 그 중의 다섯은 미련하고 다섯은 슬기 있는 자라 미련한 자들은 등을 가지되 기름을 가지지 아니하고 슬기 있는 자들은 그릇에 기름을 담아 등과 함께 가져갔더니(마 25:2-3).

재미있는 것은 미련하거나 슬기롭거나 상관없이 둘 다 등을 가졌다는 것입니다. 우리가 교회에 나와서 똑같이 헌금하고 봉사합니다. 지혜로운 사람이나 미련한 사람이나 다 똑같이 합니다. 그리고 예배를 드리고 성만찬을 준비해서 다 같이 떡도 먹고 포도주도 먹습니다. 교회는 교파에 속해 있고 제직회, 성가대, 교회학교가 있고 목사, 장로, 권사, 집사 등이 있습니다. 이러한 조직과 형태는 모든 교회와 그리스도인이 다 가지고 있습니다. 이것이 등과 같은 것입니다.

사람들은 등불을 크고 화려하게 만드는 데 관심이 많습니다. 그런데 예수님의 비유를 보면 문제는 등불이 아니라 기름입니다. 우리의 관심은 등불에 있고, 예수님의 관심은 기름에 있습니다. 신랑을 기다리는 열 명의 신부 가운데 다섯 명은 기름을 준비하지 않았고 다섯 명은 기름을 준비했습니다.

처음부터 기름이 없었던 것은 아닙니다. 처음에는 등불을 켤 수 있는 기름을 두 그룹 다 가지고 있었습니다. 여기서 기름을 준비했다는 것은 여분의 기름을 의미합니다. 아무리 성능이 좋은 등불이 있으면 무엇 합니까? 기름이 없으면 사용할 수 없습니다. 등불만 가진 사람과 등불과 함께 기름도 준비한 사람과는 엄청난 차이가 있습니다.

여기서 기름이란 형식이 아닌 내용을 뜻합니다. 예수님이 산상 설교에서 계속 강조하신 것이 무엇입니까? 하나님은 겉을 보시지 않고 속을 보신다는 사실입니다. 우리가 무슨 옷을 입었는지, 키가 얼마나 되는지, 무슨 학교를 나왔고 가문이 어떤지 등에는 관심이 없으시다는 것입니다. 우리의 생각과 마음의 중심이 어떠한지에 관심이 있으십니다. 그러나 사람들은 외적인 것에 큰 관심이 있습니다. 마태복음 6장 1절에 "사람에게 보이려고 그들 앞에서 너희

의를 행하지 않도록 주의하라"고 했습니다. 예수님이 바리새인들과의 논쟁에서 계속 하시는 말씀은 율법을 지키는 방법이 중요한 것이 아니라 율법의 정신과 내용이 중요하다는 것입니다. 사람들은 행위로 간음하지 않으면 된다고 생각했습니다. 그러나 예수님의 생각은 음욕을 품으면 간음한 것과 똑같다는 것이었습니다. 사람은 겉보기에 아주 교양 있고 세련될 수 있습니다. 그러나 주님은 그보다는 내면에 무엇이 있는지를 보십니다. 우리 속에 분노와 탐욕과 시기가 가득 차 있는지 아닌지에 관심이 있으신 것입니다. 천국을 기다리는 신부에게 필요한 것은 등불뿐만 아니라 등불을 밝힐 수 있는 기름입니다.

우리의 교만을 꺾으시는 하나님

신랑이 더디 오므로 다 졸며 잘새(마 25:5).

문제는 신랑이 더디 오는 데 있습니다. 신랑이 몇 시에 오는지 아무도 모릅니다. 그날은 천사도 모르고 아들도 모르고 아무도 모른다고 했습니다. 예수님이 언제 오리라고 하신 약속을 연기하셨다는 것이 아닙니다. 예수님이 더디 오신다는 것은 사람들이 기대하고 기다렸던 것보다 늦게 오신다는 뜻입니다.

사람들은 일반적으로 모든 일에 기대와 계산을 합니다. 우리가 기대하고 생각하고 꿈꾸었던 것은 다 어디에 근거한 것입니까? 모두 다 우리의 경험과 욕심과 이성과 배경에 근거한 계산입니다. 열 명의 처녀들은 신랑이신 주님이 오실 시기를 짐작하며 잔뜩 기대했을 것입니다. 그리고 그 시기까지 필요한 양의 기름을 준비한 것입니다. 그러나 하나님의 시간과 사람의 시간은 다릅니다. 하나님의 방법과 사람의 방법은 다릅니다. 나의 생각, 나의 방법, 나의 기대, 나의 열심, 이런 것들이 무너져야 합니다. 세상만사가 내 뜻대로 안 될 때 "할렐루야!"라고 외치십시오. "주님, 제 뜻이 무너졌으니 이제 당신 뜻이 이루어질 때입니다"라고 하나님을 인정하십시오.

세상일뿐 아니라 신앙생활도 마찬가지입니다. 하나님의 의도는 자기 지식이나 가문이나 세상이나 권력을 의지하는 우리의 마음을 철저하게 꺾는 데 있습니다. 다시 말하면 우리의 교만을 꺾는 것입니다. 우리는 자신에게 왜 문제가 있는지 그 이유를 불문하고, 먼저 우리의 교만과 오만을 꺾어야 합니다. 사람들은 나름대로 다 교만함이 있습니다. 머리가 좋으면 머리 좋은 대로 교만이 있고, 가문이 좋으면 가문 좋은 대로 교만이 있습니다. 학벌이 좋으면 또 학벌 좋은 대로 교만이 있습니다. 높은 사람들만 교만한 것이 아니라 창녀들도 교만합니다. 그 세계에서 잘나고 못난 것을 따집니다. 도둑 사이에서도 누가 도둑질 잘하나를 따집니다. 교만은 높은 위치에서만 있는 것이 아니라 모든 영역에서 다 나타납니다.

하나님의 관심은 나를 철저하게 깨부수는 데 있습니다. 우리가 받는 모든 고난은 그리스도를 믿기 전에는 마귀와 상관되는 것이지만, 예수 그리스도를 믿고 나서 생기는 고난은 하나님이 우리의 성격과 성품을 고치시고 겸손하게 만드시는 데 관계되는 것입니다. 자신을 한 번 돌이켜 보십시오. "나는 이만하면 괜찮은 신앙인이다"라고 말할 사람이 있습니까? 아직도 우리는 더 깨지고 부서져야 합니다.

신랑이 더디 온 것은 약속을 위반한 것이 아닙니다. 이것은 하나님의 실수가 아니라 하나님의 계획이요, 준비된 사람과 준비되지 않은 사람을 구분하는 하나님의 방법입니다. 신랑이 더디 오므로 무슨 현상이 생겼습니까? 슬기로운 자들과 미련한 자들이 다 졸았다고 되어 있습니다. 성경은 우리에게 깨어 있으라고 말합니다. 로마서 13장 11절에서 "또한 너희가 이 시기를 알거니와 자다가 깰 때가 벌써 되었으니"라고 했습니다. 그러나 인간은 그렇게 정신 똑바로 차리고 깨어 있을 만한 존재가 아닙니다. 깜박깜박 조는 것이 인간입니다.

하나님은 우리가 실수하고 조는 것을 이해하십니다. 그런데 계속 조는 사람은 곤란합니다. 예수님이 겟세마네 동산에서 땀이 피가 되도록 기도드리실 때 베드로도 잤습니다. 그런데 예수님은 베드로를 깨우지 않고 혼자 기도하셨습니다. 우리가 육신을 가지고 있기에 결심을 했다가도 풀어지고, 열심히 하려고 하다가도 졸고, 잘하려고 하다가도 실수할 수밖에 없는 것을 하나님은 잘 아십니다. 그런데 조는 것이 문제가 아니라 기름을 준비하지 않은 것이 문제입니다.

깨어 기름을 준비하라

밤중에 소리가 나되 보라 신랑이로다 맞으러 나오라 하매 이에 그 처녀들이 다 일어나 등을 준비할새 미련한 자들이 슬기 있는 자들에게 이르되 우리 등불이 꺼져가니 너희 기름을 좀 나눠 달라 하거늘 슬기 있는 자들이 대답하여 이르되 우리와 너희가 쓰기에 다 부족할까 하노니 차라리 파는 자들에게 가서 너희 쓸 것을 사라 하니 (마 25:6-9).

졸고 있을 그 때에 신랑이 온다는 소식이 들려왔습니다. 그런데 이 처녀들은 처음부터 기름이 없는 빈 등을 가져온 것이 아닙니다. 그들은 모두 기름을 준비했는데, 그것은 예수님이 언제쯤 오실 것이라는 자기들의 생각대로 준비한 것이었습니다. 하지만 예수님은 그들이 생각하고 기대했던 때에 오시지 않았습니다. 그런데 한 그룹은 여분의 기름을 준비했고, 다른 한 그룹은 교만하게 준비하지 않은 것입니다. 즉 자기의 생각이 옳다고 여기고 과신한 것입니다. 그러다 주님이 오시는 결정적인 순간에 기름이 떨어졌습니다. 성경을 보면 등불이 꺼져 갔다고 했습니다.

본문 말씀에서 우리는 아주 중요한 메시지를 발견하게 됩니다. 기름을 준비하지 않은 처녀들은 시작을 잘못한 것은 아니지만 자기 생각과 자기 방법을 과신한 데 문제가 있었습니다. 신앙이란 시작도 중요하지만 끝도 중요합니다. 젊었을 때 예수를 잘 믿는 것은 참 좋은 일입니다. 그러나 정말 귀한 것은 머리가 백발이 되어서도 예수를 잘 믿는 것입니다. 나이 들어서 예수를 더 잘 믿는 것을 하나님이 얼마나 기뻐하시는지 모릅니다. 젊은이들만 있는 교회가 아니라 어른들이 있는 교회, 노인들이 있는 교회가 되어야 합니다. 그래야 성숙한 교회입니다.

자기를 과신하고 또 자기의 판단을 과신해서 기름을 적당히 준비했던 사람들은 주님이 오신다는 소식에 당황하기 시작했고 기름을 준비한 사람들에게 통사정을 했습니다. 그러나 그들은 거절당하고 기름 파는 곳으로 급히 달려갔습니다.

> 그들이 사러 간 사이에 신랑이 오므로 준비하였던 자들은 함께 혼인 잔치에 들어가고 문은 닫힌지라 그 후에 남은 처녀들이 와서 이르되 주여 주여 우리에게 열어 주소서(마 25:10-11).

이 사람들은 신랑이 오신다는 소식을 들었으나 기름은 다 떨어졌고 누가 빌려 주지는 않으니 밤에 죽을힘을 다해서 허겁지겁 기름집을 찾아갔습니다. 깊이 잠든 주인을 깨워서 욕을 먹어가면서 급히 기름을 좀 얻었을 것입니다. 기름을 겨우 담아가지고 또 죽을힘을 다해서 뛰어왔습니다. 그런데 막 문이 닫힌 것입니다. 여기에 이 비유의 클라이맥스가 있습니다.

우리는 여기서 '허겁지겁 신자', '헐레벌떡 신자'를 보게 됩니다. 인생에 있어서 항상 한 박자 늦는 사람들이 있습니다. 이런 사람들은 세상에서는 그런대로 넘어갈 수 있어도 영적 세계에서는 안 통합니다. 문이 닫혔으니까 그들은 할 말이 많았을 것입니다. 안타까워하며 문을 두들겨 보지만 문은 열리지 않습니다. 이것이 영적 세계의 진리입니다.

> 대답하여 이르되 진실로 너희에게 이르노니 내가 너희를 알지 못하노라 하였느니라(마 25:12).

문 안에서는 우리를 모른다는 대답이 나옵니다. 오늘 우리는 이 말씀을 하나님의 음성으로 들어야 합니다. 기회가 주어질 때 준비해야 합니다. 결정적인 순간이 오면 문은 다시 열리지 않습니다. 주님이 재림하셨을 때 5분만 있다가 다시 오시라고 사정한다고 해서 주님이 잠깐 가셨다가 다시 오시지 않습니다. 주님이 오시면 그것으로 끝입니다. 죽음이 정확하게 칼같이 오듯이 주님은 그렇게 오십니다. 그러므로 주님은 말씀하십니다.

> 그런즉 깨어 있으라 너희는 그 날과 그 때를 알지 못하느니라(마 25:13).

이 말씀은 하나님이 우리 개개인에게 주시는 말씀입니다. 등불은 예수님을 믿는 순간에 우리 모두가 다 준비했습니다. 문제는 기름이 준비되어 있는가입니다. 우리 모두 성령 충만해서 이 마지막 시대에 증인의 삶을 살고 있습니까? 거룩하고 경건하고 절제된 깨끗한 생활을 하고 있습니까? 오늘 주님이 오시면 어떻게 하겠습니까? 우리는 온유하고 겸손해야 합니다. 지금은 우리 안에 분노와 미움과 시기를 가득 채울 때가 아닙니다. 용서하고 사랑해야 합니다. 우리의 믿음을 깊게 해서 영적으로 신앙의 내용을 채울 때가 되었습니다. 그러니 불필요한 것에 시간을 빼앗기지 말고 정열을 쓸 데 없는 곳에 쏟고 다니지 말아야 합니다. 우리에게는 시간이 제한되어 있고, 정열이 제한되어 있고, 건강에 제한이 있습니다. 지금은 기름을 준비할 때입니다. 하나님과 더 깊은 관계를 가져서 성숙한 믿음을 다져야 합니다.

21

받은 달란트로
남기는 인생을 살라

마태복음 25:14-18

본문 말씀은 25장에 나타난 천국 비유의 두 번째 말씀입니다. 먼저 14절을 보면, 천국은 "어떤 사람이 타국에 갈 때 그 종들을 불러 자기 소유를 맡김과 같으니"라고 합니다. 여기서 주인은 예수 그리스도를 의미합니다. 그리고 종들은 모든 교회와 주님의 재림을 기다리는 성도입니다. 또한 오랜 후에 종들의 주인이 다시 돌아와서 맡긴 것을 결산하는 날이 나타나는데, 주인이 다시 돌아오는 것은 주님의 재림으로 보는 것이 자연스럽습니다.

앞에서 설명한 첫 번째 비유와 이 두 번째 비유를 연결해서 보면 아주 재미있는 관계를 발견하게 됩니다. 첫 번째는 주님의 재림을 대망하는 성도들이 어떻게 기름을 준비하여 주님을 맞이할 것인가에 대한 비유입니다. 그리고 두 번째는 기다리는 성도들이 깨어 기다리는 동안 어떻게 살 것인가에 대한 비유입니다. 예수님은 오실 것이라고 기대했던 시간에 오시지 않고 기름이 다 떨어져 등불이 꺼져 가는 때에 오셨습니다. 그렇다면 성도들은 주님이 오실 때까지 무엇을 하며 살아야 할까요?

모든 소유는 하나님의 것

각각 그 재능대로 한 사람에게는 금 다섯 달란트를, 한 사람에게는 두 달란트를, 한 사람에게는 한 달란트를 주고 떠났더니(마 25:15).

우리는 이 말씀 속에서 굉장히 놀라운 몇 가지 사실들을 발견하게 됩니다. 주인이 타국에 갈 때 재산을 자기 종들에게 맡기고 떠났다는 것은 무슨 뜻입니까? 첫째, 모든 소유는 하나님의 것이라는 사실입니다. 대부분의 사람은 생명이 자기 것이라고 생각합니다. 자기 인생은 자기 것이라고 주장합니다. 시간, 건강, 재능, 재산과 지위와 명예, 그리고 자녀들을 많이 소유한 사람들은 알게 모르게 그것이 자기에게 속한 것이요 자기의 것이라고 생각합니다. 그러나 성경은 말합니다. "이것은 네 것이 아니라 주인의 것이었다." 모든 소유는 하나님의 것입니다. 주인은 자기의 소유를 종에게 맡겼던 것이지 종에게 준 것이 아닙니다.

우리는 고난을 겪을 때 비로소 이 사실을 알게 됩니다. 건강할 때는 건강이 자기 것이라고 생각합니다. 그러나 건강을 잃어버렸을 때 비로소 건강이 자기 것이 아니라는 것을 알게 됩니다. 돈이 있을 때는 그 돈이 자기 것이라고 생각합니다. 그러나 돈이 수중에서 다 빠져 나간 후에는 돈이 자기 것이 아님을 깨닫습니다. 자식이 제 자식인 줄 압니다. 그러나 자식이 방탕하고 죽고 떠날 때 자식도 자기 손아귀에 잡히지 않는다는 것을 알게 됩니다. 인생이 내 것이라고 생각했으나 암이라는 사형선고를 받고 죽음이 시시각각으로 다가올 때 생명도 내 것이 아니라는 것을 알게 됩니다. 생명의 주인은 내가 아니라 하나님이십니다. 주인이 부르시면 40대에도 죽을 수 있고 30대에도 죽을 수 있습니다. 병들어서만 죽는 것이 아니라 건강해서도 죽을 수 있습니다. 죽음 앞에 설 때 깨닫게 되는 엄연한 현실은 내 것이 아무것도 없다는 것입니다.

사도 베드로는 베드로전서 1장 24-25절에서 이렇게 말했습니다.

"모든 육체는 풀과 같고 그 모든 영광은 풀의 꽃과 같으니 풀은 마르고 꽃은 떨어지되 오직 주의 말씀은 세세토록 있도다."

인생은 한 포기의 풀이라고 했습니다. 우리에게 있는 성공, 부유함, 명예, 성취감은 풀의 꽃과 같다고 했습니다. 그것이 인생입니다.

근본적으로 우주 만물은 피조물인 유한한 인간의 것이 아닙니다. 그것을 창조하신 하나님의 것입니다. 피조물은 주인이 될 수 없습니다. 우리가 세상을 살면서 여러 가지 갈등과 좌절과 번민을 겪는 이유는 자기 것을 주장하기 때문입니다. "나는 피조물이다. 따라서 내 생명은 내 것이 아니라 창조주 하나님의 것이다"라는 것만 인정하면 이 문제는 다 해결됩니다. 하나님이 우리에게 건강, 젊음, 환경, 부모, 조국, 이 모든 것을 주셨습니다. 그러나 이 모든 것이 다 누구의 것입니까? 하나님의 것입니다. 하나님이 세상 만물을 만드셨으니 세상의 주인은 하나님이십니다. 우리가 이 사실을 인정하고 받아들일 때 우리에게 있는 고민의 90%는 해결됩니다.

생명의 주인이신 하나님이 우리의 생명을 가져가시면 우리 인생은 끝나게 되는 것입니다. 아무도 이것을 빼앗겼다고 주장할 권리가 없으며, 내 것을 주었다고 말할 자격도 없습니다. 우리가 죽음 앞에서 할 수 있는 일은 순종뿐입니다. "아멘" 하고 죽는 것입니다. 그 이상 할 일이 아무것도 없습니다. 그럼에도 불구하고 어떤 사람들은 죽음을 하나님의 탓으로 돌리고 자기의 실패를 이웃 탓으로 돌리며 원통해하고 분노합니다. 그런데 그것은 주인과 종, 창조자와 피조물의 관계를 잘 모르는 오만불손한 태도입니다. 아직도 분노하십니까? 아직도 원망하십니까? 아직도 불평하십니까? 우리가 얼마나 진노를 받으려고 그렇게 교만한 것입니까? 우리가 그렇게 불만을 갖고 원통해하고 시비할 자격이 있습니까? 우리에게 주어진 재산, 건강, 환경, 지능, 이 모든 것은 내 것이 아니고 하나님의 것입니다.

그러면 이 세상에서 살아가는 동안 우리가 갖게 되는 가족이나 소유나 집이나 우리의 지위나 명예는 무슨 의미가 있습니까? 그것은 주인이 나에게 맡겨 준 것에 불과하다는 것입니다. 여기에 인간의 소유개념의 본질적인 뜻이 있습니다. 위탁을 받았을 뿐이지 우리에게는 소유권이 없습니다. 위탁을 받은 사람은 그것을 감당해야 할 책임이 있습니다. 그것을 가리켜 사명이라고 말합니다.

하나님은 우리가 이 세상에 사는 동안에 자신의 소유를 우리에게 맡겨 주셨습니다. 내 집이 아닌데도 내 집처럼 마음껏 사용할 수 있다는 것이 얼마나 큰 감격이요 감사요 축복입니까? 이것이 소유의 진정한 뜻입니다.

공평하신 하나님

우리가 본문 말씀에서 둘째로 발견하는 것은 하나님이 공평하시다는 사실입니다. 주인은 자신의 소유를 종들에게 똑같이 나누어 주지 않았습니다. 하나님은 능력에 따라 어떤 사람에게는 다섯 달란트에 해당하는 돈을, 어떤 사람에게는 두 달란트의 돈을, 어떤 사람에게는 한 달란트의 돈을 맡기셨습니다. 이것이 하나님의 공평입니다. 그런데 많은 사람은 그것을 보고 매우 불공평한 일이라고 생각합니다. "왜 어떤 사람에게는 더 많이 주는가? 왜 어떤 사람은 잘살고 나는 못 사는가? 왜 저 사람은 키가 크고 나는 작은가? 왜 저 사람은 나면서부터 잘생겼고 나는 못생겼는가? 왜 저 사람은 가문이 좋고 나는 가난한 집에 태어났는가?"라고 의문을 품으며 하나님을 불공평한 존재로 생각합니다. 달란트를 서로 다르게 주는 것은 하나님의 마음입니다. 능력과 필요와 환경과 여건에 따라서 하나님이 그렇게 주시는 것입니다. 인간은 모든 것에 있어서 균등하기를 바랍니다. 너도 두 달란트, 나도 두 달란트를 받는 것이 정의라고 생각합니다. 그러나 성경을 보면 그것은 정의가 아닙니다.

우리는 이 지상에 살 때 서로 다르게 태어난 것에 대해 감사해야 합니다. 다르다는 사실이 얼마나 좋은지 모릅니다. 백인, 황인, 흑인, 키 큰 사람, 키 작은 사람 모두가 하나님의 작품이요 하나님의 섭리입니다. 하나님이 지역과 기후와 상황에 따라 인종을 다양하게 만들어 놓으셨습니다. 만약 하나님이 다 똑같이 만들어 놓으셔서 네가 나고 내가 너라면 얼마나 고민이 많겠습니까? 갈색 눈, 까만 눈, 파란 눈, 얼마나 아름답습니까? 이 전체를 통해 하나님은 미(美)를 만드셨고 균형과 조화를 만드셨습니다. 이것이 하나님의 놀라운 창조섭리입니다.

주인은 각각의 종에게 다섯 달란트와 두 달란트, 그리고 한 달란트를 주었습니다. 그러나 이러한 하나님의 아름다움과 균형과 조화를 시기심과 이기심과 미움으로 바꾼 것이 사탄의 역사였습니다. 마귀가 들어와서 비교하게 만들고 열등감을 갖게 만들고 우월감을 갖게 만듦으로써 하나님의 조화로운 아름다움을 추한 것과 질투심과 경쟁으로 바꾸어 버리고 만 것입니다. '얼굴이 밉다, 예쁘다', '키가 크다, 작다', '뚱뚱하다, 날씬하다', '똑똑하다, 멍청하다' 등의 소리를 더 이상 하지 않기를 바랍니다. 다양한 사람들이 다 섞여 있어야 합니다. 이것은 하나님의 조화이며 축복입니다.

키가 작으면 작은 대로, 키가 크면 큰 대로 하나님이 주신 것에 감사하십시오. 장미는 장미대로 좋고, 국화는 국화대로 좋고, 무궁화는 무궁화대로 좋은 것입니다. 모두가 장미꽃이라면 얼마나 지겹겠습니까? 저 깊은 산 속에 이름 모를 조그만 꽃을 생각해 보십시오. 아무도 보아 주지 않아도 혼자 자랑스럽게 태양을 향해 자신만만하게 피어 있습니다. 꼭 크다고 좋은 것이 아니고, 모든 사람에게 환영을 받는다고 좋은 것이 아닙니다. 하나님이 알아주실 수만 있다면 나는 어느 부속품이 되었다고 할지라도 감사하고 감격하고 충만하게 살 수가 있는 것입니다. 하나님이 만들어 놓으신 것을 이기적인 민족주의와 지역감정으로 타락시켜서는 안 됩니다. 하나님이 다양하게 만드신 것을 이야기하기 전에 우리가 정말 이야기해야 할 주제는 인간 속에 있는 죄입니다. 오히려 더러운 죄에 대해 우리는 깊이 통찰해야 할 것입니다.

사람마다 다르게 달란트를 주신 것은 하나님의 불공평이 아니라 인간의 불공평한 생각일 뿐입니다. 하나님은 사람의 능력대로 가장 공정하고 합리적으로 분배하여 하나님의 뜻대로 생육하고 번성하며 살도록 만들어 주셨습니다. 이런 의미에서 모든 소유는 하나님의 것입니다. 그리고 하나님이 우리의 필요와 능력과 상황에 따라 주신 것을 감사하십시오. 더 받은 사람과 비교해서 열등감을 가지고, 못 받은 사람과 비교해서 우월감에 빠지는 것은 하나님의 뜻을 위배하는 일입니다. 우리는 하나님이 주신 대로 감사하며 살아야 합니다.

기독교인의 직업관

본문 말씀을 통해 셋째로 발견하는 것은, 하나님의 소유인 달란트를 위탁받은 인간이 가져야 할 사명과 역할입니다.

> 다섯 달란트 받은 자는 바로 가서 그것으로 장사하여 또 다섯 달란트를 남기고 두 달란트 받은 자도 그같이 하여 또 두 달란트를 남겼으되(마 25:16-17).

달란트를 받은 사람에게 중요한 것은 달란트의 많고 적음이 아니라 하나님이 주신 만큼 충성스럽게 최선을 다해 그것을 감당하는 일입니다. 고린도전서 4장 2절은 "맡은 자들에게 구할 것은 충성이니라"고 했습니다. 요한계시록 2장 10절에서는 "네가 죽도록 충성하라 그리하면 내가 생명의 관을 네게 주리라"고 말씀하셨습니다. 하나님은 사람의 환경과 능력과 처지에 따라 맡기시는 것이 다릅니다. 그래서 사명도 다릅니다. 일선에 선교사로 갈 사람이 있고, 뒤에서 기도하고 후원할 사람이 있습니다. 하나님은 능력과 은사대로 일을 맡겨 주십니다.

이때 맡은 사람이 해야 할 일은 끝까지 충성하고 헌신하는 것입니다. 기쁨과 감격과 감사한 마음으로 내게 일을 맡겨 주신 하나님을 찬양하며, 그 일을 통해 하나님에게 영광을 돌리는 것이 기독교인의 노동관이요 직업관입니다. 그리고 이것이 기독교인의 사명관입니다. 이 세상에서 제일 불쌍한 사람은 돈 때문에 월급 받고 일하는 사람입니다. 만약 우리가 돈 때문에 일한다면 우리의 인생은 비참해질 것입니다. 내가 하나님의 뜻대로, 받은 은사대로 사명을 가지고 일했는데 돈이 들어왔다고 생각해야 합니다. 이런 의미에서 그리스도인은 월급만큼 일하면 안 됩니다. 그러면 월급의 종이 됩니다. 돈과 상관없이 일해야 합니다. 직장에서 월급 받는 것 이상으로 일해야 합니다. 돈을 안 주는데도 내가 좋아서 일하고 봉사하고, 충성하는 것입니다.

돈에 대한 이중적인 태도

다섯 달란트를 받은 자는 어떻게 했습니까? 여기서 '바로 가서'라는 말을 주의해서 보십시오. 그는 달란트를 받자마자 즉시 행동에 옮겼습니다. 이것은 지체하지 않는 순종을 의미합니다. 또한 그는 그것을 가지고 장사했습니다. 성경을 보면 장사하는 것이 참 좋다는 것을 알게 됩니다. 요즘 우리나라는 돈 버는 사람을 다 악당 취급합니다. 그러나 정직하게 일해서 이익을 남기는 것은 좋은 일이며 성경적입니다. 맡겨진 달란트는 돈만이 아닙니다. 그것은 하나님이 우리에게 맡겨 주신 지능이나 건강, 은사 등 여러 가지일 수 있습니다. 저는 우리가 받은 은사가 돈 버는 데만 쓰이지 않기를 바랍니다. 우리가 받은 은사가 가난한 사람을 위한 선교 사역에 값없이 쓰일 수 있기를 바랍니다. 진정한 그리스도인은 자신이 받은 은사를 하나님의 영광을 위해 값없이 사용하는 사람입니다.

본문 말씀에서 좋은 돈을 투자하여 장사했습니다. 하나님은 우리에게 맡겨 주신 모든 자원을 이용하여 생육하고 번성하여 땅에 충만하고 땅을 정복하라고 하십니다. 이익을 남기기를 원하십니다. 돈이 있어야 일합니다. 그러나 돈이 우상이 되어서는 안 됩니다. 돈은 하나님이 아닙니다. 우리는 정상적으로 건강하게 돈을 벌어서 그 돈을 잘 사용하고 하나님에게 영광을 돌려야 할 책임이 있습니다. 다섯 달란트를 받은 사람은 즉시 장사를 해서 다섯 달란트의 이익을 남겼습니다. 이것이 하나님의 뜻입니다. 주인은 이 사람을 가리켜 착하고 충성된 종이라고 말했습니다.

우리는 돈에 대한 잘못된 태도를 바꾸어야 합니다. 노동관에 대해 잘못된 태도가 있는가 하면, 돈에 대한 이원론적인 사고가 있습니다. 많은 사람이 돈을 더러운 것으로 생각합니다. 그래서 어떤 사람은 돈을 벌면서 "내가 돈을 벌려고 하는 것이 아니라 그냥 먹고 살려고 하는 것이다"라고 말합니다. 그렇게 뻔뻔스럽게 거짓말을 잘합니다. 그래서 우리는 돈을 줄 때 떳떳하게 못 주고 무슨 잘못된 일을 하는 것처럼 밑으로 줍니다. 이것은 돈에 대한 이중적 태도 때문에 그렇습니다. 돈을 정직하게 벌고, 정직하게 쓰고, 귀하게 생각해야 합니다. 그것이 오히려 솔직하고 깨끗한 것입니다.

돈에 대한 세 가지 어려움이 있습니다. 돈은 벌기 어렵고, 모으기가 어렵고, 가장 어려운 것은 돈을 잘 쓰는 것입니다. 돈을 잘 쓰는 사람은 보기 드뭅니다. 안 써도 되는 곳에는 열심히 쓰고, 꼭 써야 하는 곳에는 잘 못 씁니다. 돈이 필요한 곳에 아낌없이 쓰십시오.

여기서 또 하나 발견하는 사실이 있습니다. 다섯 달란트를 받은 사람과 두 달란트를 받은 사람이 있는데, 다섯 달란트 받은 사람이 두 달란트 받은 사람에게 으스대지 않았다는 것입니다. 다섯 달란트 받은 사람은 우월감이 없었습니다. 동시에 두 달란트 받은 사람도 그를 시기하지 않고 자신이 받은 것에 감사했습니다. 그리고 받은 것만큼 능력대로 일했습니다. 하나님은 우리의 능력 밖의 일을 원하시지 않습니다. 돈이 없는데 헌금 많이 하라고 하시지 않습니다. 과부의 엽전 헌금을 귀하게 여기신 하나님이십니다.

하나님은 능력이 없는데 지나친 것을 요구하시지 않습니다. 우리가 가진 것으로 최선을 다하라는 것입니다. 없으면 없는 대로, 부족하면 부족한 대로, 무능하면 무능한 대로 하는 것입니다. 하나님은 무능한 것을 야단치지 않으십니다.

그러므로 우리는 무능을 탓하지 말고 충성스럽지 못한 것을 회개해야 합니다. 하나님은 유능하고 똑똑하고 잘난 사람을 원하시는 것이 아닙니다. 남의 것을 부러워하지 말고 있는 그대로 감사하고, 자기가 많이 받았다고 남을 무시하지 말아야 합니다. 많이 받았으면 많이 받은 대로, 적게 받았으면 적게 받은 대로 내 능력껏 최선을 다해 하나님에게 영광을 돌릴 때 하나님은 영광을 받으십니다.

생명이 있는 곳에 성장이 있다

한 달란트 받은 자는 가서 땅을 파고 그 주인의 돈을 감추어 두었더니(마 25:18).

한 달란트를 받은 사람은 심리적으로 열등감을 느꼈을지 모릅니다. 다른 사람은 다섯 달란트와 두 달란트를 받는데 자신은 한 달란트를 받았기 때문입니다. 어떤 사람은 멋있고 그럴 듯한 일은 잘하는데, 시시한 일을 맡기면 나를 무시하는 거냐면서 하지 않으려고 합니다. 이런 사람은 하나님이 아주 싫어하십니다. 우리가 잘났으면 얼마나 잘났고, 능력 있으면 또 얼마나 능력이 있습니까? 하나님이 맡기셨으면 큰 일이든 작은 일이든 충성할 줄 알아야 합니다. 이때 하나님도 기뻐하십니다. 내 자존심과 명예에 맞고, 이름에 맞고, 과거의 경력에 맞는 일만 찾아서는 안 됩니다. 하나님이 내가 필요하셔서 나를 쓰시겠다고 하면 "아멘" 해야 합니다. 이것이 겸손입니다.

한 달란트를 받은 사람은 아마 자존심 상하고 기분이 나빴을지 모릅니다. 하나님이 나를 평가절하하신다고 생각했을지도 모릅니다. 그래서 이 사람은 돈을 땅에 묻어서 감춰 버렸습니다. 받은 돈으로 장사하는 대신 땅에 묻어 두었던 것입니다. 당시 땅에 돈을 묻는 것은 저축의 한 수단이었습니다. 그는 하나님의 소유를 활용하고 재창조의 수단으로 삼지 않고 단순히 유지하며 보존했습니다. 그 사람을 가리켜 성경은 악하고 게으른 종이라고 했습니다. 이렇듯 현상 유지는 죄입니다. 성경적 원리는 활용하고 창조하고 열매를 맺고 번식하고 성장하는 것입니다.

생명이 있는 곳에는 성장이 있습니다. 성장이 없으면 죽은 것이나 다름없습니다. 자녀가 자라야 할 나이에 자라지 않으면 부모의 마음이 얼마나 아픈지 모릅니다. 생명이 있는 한 몸도 자라고 마음도 자라는 것입니다. 예수님의 생명이 있는 사람이 어찌 현상유지만 할 수 있겠습니까? 10년 전과 10년 후가 다를 바 없다면 문제가 있는 것입니다. 생명은 자라고 번성하며 열매 맺게 하는 것입니다. 그리고 움직이는 것이며 이익을 남기는 것입니다. 다섯 달란트가 또 다섯 달란트를 만드는 것입니다. 그것이 성경의 법칙이요 생명의 법칙입니다. 하나님은 살아 역사하시는 하나님이십니다. 그래서 역사를 창조하시는 하나님이십니다.

하나님은 죽은 자를 살리시며 없는 것을 있는 것으로 부르시는 이시니라(롬 4:17).

믿음이란 바라는 것들의 실상이요 보지 못하는 것들의 증거입니다. 믿음은 없는 것을 있게 하고 안 되는 것을 되게 하는 것입니다. 찾고 두드리고 구하면 신앙의 생명력이 움직입니다.

하나님에 대한 오해

한 달란트를 받은 사람은 왜 돈을 땅에 묻었을까요? 하나님을 잘 못 이해하고 있는 그의 편견 때문입니다.

한 달란트 받았던 자는 와서 이르되 주인이여 당신은 굳은 사람이 라 심지 않은 데서 거두고 헤치지 않은 데서 모으는 줄을 내가 알았 으므로(마 25:24).

이 사람은 하나님의 속성을 오해했습니다. 많은 사람이 하나님 을 잘못 알고 있습니다. 하나님은 사랑의 하나님이신데, 복수하는 하나님으로 알고 있는 사람들이 있습니다. 이 사람은 하나님을 잘 못 이해했습니다. 그러므로 그는 하나님이 원하시지 않는 행동을 했습니다. 우리의 생명, 시간, 재산, 능력, 이 모든 것은 내 것이 아 니라 하나님의 것임을 인정하십시오. 내 능력만큼 하나님이 나에 게 맡겨 주신 것입니다.

하나님이 나에게 맡기신 것을 가지고 땅에 묻어 두면 안 됩니다. 맡겨 주신 것을 활용하라고 말씀하셨습니다. 어떤 사람이 집을 빌 려 주어서 나더러 살게 하면 주인의 뜻대로 그 집에서 잘 살아야 합니다. 미안하니까 집 밖에서 오들오들 떨고 있어서는 안 됩니다. 은사를 받았으면 그것을 활용할 뿐만 아니라 즐겨야 합니다. 살아 있는 동안에 그것을 가지고 이득을 보십시오. "생육하고 번성하고 땅에 충만하라"는 것이 하나님의 뜻입니다.

나에게 맡겨 주신 일이 큰지 작은지, 위대한지 보잘것없는지 따지지 마십시오. 예수님은 작은 일에 충성하라고 말씀하셨습니다. 자신이 위대하다고 착각하지 마십시오. 예수님이 일을 맡기셔도 감사하고, 안 맡기셔도 감사해야 합니다. 하나님은 내가 얼마나 많은 것으로 잘했느냐를 말씀하시기보다는 얼마나 충성스럽게 살아왔느냐에 관심이 있으십니다. 하나님의 세계에는 시시한 것이 없습니다. 모든 것이 의미가 있고 중요합니다. 우리가 할 수 있는 것은 죽도록 충성하는 것입니다. 그리고 그것을 기뻐하고 감사하며 감격하는 것입니다. 그래서 하나님이 주시는 축복을 누리고 하나님에게 영광을 돌리며 모든 사람에게 기쁨을 나누어 주는 것입니다.

22

악하고 게으른
종이 되지 마라

마태복음 25:18-30

달란트 비유는 천국의 혼인 잔치와 깊은 관계가 있습니다. 달란트 비유에 앞서 예수님은 지혜로운 다섯 처녀와 미련한 다섯 처녀에 대한 이야기를 해 주셨습니다. 다섯 사람은 등을 가지고 있었는데 기름도 준비했고, 다섯 사람은 등은 가지고 있었지만 기름을 준비하지 않았습니다. 그래서 다섯 사람은 천국의 혼인 잔치에 들어갈 수 있었습니다. 그러나 다섯 사람은 등을 준비해 신랑을 기다렸지만 유감스럽게도 문이 닫혀 혼인 잔치에 들어가지 못하고 쫓겨났습니다. 여기서 혼인 잔치는 무엇을 의미합니까? 경건하고 거룩하게 준비하며 기다리는 성도들을 위해 하나님이 예수 그리스도를 공중에 재림시켜서 성도들과 만나게 하는 것을 의미합니다.

재림에는 두 가지가 있습니다. 주님은 땅에 재림하시는 것이 아니라 공중에 재림하실 것입니다. 성도들은 성령에 이끌려서 주님과 만나게 될 것입니다. 이 첫 번째 재림은 준비된 성도들을 위한 재림입니다. 이것은 축제이자 축복입니다. 공중에서 7년 동안 혼인 잔치를 베풀게 될 것입니다. 그러나 성령으로 공중에 이끌림을 받지 못한 사람들은 이 지상에 남게 됩니다. 그들은 하나님이 없는 세상 사람과 같이 무서운 대환난을 겪게 될 것입니다. 그리고 나서 예수님이 대심판주로 오셔서 세상이 끝나게 되는 완전한 재림이 있게 될 것입니다.

첫 번째 재림을 성도들을 위한 재림이라 한다면, 두 번째 재림은 심판을 위한 재림이 될 것입니다. 우리는 지금까지 공부하면서 "내쫓으라 거기서 슬피 울며 이를 갈리라"는 말씀을 많이 들었습니다. 이것은 성도들이라 할지라도 주님과 함께 혼인 잔치에 들어가는 이들이 있는가 하면, 교회도 나왔고 예수도 믿는다고 했지만 실제로 혼인 잔치에 참여하지 못하고 예수 믿지 않는 불신자들과 함께 세상에 남아서 대환난을 겪게 되는 이들도 있다는 것을 의미합니다.

교회 안의 알곡과 쭉정이

예수님은 마태복음 7장 21절에서 이렇게 말씀하셨습니다.

"나더러 주여 주여 하는 자마다 다 천국에 들어갈 것이 아니요 다만 하늘에 계신 내 아버지의 뜻대로 행하는 자라야 들어가리라."

이 말씀 자체를 놓고 보면 굉장히 갈등을 느끼게 됩니다. '정말 내가 천국에 들어갈 수 있을까?' 하는 생각을 하게 됩니다. 그러나 이 말씀을 혼인 잔치 비유와 연결해서 보면 아주 분명해집니다.

입으로 "주여, 주여" 하는 자가 다 천국 가는 것이 아닙니다. 우리가 교회에 와서 주님의 이름을 부르고 찬양한다고 해서 다 그리스도인이 아니라는 것입니다. 이름만 형식적인 그리스도인이 많다는 것입니다. 우리는 교회에 등록할 수 있습니다. 세례받을 수 있습니다. 또 성만찬을 할 수 있습니다. 그러나 우리의 중심에 예수님이 계시지 않을 수 있습니다. 우리가 기독교적인 모든 행위를 다 할 수 있습니다. 그러나 우리의 마음속에 하나님이 안 계실 수도 있다는 것입니다.

신앙이 필요하면 목에 달고 필요 없으면 던져 버리는 하나의 목걸이처럼 여기는 사람들이 있습니다. 이들은 신앙을 하나의 사치품이나 자랑거리로 여기는 사람들입니다. 예수 믿는 유행에 한 번 들어가고 싶어서 귀걸이 달듯이 신앙생활하는 사람들입니다. 단순히 미래가 불안해서, 예수 안 믿는 것보다는 믿는 것이 더 낫기 때문에 믿는 사람도 있습니다. 그러나 이들은 다 쭉정이입니다.

살아 계신 예수 그리스도가 내 안에 계시느냐 안 계시느냐가 중요합니다. 얼마나 교회를 다녔고 어떤 직책을 가졌느냐보다 더 중요한 것은 우리의 마음속에 지금 예수님이 계시느냐 하는 것입니다. 이것을 가리켜 마태복음에서는 알곡과 같은 사람이 있고 쭉정이와 같은 사람이 있다고 했습니다. 그리고 쭉정이는 베어 버린다고 했습니다. 그들의 운명은 아궁이의 불 속에 들어가는 것입니다. 그러나 알곡은 모아 하나님의 곳간에 들인다고 말씀하셨습니다.

그렇다면 이 말씀은 입술로 "주여, 주여!" 하는 사람들이 하나님의 자녀일 수도 있고 아닐 수도 있다는 것입니다. 그것은 자신만이 압니다. 자기가 어떤 사람인지는 자신이 제일 잘 압니다. '정말 내 안에 예수 그리스도가 계신가? 아니면 나는 그냥 예수를 믿으려고 노력하는 사람인가?' 이것은 서로 다른 이야기입니다.

마태복음 7장 22-23절에 이런 말씀을 나옵니다.

"그 날에 많은 사람이 나더러 이르되 주여 주여 우리가 주의 이름으로 선지자 노릇 하며 주의 이름으로 귀신을 쫓아내며 주의 이름으로 많은 권능을 행하지 아니하였나이까 하리니 그 때에 내가 그들에게 밝히 말하되 내가 너희를 도무지 알지 못하니 불법을 행하는 자들아 내게서 떠나가라."

제일 위기의 사람은 목사입니다. 사도 바울은 "다른 사람에게 복음을 전하고서 나는 하나님에게 버림을 받을까 두렵다"고 말했습니다. 특별히 복음을 앞장서서 전하는 사람들이 입술로는 예수 이야기를 많이 할 수 있으나 자기의 삶이 거룩하지 않을 수도 있습니다. 하나님을 속일 수도 있습니다. 얼마나 많은 성직자가 위기에 처해 있는지 모릅니다. 주의 이름으로 선지자 노릇도 했고 귀신도 쫓아낸 능력 있는 사람입니다. 사람들에게 복음을 주어 거듭나게 했습니다. 그러나 예수님은 그에게 "나는 너를 모른다"고 하십니다. 사람의 눈을 속일 수는 있지만 하나님을 속일 수는 없습니다. 우리가 얼마나 인격적으로 훌륭하고 도덕적으로 완전한지는 중요하지 않습니다. 내 안에 그리스도가 계시는가, 내 안에 하나님이 계시는가가 정말 중요합니다.

무엇을 받았든지 감사하라

달란트 비유의 핵심은 다섯 달란트 받은 사람과 두 달란트 받은 사람이 아닙니다. 예수님의 강조점은 한 달란트 받은 사람에게 있습니다. 한 달란트 받은 사람, 즉 명색이 그리스도인이라고 하지만 쭉정이와 같이 예수님으로부터 쫓김을 당하고 슬피 우는 사람은 어떤 사람이겠습니까?

> 한 달란트 받은 자는 가서 땅을 파고 그 주인의 돈을 감추어 두었더니(마 25:18).

첫째, 하나님이 주신 것에 대해 감사하지 않고 원망하고 불평했던 사람입니다. 하나님은 어떤 사람에게 여러 가지 풍성한 재주를 주실 수 있습니다. 아이큐가 굉장히 높은 사람이 있는 반면, 어떤 사람은 세상을 간신히 살아갈 만한 아이큐가 있습니다. 그러나 아이큐가 150이든 80이든 이것은 하나님에게 그리 중요하지 않습니다. 사람들은 구분하지만 하나님은 구분하시지 않습니다. 어떤 사람은 세상을 살아갈 때 아주 부유하게 사업을 성공적으로 잘해 나갑니다. 그러나 아주 가난하게 빈민굴에서 살아가는 사람도 있습니다. 멋있게 잘 생긴 사람이 있지만 어떤 사람은 태어날 때부터 흉하게 태어납니다.

그러나 하나님 보시기에는 그것이 중요하지 않다는 것입니다.

그런데 사람들은 그것을 굉장히 중요하게 생각합니다. 아주 키가 크고 잘생긴 사람, 좋은 환경에서 태어난 사람을 가리켜 굉장히 복 받았다고 말합니다. 하지만 성경은 그렇게 말하지 않습니다. 무엇을 받았든지 간에, 어떤 환경에서 태어났든지 간에, 어떤 은사를 선물로 받았든지 간에 그것에 감사하고 기뻐하고 하나님에게 영광을 돌릴 수 있느냐 없느냐의 구분이 있을 뿐입니다.

한 달란트 받은 사람은 하나님이 자기에게 주신 것에 대해 감사가 없었던 사람입니다. 한 달란트를 받자마자 땅에다 집어넣었습니다. 이것은 하나님에게 섭섭한 마음을 표현한 것입니다. 어떤 사람을 보면 무슨 일에든지 감사하고 감격합니다. 그런데 무슨 일을 만나든지 신경질을 내고 짜증을 내고 원망하고 불평하는 사람이 있습니다. 과연 우리는 어떤 종류의 사람입니까?

문둥병 환자들이 함께 모여 사는 소록도에 다녀온 사람들을 만나 보았는데, 그들이 이구동성으로 하는 간증이 있습니다. 코가 문드러지고 눈썹이 없고 눈이 다 찌그러지고 손발이 다 떨어져 형편없이 된 사람들, 그래서 결국 삶이 가난할 수밖에 없는 사람들, 많은 사람으로부터 소외를 받아 한 섬으로 가서 공동생활을 할 수밖에 없는 비참한 운명에 처해 있는 사람들이 예수를 믿고 거듭나서 찬송을 부르고 기도하고 세계 선교를 위해 헌금하는 모습을 보고는 충격을 받고 돌아왔다는 것입니다. 소록도에 간 사람들은 그들을 위로하고 도와주기 위해 갔습니다. 그러나 악수하자고 주먹 같은 손을 내밀고, 찌그러진 손으로 '형제여' 하고 포옹하고, 찬송을 부르고 기도하고, 몇 년 동안 모은 꼬깃꼬깃한 지폐 몇 장으로 선교 헌금하면서 눈물로 격려하는 모습을 볼 때, 그들은 더 이상 말하지 못하고 부끄러워하며 돌아왔습니다.

그들은 한결같이 말합니다. "나는 몸도 건강하고 직업도 좋고 생활도 좋은데 내 안에는 그 사람들과 같은 기쁨이 없습니다. 그러나 그곳 사람들은 기뻐할 조건이 하나도 없는 환경 속에서 눈물을 흘리며 찬송하면서, 나라와 세계의 복음화를 위해 기도했습니다."

그렇습니다. 참된 평안과 기쁨은 무엇을 많이 성취하고 소유해서 얻어지는 것이 아닙니다. 내 안에 계신 하나님이 베풀어 주신 구원의 샘물을 날마다 먹고 마실 때 내 안에 기쁨과 감격과 축복이 넘치는 것입니다.

천국은 작은 자의 것

본문 말씀을 보십시오. 한 달란트 받은 사람은 그것을 땅에 묻었습니다. 이 사람이 만약 다섯 달란트를 받았다면 땅에 묻지는 않았을 것입니다. 그러나 그는 한 달란트를 받고 보니 자존심이 상했습니다. '하나님이 나를 이만큼밖에 인정하시지 않나?'라는 생각이 들어 무시를 당한 것 같고 창피하게 느껴졌습니다. 자칭 똑똑하다는 사람들은 평생 불행하게 삽니다. 특별히 학벌이 좋은 사람들은 아주 골치 아플 때가 많습니다. 모든 조직에서 최고가 되어야 합니다. 그러나 세상이 그를 알아주지 않습니다. 그래서 그는 항상 나는 대접을 덜 받고 있다고 생각합니다. 이것은 불행을 스스로 만드는 것입니다. 나는 다섯 달란트를 받을 만한 사람인데 왜 나에게 한 달란트밖에 안 주느냐는 것입니다.

그러나 이 사람은 천국을 이해하지 못했고, 성경을 이해하지 못했습니다. 작은 자에게 냉수 한 그릇을 주는 것이 천국입니다. 천국은 작은 자의 것입니다. 세상 사람한테 관심과 인기가 없고 지극히 작은 것에 천국은 관심이 있다는 것입니다. 그래서 성경은 늘 말합니다. "작은 자에게 물 한 그릇 준 것을 결단코 잊지 않을 것이다. 천국에서 반드시 그것을 기억할 것이다."

하나님은 세상에서 인기가 있고, 화려하고 큰 일을 하는 것을 대수롭지 않게 여기십니다. 두세 사람이 예수님의 이름으로 모인 곳에 예수님은 역사하십니다. 만약 이렇게 큰 교회에 많은 사람이 있을지라도 거기에 두세 사람이 합심해서 기도하는 것과 같은 사랑과 겸손과 온유가 없다면 하나님은 관심이 없으십니다. 하나님이 능력이 없어서 우리의 능력을 요구하시는 것이 아닙니다. 하나님이 돈이 없어서 우리의 헌금을 원하시는 것이 아닙니다. 하나님이 사람이 없어서 나를 필요로 하시는 것이 아닙니다. 하나님은 우리의 중심을 원하시는 것이지 우리의 외모를 원하시는 것이 아닙니다.

천국은 위대한 일보다는 보잘것없는 일에 관심을 가진 자들이 모인 곳입니다. 천국은 잊혀지고 버려진 사람들에 대해서 관심을 갖는 곳입니다. 남편을 다섯이나 두었던 세상에서 버려진 여인을 기억하는 곳이 천국입니다. 천국은 간음하다 현장에서 붙잡혀 죽게 된 한 불쌍한 여자에 대해 깊은 관심이 있습니다. 그리고 키가 작아서 열등감으로 가득 찬 삭개오나 거지였던 소경 바디매오, 세상에서 버림받았던 세리 마태에게 관심을 가집니다. 문둥병 걸린 사람이나 앉은뱅이나 소경이나 불치병으로 고생하면서 모든 것을 다 잃어버린 사람들, 손 마른 자나 혈루병 걸린 여인에게 관심을 갖는 곳이 천국입니다. 세상에서 불쌍한 사람 중에 제일 불쌍한 사람은 귀신들린 사람입니다. 귀신이 나를 사로잡으면 나는 인격이 파괴됩니다. 내가 없고 내 안에 귀신만이 활동합니다. 내 생각과 내 인격이 없습니다. 예수님은 그런 사람에게 관심을 가지셨고 천국은 그런 사람에게 관심이 있습니다.

심판주로 다시 오시는 예수

둘째, 한 달란트 받은 사람은 주인이 결산하러 다시 온다는 사실에 대해 깊이 생각하지 못했습니다. 그는 받은 달란트를 땅에 묻었습니다. 땅에 묻었다는 것은 내 기억에서 사라졌다는 뜻입니다. 죽은 사람은 땅에 묻습니다. 사람들은 과거를 땅에 묻어 버리려고 합니다. 그는 하나님이 맡겨 주신 한 달란트를 과거의 역사 속으로 내팽개쳐 버린 것입니다. 그는 주인이 다시 와서 계산할 것을 미처 생각하지 못했습니다. 설마 주인이 다시 돌아와서 계산한다 할지라도 그것을 적당히 변명하고 얼버무리면 용서하실 것이라고 생각했습니다. '한 달란트는 나에게도 시시한데 하나님에게는 얼마나 시시할 것인가'라고 적당히 생각한 것입니다.

하나님은 우리 각자에게 너무나 귀중한 달란트를 주셨습니다. 그런데 어떤 사람은 자기가 소중하다고 생각하는 것은 열심히 갈고 닦고 보존하지만, 시시하다고 생각하는 것은 다 땅에 묻어 버립니다. 그러나 언젠가 하나님은 이것을 결산하기를 원하십니다.

그런데 그가 한 달란트를 땅에 묻은 결정적인 실수의 이유는 여기에 있습니다.

한 달란트 받았던 자는 와서 이르되 주인이여 당신은 굳은 사람이라 심지 않은 데서 거두고 헤치지 않은 데서 모으는 줄을 내가 알았으므로(마 25:24).

그는 하나님에 대해 오해와 편견이 있었습니다. 다시 말하면 신관이 잘못된 것입니다.

이제 우리는 비유의 결론으로 오게 됩니다.

오랜 후에 그 종들의 주인이 돌아와 그들과 결산할새(마 25:19).

24장과 25장에 계속된 주제는 마지막 때에 관한 것입니다. 주인이 언젠가 반드시 돌아온다는 것입니다. 예수 그리스도는 반드시 오십니다. 주님이 이 세상에 처음 오실 때는 구원의 주님으로 오셨으나 마지막 때에는 심판의 주님으로 오십니다.

세월이 흐르면 사람들은 모두 망각합니다. 우리는 그렇게 흥분했던 사건도 일 년이 지나면 다 잊어버립니다. 그러나 하나님은 건망증이 없으시다는 것을 꼭 기억하십시오. 회개하지 않는 죄는 반드시 결산하실 것입니다. 죽는 것은 사람에게 정한 것이요 그 후에는 반드시 심판이 있습니다. 하나님의 시간은 정확합니다. 하나님은 일찍 오시는 법도 없고 늦게 오시는 법도 없으십니다. 정확하게 자기 때에 행하십니다. 때가 차매 그리스도가 오셨듯이 때가 차매 주님은 다시 오셔서 맡겨 놓으셨던 우리 생애를 결산하실 것입니다.

준비하는 삶을 살았던 사람은 "주인이여, 보시옵소서. 다섯 달란트를 맡기지 않으셨습니까? 열심히 일해서 다섯 달란트를 더 가지고 왔습니다"라고 말하게 될 것입니다. 준비하며 사는 사람은 주님 오시기를 너무나 사모하며 기다리고 있을 것입니다. "마라나타! 주여! 어서 오시옵소서." 그러나 준비되지 않은 사람은 주님이 오신다는 말만 들어도 겁이 날 것입니다. 엄청나게 다른 두 세계가 있습니다.

착하고 충성된 종이 받는 보상

이제 착하고 충성된 종과 악하고 게으른 종에 대한 보상이 있습니다. 착하고 충성된 자에게는 축복의 보상이 있고, 악하고 게으른 자에게는 징벌의 보상이 있습니다.

> 그 주인이 이르되 잘하였도다 착하고 충성된 종아 네가 적은 일에
> 충성하였으매 내가 많은 것을 네게 맡기리니 네 주인의 즐거움에
> 참여할지어다 하고(마 25:21).

다섯 달란트를 받았던 사람은 주인이 주신 다섯 달란트와 자기가 애써 모은 다섯 달란트를 합해서 가져왔습니다. 세상적으로 말하면 이익이 남은 것은 내 것이라고 생각합니다. 그런데 다섯 달란트 받은 사람은 주인이 준 돈과 자기가 번 돈을 모두 주인에게 드렸습니다.

달란트를 다 드렸을 때 주인은 어떻게 합니까? "잘했다. 이것은 다 내 것이다"라고 하겠습니까? 아닙니다. 그 열 달란트를 다시 돌려주고, 더 줄 것입니다. 이것이 그리스도인의 삶입니다. 내 시간과 내 마음과 내게 주신 모든 은사를 가지고 비록 작은 일이라 할

지라도 충성스럽게 하나님에게 나아가는 자에게는 하나님이 차고 넘치게 흔들어 풍성하게 베풀어 주십니다. 이것이 하나님의 법칙입니다.

주인이 하는 말이 있습니다. "잘하였도다 착하고 충성된 종아, 네가 작은 일에 충성하였으니 더 큰 일을 네게 맡기리라." 하나님의 큰 일이란 무엇입니까? 천국에는 절대 큰 일이 뚝 떨어지지 않습니다. 작은 일이라는 안경을 통해서 볼 때 큰 일이 보입니다. 그런데 욕심 많은 인간은 위대하고 큰 것만 생각합니다. 작은 일에 충성하지 않습니다. 소자에게 충성하지 않습니다. 모든 것을 자기 인기와 성공의 도구로 삼습니다. 그럴 때 우리는 하나님의 도구가 아니라 자신의 성공을 위한 도구에 불과하게 됩니다. 사람들을 이용하고 조직을 이용하고 모든 것을 다 동원해서 자기 성공의 노예로 삼습니다.

이들이 첫 번째로 받은 축복은 칭찬하시며 큰 일을 맡겨 주겠다고 하신 것입니다. 이런 사람에게만 하나님이 큰 일을 맡겨 주십니다. 신학교를 갓 나온 사람이 졸업하자마자 위대한 빌리 그레이엄과 같이 될 것을 꿈꾼다면 얼마나 우습겠습니까? 대형 교회를 하기 위해서 그가 큰 대지를 사고, 큰 교회를 짓는다면 얼마나 우스운 일이겠습니까? 사업에 경험 없는 사람이 사업을 막 시작해 놓고 일 년 후에 재벌이 될 꿈을 꾼다면 얼마나 웃기는 일이겠습니까? 이제 갓 의과대학을 졸업한 인턴이 노련한 의사처럼 행세한다면 얼마나 우스운 일이겠습니까? 우리가 언제나 작은 일에 충성하고 겸손해야 할 이유가 여기에 있습니다.

두 번째 축복으로서, 주님의 즐거움에 참예할 기회가 그에게 주어집니다. 영적 축복과 육적 축복이 다 있습니다. 하늘의 기쁨, 천국을 주시겠다는 것입니다. 얼마나 놀랍습니까? 그래서 예수님을 겸손하게 잘 믿는 사람에게는 가슴이 터질 듯한 행복감이 있습니다.

악하고 게으른 종이 받는 보상

이제 악하고 게으른 종에 대한 벌을 보겠습니다.

> 그 주인이 대답하여 이르되 악하고 게으른 종아 나는 심지 않은 데서 거두고 헤치지 않은 데서 모으는 줄로 네가 알았느냐 그러면 네가 마땅히 내 돈을 취리하는 자들에게나 맡겼다가 내가 돌아와서 내 원금과 이자를 받게 하였을 것이니라 하고(마 25:26-27).

정말 너의 주인이 그런 사람이라고 믿었다면 그 돈을 이자 놀이하는 사람에게 갖다 주면 이자라도 나올 것이 아니냐고 했습니다. 노동하기 싫으면 그 돈을 은행에라도 갖다 주었어야 했다는 것입니다. 그러면 내가 본전과 이자는 받았을 것이 아니냐는 것입니다. 하나님은 최소한의 이자를 원하실 뿐만 아니라 땀 흘려 수고하여 배의 이익을 남기는 것을 원하십니다. 그것이 우리의 인생입니다. 적어도 우리가 투자한 것의 배 정도는 영적인 열매가 있어야 됩니다.

> 그에게서 그 한 달란트를 빼앗아 열 달란트 가진 자에게 주라(마 25:28).

이것이 심판입니다. 없는 자의 것을 빼앗아 있는 자에게 주시는 하나님, 이것이 하나님의 정의입니다. 오해하지 마십시오. 골고루 주시는 것이 하나님의 정의가 아닙니다. 행한 대로 갚으시는 것이 하나님의 정의입니다. 어떤 사람은 이것을 가리켜 하나님의 횡포요 편견이라고 말합니다. 그리고 이것은 정의롭지 않다고 말합니다. 그러나 성경은 그렇게 말하지 않습니다.

영적 세계의 원리는 다음의 말씀에 있습니다.

> 무릇 있는 자는 받아 풍족하게 되고 없는 자는 그 있는 것까지 빼앗기리라(마 25:29).

우리는 있는 사람의 것을 빼앗아서 가난한 사람에게 주어야 된다고 생각합니다. 성경은 있는 자는 더 있을 것이고, 없는 자는 더 없게 될 것이라고 말합니다. 기도하는 사람에게는 더 많은 기도와 축복을 주십니다. 우리가 기도 안 하기로 결정하면 하나님이 기도 하게 하시지 않습니다. 우리를 상실한 마음대로 내버려 두사 스물 한 가지 죄를 짓게 만들어 버리십니다. 이것이 하나님의 법칙입니 다. 교회에 한 번 안 나오면 재미가 붙어서 계속 안 나오게 됩니다. 신앙과 멀어지기 시작하면 계속 멀어집니다. 있는 것까지 다 빼앗 겨 버립니다.

> 이 무익한 종을 바깥 어두운 데로 내쫓으라 거기서 슬피 울며 이를 갈리라 하니라(마 25:30).

이 마지막 시대에 하나님이 우리에게 맡겨 주신 일에 최선을 다 하며 작은 일에 죽도록 충성하는 기쁨과 축복이 우리에게 있어야 하겠습니다.

23

양과 염소의
차이를 알라

마태복음 25:31-46

이번에는 천국에 관한 세 번째 비유인 양과 염소에 대한 말씀을 보겠습니다.

> 인자가 자기 영광으로 모든 천사와 함께 올 때에 자기 영광의 보좌에 앉으리니 모든 민족을 그 앞에 모으고 각각 구분하기를 목자가 양과 염소를 구분하는 것같이 하여 양은 그 오른편에 염소는 왼편에 두리라(마 25:31-33).

예수님은 거룩한 성도들과 함께 공중의 혼인 잔치를 마치시고 이제 이 세상의 심판주로 다시 오시게 됩니다. 31절 내용을 보면 예수님이 심판주로 오실 때는 '자기 영광으로' 오신다고 하셨습니다. 사람의 영광이 아니라 하늘의 영광으로, 하늘과 땅의 모든 권세를 가지신 자신의 영광을 가지고 오십니다. 또 홀로 오시는 것이 아니라, 수많은 천사의 수종을 받으며 오시게 됩니다. 이러한 다시 오실 심판주를 위해서 한 자리가 마련되어 있는데 그것이 바로 영광의 보좌입니다. 예수님이 그 영광의 보좌에 앉으신다고 말씀하셨습니다.

세상에서 재판할 때 보면 재판장이 아무 자리에나 앉아서 재판하지 않습니다. 겸손하다고 낮은 데 앉지 않습니다. 재판장은 몸이 왜소해도 재판할 때는 재판석 중에서 제일 상석 중앙에 앉아 모든 판결을 선언합니다. 예수님이 심판주로 오실 때는 자기의 영광 가운데 천사들과 함께 영광의 보좌에 앉으셔서 오신다고 말씀하셨습니다. 이 영광의 보좌에 앉으실 때 모든 민족을 그 앞에 불러 모으고, 각각 분별하기를 마치 목자가 양과 염소를 구분하듯이 오른편과 왼편에 우리를 구별해 놓으신다고 말씀하셨습니다.

복받은 자들과 저주받은 자들

양과 염소는 한 울타리에서 자랄 수는 있지만 결코 같을 수는 없습니다. 일반적으로 양은 순하고 뿔도 없고 털이 하얗습니다. 염소는 성격이 거칠고 뿔이 있고 털이 까맣습니다. 심판 날에 심판주이신 예수 그리스도가 영광의 보좌에 앉으셔서 양은 오른편에, 염소는 왼편에 분별해 세우신다고 말씀하셨습니다.

그러면 오른편에 있는 사람들은 어떤 사람들입니까?

그 때에 임금이 그 오른편에 있는 자들에게 이르시되 내 아버지께 복 받을 자들이여 나아와 창세로부터 너희를 위하여 예비된 나라를 상속받으라(마 25:34).

오른편으로 구별된 백성은 복받은 백성입니다. 시편 1편은 "복 있는 사람은" 하면서 시작합니다. 또 산상수훈은 "심령이 가난한 자는 복이 있나니"라고 축복을 선포합니다. 그리스도인들은 복받은 사람입니다. 왜냐하면 하나님의 나라가 우리의 것이며, 하나님이 우리 아버지요, 우리는 구원받은 백성이므로 세상과 비교할 수 없는 축복을 받은 자들이기 때문입니다.

또한 예수님은 오른편에 있는 사람들은 창세로부터 예비되어 있는 하나님의 나라를 상속받을 수 있는 자들이라고 하셨습니다. 상속은 똑똑하고 잘난 사람들이 받는 것이 아닙니다. 그 아버지의 자식이면 누구든지 받게 되어 있습니다. 자식이 비록 학교를 못 나왔다 할지라도, 지능이 낮다고 할지라도 상속을 받습니다.

그러면 왼편에 있는 사람들은 어떤 사람들입니까?

또 왼편에 있는 자들에게 이르시되 저주를 받은 자들아 나를 떠나 마귀와 그 사자들을 위하여 예비된 영원한 불에 들어가라(마 25:41).

왼쪽에 있는 그룹은 복받은 자들이 아니라 저주를 받은 자들이라고 말씀하십니다. 예수님이 바리새인들과 서기관들에게 "화가 있을지어다. 저주가 있을지어다"라는 말씀을 하신 적이 있습니다. 분명히 이 세상에는 저주받은 사람들이 있습니다. 본문 말씀에서 이 사람들은 복받은 그룹이 아니라 저주받은 그룹입니다. 그들은 마귀와 마귀의 사자들, 즉 귀신들을 위해 예비된 영영한 불에 동참할 수밖에 없는 종류의 사람들이라고 말씀하셨습니다.

두 종류의 인생

마태복음을 공부하다 보면 두 가지 그룹이 처음부터 계속해서 나타나는 것을 볼 수 있습니다. 마태복음 3장 12절에는 이 세상 사람을 알곡과 쭉정이로 구분합니다. 세상에는 알곡과 같거나 쭉정이와 같은 두 종류의 사람이 있어서 함께 섞여 삽니다. 겉으로 보면 아무도 구분하기 힘듭니다. 그러나 영적으로 보면 알곡과 쭉정이가 있다는 것입니다.

마태복음 7장 24-27절을 보면 반석 위에 집을 지은 사람과 같이 지혜로운 사람이 있고, 모래 위에 집을 지은 사람과 같이 어리석은 사람이 있다고 말합니다. 반석이신 예수 그리스도 위에 자기 인생의 기초를 두어, 어떤 폭풍과 심판과 위기 속에서도 결코 넘어지지 않는 사람이 있습니다. 그러나 반대로 모래 위에 자기 인생을 세우는 사람이 있습니다. 비가 내리고 창수가 나고 바람이 불면 그 집은 크게 무너집니다.

또 마태복음 13장 24-30절에서는 인생을 밀과 가라지로 구분했습니다. 어떤 농부가 밭에 밀을 심었습니다. 그런데 자기가 심지 않은 가라지가 같이 자라고 있는 것입니다. 가라지가 더 잘 자랐습니다. 그래서 종들이 "가라지를 뽑아 버릴까요?"라고 물었습니다. 이때 주인이 다음과 같이 말했습니다. "둘 다 추수할 때까지 자라게 두어라. 추수 때가 되면 내가 추수꾼에게 말하기를 가라지는 먼저 거두어 불사르게 단으로 묶고 곡식은 모아 내 곳간에 넣으라 하리라." 이처럼 가라지 같은 인생이 있고 알곡과 같은 인생이 있습니다.

마태복음 13장 47-48절을 보면 천국은 마치 고기를 잡기 위해 바다에 던지는 그물과 같다고 했습니다. 그물에 고기가 가득 잡혔다고 그 고기를 다 쓰는 것이 아닙니다. 그물을 물가로 끌어내고 앉아서 좋은 것은 그릇에 담고 쓰지 못하는 못된 고기는 내어 버립니다. 인생에는 두 종류가 있습니다. 하나님 나라에 쓰기 좋은 고기가 있고, 전혀 쓸 수 없는 나쁜 고기가 있는 것입니다.

마태복음 24장 45-51절을 보면 충성되고 지혜로운 종과 악한 종이 구분됩니다. 그러다가 25장에서 기름을 준비한 슬기로운 다섯 처녀와 기름을 준비하지 않은 미련한 다섯 처녀가 나옵니다. 미련한 다섯 처녀는 슬피 울며 이를 갈고, 혼인 잔치에서 쫓겨나게 될 것이라고 말씀하십니다. 그리고 다섯 달란트를 가지고 가서 다섯 달란트를 벌어 와 그것을 주인 앞에 내놓은 착하고 충성된 종이 있습니다. 반면에 한 달란트를 땅에 묻어 버린 악하고 게으른 종이 있습니다. 주님은 악하고 게으른 종의 한 달란트를 빼앗아서 열 달란트 가진 사람에게 주겠다고 말씀하십니다. 그리고 본문 말씀에 두 종류의 인생이 있습니다. 양이 있고 염소가 있어서 각기 오른편과 왼편에 서게 된다는 메시지입니다.

다시 오시는 주님의 심판

그러면 양과 염소를 구분하는 비유의 뜻은 무엇입니까?

첫째, 심판은 반드시 있다는 것입니다. 주님은 반드시 오십니다. 정말 마지막 때가 가까이 온 것을 우리가 느끼게 될 것입니다. 구원이 중요하기 때문에 마귀는 구원파를 보내서 구원을 믿지 못하게 만듭니다. 재림이 너무나 중요하기 때문에 이상한 극단적인 재림주의자들이 나타나서 주의 재림을 조롱거리로 만들어버리는 것입니다. 성령이 얼마나 귀합니까? 그러나 잘못된 성령주의자들과 극단적인 성령론자들이 귀한 성령의 인격을 다 무시해 버리고 성령과 물질, 성령과 기복 등으로 다 바꾸어 버렸습니다. 그래서 정작 성령의 인격과 하나님 되심을 우리가 바라보지 못하게 하고, 성령님을 가까이 접하지 못하게 하는 마귀 짓들이 많이 있는 것입니다. 이 비유를 통하여 우리가 받아야 할 메시지는, 주님은 다시 오신다는 것입니다. 그러나 언제 오시는지는 모릅니다.

둘째, 이 비유에는 주님이 다시 오실 때는 반드시 양과 염소를 구분한다는, 즉 심판이 있다는 메시지가 있습니다. 히브리서 9장 27절에 "한번 죽는 것은 사람에게 정해진 것이요 그 후에는 심판이 있으리니"라는 말씀이 있습니다. 사람이 죽는 것은 하늘이 정하신 것입니다. 죽음 후에는 심판이 있습니다. 의인에게는 의의 심판이 있을 것이며, 악인에게는 악의 심판이 있을 것입니다. 왜 사람들이 죽음을 두려워합니까? 죽음 이후의 세계가 불안하기 때문입니다. 왜 많은 사람이 죽음을 불안해하고 죽음을 거부합니까? 죽음 뒤에 심판이 있다는 사실을 본능적으로 느끼기 때문입니다.

그러나 그리스도인은 죽음을 두려워하는 사람들이 아닙니다. 죽음은 그리스도인에게는 단순히 육신의 장막을 벗는 것에 불과합니다. 모든 그리스도인에게 있어서 죽음이란 영혼이 통과해야 할 문에 불과합니다. 그래서 그리스도인은 내 형제가, 내 아내가, 내 사랑하는 남편이, 내 자식이 죽을 때 장례식을 치르면서도 슬퍼하지 않습니다. 인간적으로는 육신적으로 잠깐 못 보는 것이 섭섭하지만 슬퍼하지는 않습니다. 죽음이란 내 형제가 잠깐 이민 가는 정도입니다.

요한계시록과 에스겔서를 보십시오. 그들은 하늘로 끌려 올라가서 영광의 보좌에 계신 하나님을 보았고, 장로들과 보좌를 보았고, 그 앞에 전개되는 엄청난 하나님의 세계를 보았습니다. 그들이 죽은 자같이 되어 버리고 만 것입니다. 에스겔서에서는 먹구름 속에 하나님의 은빛 광채를 보았습니다. 하나님의 군대를 보았고, 하나님의 천사를 보았고, 하나님의 영광을 본 것입니다. 우리 모두가 이것을 보게 되기를 바랍니다. 이것을 본 사람들은 죽음을 두려워하지 않습니다. 그리스도인은 죽어도 살 것이므로 죽음을 두려워하지 않습니다. 오히려 죽음을 넘어서는 것입니다. 성도들의 죽음 뒤에는 영원한 나라와 영원한 생명이 찬란하게 기다리고 있습니다.

현재의 삶에서 재림을 준비하라

셋째, 이 비유의 메시지는 천국과 심판은 현재의 삶의 태도와 아주 밀접한 관계가 있다는 것입니다. 이것이 이 비유의 핵심입니다. 즉 미래의 대심판이란, 현재 내가 어떻게 사랑하고 어떻게 봉사하고 어떻게 헌신하느냐와 깊은 관계가 있습니다.

열 처녀의 비유는 기름을 준비한 다섯 처녀와 기름을 준비하지 않았던 다섯 처녀에 관한 것입니다. 기름을 준비한 다섯 처녀는 신랑과 함께 혼인 잔치에 들어갔고, 준비하지 않은 사람들은 수치를 당했습니다. 이 비유의 결론은 기름을 준비하라, 깨어 기도하라는 것입니다.

달란트 비유는 우리가 재림을 어떻게 준비해야 되느냐에 대한 해답입니다. 즉 주님이 오실 때까지 기다려야 되는데 그동안 맡겨주신 은사들을 땅에 묻어 썩히지 말고 세상에 나가 열심히 장사해서 이익을 남겨 하나님에게 영광을 돌리라는 것입니다. 하나님이 내게 맡겨 주신 은사가 무엇이든지 간에, 가난하든지 부유하든지, 능력이 있든지 없든지 간에 최선을 다해 하나님이 맡기신 사명을 감당함으로써 준비하는 삶을 살라는 것입니다.

그리고 지금 살펴본 양과 염소의 비유의 핵심은 받은 은사를 가지고 최선을 다해 준비한다는 것이 무엇인가 하는 내용입니다. 주님이 다시 오시는데 그때까지 성도들은 어떻게 최선을 다해 받은 은사를 가지고 준비해야 합니까? 지금 이 세상에서 굶주리고 고통당하며 옥에 갇혀 있는 사람들에게 다가가서 그들에게 먹을 것을 주고 그들을 돌보고 위로하고 도와주라는 것입니다. 그들을 돕고 위로하는 가운데서 진정한 주님을 만난다는 것입니다. 여기에 기독교의 현주소가 있습니다.

내가 주릴 때에 너희가 먹을 것을 주었고 목마를 때에 마시게 하였고 나그네 되었을 때에 영접하였고 헐벗었을 때에 옷을 입혔고 병들었을 때에 돌보았고 옥에 갇혔을 때에 와서 보았느니라(마 25:35-36).

이 말씀은 예수님이 오른편에 있는 자들에게 하시는 말씀입니다. "너희들은 주님 오시기 직전까지 이런 삶을 살았기 때문에 오른편에 와 있다"는 것입니다. 우리는 여기서 예수님이 배고픈 자로 오셨고, 목마른 자로 오셨고, 나그네로 오셨고, 헐벗은 자로 오셨고, 병든 자와 옥에 갇힌 자로 변신하여 오신 것을 볼 수 있습니다.

사실 이 말씀은 두 가지로 해석할 수 있습니다. 예수님은 실제로 이렇게 거지로 오실 수 있습니다. 또 한 가지는 예수님은 소외되고 불쌍하고 잃어버린 영혼들에게 지극한 관심을 가지시고 그들과 동행하고 있다는 말씀도 됩니다.

버클레이가 쓴 책에는 이 문제에 대한 두 가지 예화가 소개되고 있습니다. 첫째 예화는 이렇습니다. 역사상 가장 거룩한 성자 중의 하나였던 성 프란시스가 어느 날 말을 타고 외출했습니다. 그가 말을 타고 가다가 한 사람을 만났는데 참으로 보기에 징그럽고 불쾌한 문둥병자를 만나게 됩니다.

그는 이 문둥병자를 보는 순간, 가슴에 깊은 충격을 받고 더 이상 견딜 수가 없어서 말에서 뛰어내려 그 문둥병 환자를 왈칵 끌어안았습니다. 그리고 문둥병 환자의 얼굴을 보자 거기에는 문둥병 환자의 얼굴이 아니라 예수님의 얼굴이 있었다는 것입니다.

또 하나의 예화는 로마의 군인이었고 그리스도인이었던 투어스 마틴에 관한 이야기입니다. 어느 추운 겨울날, 그는 거지를 만났습니다. 너무나도 추워하는 불쌍한 거지를 보고 마틴은 자기의 낡고 헤어진 외투를 벗어 주고 집으로 돌아왔습니다. 그날 밤 잠을 자면서 그가 꿈에 예수님을 보았습니다. 그런데 예수님이 낡고 허름한 외투를 입고 계셨다는 것입니다. 천사가 예수님에게 "예수님, 그 낡고 허름한 외투는 어디서 나셨어요?"라고 물었더니 "내 종 마틴이 주었지"라고 대답하셨다는 것입니다.

예수님은 어떤 때는 거지로, 어떤 때는 감옥에 있는 사람으로 나타나기도 하시고, 고문을 받는 자로 나타나기도 하시고, 병든 자로 나타나기도 하시고, 문둥병자로 나타나기도 하십니다. 우리는 지금도 주님을 도처에서 만나고 있는데 다만 못 보는 것입니다.

지극히 작은 자에게 한 것

이러한 예수님의 말씀에 대해서 의인들은 뭐라고 반응했습니까?

이에 의인들이 대답하여 이르되 주여 우리가 어느 때에 주께서 주리신 것을 보고 음식을 대접하였으며 목마르신 것을 보고 마시게 하였나이까 어느 때에 나그네 되신 것을 보고 영접하였으며 헐벗으신 것을 보고 옷 입혔나이까 어느 때에 병드신 것이나 옥에 갇히신 것을 보고 가서 뵈었나이까 하리니(마 25:37-39).

우리는 여기서 마태복음 6장 3-4절의 말씀을 생각하게 됩니다. 예수님은 "너는 구제할 때에 오른손이 하는 것을 왼손이 모르게 하여 네 구제함을 은밀하게 하라"고 하셨습니다. 은밀하게 보시는 너희 아버지가 갚으신다는 말씀이 바로 이 의인들에게 적용됩니다. 의인들은 가난한 자를 도왔고, 병든 자를 도왔고, 헐벗은 자를 도왔고, 나그네를 대접했고, 지극히 작은 자에게 냉수 한 그릇을 주었던 사람들입니다.

예수님이 그것을 말씀하셨을 때 오른편의 의인들은 "주여, 우리가 언제 그런 일을 했는지 도대체 기억이 안 납니다"라고 합니다. 이들은 진짜 의인들입니다. 진짜 의인들은 자기가 구제한 것이 생각나지 않습니다. 기억해도 어렴풋이 기억납니다. 그런데 우리는 선을 베푼 것을 곰곰이 생각해서 겨우 기억해 내는 것이 아니라 조그마한 구제를 하고도 10년, 20년을 기억합니다. 누구를 용서하면서도 생색을 냅니다. 진정한 의인들은 자기가 구제해 놓고도 다 잊어버립니다. 그런데 그 구제하고 돌보았던 대상이 예수님이었다는 것을 그들은 까맣게 몰랐던 것입니다.

예수님의 대답을 들어보십시오.

임금이 대답하여 이르시되 내가 진실로 너희에게 이르노니 너희가 여기 내 형제 중에 지극히 작은 자 하나에게 한 것이 곧 내게 한 것이니라 하시고(마 25:40).

예수님은 우리가 세상에서 잊혀진 자, 버려진 자, 인기가 없는 자, 지극히 작은 자 하나에게 한 것이 곧 자신에게 한 것이라고 말씀하십니다. 예수님은 지극히 작은 자로 오셨습니다. 어떤 영웅적인 신앙의 행위가 지극히 작은 자에게 베푼 냉수 한 잔보다 더 위대할 수는 없습니다.

기독교에는 큰 일이 없습니다. 위대한 일이 없습니다. 지극히 작은 자와의 만남에서 기독교가 탄생합니다. 그것이 자연스럽게 커져서 오늘같이 기독교가 된 것은 그다음 이야기입니다. 그러나 어떤 사람은 너무나 큰 일만 벌이고, 큰 계획을 세웁니다. 거기에는 주님이 안 계십니다. 주님은 우리가 놓치기 쉬운 곳, 우리가 무시하기 쉬운 곳, 우리가 포기하기 쉬운 지극히 작은 한 사건 속에 계십니다. 다른 사람이 알아주지 않는 그곳에 주님이 계신다는 것입니다. 한마디로 우리가 주님 오실 때까지 이 지상에서 해야 할 일은 지극히 작은 일에 충성하는 것입니다.

작은 이웃을 섬기라

오늘날 우리 교회를 보면 하나님의 말씀을 배우고 은혜받는 데는 열심이지만, 가난한 이웃과 병들고 신음하는 약자들을 위해서는 그 열심이 약합니다. 겉으로는 화려하고 유명하고 은혜로운 교회라고 말하지만, 과연 주님은 어떻게 생각하실까요? 성경공부 하면 사람들이 많이 옵니다. 그러나 교도소 가자고 하면 안 옵니다. 장례식에 가 보면 오는 사람만 옵니다. 과연 우리 교회는 주님을 만나고 있는 교회입니까? 정말 우리 교회는 소자들을 위한 교회입니까? 대형교회라는 위세 당당한 부류에 속하는 교회입니까, 아니면 정말 주님을 섬기고 만나는 교회입니까? 우리는 가난한 자를 돌보고 있습니까? 병든 자를 돌보고 있습니까? 갇힌 자를 돌보고 있습니까? 억울한 자를 돌보고 있습니까?

우리 모두가 지금 당장 예수님을 만나러 가기를 바랍니다. 예수님은 친히 "나는 헐벗었고, 나는 배고팠고, 나는 소외되었고, 나는 병들었다"라고 말씀하셨습니다. 교도소에 열심히 가기를 바랍니다. 장례식에 열심히 다니기를 바랍니다. 다른 사람의 고난에 동참하는 열심을 내야 하는 것입니다. 무의탁자를 위한 병원이나 양로원에 가십시오. 우리가 인기 얻고 박수 받는 데는 안 가도 됩니다. 그것은 중요하지 않습니다. 거기에는 어쩌면 주님이 안 계실지도 모릅니다. 사람들은 박수를 보내지만 화려한 프로그램 속에는 주님이 안 계십니다.

우리를 필요로 하는 가난한 교회가 너무나 많습니다. 우리의 가르침을 받기 원하는 교회가 너무나 많습니다. 농촌에도 있고, 어촌에도 있고, 우리 도시 주변에도 많습니다. 우리 교회는 장로들이 3년마다 안식년이 있고, 목사들도 안식년이 있습니다. 그런 의미에서 평신도에게도 안식년이 있어야 합니다. 7년 정도 교회에 나왔으면 1, 2년은 다른 교회에 가십시오. 가서 봉사하고 오십시오. 1년이 안 되면 3개월이나 6개월이라도 가서 봉사하십시오. 우리가 미자립 교회에 가면 훌륭한 지도자가 됩니다. 우리 같은 지도자가 없어서 연약한 교회가 다 쓰러지고 있습니다. 교파를 초월해서 가십시오.

왼편에 있는 사람들에 대해서 예수님은 오른편에 있는 사람들과는 정반대의 말씀을 하셨습니다. 그들의 반응도 정반대입니다. 그들은 예수님의 말씀을 깨닫지 못하고, 그 말씀을 인정하지 않는 태도를 취합니다. 이때 예수님은 다음과 같은 말씀을 하셨습니다.

> 이에 임금이 대답하여 이르시되 내가 진실로 너희에게 이르노니 이 지극히 작은 자 하나에게 하지 아니한 것이 곧 내게 하지 아니한 것이니라 하시리니(마 25:45).

주님은 분명하게 말씀하셨습니다.

> 그들은 영벌에, 의인들은 영생에 들어가리라 하시니라(마 25:46).

여행 간 아빠가 돌아올 날을 하루하루 손꼽아 기다리는 철모르는 어린아이같이 주님이 오시는 날을 사모하며 기다리십시오. 산에 가서 흰옷 입고 두 손 벌리며 주님의 휴거를 준비하라는 것이 아닙니다. 그날을 손꼽아 기다리면서 병원을 다니고, 교도소를 다니고, 불쌍한 자를 찾아다니고, 우리의 사랑과 기도가 필요한 사람을 좇아다니며 살라는 것입니다. 우리는 주님을 만날 수 있는 곳으로 가야 합니다. 주님은 은밀히 우리를 만나기를 원하십니다.

예수님은 우리가 세상에서 잊혀진 자, 버려진 자, 인기가 없는 자, 지극히 작은 자 하나에게 한 것이 곧 자신에게 한 것이라고 말씀하십니다. 예수님은 지극히 작은 자로 오셨습니다. 어떤 영웅적인 신앙의 행위가 지극히 작은 자에게 베푼 냉수 한 잔보다 더 위대할 수는 없습니다.

4부

최후의 만찬을 나누시는 그리스도

마태복음 26:1-75

성만찬이란 예수님의 살과 피를 내가 먹고 마심으로써 내가 그리스도와 함께,

그리스도가 나와 함께 동거하고 한 몸을 이루는 것인데,

이는 곧 십자가를 증거하는 것입니다.

성만찬을 할 때 우리는 떡과 포도주를 먹고 마셔야 합니다.

예수님을 먹으라는 말은 예수님이 우리의 삶의 주인이 되어야 한다는 뜻입니다.

예수님이 나의 피가 되고 살이 되어야 합니다.

24

영적 향유 옥합을 드려라

마태복음 26:1-13

예수님 사역의 절정은 십자가에서 죽는 일입니다. 예수님은 십자가에서 못 박혀 죽으시는 이 사실을 한 번도 망각하신 일이 없습니다. 그분은 무슨 일을 만나든지, 무슨 일을 하시든지 언제나 이 일을 생각하고 계셨습니다. 베드로가 "주는 그리스도시요 살아 계신 하나님의 아들이시니이다"라는 신앙고백을 한 후에, 예수님은 세 번이나 "내가 십자가에 못 박혀 죽은 지 삼 일 만에 다시 살아나리라"는 예언을 하십니다.

먼저 마태복음 16장 21절에서 예수님이 이 예언을 하십니다. 이때부터 예수님은 자기가 예루살렘에 올라가 장로들과 대제사장들과 서기관들에게 많은 고난을 받고 죽임을 당하고 제 삼 일에 살아나야 할 것을 제자들에게 비로소 가르치십니다.

두 번째는 마태복음 17장 22-23절의 말씀입니다. 제자들이 갈릴리에 있을 때 예수님은 "인자가 장차 사람들의 손에 넘겨져 죽임을 당하고 제 삼 일에 살아나리라"고 말씀하셨습니다. 제자들은 그 말씀을 듣고 몹시 근심했습니다.

마태복음 20장 17-19절에서 예수님은 세 번째로 자신의 죽음을 예언하십니다. 이 말씀은 예수님이 지상의 모든 사역을 마치시고 이제 십자가가 기다리는 예루살렘으로 발걸음을 옮기시면서 하신 말씀입니다.

"예수께서 예루살렘으로 올라가려 하실 때에 열두 제자를 따로 데리시고 길에서 이르시되 보라 우리가 예루살렘으로 올라가노니 인자가 대제사장들과 서기관들에게 넘겨지매 그들이 죽이기로 결의하고 이방인들에게 넘겨주어 그를 조롱하며 채찍질하며 십자가에 못 박게 할 것이나 제 삼 일에 살아나리라."

늘 십자가를 생각하신 예수님

여기서 분명한 것이 있습니다. 그것은 예수님이 자신의 죽음에 대해 정확하게 알고 계셨다는 것입니다. 예수님은 자신이 어떤 죽음을 언제 당해야 할 것인가를 계산하고 계셨습니다. 예수님은 제자들과 많은 무리에게 하나님의 말씀, 천국 복음을 가르쳐 주셨습니다. 예수님은 기적을 행하셨습니다. 앉은뱅이를 일으켜 주셨고, 귀신을 쫓아 주셨고, 풍랑을 잠잠하게 해주셨고, 죽은 자를 살려 주셨고, 각종 병든 자들을 고쳐 주셨습니다. 예수님은 이런 엄청난 사역을 하셨습니다.

예수님이 가시는 곳마다 사람들이 인산인해로 모였습니다. 예수님은 인기 절정이었습니다. 예수님은 그런 가운데서도 예수님을 대적하는 바리새인들과 서기관들과 논쟁하시기도 하고 그들을 책망하시기도 했습니다. 예수님은 종말에 있어야 할 많은 사건을 예언하시기도 했습니다. 그러나 이런 수많은 사건 속에서도 예수님의 계속적인 관심사는 십자가였습니다.

마태복음 26장 1-2절에는 예수님이 네 번째로 죽음을 예고하시는 모습이 나타납니다.

"예수께서 이 말씀을 다 마치시고 제자들에게 이르시되 너희가 아는 바와 같이 이틀이 지나면 유월절이라 인자가 십자가에 못 박히기 위하여 팔리리라 하시더라."

이 얼마나 놀라운 예수님의 자기 성찰입니까? 예수님은 천국 말씀을 가르치실 때도, 기적을 베푸실 때도 십자가를 생각하셨습니다. 예수님은 자기 자신이 누구이며 무엇을 하기 위하여 이 세상에 왔는지를 정확하게 알고 계셨습니다.

그러면 우리의 문제는 어디에 있습니까? 돈을 열심히 벌고 공부를 열심히 하고 직장에서 열심히 일하면서도 내가 무엇 때문에 사는지, 왜 살아야 하는지, 언제 죽어야 하는지, 무엇 때문에 죽어야 하는지 깨닫지 못하고 살아가는 데 있습니다. 우리는 일을 하는 자체에만 관심이 있습니다. 주변에 전개되는 여러 가지 상황 속에서 왜 이러한 일들이 내 주변에 일어나는지 생각하지도 않고 목적도 없이 살아갑니다.

어떤 사람은 자기는 평생 망하거나 실패하지 않을 것 같은 착각 속에 삽니다. 또 어떤 사람은 평생 자기는 아프지 않을 것처럼 삽니다. 정말 우리의 인생에 실패란 없을까요? 항상 승리만 있습니까? 그렇지 않습니다. 우리는 병듭니다. 실패하게 됩니다. 좌절하고 낙담하게 됩니다. 세상이 다 내 뜻대로 되는 것이 아닙니다. 모든 사람이 다 죽어도 자기는 안 죽을 것 같은 착각 때문에 욕심에 미혹되며 남을 섬기기보다는 정복하려 하고 모든 사람 위에 뛰어나려고 합니다. 이것 때문에 우리는 투쟁하고 시기하고 미워하면서 살아갑니다.

예수 그리스도를 보십시오. 병을 고치실 때나 변화산에서 천국의 모습을 보여 주실 때, 모든 사역을 마치고 예루살렘으로 들어가실 때, 주님이 머릿속으로 계속 생각하셨던 것은 자신이 십자가를 지기 위해 예루살렘으로 간다는 사실이었습니다. 그리고 주님은 한 걸음씩 흔들림 없이 죽음을 향해 다가가셨습니다.

죽음의 때를 알고 계셨던 예수님

예수님에게서 또 하나 발견하는 것은 그분은 언제 죽어야 하는지를 아셨다는 사실입니다. 때를 아는 것처럼 중요한 것이 없습니다. 말할 때가 있고 침묵할 때가 있습니다. 나설 때가 있고 나서서는 안 될 때가 있습니다. 예수님은 아무 때나 오시지 않았습니다. 때가 찼을 때 오셨습니다. 하나님의 때에 오신 것입니다. "지금은 은혜 받을 만한 때요 보라 지금은 구원의 날이로다"(고후 6:2)라고 말씀하셨습니다. "자다가 깰 때"(롬 13:11)라고 말씀하셨습니다. 사람에게는 때가 있습니다. 일할 때가 있고 죽을 때가 있습니다. 시간과 구원은 굉장히 중요한 관계에 있습니다.

히틀러 암살 사건과 관계된 독일의 한 목사가 있었습니다. 본 회퍼라는 사람인데 그가 체포되어 사형 선고를 받았습니다. 그는 사형을 당하기 전까지 감옥에 있으면서 동료 죄수들에게 성경을 가르쳤습니다. 그런데 사형장으로 끌려가 처형당하던 날, 그는 베드로전서 1장 3-4절 말씀을 동료들과 함께 나누고 마치 신랑을 맞으러 가는 신부처럼, 소풍 가는 어린 학생이 도시락을 싸들고 기쁘게 떠나는 것처럼 사형장을 향해 걸어갔다고 합니다.

"우리 주 예수 그리스도의 아버지 하나님을 찬송하리로다 그의 많으신 긍휼대로 예수 그리스도를 죽은 자 가운데서 부활하게 하심으로 말미암아 우리를 거듭나게 하사 산 소망이 있게 하시며 썩지 않고 더럽지 않고 쇠하지 아니하는 유업을 잇게 하시나니 곧 너희를 위하여 하늘에 간직하신 것이라."

그는 이렇게 죽음을 향하여 걸어갔습니다. 그가 남긴 말은 "나는 죽으러 가는 것이 아니라 이제 살러 간다"는 것이었습니다.

예수님은 이틀이 지나면 유월절이 되고 유월절이 지나면 죽음이 자기를 기다리고 있다는 것을 아셨습니다. 성령을 받은 그리스도인은 자기가 언제 죽을 것인지 압니다. 그리고 그날을 사모하며 준비합니다.

예수님에게 바쳐진 향유 한 옥합

예수님은 자신의 예언처럼 이제 죽음을 향해 가고 계셨고 죽음은 긴박하게 예수님 주위로 몰려오고 있었습니다.

> 그 때에 대제사장들과 백성의 장로들이 가야바라 하는 대제사장의 관정에 모여 예수를 흉계로 잡아 죽이려고 의논하되 말하기를 민란이 날까 하노니 명절에는 하지 말자 하더라(마 26:3-5).

요세푸스에 의하면 당시의 유월절에는 보통 200만 명에서 350만 명이 모였다고 합니다. 수많은 군중이 모이는 이 때에 커튼 뒤에서는 예수 그리스도를 죽이려는 음모가 이루어지고 있었습니다. 죽음의 검은 손이 시시각각으로 예수님에게 접근해 오고 있었습니다. 이런 상황 속에 더 놀라운 일이 하나 전개되고 있었는데, 그것은 한 여자가 식사하시는 예수님에게 나아 온 것입니다. 그녀가 예수님에게로 와서 자기의 옥합을 깨뜨려 값비싼 향유를 예수님의 머리와 발에 부었습니다. 순간적으로 그 방 안에는 향기가 가득하게 되었습니다.

> 예수께서 베다니 나병환자 시몬의 집에 계실 때에 한 여자가 매우 귀한 향유 한 옥합을 가지고 나아와서 식사하시는 예수의 머리에 부으니(마 26:6-7).

마가복음 14장과 요한복음 12장을 종합해 보면, 이 여자는 나사로의 누이인 마리아입니다. 그들은 과거에 문둥병에 시달리다가 구원 받은, 베다니에 사는 시몬의 집에 예수님과 함께 있었습니다. 그녀는 식사하시는 예수님에게 다가가 순식간에 예수님의 머리와 발에 기름을 부었습니다. 마태복음에는 머리에 부었다고 말했고, 요한복음에는 발에 붓고 머리털로 씻었다고 했습니다.

요한복음에는 그 향유의 양이 순전한 나드 한 근에 해당한다고 말했습니다. 나드 한 근은 3백 데나리온에 해당하는 가치를 지녔는데, 당시 서민의 일 년 치 월급에 해당하는 돈입니다. 또한 2백 데나리온은 5천 명을 먹였던 값에 해당합니다. 생각해 보십시오. 이 얼마나 놀라운 행동입니까? 같은 천 만 원도 돈 있는 사람과 돈 없는 사람에게는 가치가 다릅니다. 이 여자는 평범한 서민입니다. 그렇기 때문에 향유의 가치는 그녀에게 굉장히 큰 의미가 있었습니다. 어떤 사람은 선교나 구제 등의 좋은 일에 쓰라고 거액을 내놓습니다. 학교를 세우고 장학금을 주고 선교 센터를 만드는 등 돈을 벌어서 좋게 쓰는 사람들이 많습니다. 그런데 이 여자는 그렇게 하지 않았습니다. 3백 데나리온에 해당하는 향유를 팔아서 "예수님, 선교 헌금에 쓰십시오" 하지 않았습니다. 여기서 약간의 문제가 발생합니다. 그 아까운 향유를 순식간에 예수님의 머리와 발에 부어서 없애 버렸습니다. 그래서 그 장면을 목격하고 있던 제자들이 분노한 것입니다.

맹목적인 사랑과 헌신의 표현

제자들이 보고 분개하여 이르되 무슨 의도로 이것을 허비하느냐
이것을 비싼 값에 팔아 가난한 자들에게 줄 수 있었겠도다 하거늘
(마 26:8-9).

향유를 팔아서 돈으로 만들어 선교 헌금이나 구제 헌금을 했으
면 좋지 않겠느냐, 왜 이것을 다 땅에 버리느냐는 말입니다. 그러
나 이것은 그녀만이 드릴 수 있는, 예수님에 대한 맹목적인 사랑과
헌신의 표현이었습니다. 무엇으로도 계산할 수 없고, 값으로도 따
질 수 없는 조건 없는 행동이었습니다.

어떤 사람을 사랑하게 되면 조건이 없어집니다. 사랑은 사실, 맹
목적입니다. 돈과 시간과 정열을 사랑하는 사람에게 조건 없이 맹
목적으로 쏟아 버립니다. 그런 행위는 다른 사람에게는 의미가 없
어 보입니다. 그러나 쏟는 사람에게는 의미가 있습니다. 이것은 사
랑하고 존경하는 그 대상에 대한 계산할 수 없는 사랑의 표현입니
다. 물론 일 년 치 봉급은 모든 사람에게 다 중요하고 사랑을 표현
하는 본인에게도 중요할 것입니다. 그러나 사랑하는 사람을 대하
는 순간만큼은 그것이 중요하지 않습니다. 이 여자는 3천 데나리
온이 있어도 그것을 다 드렸을 것입니다. 그것을 땅에 버려도 드렸
을 것입니다. 이것이 이 여자의 마음이자 사랑입니다. 어디 옥합뿐

이겠습니까? 자신의 자존심도 명예도 재산도, 지금까지 이루어 온 다른 많은 것도 아낌없이 드릴 수 있었을 것입니다. 사랑했기 때문에 순교해서라도 자신을 드리고 싶었을 것입니다. 따라서 그것은 제 삼자가 판단할 문제가 아니며 실용 가치, 경제 가치로 이해할 문제가 아닙니다.

이것이 바로 예배입니다. 예배란, 나를 사랑하셔서 독생자 예수 그리스도를 십자가에 못 박게 하셨던 하나님에게 내가 드릴 수 있는 최선의 것을 드리는 것입니다. 한 여자가 한 남자에게 그렇게 했다면 세상에서는 사랑이라고 말합니다. 그러나 한 사람이 하나님에게 그런 행위를 했다면 예배가 되는 것입니다. 그렇다면 이 여자를 이해할 수 있겠습니까? 그녀는 엄청난 것을 팔아서 가난한 자에게 주어 실용적으로 쓴 것이 아니라 그냥 땅에 버린 셈이 되었습니다. 그 순간이 지나면 아무 쓸데없게 되는데도 사랑하는 예수님에게 드렸습니다.

오늘날 교회의 위기는 예배의 위기입니다. 진정한 예배가 없습니다. 극장에 오듯이, 성가대가 찬양을 얼마나 잘하나, 목사가 설교를 얼마나 잘하나, 내가 아는 사람이 왔나 안 왔나를 살핍니다. 예배드리러 오는 사람보다 보러 오는 사람이 더 많습니다. 여기에 무슨 사건이 이루어지고, 어떤 영적 변화가 일어나겠습니까? 백날 천 날 예배를 드려도 하나님은 끄떡 안 하십니다. 성경 가운데 나타난 이 여자가 드리는 것이 바로 진정한 예배입니다. 최상의 존재에게 나의 최상의 것을 아낌없이 쏟아 버리고 낭비하는 것입니다. 이 여자의 기쁨과 감사와 감격은 이 여자만이 압니다. 헌신한 사람만이 예배의 기쁨을 압니다. 사랑을 쏟아 부은 자만이 사랑의 감격을 맛봅니다.

오래전에 있었던 이야기입니다. 음악을 하는 성도 한 분이 통일교에 관계된 사람들의 음악 축제의 책임을 맡아 달라고 부탁받은 일이 있었습니다. 2천만 원 가량의 일이었고, 그분에게는 큰 돈이었습니다. 그래서 고민을 하게 되었습니다. '음악은 비즈니스니까 신앙과 상관이 없다. 비즈니스 섭외가 들어왔으니까 해야 하지 않을까?'라는 생각을 하게 되었습니다. 그래서 하루는 그것을 해야겠다고 마음먹었습니다. 그런데 또 다음날은 해서는 안 될 것 같다는 생각이 들었습니다. 이렇게 여러 날을 고민했습니다. 그러다 어느 날 저녁, 그분이 저를 찾아와 "목사님, 그 일 포기했습니다!"라고 말하는 것이었습니다. 그런데 그의 얼굴이 어린아이같이 환했습니다. 승리한 것입니다. 그 사람의 기쁨이 얼마짜리인지 압니까? 2천만 원짜리 기쁨입니다. 희생하는 것만큼 감격이 있습니다. 포기한 것만큼 기쁨이 있습니다. 왜 우리가 교회를 나오고 찬송을 하는데도 기쁨이 없습니까? 희생한 것이 없어서 그렇습니다. 준 것이 없고 바친 것이 없고 손해 본 것이 없으니 기쁨이 없는 것입니다. 그것은 예배가 아닙니다. 예배는 자기가 가지고 있는 가장 소중한 것을 아낌없이 낭비해 버리는 것입니다.

선교사님 몇 가정을 파송한 적이 있었는데 그중 한 사람이 소아과 의사였습니다. 개업하여 일하던 분이었는데, 그리스도의 사랑을 감당할 수 없어서 의사로 아제르바이젠에 갔습니다. 수많은 선교사가 자기 인생의 성공과 자녀 교육과 가정의 보장을 위해 살지 않고 젊음을 헌신한 것을 보게 됩니다. 그 기쁨은 그 사람만이 알 것입니다. 그것이 예배입니다.

우리는 예배를 드리면서 무엇을 희생하고 있습니까? 무엇을 하나님 앞에 드리고 있습니까? 우리가 시간이나 물질을 드리는 영적 태도가 우리의 하나님이 어떤 분인가를 결정합니다. 시시한 것을 드린 사람의 하나님은 분명히 시시할 것입니다. 시시하기 때문에 하나님과의 약속은 별로 중요하게 생각하지 않을 것이고, 다 쓰고 남은 시간을 드릴 것입니다. 세상일을 다 하고 난 다음 시간이 있으면 하나님에게 드릴 것입니다. 세상에서 돈을 다 쓰고 시시한 몇 푼을 하나님에게 드릴 것입니다. 왜냐하면 그 하나님은 시시한 하나님이기 때문입니다. 그러나 소중한 하나님이라면 이 여자처럼 제일 귀한 것을 아낌없이 드리게 될 것입니다.

십자가를 향한 참된 예배

10절 말씀에는 여자의 행동에 대한 예수님의 평가가 나타나 있습니다.

"예수께서 아시고 그들에게 이르시되 너희가 어찌하여 이 여자를 괴롭게 하느냐 그가 내게 좋은 일을 하였느니라."

예수님은 그 여자가 한 일은 아주 좋은 일이었다고 말씀하셨습니다. 그러면 그 좋은 일이란 무엇입니까?

이 여자가 내 몸에 이 향유를 부은 것은 내 장례를 위하여 함이니라 (마 26:12).

여기서 우리는 놀라운 메시지를 하나 발견하게 됩니다. 참된 예배는 십자가를 향하며, 예배의 중심은 십자가라는 것입니다. 이 여자는 예수님의 장례식을 잘 몰랐을 것입니다. 그저 자기가 할 수 있는 최선으로 옥합을 깨뜨려 예수님의 발에 붓고 머리에 부었습니다. 그런데 예수님은 이것이 십자가에 죽을 자신을 장사하는 사건이라고 하셨습니다. 예배의 축복이 여기에 있습니다.

우리가 한 달에 한 번씩 예수님의 피와 살을 먹고 마십니다. 피와 살을 먹고 마시는 것은 주의 죽음을 다시 오실 때까지 모든 사람에게 전하는 것이라고 하셨습니다. 성만찬의 핵심은 십자가입니다. 그리고 예배의 중심은 십자가에 있습니다. 십자가에서 흘러넘치는 하나님의 사랑에 대한 응답이 예배입니다. 오늘 우리의 마음속에 십자가를 향하는 마음이 있습니까? 그리스도의 보혈이 우리의 마음속에 흐르고 있습니까? 우리를 위하여 자기를 아낌없이

다 내어 주신 하나님의 사랑이 우리의 마음속에 응답되고 있습니까? 그것이 예배입니다. 예배란 십자가에 반응하는 것입니다. 십자가에 나의 모든 것을 쏟아놓는 것입니다.

여자가 부은 향유를 통해 배우는 것이 또 한 가지 있습니다. 그것은 옥합과 향유의 관계입니다. 향유는 옥합에 담겨 있습니다. 옥합을 깨뜨리면 향유는 흘러넘칩니다. 옥합이 깨지지 않는 한, 향유는 흘러넘칠 수 없습니다. 참된 예배는 깨지는 것입니다. 육신과 옛사람이 깨져야 하고 우리의 사고방식도 깨져야 합니다. 사람마다 옥합이 있습니다. 교회도 옥합을 가지고 있습니다. 모든 교회는 옥합을 깨뜨려야 합니다. 교회가 옥합을 자랑하고 있을 때 교파주의로, 권위주의로 교회 자체가 우상이 되어 버리고 맙니다.

옥합이 깨지면 속사람이 살아나고 생명이 흐르며 성령이 역사하십니다. 치유가 일어나고 모든 어두운 세력들이 사라집니다. 예배는 향유가 흘러넘치는 것입니다. 살아 계신 예수님의 생명이 사람들의 심령 속에 흘러넘치는 것입니다.

가난한 자들은 항상 너희와 함께 있거니와 나는 항상 함께 있지 아니하리라(마 26:11).

예수님의 말씀은 가난한 자를 돌보지 말라는 뜻이 아닙니다. 성경은 고아와 과부와 가난한 자를 돌보라고 했습니다. 그러나 예수님은 지금 이 여자가 한 행동을 그런 관점에서 보지 말라는 것입니다. 지금 이 여자는 예수님을 장사하고 있다는 것입니다.

> 내가 진실로 너희에게 이르노니 온 천하에 어디서든지 이 복음이 전파되는 곳에서는 이 여자가 행한 일도 말하여 그를 기억하리라 하시니라(마 26:13).

이것은 무슨 뜻입니까? 여자가 예수님에게 한 행동은 우리가 할 수 있는 모든 행동보다 우선한다는 뜻입니다. 즉 사람이 하나님에게 할 수 있는 최고의 행동이라는 뜻입니다. 여자는 값비싼 향유를 아낌없이 쏟아서 낭비해 버렸습니다. 이것이 예배요, 하나님에 대한 사랑의 고백입니다.

하나님과의 관계의 중요성

하나님은 우리에게 무엇을 원하실까요? 사람들은 눈에 보이는 어떤 큰 일을 만들어 놓으면 위대한 사람이라고 생각합니다. 그런데 하나님은 그렇게 판단하시지 않습니다. 사람이 하나님에게 할 수 있는 것이 도대체 무엇이겠습니까? 물질을 드려 헌금한다면 얼마나 하겠습니까? 시간을 드린다면 인간이 얼마나 드릴 수 있겠습니까? 또 능력이 있다면 그 능력으로 하나님 앞에 얼마나 나아갈 수 있겠습니까? 하나님은 이와 같은 것으로 판단하시지 않습니다. 하나님이 원하시는 것은 우리가 무엇을 했느냐가 아니라 우리와 하나님 사이의 관계입니다. 하나님은 일보다도 관계를 더 중요하게 생각하십니다.

요한복음 17장 3절을 보면 "영생은 곧 유일하신 참 하나님과 그가 보내신 자 예수 그리스도를 아는 것"이라고 했습니다. 예수님을 위해서 내가 무엇을 하는 것이 아닙니다. 그러나 예수님을 믿으면서 우리가 하게 되는 착각은 내가 예수님을 위해서 자꾸 뭔가를 하려 드는 데 있습니다. 도대체 인간이 무엇을 할 수 있겠습니까? 하나님과 관계를 갖는 것이 중요합니다.

예수님은 "나는 포도나무요 너희는 가지라 그가 내 안에, 내가 그 안에 거하면 사람이 열매를 많이 맺나니 나를 떠나서는 너희가 아무것도 할 수 없음이라"(요 15:5)고 했습니다. 우리가 하나님을 위해서 할 수 있는 최선의 것이 있다면 내가 하나님 안에 있는 것입니다. 그리고 하나님은 내 안에 계시는 것입니다.

우리는 하나님과 바른 관계에 있습니까? 우리가 하나님을 정말 잘 알고 있다고 생각합니까? 지금 이 여자는 예수님을 위해서 무엇을 많이 하는 것이 아닙니다. 가지고 있던 모든 소유를 예수님에게 부어 낭비해 버린 것입니다. 그리고 그녀는 예수님에게 아무것도 요구하지 않았습니다. 조건을 걸지 않고 사랑한 것입니다. 사랑했기에 그냥 희생하고 포기하며 주어 버린 것입니다. 이 여자가 드렸던 예배, 이 여자가 했던 행동은 예수님이 보시기에 인간이 가질 수 있는 최고의 영적 태도였습니다. 그래서 예수님은 이 사건을 복음이 전해지는 곳마다 전하라고 하셨습니다.

우리가 예배를 드린다는 것은 하나님을 만나고 그분에게 나의 사랑과 애정과 내 모든 것을 다 드려 그분을 높여 드리는 것입니다. 돈의 문제가 아니라 마음가짐의 문제입니다. 우리 모두가 하나님을 하나님으로 만나기를 바랍니다. 하나님은 하나님이 되셔야 합니다. 그때 하나님이 놀라운 영광과 축복을 보여 주실 것입니다. 이 여자가 가진 기쁨을 우리에게도 주실 것입니다. 우리는 옥합을 깨뜨려야 합니다. 그래서 그리스도의 생명이 우리 삶에 풍성히 나타나게 되기를 바랍니다.

25

축복의 기회를
저주의 기회로 만들지 마라

마태복음 26:14-16

우리는 옥합을 깨어 예수님에게 값비싼 향유를 붓고 머리털로 닦아 드렸던 한 여인에 대한 말씀을 보았습니다. 그런데 이번에는 그녀와 아주 대조적인 한 인물을 만나게 됩니다. 그 사람은 바로 가룟 유다입니다. 가룟 유다는 예수님의 열두 제자 중의 하나로 예수님과 먹고 자고 마시며 함께 살았던 사람입니다. 그러나 자기의 선생을 은 삼십에 팔아넘긴 배신자였습니다. 여기서 참 예배자와 거짓 예배자가 구분됩니다. 마리아는 은혜의 도구로 나타나지만 가룟 유다는 죄악의 도구로 나타납니다.

지금 예수님의 삶은 십자가를 향하고 있습니다. 두 사람은 십자가를 바라보면서 서로 다른 행동을 했습니다. 한 사람은 자기의 옥합을 깨뜨리고 향유를 쏟아 예수님의 장례식을 준비했습니다. 그러나 또 한 사람은 십자가를 보는 순간 예수님을 팔아 버리기로 결정하고 은 삼십에 예수님을 십자가에 내주었습니다. 교회 나온다고 모두가 교인이 아닙니다. 예수를 믿는다고 모두 다 예수 믿는 사람이 아닙니다. 교회 안에 가룟 유다가 공존하고 있다는 사실입니다. 마리아 옆에는 언제나 가룟 유다가 있기 마련입니다. 이것이 현실입니다. 마치 농부가 밀을 심었는데 하룻밤 자고 나니 가라지가 자라난 것과 같습니다.

축복의 기회를 저주의 기회로

성경에 나타난 가룟 유다를 좀 더 깊이 살펴보고자 합니다. 예수님의 말씀에 의하면 가룟 유다는 세상에 태어나지 않았으면 좋을 뻔한 사람입니다.

인자는 자기에 대하여 기록된 대로 가거니와 인자를 파는 그 사람에게는 화가 있으리로다 그 사람은 차라리 태어나지 아니하였더라면 제게 좋을 뻔하였느니라(마 26:24).

예수님은 자신이 십자가에 못 박혀 죽을 것을 아시고, "나를 십자가에 내어 주도록 판 그 사람에게는 화가 있으리로다"라고 말씀하셨습니다. 화가 있다는 것은 저주가 있다는 뜻입니다. 가룟 유다는 저주받은 인생, 화가 있는 인생입니다. 이 말의 뜻을 잘 알아야 합니다. 가룟 유다는 운명적으로 예수님을 팔기 위해 태어난 사람이 아니라는 뜻이 여기에 담겨 있습니다. 그러나 가룟 유다가 예수님을 십자가에 못 박혀 죽게 한 공헌이 있다고 잘못 해석하는 사람들이 있습니다. 예수님이 십자가에 못 박혀 죽지 않았다면 어떻게 구원이 있겠느냐면서 역설적으로 그도 공헌했다고 궤변을 늘어놓습니다. 그러나 그렇지 않습니다. 가룟 유다에게는 화가 있습니다.

사람은 누구든지 태어날 때부터 죄인입니다. 살인자로 태어납니다. 거짓말쟁이로, 배신자로 태어납니다. 이것이 인간의 본질입니다. 인간은 예외 없이 다 죄인이요, 살인자요, 간음자요, 배신자요, 죄 중에 태어난 존재입니다. 가룟 유다도 예외는 아니었습니다. 그러나 조심할 것은 그 사람이 배신자로 태어났다고 주장하는 운명론자들의 말입니다. 비기독교인이나 세속적인 사람들은 그가 운명적으로 그렇게 태어났다고 생각합니다.

그러나 그는 축복의 기회를 저주의 기회로 만든 사람입니다. 가룟 유다는 누구보다도 축복의 기회를 가지고 태어난 사람이었습니다. 열두 제자의 한 사람으로 부름을 받았습니다. 그리고 예수님과 함께 먹고 자고, 그분의 기적을 친히 목격하고, 하나님의 말씀을 듣는 축복을 받았습니다. 아무나 받는 축복이 아니라 소수의 선택된 사람만이 받는 축복이었습니다. 그러나 이 축복을 그는 축복으로 사용하지 못했습니다. 그는 축복을 저주로 바꾸어 버린 사람입니다.

우리 가운데 환경적으로 어렵게 태어난 이들이 있고, 축복의 환경에서 태어난 이들도 있습니다. 그러나 그것은 그리 중요하지 않습니다. 우리가 사생아로 태어났든지, 좋은 집안에서 태어났든지, 어려운 집안에서 태어났는지는 중요하지 않습니다. 하나님이 우리 삶을 통해 주시는 기회를 어떻게 선택하여 받느냐가 중요합니다.

잘 생각해 보십시오. 베드로는 가룟 유다보다 실수를 더 많이 한 사람입니다. 어떤 면에서 두 사람을 비교해 보면 베드로에게는 인간적인 실수가 더 많았습니다. 그러나 베드로는 축복의 기회를 선택했고 가룟 유다는 축복의 기회를 선택하지 못했습니다. 그가 태어나지 않았으면 좋았을 뻔했다는 말씀은 그가 운명적으로 배신자로 태어났다는 것이 아니라 자기의 축복을 선택하지 못했다는 뜻입니다.

탐욕의 사람, 가룟 유다

두 번째로 가룟 유다는 도둑입니다. 요한복음 12장 6절을 보면 "이렇게 말함은 가난한 자들을 생각함이 아니요 그는 도둑이라 돈궤를 맡고 거기 넣는 것을 훔쳐 감이러라"는 말씀이 나옵니다. 아마 그 당시에도 예수님이 기적을 일으키고 말씀을 전하면 은혜를 받고 병 고침을 받은 사람들이 헌금을 했던 것 같습니다. 그래서 돈을 관리하는 사람이 한 명 있었는데, 그 사람이 가룟 유다였습니다. 우리도 돈을 잘 관리할 능력이 있는 사람에게 교회의 재정을 맡깁니다. 계산이 빠르고 정확하여 특별히 돈을 다룰 수 있는 사람은 기획 능력이 있는 사람입니다. 가룟 유다는 외향적으로 볼 때 기획 능력이 뛰어난 사람이었습니다.

사람들이 그를 회계로 선택한 것은 분명히 그가 좋은 자질과 은사와 조건이 있었기 때문일 것입니다. 그런데 그 사람이 옥합을 깨뜨려 향유를 붓는 마리아에게 분노하며 이런 비판을 했습니다. "3백 데나리온에 해당하는 향유는 한 사람의 일 년 치 월급이다.

5천 명을 먹일 수 있는 돈이 2백 데나리온인데, 3백 데나리온의 돈을 땅에 쏟아 버리다니…. 차라리 저걸 팔아서 가난한 자에게 주었다면 정의롭지 않겠는가?" 참으로 그럴듯하고 멋있게 들리는 말입니다.

그러나 예수님이 보실 때는 달랐습니다. 가룟 유다가 정의라는 이름으로 자기의 야망을 채우는 데 노련한, 논리적이고 설득력 있는 사람이라는 것을 예수님은 아셨던 것입니다. 예수님은 속지 않으셨습니다. 가룟 유다는 자기의 전문 지식을 이용해서 다른 사람을 속이고 도적질해 가는 사람이었습니다.

문제는 탐욕입니다. 우리 각자 안에도 가룟 유다가 있습니다. 전문 지식이 있는 것이 오히려 위기가 될 때가 있습니다. 회사에서 혹은 학교나 정부 기관, 교회에서 자신의 위치와 전문 지식을 이용해 다른 사람들 모르게 돈을 축적할 수 있습니다. 우리는 교회 안에서도 이런 모습을 봅니다. 예수의 이름으로 많은 일을 하지만 교회의 많은 지도자가 썩었다는 소리를 듣는 것은 바로 이러한 이유 때문입니다. 우리는 합리적으로 이런 오류에 빠지게 됩니다.

두 얼굴을 가진 사람

세 번째, 가룟 유다는 예수님과 함께 있었지만 예수님에게 애정이 없었던 사람입니다. 가룟 유다는 예수님의 돈궤를 맡았고 충성하기도 했습니다. 그러나 성경에 가룟 유다가 예수님에게 애정을 가졌던 것을 표현하는 구절이 하나도 없습니다. 그는 언제나 제 삼자로 객관적인 위치에 있었습니다. 자기는 개입하지 않고 언제나 옆에서 구경만 하는 사람이었습니다. 절대 빠지지는 않으면서 옆에서 비판하는 사람이었던 것입니다. 예수님을 위해서 눈물 흘리거나 가슴 졸이거나 몸부림쳐 본 일이 없습니다. 그는 언제나 냉혈동물처럼 냉정하게 예수님 주변을 따라다니고 있을 뿐이었습니다. 한 번도 예수님을 사랑해 본 적이 없었습니다. 이처럼 교회에 열심히 나오고 봉사를 열심히 하지만 냉혈동물처럼 살아갈 수도 있습니다. 이런 사람은 예수님을 사랑하지 않았기 때문에 결정적인 순간에 예수님을 버리게 됩니다.

오십 평생, 육십 평생 살아오다가 마지막에 아내를 버리는 수가 있습니다. 필요해서 같이 살았을 뿐이고 아내를 사랑하지 않았기 때문입니다. 이 사람은 병든 인간입니다. 남편은 아내를 눈물겹게 사랑할 수 있어야 합니다. 또한 아내는 생명을 다해 남편을 사랑할 수 있어야 합니다. 이것은 다른 어떤 좋은 관계보다 중요합니다.

인신매매자들이 있습니다. 이들은 남의 딸을 팔아 버립니다. 사람을 어떻게 그렇게 사고팔 수 있습니까? 남의 것이 내 것처럼 보이는 사람은 다 도둑입니다. 남의 땅을 자기 땅이라고 가짜 등기를 만들어 사기로 파는 일이 신문에 가끔씩 납니다. 남이 잘 세워 놓은 회사를 빼앗아 버리는 사람도 있습니다. 사람들은 이렇듯 여러 수단과 방법을 통해서 남의 것을 빼앗습니다. 이들은 가룟 유다나 마찬가지입니다. 참으로 무서운 일입니다. 가룟 유다는 뻔뻔한 사람이었습니다. 그는 두 마음을 가진 사람이었습니다.

> 그 때에 열둘 중의 하나인 가룟 유다라 하는 자가 대제사장들에게 가서 말하되 내가 예수를 너희에게 넘겨주리니 얼마나 주려느냐 하니 그들이 은 삼십을 달아 주거늘(마 26:14-15).

가룟 유다는 예수님과 함께 있으면서도 예수님을 팔아먹을 생각을 하고 있었습니다. 이것이 요즘 세상입니다. 이익 사회인 사회에서 우리는 어느 직장에 있든지 그 직장을 사랑할 수 있어야 합니다. 만약 사랑하지 않는다면 우리는 세상에서 제일 불쌍한 돈벌레에 불과한 사람이 됩니다. 월급 몇 푼을 위해서 사는 사람밖에 안 되는 것입니다.

> 그가 그 때부터 예수를 넘겨줄 기회를 찾더라(마 26:16).

이제 그에게는 예수님을 팔아 버린다는 한 가지 목적만 남아 있었습니다. 25절을 보면 "예수를 파는 유다가 대답하여 이르되 랍비여 나는 아니지요 대답하시되 네가 말하였도다 하시니라"는 말씀이 나옵니다. 예수님이 최후 만찬 때 제자들에게 나를 팔 자가 있다고 말씀하셨습니다. 그랬더니 제자들이 서로들 자기인가 하고 예수님에게 묻습니다. 가룟 유다도 그랬습니다. 그러나 그 대답은 유다 자신이 더 잘 알고 있었을 것입니다. 내가 도적인지 아닌지는 남이 말할 필요도 없이 자기가 제일 잘 압니다.

말씀하실 때에 열둘 중의 하나인 유다가 왔는데 대제사장들과 백성의 장로들에게서 파송된 큰 무리가 칼과 몽치를 가지고 그와 함께 하였더라 예수를 파는 자가 그들에게 군호를 짜 이르되 내가 입맞추는 자가 그이니 그를 잡으라 한지라 곧 예수께 나아와 랍비여 안녕하시옵니까 하고 입을 맞추니(마 26:47-49).

이때 가룟 유다는 예수님에게 가서 "랍비여!" 하고 입 맞추며 웃었을 것입니다. 그것이 도적인 가룟 유다의 얼굴이요, 인간의 얼굴이요, 곧 죄인의 얼굴입니다. 우리는 다 가룟 유다의 모습이 하나씩 있습니다.

죄에서 빠져나오지 못하는 우리의 자화상
네 번째로 가룟 유다는 정신분열증 증세가 있었던 사람입니다. 은 삼십에 예수님을 팔아 버린 가룟 유다는 그 후에 양심의 가책이라기보다는 극도의 정신분열증적 현상을 나타내는 것을 발견하게 됩니다.

　그 때에 예수를 판 유다가 그의 정죄됨을 보고 스스로 뉘우쳐 그 은
삼십을 대제사장들과 장로들에게 도로 갖다 주며 이르되 내가 무죄
한 피를 팔고 죄를 범하였도다 하니 그들이 이르되 그것이 우리에
게 무슨 상관이냐 네가 당하라 하거늘 유다가 은을 성소에 던져 넣
고 물러가서 스스로 목매어 죽은지라(마 27:3-5).

　유다가 회개했다거나 후회했다는 표현을 쓰지 않고 정신분열증
적 증세가 있다고 한 이유가 있습니다. 진정한 회개는 자살로 가지
않기 때문입니다. 하나님을 거부하고 대적하는 사람은 그 영혼이
미쳐 버릴 수밖에 없습니다. 하나님을 그 마음에 두기 싫어하는 사
람은 어리석은 사람입니다. 니체가 그랬습니다. 하나님이 죽은 것
이 아니라 자신의 마음속에서 하나님을 죽여 버렸습니다. 히틀러
와 스탈린도 마찬가지입니다.

　가롯 유다는 예수님이 재판받고 처형당하는 것을 보고 마지막
에는 회개하며 뉘우쳤다고 하지만 그것은 뉘우침이 아닙니다. 진
정한 회개는 구원에 이르게 합니다. 진정한 회개는 하나님에게로
돌아오게 합니다. 자살하게 했다는 것은 마귀가 있다는 것입니다.
자살하게 했다는 것은 그 뒤에 엄청난 저주가 있다는 것입니다.

　인간은 누구든지 가롯 유다처럼 실수와 욕망과 뻔뻔스러운 인

격을 가질 수 있고, 또한 그러한 얼굴들이 우리의 자화상입니다. 그리고 사람은 누구든지 정신병에 걸릴 수 있고, 우울증에 걸릴 수 있습니다. 정신병에 걸린 그 자체가 나쁘다는 것이 아닙니다. 사람은 누구든지 어떤 감당할 수 없는 환경에 들어가면 우울증에 빠질 수밖에 없습니다. 성경은 그런 정신분열증이나 우울증의 상황에 들어간 것을 나쁘다고 말한 적이 한 번도 없습니다. 궁극적으로 중요한 것은 십자가 도상에서 예수님의 옆에 있던 한 강도처럼 결정적인 시간에 "예수여 당신의 나라에 임하실 때에 나를 기억하소서"(눅 23:42)라고 고백하는 것입니다.

스스로 죄를 만든 사람이 있고, 상황적으로 죄에서 빠져나올 수 없게 된 사람이 있습니다. 예수님은 그것을 다 아십니다. 우리가 빠져나올 수 있는지, 빠져나올 수 없어서 죄를 계속 지을 수밖에 없는 상황에 있는지는 중요하지 않습니다. 지금 우리가 상상할 수 없는 사망의 음침한 골짜기에서 매일 죄를 짓지 않으면 생명이 위급한 상황에 있을 수도 있습니다. 그러나 그러한 상황에 있을지라도 "주여, 저를 불쌍히 여겨 주옵소서. 지금 저 스스로는 어떻게 할 수가 없습니다. 저를 도와주옵소서. 저는 하나님의 자녀입니다. 하나님의 뜻대로 살고 싶습니다"라고 기도한다면 우리는 베드로로 변신하는 것입니다. 만약 그런 상황 속에서 이렇게 기도할 수 없다면 가룟 유다로 일생을 마치게 됩니다.

날마다 계속되는 영적 전쟁

가룟 유다를 생각하면 우리의 분신을 보는 것 같습니다. 가룟 유다의 비극을 보면 우리의 마음이 얼마나 아픈지 모릅니다. 어떻게 해서 가룟 유다가 이렇게 되었습니까? 그 해답이 요한복음 13장 2절에 "마귀가 벌써 시몬의 아들 가룟 유다의 마음에 예수를 팔려는 생각을 넣었더라"라고 나와있습니다.

예수님을 팔려는 충동은 마귀에게서 왔습니다. 여기에서 우리는 가룟 유다를 이처럼 배신자의 모습으로 가게 했던 근본적인 배후 세력을 보게 됩니다. 그것은 가룟 유다 뒤에 있었던 마귀입니다. 마귀는 가룟 유다에게만 온 것이 아니라 예수님에게도 왔습니다. 그는 예수님을 세 번씩이나 유혹했습니다. 사십 일 동안 금식한 예수님에게 돌로 빵을 만들어 보라고 했습니다. 그러나 예수님은 사람이 떡으로만 사는 것이 아니라 하나님의 말씀으로 산다고 말씀하셨습니다. 또 마귀는 예수님을 높은 성전 꼭대기에 데리고 갔습니다. 그리고 하나님의 아들이라면 뛰어내릴 때 천사가 도와줄 것이라고 했습니다. 그는 물질의 문제가 아니라 자존심의 문제를 건드렸습니다.

그러나 예수님은 여기에 속아 넘어가시지 않았습니다. 마귀는 마지막으로 성전 꼭대기에서 온 세상의 권력과 명예를 보여 주면서 자신에게 잠깐 머리만 숙인다면 이 모든 것을 주겠다고 했으나 예수님은 속지 않으셨습니다.

마귀는 베드로에게도 왔습니다. 예수님이 십자가에 못 박혀 죽을 것이라는 예언을 하셨을 때 마귀는 베드로에게 예수님이 절대로 십자가에서 죽을 수 없다는 생각을 집어넣었습니다. 그래서 베드로가 "주여! 그리 마옵소서 이 일이 결코 주께 미치지 아니하리이다"라는 충성스러워 보이는 발언을 하게 했습니다. 그러자 예수님은 "사탄아 내 뒤로 물러가라"고 말씀하셨습니다. 베드로는 또 세 번씩이나 예수님을 부인했습니다.

마귀는 우리에게도 계속 찾아와서 유혹합니다. 육신의 연약함으로 찾아오고, 명예욕으로도 찾아오고, 겸손한 척하면서 교만하게 만들고, 모든 것을 다 할 수 있다고 속삭이기도 합니다. 이렇게 마귀는 순간순간 우리를 찾아와서 넘어뜨리려고 합니다. 마귀는 가룟 유다에게도 왔고 베드로에게도 왔고 예수님에게도 왔고 우리에게도 오고 있습니다.

문제는 영적 전쟁입니다. 우리는 이런 마귀의 시험으로부터 날마다 그리스도의 이름으로 승리해야 합니다. 우리가 오늘 죄를 이겼다고 해서 내일 또 반드시 이기는 것은 아닙니다. 우리는 매일 주 예수 그리스도의 이름으로 성령의 능력을 받아서 날마다 그리스도와 함께 승리하는 삶을 살아야 합니다.

베드로인가, 가룟 유다인가

사도행전 1장 18절은 가룟 유다의 비참한 최후에 대해 다음과 같이 묘사하고 있습니다. "이 사람이 불의의 삯으로 밭을 사고 후에 몸이 곤두박질하여 배가 터져 창자가 다 흘러나온지라." 마귀의 종노릇을 하면 결과적으로 마귀는 이런 보상을 허락할 뿐입니다. 마귀는 우리에게 화려한 환상을 약속합니다. 그러나 가장 비참한 결과를 안겨 줍니다.

하나님이 오늘 우리에게 가룟 유다에 대한 말씀을 듣게 해주셨습니다. 그리고 성경은 배가 터져서 창자가 흘러나왔던 가룟 유다의 처절한 죽음의 장면까지 자세하게 기록하고 있습니다. 우리는 가룟 유다처럼 살 수도 있고, 마리아처럼 살 수도 있습니다. 또한 가룟 유다처럼 될 수도 있고 베드로처럼 될 수도 있습니다.

우리는 실수를 인정해야 합니다. 앞으로도 실수하게 될 것입니다. 우리는 온전한 인간이 아닙니다. 최선을 다하지만 또 넘어질 수밖에 없는 약점이 있는 인간입니다. 그러나 성령님의 인도하심을 믿는다면 우리는 베드로처럼 승리의 삶으로 인생을 마무리하게 될 것입니다. 비록 실수가 있다 할지라도 주님을 사랑하는 것을 쉬지 마십시오. 주님에 대한 끝없는 애정, 사랑, 헌신, 이것이 예배입니다. 주님은 우리를 지켜 주실 것입니다. 우리의 죄가 깊은 만큼 하나님이 우리의 영광도 크게 해 주실 것입니다.

●

26

유월절을
기쁨으로 준비하라

마태복음 26:17-25

●

예수님은 유월절 잔치를 지키시려고 예루살렘으로 오셨습니다. 예수님이 여러 번 예언하신 대로 예수님이 십자가에 못 박히시는 사건과 유월절을 지키시는 사건은 서로 일치합니다.

> 너희가 아는 바와 같이 이틀이 지나면 유월절이라 인자가 십자가에 못 박히기 위하여 팔리리라 하시더라(마 26:2).

유월절을 지키는 목적과 방법

> 무교절의 첫날에 제자들이 예수께 나아와서 이르되 유월절 음식 잡수실 것을 우리가 어디서 준비하기를 원하시나이까(마 26:17).

무교절 첫날에 제자들이 예수님에게 와서 유월절 잔치를 어디서 하는 것이 좋겠는지 여쭤 봅니다. 이 말씀을 이해하기 위해서는 먼저, 유대인들이 유월절을 어떻게 지켰으며 그 절기를 지키는 목적과 방법은 어떠했는가에 대해 알 필요가 있습니다.

이스라엘 백성이 애굽에서 나오려는 마지막 때에 바로와 모세는 아주 격렬한 영적 싸움을 합니다. 결국 열 번의 재앙을 통해 바로는 항복하게 되고, 모세는 이스라엘 백성을 이끌고 탈출하게 됩니다. 성경을 보면 그 당시 다급해진 바로가 이스라엘 백성을 빨리 내쫓아 버리는 장면이 나옵니다. 이스라엘 백성은 애굽에서 탈출할 때 얼마나 급했던지, 발효도 안 된 반죽이 담긴 그릇을 옷에 통째로 싸서 어깨에 메고 탈출했습니다.

유월절에 누룩이 없는 떡을 먹었던 이유가 바로 여기에 있습니다. 누룩을 부풀릴 시간도 없이 탈출했던 그 긴박한 상황을 되새기며 유월절마다 누룩 없는 떡을 먹었던 것입니다. 17절에 나온 무교절은 유월절과 같은 개념에 속하는데 '누룩 없는 빵을 먹는 절기'라는 뜻입니다. 이들은 무교절 7일 동안 유월절 절기 행사를 그대로 지킵니다. 탈출을 기념해서 정장보다는 여행자의 옷을 입고, 누룩 없는 빵을 먹습니다. 특별한 음식을 먹고 행사를 함으로써 자기 조상들이 애굽을 탈출할 때 바로의 세력을 무찔러 주시고 홍해를 갈라 주신 하나님의 승리와 기적, 이스라엘 백성을 향한 영광스러운 구원의 계획과 사건들을 회상하면서 신앙을 회복하는 것입니다.

이 절기는 보통 목요일에 해당합니다. 그들은 오전과 오후에 유월절 음식을 준비합니다. 이것은 우리가 추석이나 설날이 되면 그 전날에 밤이 새도록 전을 굽고 떡도 만들고 옷을 준비하는 것과 비슷합니다. 이 얼마나 아름다운 광경입니까? 저녁이 되면 가족이

다 함께 모여 예식에 따라 하나님의 승리와 구원을 상징하는 유월
절 축제의 음식으로 만찬을 시작하는 것입니다.

유월절에 먹는 음식

하나님의 승리를 상징하는 유월절 만찬에는 몇 가지 독특한 점이
있습니다. 그 중 한 가지는 누룩 없는 딱딱한 비스킷 같은 빵을 만
들어서 일주일 동안 먹는 것입니다. 누룩 없는 빵을 먹는 데는 특별
한 의미가 있습니다. 누룩은 죄악된 생활을 상징하는 것으로 '누룩
없는 빵'이란 순결하고 부정하지 않은 깨끗한 삶을 의미합니다.
그래서 유월절에는 누룩 없는 빵을 먹습니다.

유월절의 핵심은 역시 어린 양 예수 그리스도입니다. 그래서 그
들은 여장을 갖춘 채 양을 잡아 음식을 만듭니다. 출애굽 당시, 애
굽에 내린 마지막 재앙 때에는 첫 태생이면 동물이든 사람이든 모
두 다 죽였습니다. 그러나 하나님은 이스라엘 백성을 보호하기 위
한 대책을 마련해 놓으셨습니다. 마지막 재앙이 내리던 날 밤, 하
나님이 택하신 백성의 가정에는 어린 양의 피를 우슬초에 적셔 인
방과 문설주에 뿌리게 했습니다. 그래서 하나님의 신이 모든 첫 태
생을 다 죽일 때 문의 인방과 문설주에 어린 양의 피가 있으면 그
냥 통과했던 것입니다.

'유월'은 패스오버(passover), 즉 '지나간다'는 뜻입니다. 우리가

어린 양 예수 그리스도의 피로 말미암아 구속, 곧 죄 사함을 받은 것처럼 어린 양의 피를 보고 죽음이 통과했던 구약의 역사가 바로 이것입니다. 그래서 그들은 목요일 오후에 양을 잡아 성전에 가지고 가서 그 피로 하나님에게 제사를 드리고, 그날 밤에 하나님을 기억하며 요리한 양고기를 먹습니다. 또 유월절 식탁에는 소금 그릇이 반드시 있습니다. 소금 그릇은 이스라엘 백성이 애굽에서 종살이할 때 흘렸던 많은 눈물을 상징합니다. 그리고 한편으로는 바다의 짠물을 연상시켜서 하나님이 홍해를 갈라 건너게 하신 사건을 기억하게도 합니다. 그들은 매운 냉이풀이나 치커리, 또는 쓴 박하와 같은 채소를 섞은 쓴 나물을 하로셋에 찍어 먹습니다. 하로셋은 사과, 잣, 호도 등을 으깬 것에 꿀과 포도주를 섞어 만든 일종의 양념장입니다. 이것은 노예 시절에 진흙으로 벽돌을 구우며 고생했던 쓰디쓴 기억을 회상하기 위해서입니다. 또 채소가 묶여진 다발은 우슬초로 피를 뿌렸던 것을 상징합니다.

또한 유월절 만찬 때에는 네 잔의 포도주를 먹습니다. 먼저, 손을 씻고 쓴 나물을 먹으면서 첫 번째 잔을 마십니다. 두 번째 잔을 마실 때에는 유월절 잔치의 유래를 다시 한 번 말하면서 기억을 되새깁니다. 그리고 세 번째 잔을 마실 때에는 양고기를 먹으면서 시편 113편과 114편을 읽습니다. 그리고 마지막으로 네 번째 잔을 마실 때에는 시편 115편과 118편의 말씀을 읽으면서 만찬을 마무리합니다. 바로 여기에서 그 유명한 떡과 포도주의 개념이 나오게 됩니다.

자기도 모르게 큰 일을 한 사람들

유월절은 하나님이 어린 양 예수 그리스도를 통해 당신의 백성을 구원하신 사건입니다. 그런데 어린 양이신 예수 그리스도 자신이 이제 제자들과 함께 이 의미 깊은 유월절 잔치를 지내고 십자가를 향해 가시는 것입니다.

> 이르시되 성안 아무에게 가서 이르되 선생님 말씀이 내 때가 가까이 왔으니 내 제자들과 함께 유월절을 네 집에서 지키겠다 하시더라 하라 하시니(마 26:18).

예수님은 "어디서 유월절 잔치를 준비할까요?"라는 질문에 성안에 들어가면 아무개가 있다고 답변하셨습니다. 여기서 '아무에게'는 '아무나에게'라는 뜻이 아닙니다. 벌써 정해진 어떤 특별한 사람인데 이름을 밝히지 않았을 뿐입니다. 하나님이 예비해 놓으신 어떤 사람이 있었던 것입니다. 그 사람에게 가서 "우리 주님께서 이제 유월절 잔치를 네 집에서 지키실 것이다"라고 말만 하라는 것입니다. 여기서 등장하는 '어떤 사람'은 우리에게 굉장히 흥미롭습니다.

이 사람은 하나님이 택한 사람입니다. 그래서 그는 자기도 모르게 예수님의 최후의 유월절 만찬을 준비하고 있었습니다. 예수님을 사랑했던 한 여인은 옥합을 깨뜨리고 향유를 부어 자신도 모르게 예수님의 장례를 준비했습니다. 그와 마찬가지로 이 사람도 주님을 너무나 사랑해서 정성들여 집과 음식을 제공했는데, 그것이 예수님의 마지막 만찬을 준비하는 일이 되었던 것입니다.

이렇게 자기도 모르는 사이에 큰 일을 한 사람이 또 한 명 있습니다. 예수님의 나무 십자가를 대신 메고 갔던 구레네 시몬입니다. 그는 생각지도 않게 주님의 십자가에 동참했습니다. 우리가 예수님의 십자가에 조금이라도 동참할 수 있다면 얼마나 좋겠습니까? 우리 예수님이 십자가를 지셨을 때 땀이라도 좀 닦아 드리고 피도 좀 닦아 드리고 싶은 것이 우리의 심정인데, 우리에게는 그럴 기회가 없었습니다. 그런데 구레네 시몬은 원하지도 않았는데 예수님이 지고 가시던 십자가를 대신 질 수 있었습니다. 이 얼마나 큰 축복이고 영광이겠습니까? 그는 자기가 메었던 십자가를 평생 동안 두고두고 생각하면서 감격하고 기뻐했을 것입니다.

이런 사람은 돈과 시간과 정열과 그의 인생의 모든 것이 하나님의 도구로 사용되었습니다. 어떤 때에는 음식을 제공하고, 어떤 때에는 집을 제공하고, 또 어떤 때에는 전공 지식을, 그리고 은사와 물질을 사용함으로써 하나님에게 영광 돌릴 수 있다는 것을 여기서 보게 됩니다.

왜 하나님이 우리를 지금 이런 상황에 두셨다고 생각합니까? 왜 하나님이 우리에게 현재의 직업을 가지게 하셨다고 생각합니까? 왜 하나님이 우리를 높은 자리에 앉게 하셨다고 생각합니까? 우리의 명예와 인기와 성공과 만족만을 위해서 주셨을까요? 저는 가끔 에스더를 생각합니다. 에스더 4장 14절에서 모르드개는 에스더에게 이런 말을 했습니다.

"네가 왕후의 자리를 얻은 것이 이 때를 위함이 아닌지 누가 알겠느냐."

우리 하나님이 그 많은 역경과 어려움 속에서도 이 자리까지 오게 하신 것은 하나님이 우리를 쓰시기 위함입니다.

본문에 나오는 그 사람이 가진 큰 집은 유월절 잔치에 사용되려고 있었습니다. 어떤 사람을 보면 기본적인 의식주를 해결하고 자녀 교육비로 지출하고 나서도 돈이 남습니다. 그렇게 넉넉히 재물을 주신 이유는 부동산 투기하라는 것이 아니라 하나님의 영광을 위해 쓰라는 것입니다. 어떤 사람은 남이 가지지 않은 전문 지식이 있어서 그 사람만이 할 수 있는 특별한 일이 있습니다. 그래서 자기의 전문 지식을 무기로 삼아 돈을 벌고, 남을 제압하고 조정합니다. 그러나 우리의 전문 지식은 하나님의 영광을 위해서 있는 것입니다. 하나님의 영광을 위해서 우리에게 특별한 직책과 은사와 지식과 능력을 주신 것입니다.

제자들이 예수께서 시키신 대로 하여 유월절을 준비하였더라 (마 26:19).

제자들은 순종하고 그 집에 갔을 것입니다. 제자들과 집 주인은 서로 초면일지도 모릅니다. 제자들이 "우리 주님께서 유월절 잔치를 선생님 집에서 좀 지내시겠다고 합니다"라고 말했을 때, 이 사람이 어떤 반응을 보였을까요? 성경에 그런 표현은 없어도 아마, "할렐루야! 나의 기도가 이루어졌습니다. 나의 꿈이 이루어졌습니다. 나는 준비하고 있었습니다"라고 했을 것입니다. 주님이 어떻게 우리를 찾아오실지 모릅니다. 그렇다면 우리는 잘 준비하고 있습니까?

우리 주위 곳곳에는 할 일이 너무나 많습니다. 꼭 선교사로 가지 않더라도, 내 가족과 친구를 위해 그리고 내 직장과 사회에서 예수 그리스도의 이름으로 해야 할 수많은 일이 있습니다. 주님은 나를 들어 쓰시겠다고 지금 이야기하고 계신지 모릅니다. 주님이 나를 들어 쓰시겠다면 "아멘! 주여, 감사합니다. 나를 쓰시다니요, 내 돈을 쓰시다니요, 내 시간을 쓰시다니요"라고 할 수 있는 우리가 되기를 바랍니다. 우리 집을 개방했는데 어떤 사람이 그 집에 와서 회개하고 예수 믿고 구원받았다면 얼마나 좋은 일입니까? 또한 직장에서 그런 일들이 일어난다면 얼마나 좋겠습니까?

교회는 십 년 쓰면 다 낡아야 합니다. 교회를 아끼면 안 됩니다. 일 년 열두 달, 스물네 시간 내내 모든 사람이 주님의 집에 와서 비품이 다 닳아지도록 써야 합니다. 10년 만에 바꾸고 또 바꾸고 그렇게 사용하는 성전이라면 얼마나 좋겠습니까? 돈을 많이 들여서 지은 성전들의 문을 잠그는 것은 낭비입니다. "주여, 우리 교회가 하나님이 쓰시는 교회가 되게 해주십시오. 내 인생이 하나님이 쓰시는 인생이 되게 해주십시오. 내 사업이, 내 전문 지식이 그렇게 되게 해 주십시오"라고 기도드리는 우리가 되어야 할 것입니다.

너희 중 한 사람이 나를 팔리라

드디어 예수님의 만찬이 시작됩니다. "저물 때에 예수께서 열두 제자와 함께 앉으셨더니"(마 26:20). 이어 21절을 보면 "그들이 먹을 때에"라는 구절이 있습니다. 이것이 그 유명한 예수님의 최후의 만찬 장면입니다.

이때 유월절의 어린 양 예수 그리스도가 굉장히 중요한 두 가지 이야기를 하셨습니다. 하나는 가룟 유다의 배신에 대한 예언이었고, 또 다른 하나는 성만찬에 관한 말씀입니다. 먼저 가룟 유다의 배신에 관한 말씀을 나누어 보려 합니다.

21절에서 예수님은 "너희 중의 한 사람이 나를 팔리라"는 아주 충격적인 말씀을 하십니다. 제자들이 음식을 먹다 깜짝 놀랍니다. 모든 제자가 심히 근심하여 "주여 나는 아니지요"(마 26:22) 하고 각각 예수님에게 여쭤 보았습니다. 그러자 예수님이 이렇게 말씀하십니다.

나와 함께 그릇에 손을 넣는 그가 나를 팔리라(마 26:23).

참으로 알 수 없는 말입니다. 예수님은 과거에도 알 수 없는 말씀을 가끔 하셨습니다. 그런데 예수님의 말씀을 들은 제자들 가운데 누가 그릇에 손을 넣겠습니까? 다음 말씀을 보면 예수님이 더 알 수 없는 말씀을 하십니다.

인자는 자기에 대하여 기록된 대로 가거니와 인자를 파는 그 사람에게는 화가 있으리로다 그 사람은 차라리 태어나지 아니하였더라면 제게 좋을 뻔하였느니라(마 26:24).

이것은 모두에게 충격적이고도 이해할 수 없는 이야기였습니다. '우리가 삼 년 동안이나 예수님과 생사고락을 같이 했는데, 과연 누가 예수님을 팔 자란 말인가! 나일까? 아니면 베드로인가, 요한인가, 야고보인가, 유다인가…' 제자들은 서로 이런 생각을 하면서 굉장히 당황했을 것입니다.

이때 놀랍게도 가룟 유다가 제일 먼저 "랍비여 나는 아니지요" 하고 예수님에게 소리 지릅니다. 자기는 절대 아니라는 자신이 있는 것입니다. "도둑이 제 발 저린다"는 속담이 있습니다. 가룟 유다는 아무도 말을 안 하고 있으니 그 침묵을 견딜 수가 없어서 자기는 아니라는 사실을 다른 제자보다도 먼저 모든 사람에게 알려

주기를 바랐던 것입니다. 언제나 문제 많은 사람이 변명도 많은 법입니다. 예수님을 팔아넘길 사람이 자기라는 것이 알려질까 봐 무서워서 미리 막는 것입니다. 그래서 그가 소리를 지른 것입니다.

남에게 소문을 많이 퍼뜨리고 이 말 저 말 하며 돌아다니는 사람이 제일 냄새가 많이 나는 사람입니다. 깨끗하고 정직한 사람은 많은 말을 하지 않습니다. 자기 자신이 문제가 많은 사람들이 말도 많고 이유도 많습니다. 그런데 예수님의 대답이 더 놀랍습니다. "네가 말하였도다"라고 직접적으로 말씀하십니다. 다른 제자들은 눈치를 채지 못했지만 예수님이 알고 계신다는 사실에 유다는 진땀이 나고 쇼크를 받았을 것입니다.

회개의 기회를 주신 예수님

배신의 생각을 품는 가룟 유다에 대한 예수님의 접근 방법을 조금 더 분석해 보겠습니다. 예수님이 가룟 유다를 완전히 포기하셨을까요? 말씀을 전개해 나가시는 과정을 잘 살펴보면 그에게 기회를 주신 것을 알 수 있습니다. 제자들이 모인 곳에서 예수님은 처음부터 가룟 유다에게 네가 죄인이라고 말씀하시지 않았습니다. 너희 중에 한 사람이 나를 팔리라고 말씀하셨습니다. 너는 잘못되었다고 지적하시기보다는 스스로 잘못을 발견해서 뉘우칠 수 있는 기회를 주신 것입니다. 그때 가룟 유다는 빨리 깨닫고 자기의 행동을 바꾸었어야 합니다. 그런데 그렇게 하지 못했습니다.

일반적으로 죄인들은 다른 사람은 다 들켜도 나는 안 들킨다고 생각합니다. 그래서 죄를 짓는 것입니다. 다른 사람들은 다 죽어도 나는 안 죽는다거나, 다른 사람은 다 죽을병에 걸려도 나는 안 걸릴 것이다, 또 다른 사람은 다 망해도 나는 안 망할 것이라는 등 사람들은 자기 일에 대해 이상한 미신과 확신이 있습니다. 그러다가 갑자기 병원에서 암 선고를 받게 되면 그때부터 흔들립니다. 나는 망하지 말아야 하고, 병들지 말아야 하고, 죽지 말아야 한다는 법이 어디 있습니까? 인간이면 누구나 겪을 수 있는 일입니다.

그런데 교만한 인간들이 생각하기를, 자신은 늘 예외 취급을 받아야 한다고 합니다. 그래서 많은 사람이 특권 의식이 있습니다. 자신의 가문이나 학벌이나 지위 때문에 나만은 예외가 되어야 한다고 생각합니다. 부득불 어떤 범죄 사건에 연루되었을 때 사람들은 '나만 그랬나? 다 그랬지' 하면서 자기의 죄와 실수를 일반화시킵니다. 나는 시대의 희생물이며, 사회적인 구조악의 희생물이라는 것입니다. 그래서 내가 원해서라기보다는 그렇게 죄를 지을 수밖에 없었다고 합니다. 이렇게 생각하는 사람이 가룟 유다의 영을 받은 사람입니다. 그래서 자기 죄를 인정하여 회개하지 않고, 그것을 상대화시키고 거기서 빠져나갈 생각을 열심히 하는 것입니다.

두 번째로 예수님은 배신의 음모를 꾸미고 있는 유다를 향해 결정적인 순간에 "바로 너다"라고 정곡을 찌르십니다. 이것이 예수님의 방법입니다. 더 이상 변명도, 회피할 수도 없는 결정적인 지적입니다. 주님은 가끔 우리에게 결정적인 지적을 하십니다. 그러나 다른 열두 제자가 눈치채지 못했듯이 아무도 모르게 지적하십니다. 우리는 기도하다가, 말씀을 읽다가, 또 설교를 듣다가 그런 지적을 받을 수 있습니다.

여기서 이런 결정적인 지적을 했다는 이야기는 심판의 시간이 가까웠다는 뜻입니다. 기회가 없다는 뜻입니다. 간접적으로 전할 때에는 시간이 있으나, 직접적으로 전할 때에는 시간이 없다는 말입니다. 이렇게 직접적으로 올 때 더 이상 생각할 것 없이 빨리 회개해야 합니다. 주저하면 늦습니다.

예수님은 가룟 유다가 회개하고 돌아오기를 원하셔서 여러 번 기회를 주셨습니다. 그러나 유다는 결정적인 순간까지도 자기 안에 자라는 죄를 끊지 못했습니다. 결국 그는 사탄의 속삭임을 막지 못해 죄의 노예가 되고 말았습니다. 어떤 사람은 죄를 너무 자주 짓기 때문에 하나님에게 죄송해서 회개를 못 하겠다고 합니다. 죄를 안 짓기로 굳게 결심해도 계속 죄를 짓게 되는 것이 인간입니다. 하지만 우리의 의지가 참으로 연약한 것을 하나님은 너무나 잘 아십니다.

선으로 악을 이기라

그러나 가룟 유다의 경우는 죄를 의도적으로 계획했다는 데 문제가 있습니다. 그는 예수님의 품에 안기고 그분의 입술에 키스하면서도 예수님을 팔려는 이중적인 생각을 했습니다. 교회에 나오고 하나님을 믿는다면서도 세속적인 줄타기를 즐기는 성도가 얼마나 많은지 모릅니다. 한 발은 세상에, 한 발은 주 안에 놓고서 '하나님이 봐주시겠지' 생각합니다. 죄를 지으면 '헌금 좀 많이 하고, 새벽 기도 한 번 더 나오면 되지' 하면서 자기를 자꾸 합리화합니다.

가룟 유다는 예수님의 사랑의 눈길을 보고 있었습니다. 거기에 양심의 가책을 느끼면서도 한편으로는 잔인하게 죄를 계획하고 있었던 것입니다. 가룟 유다는 자신이 하는 일이 잘못되었다는 것을 누구보다도 스스로 잘 알고 있었습니다. 그러나 죄를 끊지 못했기 때문에 결국은 자살하게 됩니다. 죄를 계획해 의도적인 죄를 지으면서도 그것을 끊지 않는 사람들은 미쳐 버리는 것입니다.

우리 가운데 어떤 이유에서든 의도적인 죄를 짓고 있는 사람은 없습니까? 모든 그리스도인은 가정과 학교와 직장에서 의도적인 죄를 지어서는 안 됩니다. 혹시 죄에 대한 계획이 있다면 지금 이 순간 끊어 버리기를 바랍니다. 왜냐하면 그것은 우리를 자살하게 만드는 길이기 때문입니다. 잘못을 인정하고 돌이키는 회개에는 늦은 시간이란 없습니다. 회개하는 시간이 가장 빠른 시간입니다. 어떤 사람은 이제 돌이키기에는 너무 늦었다고, 회개하기에는 모든 것이 너무 빨리 진행되었다고 말합니다. 그러나 자살하는 것보다는 낫습니다. 지금 이 시간에 돌아서는 것이 피해를 그만큼 줄이는 것이며 우리도 살고 타인도 살리는 길입니다.

죄를 끊고 회개하면 더 이상 비참해지지도 않습니다. 어떤 사람은 지금 다 내어 놓게 되면 막대한 사람이 피해를 보게 된다고 변명합니다. 그러나 지금 막지 않으면 피해는 더 커집니다. 축복을 위한 최대의 결단은 바로 가룟 유다의 영을 끊고 선으로 악을 이기는 것입니다. 주님에게로 돌아오는 것입니다. 회개하는 것입니다. 이것이 유월절 어린 양 예수 그리스도가 만찬 중에 하셨던 첫 번째 이야기였습니다.

우리는 가룟 유다의 생각을 다 잊어버려야 합니다. 우리의 마음속에 마리아와 같은 큰 기쁨이 충만하기를 바랍니다. 자신의 집과 음식을 내놓아 유월절 잔치를 준비했던 어떤 한 사람의 기쁨이 우리 마음속에 충만하기를 바랍니다. 예수님의 십자가를 잠시나마 졌던 구레네 시몬에게 임한 것과 같은 축복이 있기를 바랍니다.

27

예수님의
살과 피를 먹으라

마태복음 26:26-30

십자가에 못 박혀 돌아가시기 전에 예수님은 제자들과 함께 마지막 유월절 만찬을 들고 계셨습니다. 마태복음을 보면 이때 중요한 사실이 두 가지 나타납니다. 첫째는 가룟 유다의 배신에 관해 말씀하신 것이고, 둘째는 예수님이 떡과 포도주를 드시면서 놀라운 비밀을 보여 주신 것입니다.

하늘로부터 내려온 생명의 떡

그들이 먹을 때에 예수께서 떡을 가지사 축복하시고 떼어 제자들에게 주시며 이르시되 받아서 먹으라 이것은 내 몸이니라 하시고 (마 26:26).

예수님은 유월절 잔칫상에 있었던 누룩 없는 떡을 집으셔서 그것을 떼어 제자들에게 주셨습니다. 그리고 "받아서 먹으라 이것은 내 몸이니라"고 말씀하신 것입니다.

우리는 유월절 잔칫상에 있는 누룩 없는 떡을 기억합니다. 이스라엘 백성이 애굽에서 나올 때 얼마나 급했던지, 누룩을 넣어 떡을 굽지 못하고 반죽 그릇을 통째로 옷에 싸서 어깨에 메고 탈출했던 것입니다. 이 일을 기념하기 위해 그들은 유월절 때마다 누룩 없는 떡을 먹었습니다. 그러면서 하나님이 어떻게 보호해 주시고, 축복해 주시고, 고난과 역경 속에서 구원해 주셨던가를 늘 회상했던 것입니다.

바로 그 떡을 예수님이 지금 떼어서 주십니다. 성경을 보면 그들이 먹기 전에 예수님이 떡을 가지사 축복하시고 그 다음에 떼어 주셨다고 되어 있습니다. 이것은 굉장히 놀라운 일입니다. 그 떡은 예수님이 꼭 떼어 주시지 않아도 누구든지 먹을 수 있는 떡입니다. 그 전까지도 늘 그렇게 먹었습니다. 그런데 예수님이 왜 그렇게 하셨습니까? 예수님이 떡을 들고 축사하신 것은 보리떡 다섯 개와 물고기 두 마리를 축사하시고 오천 명을 먹이셨던 사건과 아주 밀접한 관계가 있습니다.

오병이어의 기적이 기록되어 있는 요한복음 6장 35절에 보면 예수님의 뜻은 배고픈 사람들을 배부르게 한 것에만 있지 않았습니다.

"예수께서 이르시되 나는 생명의 떡이니 내게 오는 자는 결코 주리지 아니할 터이요 나를 믿는 자는 영원히 목마르지 아니하리라."

예수님의 관심은 생명의 떡인 자기 자신을 가리키는 데 있었습니다. 예수님은 이렇게 말씀하시는 것입니다.

"아무리 먹어도 배고프고 아무리 마셔도 목마른 인생, 무엇을 가져도 만족하지 못하는 인생, 행복을 추구하지만 그것에 다다를 수 없는 인생, 이것이 너희의 삶이다. 너희가 밥을 먹으면 육신의 배는 부를지 모르지만 영혼은 결코 만족하지 못할 것이다. 지금 나는 너희에게 너희 육신의 배를 부르게 할 수 있는 떡을 주었지만 진정으로 너희가 찾아야 할 떡은 바로 생명의 떡인 나다."

마귀가 돌로 떡을 만들어 보라고 시험했을 때 예수님은 사람이 떡으로만 사는 것이 아니라고 말씀하셨습니다. 사람의 육신은 떡이 필요하지만 사람의 영혼에는 말씀이 필요하다는 것입니다. 말씀이신 예수 그리스도, 생명이신 예수 그리스도, 하늘에서 내려온 영원한 산 떡이신 예수 그리스도 자신을 우리 인생에 주시기 위해 이런 말씀을 하신 것입니다.

사람은 육체적인 동물이 아닙니다. 사람은 영적인 존재입니다. 먹고 마시고 배부르면 모든 문제가 해결되는 존재가 아닙니다. 오천 명은 배가 불렀습니다. 열두 광주리가 남았습니다. 그래서 예수님을 빵 문제를 해결해 줄 수 있는 사람으로 순간적으로 착각한 것입니다. 그러나 그것은 진정한 해결이 아닙니다. 사업이 잘되고, 자녀가 대학에 들어가고, 시집 잘 가고 장가 잘 들면 문제가 다 해결될 것 같습니까? 그렇지 않습니다. 그것이 전부가 아니라는 것입니다.

요한복음 6장 41절에서 예수님이 자신을 가리켜 하늘로서 내려온 떡이라고 하셨습니다. 사람에게는 육신의 떡이 아니라 영생의 떡, 생명의 떡, 하늘로서 내려온 떡이 필요합니다. 물질적이고 경제적인 축복만이 축복이 아니라 영적인 축복, 영원한 축복이 중요한 것입니다.

사람들은 예수님이 하늘로서 내려온 생명의 떡이라고 말씀하시자 충격을 받고 수군거리기 시작했습니다. 예수가 요셉의 아들이 아니냐, 우리가 그것을 잘 알고 있는데 자기가 어떻게 그런 말을 할 수가 있느냐는 것입니다. 예수님은 43절에서 수군거리지 말라고 말씀하셨습니다. 그리고 다음과 같이 말씀을 이어가셨습니다.

> 내가 곧 생명의 떡이니라 너희 조상들은 광야에서 만나를 먹었어도 죽었거니와 이는 하늘에서 내려오는 떡이니 사람으로 하여금 먹고 죽지 아니하게 하는 것이니라 나는 하늘에서 내려온 살아 있는 떡이니 사람이 이 떡을 먹으면 영생하리라 내가 줄 떡은 곧 세상의 생명을 위한 내 살이니라 하시니라(요 6:48-51).

얼마나 많은 사람이 인생에 대해 목말라 합니까? 그렇게 수없이 백화점을 들락거리면서 새 옷을 사 입어도 만족을 못 합니다. 이 남자 저 남자, 이 여자 저 여자, 아무리 바꿔 보아도 만족이 없습니다. 그것이 인생입니다. 돈이 우리를 만족시켜 줄 것 같습니까? 지위가 우리를 만족시켜 줄 것 같습니까? 성공이 우리를 만족시켜 줄 것 같습니까? 육신의 떡이 우리를 만족시켜 줄 것 같습니까? 인간은 흙으로도 지음을 받았지만 영으로도 지음받은 존재입니다. 영적인 만족이 없을 때에는 다른 어떤 것으로도 만족이 되지 않습니다.

예수님은 떡을 축사하시고 떼어 제자들에게 주시면서 "받아먹으라. 이것이 나다. 나를 먹으라"고 하셨습니다. 이제 예수님은 곧 십자가에서 피를 쏟으시게 됩니다. 십자가에서 예수님은 살이 찢기시게 될 것입니다. 그러면서 주님은 이렇게 말씀하십니다.

"내 찢기는 살을 먹으라. 내가 흘린 이 보혈을 마셔라. 네가 이 떡을 먹고 이 피를 마시게 되면 모든 죽음이 사라질 것이다. 모든 죄와 절망과 좌절이 사라지게 될 것이다. 모든 질병이 사라지게 될 것이다. 모든 악한 세력이 무너지게 될 것이다. 그리고 너희에게는 새로운 구원과 소망과 영생이 시작될 것이다."

예수님 안에 거하는 삶

여기서 한걸음 더 나아가 보겠습니다. 예수님이 "떡을 먹으라. 그 것이 내 몸이다"라고 하셨습니다. 그러면 예수님은 왜 "나를 믿으라"고 하시지 않고 "나를 먹으라"고 하셨을까요? 이것이 우리의 동양적인 개념과 잘 연결되지 않습니다.

어떻게 예수를 먹을 수 있습니까? 이 점에서 우리는 좀 마음이 불편해집니다. "예수님을 잘 섬겨라. 잘 믿어라. 그를 잘 대접해라”고 하면 쉬운데 예수를 먹으라고 하니 개념이 잘 안 들어옵니다. 여기에 신앙의 갈등이 있습니다. 자꾸 예수님을 믿으려고 하니까 잘 안 믿어지고, 죄를 안 지으려니까 더 짓게 됩니다.

예수님은 믿으려고 애쓰는 것이 아니라, 성령이 임하면 그냥 믿어지는 것입니다. 죄를 안 지으려고 하는 것이 아니라, 죄가 안 지어져야 하는 것입니다. 이것이 하나님의 백성입니다. 이것이 구원입니다. 죄를 안 지으려고 해보십시오. 죽을 때까지 얼마나 피투성이가 되겠습니까? 아주 고생을 하며 자기와 싸웁니다. 자기의 정욕을 없애기 위하여 칼로 자기 몸을 찔러 봐야 소용없습니다. 마음속의 교만과 아집과 죄악의 틀에서 인간이 어찌 벗어날 수가 있겠습니까? 그러면 예수님이 “생명의 떡인 나를 먹으라”고 하신 뜻은 무엇일까요?

요한복음 6장 56절에 해답이 있습니다.

“내 살을 먹고 내 피를 마시는 자는 내 안에 거하고 나도 그의 안에 거하나니.”

예수님을 믿는다는 것은 그냥 단순히 내 입술로 “내가 예수님을 믿습니다” 하고 인정하고 받아들이는 데 머무는 것이 아닙니다. 그것은 예수님의 살을 먹고 예수님의 피를 마신다는 뜻입니다.

어떤 사람이 사랑해서 결혼한다고 합시다. 결혼하게 되면 살을 섞게 되어 육체적인 결합을 하게 됩니다. 바로 이것입니다. 예수님을 믿는다는 것은 단순히 예수님을 인정하고 받아들이는 차원을 넘어서는 어떤 영적인 결합입니다. 그래서 예수님은 내 살을 먹고, 내 피를 마시라고 표현한 것입니다.

이것을 다른 말로 하면 "그가 내 안에 거하고 나도 그 안에 거한다"는 뜻입니다. 우리가 음식을 먹으면 그 음식이 뱃속에 들어가 소화됩니다. 그다음에 그것이 내 피가 되고 살이 되는 것입니다. 이것이 음식을 먹었다는 뜻입니다. 음식을 먹으면 배도 부르지만, 그것이 피가 되고 살이 되어 내 몸 전체가 생명을 유지하게 하는 힘의 근원이 됩니다. 이와 마찬가지로 예수님을 믿는다는 것은 예수님을 먹고 마심으로 말미암아 예수님이 내 안에서 피가 되고 살이 되어서 내 몸이 된다는 뜻입니다.

이제는 내가 사는 것이 아니요 오직 내 안에 그리스도께서 사시는 것이라(갈 2:20).

예수님의 피가 내 혈관에 흐르고, 예수님의 살이 곧 내 살이 되고, 예수님의 생각이 곧 내 생각이 되고, 예수님의 가치관이 곧 내 가치관이 되는 것입니다. 내가 볼 때 예수님을 통해 보는 것이고, 내가 말할 때 예수님을 통해 말하는 것이고, 내가 행동하거나 걸어갈 때 예수님이 내 안에서 움직이는 것입니다. 이것이 바로 그가 내 안에 있다는 것입니다.

우리가 예수님을 믿으면서도 계속 갈등을 느끼고, 죄를 범하고 몸부림치는 이유는, 예수님과 내가 따로 떨어져 있기 때문입니다. 이것을 우리의 결혼 생활과 비교해 볼 수 있습니다. 많은 사람이 부부 생활을 합니다. 아기를 낳고 잘 삽니다. 같이 밥을 먹고, 같이 잠을 자고, 매일 살을 맞대고 잡니다. 이것이 하나가 된 것입니까?

예수님과의 관계도 마찬가지입니다. 예수님을 믿어 보려고 하지만 어떤 때는 가까워졌다고 느껴지고 또 멀게도 느껴집니다. 왜 그렇습니까? 내가 그분 안에 없기 때문입니다. 그분이 내 안에 안 계시기 때문입니다.

예수님은 "진짜 예수 믿는 것은 내가 네 안에, 네가 내 안에 있는 것이다. 우리 둘이 하나가 되는 것이다"라고 말씀하십니다. 모두가 이렇게 되기를 원합니까? 예수님이 정말 우리 안에 들어오셔서 피가 되고 살이 되고 우리의 구원이 되고 삶이 되기를 원합니까? 그것이 예수 믿는 것입니다. 그래서 예수님이 "나를 먹으라"고 하신 것입니다.

두 번째로 피에 대해 생각해 봅시다.

또 잔을 가지사 감사 기도 하시고 그들에게 주시며 이르시되 너희가 다 이것을 마시라 이것은 죄 사함을 얻게 하려고 많은 사람을 위하여 흘리는 바 나의 피 곧 언약의 피니라(마 26:27-28).

식사 후에 예수님은 잔을 주시면서 "너희가 다 이것을 마시라"

고 하셨습니다. 물론 예수님은 잔을 주시기 전에 감사기도를 하셨습니다. 감사기도를 하실 때 이 포도주는 그리스도의 피가 되었습니다.

"너희들은 지금 포도주를 먹고 있지만 포도주를 먹는 것이 아니다. 내가 너희에게 지금 축복을 했는데, 이 포도주를 내 입술에 대는 순간 그것은 그리스도의 피가 된 것이다. 내 피를 마시라. 이 피는 모든 사람을 위하여 흘린 피, 곧 언약의 피다."

모든 사람을 위해 흘리신 피, 곧 언약의 피를 "믿으라"고 하시지 않고 "마시라"고 하셨습니다. 우리는 예수님을 믿는 것이 아니라 마셔야 합니다. 예수님의 피가 우리의 영혼에 뿌려지고, 그 피를 우리가 마시게 되기를 바랍니다.

예수님이 주신 이 피의 의미는 히브리서 9장 22절의 "피 흘림이 없은즉 사함이 없느니라"는 말씀에 기초합니다. 히브리서 9장 7절 이하를 보면 구약 시대에는 대제사장이 일 년에 한 번씩 지성소에 피를 가지고 들어가 자기와 백성의 죄를 대속하는 제사를 지냈습니다. 자기와 백성의 허물을 위하여 피를 드리는 것입니다. 왜냐하면 피 흘림 없이는 죄 사함도 없기 때문입니다. 그러나 이제는 유월절 어린 양 예수가 친히 십자가에서 피 흘리심으로 영원한 속죄를 단번에 이루어 주셨습니다. 이것이 '구원'입니다. 더 이상 피를 흘릴 필요가 없게 된 것입니다. 피를 흘리지 않으면 구원이 없습니다. 그러나 우리가 받은 구원은 염소와 송아지의 피로써가 아니라,

어린 양 예수 그리스도의 보혈로 인한 것입니다. 그래서 예수 그리스도의 피는 우리의 양심을 죽은 행실에서 깨끗하게 하고 살아 계신 하나님을 섬기게 하는 것입니다.

히브리서 9장 20절을 보면 "하나님이 너희에게 명하신 언약의 피"라는 말씀이 있습니다. 예수님이 십자가에서 단번에 속죄의 피를 흘려 주심으로 다시는 피를 흘릴 필요가 없고, 그 피를 믿는 자, 그 피를 마시는 자는 모든 죄가 사함을 받는 축복을 얻을 것이며, 하나님의 자녀가 되리라는 약속을 주신 것입니다. 이것이 피의 언약입니다.

그런데 문제는 약속입니다. 이 피를 먹으면 죄가 사해진다는 약속을 주셨습니다. 약속이나 언약을 성경에서는 다른 말로 '유언'이라고 표현합니다. 유언은 언제 그 효력이 발생합니까? 유언한 사람이 죽어야만 효력이 발생합니다.

> 유언은 유언한 자가 죽어야 되나니 유언은 그 사람이 죽은 후에야 유효한즉 유언한 자가 살아 있는 동안에는 효력이 없느니라 (히 9:16-17).

중요한 직책에 있는 사람들을 보면 유언을 써 두는 경우가 있습니다. 새해가 시작되면 써 놓고 그 다음해가 되면 다시 써 놓습니다. 그런데 아무리 유언을 써 놓아도 그 사람이 안 죽으면 그것이 실효성이 없습니다. 유언은 유언한 자가 죽어야만 효력이 있습니다.

예수님은 피의 약속을 해주셨습니다. "이 피를 마시는 자, 내 살을 먹고, 내 피를 마시는 자에게는 영원한 생명을 주겠다. 하나님의 자녀가 되는 권세를 주겠다. 의롭게 되는 권세를 주겠다. 네 죄가 주홍 같을지라도 깨끗하게 해주겠다"라고 약속해 주셨습니다. 그런데 이 약속의 피가 효력을 발생하려면 예수님이 죽으셔야 합니다. 그래서 그분이 십자가에 못 박혀 죽으심으로 그 언약의 피가 실제로 능력이 된 것입니다.

이렇게 해서 예수님은 사랑하는 제자들에게 떡을 떼어 주시면서 말씀하신 것입니다. "내 몸을 먹으라. 내 피를 마시라. 이제 너희는 예수를 믿는다는 뜻이 어떤 지식의 대상이나 경험의 대상, 어떤 객관적인 대상, 혹은 어떤 사실을 믿는 것이 아니라는 것을 알아라. 그것은 내가 네 안에, 네가 내 안에 거하는 것이다." 하나님을 믿는 것과 하나님 안에 거하는 것은 다른 문제입니다.

우리가 죄를 안 짓는 비결이 있습니다. 내가 죄를 안 지으려고 하면 꼭 짓습니다. 죄를 안 지을 재간이 없습니다. 그러나 내 안에 계신 예수 그리스도에게 한번 맡겨 보십시오. 그러면 죄를 안 짓게 됩니다. 아주 신비스러운 일이 생깁니다. 한번은 어떤 분이 저를 찾아왔습니다. 저하고 같이 기도하고 가셨는데, 자기가 굉장히 화를 내야 할 자리에서 화를 안 내게 되었다고 합니다. 굉장한 승리를 한 것입니다. 자기는 화를 안 낼 수 없는 존재인데 화가 안 나더랍니다. 우리 모두가 그렇게 되어야 할 것입니다. 내가 아니라 내 안에 계신 그리스도가, 성령이 그렇게 하시면 나를 극복할 수 있습니다. 이것이 그리스도인의 삶입니다.

십자가를 전하는 성만찬

사도 바울은 예수님의 열두 제자에 속한 사람이 아니어서 성만찬 하는 자리에 없었습니다. 그러나 그는 계시를 받아 고린도전서 11장 26절에서 성만찬에 대해 이렇게 말했습니다. "너희가 이 떡을 먹으며 이 잔을 마실 때마다 주의 죽으심을 그가 오실 때까지 전하는 것이니라."

여기서 주의 죽으심은 무엇입니까? 십자가입니다. 성만찬은 이 십자가를 주님이 오실 때까지 전하는 일이라는 것입니다. 이것은 우리가 성만찬에 관해 평소에 잘 생각하지 않았던 아주 중요한 말씀입니다. 성만찬이란 예수님의 살과 피를 내가 먹고 마심으로써 내가 그리스도와 함께, 그리스도가 나와 함께 동거하고 한 몸을 이루는 것인데, 이는 곧 십자가를 증거하는 것입니다. 주님이 다시 오실 때까지 성만찬을 자랑하라, 십자가를 선포하라, 십자가를 외치라, 십자가를 확인하라는 것입니다. 온 천하를 다니면서 복음을 선포하라는 것입니다. 그러므로 증인의 삶이 결여된 성만찬은 영적 사치입니다. 형식이 되기가 아주 쉬운 위험한 일입니다. 십자가에 대한 증언, 십자가에 대한 증거가 없는 성만찬은 죄입니다. 그래서 사도 바울은 주의 떡이나 잔을 합당하지 않게 먹고 마시는 자는 주의 몸과 피를 범하는 죄가 있다고 했습니다.

성만찬을 할 때 우리는 떡과 포도주를 먹고 마셔야 합니다. 말씀을 들음으로 잃어버린 신앙을 확인하듯이 성만찬에서 살과 피를 먹고 마심으로써 주님이 내 안에 지금 거하고 계시다는 사실을 확인해 가는 것입니다. 이때 중요한 것은 십자가입니다. 십자가가 성만찬에서 전해지지 않는다면 그것은 중세 때의 기독교, 제정 러시아에서 타락해 버렸던 기독교가 되고 맙니다. 제정 러시아의 기독교 타락이 바로 여기에서부터 시작되는 것입니다.

오늘 주님과 동행하고 싶지 않습니까? 생명이신 예수 그리스도를 주님으로 영접하고 싶지 않습니까? 어린아이처럼 그분을 받아들이기를 바랍니다. 주님을 먹기를 바랍니다. 예수님을 먹으라는 말은 예수님이 우리의 삶의 주인이 되셔야 한다는 뜻입니다. 예수님이 나의 피가 되고 살이 되셔야 합니다.

28

고난 중에
참믿음을 발견한다

마태복음 26:31-35

예수님은 사랑하시는 제자들과 함께 유월절 마지막 잔치를 지내셨습니다. 본문 말씀을 보면 예수님은 이제 감람산으로 자리를 옮기십니다.

이에 그들이 찬미하고 감람산으로 나아가니라(마 26:30).

이것은 유월절 잔치의 마지막 순서를 의미하는데, 네 번째 잔인 포도주를 마시면서 시편 후반부를 부르게 됩니다. 이 찬양을 나누면서 그들은 조용히 발걸음을 움직이기 시작했습니다. 보통 유월절 만찬을 마치면 다음날 아침에 움직이는 법인데, 예수님은 유월절 만찬을 마친 그 밤에 감람산 쪽으로 움직이셨던 것입니다.

제자들은 예수님과 만찬을 나누면서 이상한 말씀을 들었습니다. "너희들 중에 누가 나를 팔 것이라"는 말씀을 들은 그들은 몹시 두려워하며 당황해했을 것입니다. 또 예수님은 떡과 포도주에 축사하시고 이 떡은 찢긴 내 몸이며 이 포도주는 내 피라고 하는 이상한 이야기를 하셨습니다. 제자들은 도무지 이해할 수 없었습니다.

고난의 때에 드리는 기도

제자들이 예수님을 따라 감람산으로 가고 있을 때 예수님은 그들에게 두 가지 말씀을 하십니다.

> 그 때에 예수께서 제자들에게 이르시되 오늘 밤에 너희가 다 나를 버리리라 기록된 바 내가 목자를 치리니 양의 떼가 흩어지리라 하였느니라(마 26:31).

감람산으로 가던 중 예수님은 제자들에게 "너희가 이 밤에 다 나를 버릴 것이다"라고 예언하셨습니다. 제자들은 그 말씀을 믿을 수 없었습니다. 그래서 "지금 우리가 이렇게 식사를 하고 주를 따라가는데 얼마 안 있으면 우리가 다 주님을 버리고 도망가다니요"라고 말합니다. 그러나 그들은 예수님의 말씀에 두려워할 수밖에 없었습니다.

이 말씀에는 두 가지 뜻이 숨겨져 있습니다. 첫째로, 너희가 다 나를 버리고 도망가리라는 말씀에서 예수님이 모든 것을 다 아시고 십자가를 준비하고 계신다는 것을 읽게 됩니다. 이것이 예수님이 자신의 죽음에 대해 마지막 예언을 말씀하시는 부분입니다.

예수님은 왜 겟세마네 동산으로 가셨을까요? 기도하시기 위해서였습니다. 십자가를 지려면 기도가 필요했다는 것입니다. 기도하지 않고서는 십자가를 질 수가 없었습니다. 겟세마네 동산에서 예수님이 하신 기도를 분석해 보면 그 이유가 더욱 분명해집니다.

> 내 아버지여 만일 할 만하시거든 이 잔을 내게서 지나가게 하옵소
> 서(마 26:39).

예수님은 인간으로서 십자가를 지는 고통을 피하고 싶으셨던 것입니다.

그러나 그분은 또한 이런 기도를 하십니다.

> 나의 원대로 마시옵고 아버지의 원대로 하옵소서(마 26:39).

우리는 여기에서 기도에 대한 한 정의를 발견합니다. 기도란 내 뜻을 아버지의 뜻에 순종시키는 하나님의 방법이라는 것입니다.

우리가 하나님의 일을 하기 위해, 또는 어떤 중요한 일을 하기 위해 해야 할 가장 중요한 준비는 기도입니다. 기도보다 더 큰 준비가 없고, 기도보다 더 완벽한 준비가 없습니다. 십자가를 지기 위한 최대의 준비요, 최후의 준비요, 유일무이한 준비는 예수님에게 있어서 기도였습니다. 예수님도 십자가라는 이 엄청난 사건을 감당하기 위해서 기도가 필요했는데 하물며 우리는 어떻겠습니까? 십자가는 인간의 결심이나 의지나 노력으로 질 수 있는 성질의 것이 아닙니다. 하나님의 힘, 성령의 힘으로만 질 수 있는 하나

님의 사건입니다.

고난과 위기의 때에 우리는 어떻게 준비합니까? 최후의 헌신과 결단의 때에 우리는 어떤 준비를 합니까? 기도하지 않아도 될 만큼 우리 삶은 모든 것이 형통합니까? 기도하지 않아도 될 만큼 우리의 자녀는 다 잘되어 있습니까? 기도하지 않아도 될 만큼 우리의 사업은 다 건실합니까? 기도하지 않아도 될 만큼 우리의 부부 관계는 위기가 없습니까?

우리는 생각은 많이 하지만 기도는 적게 합니다. 생각을 많이 하면 고민이 많고, 생각을 많이 하면 사람이 교만해집니다. 그러나 기도를 많이 하면 마음이 편안해집니다. 기도를 많이 하면 사람이 겸손해집니다.

유월절 잔치를 마치고 감람산으로 올라가셨던 예수님을 바라보십시오. 히브리서를 보면 예수님이 통곡하시며 눈물로 기도하셨다고 했습니다. 예수님이 기도하실 때에는 그 기도가 얼마나 절실했던지 땀이 피가 되었다고 했습니다. 예수님은 밤이 다 가도록 기도하셨다고 합니다. 그리고 새벽 미명에도 기도하셨다고 성경은 기록하고 있습니다.

교회는 기도입니다. 선교는 기도입니다. 구제도 기도입니다. 신앙이란 기도입니다. 얼마나 기도를 많이 하느냐에 따라서 그 사람의 신앙과 인격이 결정됩니다. 기도하면 처음에는 모든 일이 잘 풀리지 않을지라도 마지막에는 승리하게 됩니다. 기도하면 하나님의 뜻대로 살게 됩니다. 예수님이 겟세마네 동산으로 가셨던 것은 기도하기 위해서였습니다.

인간의 배신과 반역

"너희가 다 나를 버리리라"는 말에서 또 한 가지 발견하는 것이 있습니다. 이것은 제자들의 배신과 무력함을 예고하신 것입니다. 그들은 예수님과 함께 밥을 먹고, 함께 잠을 자고, 함께 살을 나누었으며, 함께 피도 나누었습니다. 그런데 예수님이 제자들에게 하신 말씀은 "너희가 오늘 나를 배반할 것이다"라는 것이었습니다. 이것은 인간에 대한 예수님의 통찰입니다.

가룟 유다는 예수님을 은 삼십에 내어 주었습니다. 그러나 가룟 유다만이 아니라 다른 제자들도 다 그렇게 했습니다. 예수님과 함께 밥을 먹고 기도하러 산에 갔던 제자들은 기도하는 순간에 졸기 시작했습니다. 여기서부터 두 세계가 시작됩니다. 똑같은 시간에 무릎을 꿇고 기도하기 시작했는데 예수님은 땀이 피가 되었고, 제자들은 잠을 잔 것입니다.

그날 밤 예수님은 횃불을 들고 온 로마 군병들과 제사장들에게 체포당하셨습니다. 이때 제자들은 흩어지기 시작했습니다. 그들은 예수님을 보호하지 않았습니다. 베드로가 칼을 빼서 말고의 귀를 베기는 했는데, 그것은 하나님의 방법이 아니라 인간적인 열정이었을 뿐입니다. 결국 예수님은 귀를 다시 붙여 주시면서 칼을 쓰는 자는 칼로 망할 것이라고 말씀하셨습니다. 제자들은 다 도망가고 말았습니다.

여기서 우리는 인간의 연약함과 배신과 반역을 보게 됩니다. "오늘 밤에 너희가 다 나를 버리리라"는 예언은 스가랴 13장 7절에 나오는 말씀처럼 '목자를 치면 양이 흩어지게 될 텐데 이런 모습이 너희에게도 있게 될 것이라'는 말씀입니다. 목자 없는 불쌍한 양, 흩어져 유리방황하는 어린 양들과 같이 된다는 것입니다.

죄인을 향한 위로와 소망의 약속

이제 예수님은 두 번째 말씀을 하십니다.

그러나 내가 살아난 후에 너희보다 먼저 갈릴리로 가리라(마 26:32).

이것은 놀라운 말씀입니다. 우리는 예수님이 십자가를 말씀하실 때 항상 부활과 함께 이야기하셨다는 사실을 성경 전체에서 보게 됩니다. 십자가 없는 부활이 없고, 부활 없는 십자가가 없습니다. 영광 없는 고난이 없고, 고난 없는 영광이 없습니다. 진정한 영광은 고난을 통해 생기는 것이며, 고난 위에 영광이 있습니다.

예수님이 십자가에 돌아가신 후 부활하시어 제자들보다 먼저 갈릴리로 가 계신다는 것은 얼마나 놀라운 약속입니까? "너희가 다 나를 배신하게 될 것이라"는 말씀을 들을 때 우리는 가슴에 찔림을 받고 고통을 느낍니다. 그러나 여기서 우리는 죄인을 향한 위로와 소망과 축복의 약속을 보게 됩니다. 우리의 배신과 모든 연약함을 아시고 용서하시는 예수님의 약속을 봅니다. 죄인 된 우리를 하나님이 용서해 주셨다는 것은 얼마나 놀라운 메시지인지 모릅니다. "너는 예수님을 배신했고 너는 예수님의 얼굴에 침을 뱉었고 너는 예수님을 반역했지만, 예수님은 너를 사랑했고 너를 용서했으며 너를 기다렸고 너를 구했다"는 것입니다.

특별히 이 말씀을 통해 우리는 이런 생각을 가져야 합니다. 우리가 주님의 뜻대로 다 살지 못했다 할지라도 너무 자책하거나 죄책감에 빠지지는 말아야 한다는 것입니다. 가룟 유다와 베드로는 똑같이 예수님을 배신했으나 가룟 유다는 예수님을 사랑하지 않았습니다. 가룟 유다가 예수님을 배신하는 방법은 아주 교활합니다. 계획적이고 의도적입니다. 날카롭고 명석한 두뇌로 그림을 그리고 생각하며 예수님을 배신했습니다. 그러나 베드로는 그렇지 않았습니다. 베드로를 보면 예수님에 대한 뜨거운 사랑이 있습니다.

베드로가 예수님을 부인하고 배신할 때 그것은 의도적인 배신이 아니라 충동적인 배신이었습니다. 우리는 주님을 베드로처럼 사랑해야 합니다. 주님을 사랑하면 하나님이 결코 우리의 영혼을 버리시지 않습니다.

베드로의 인간적인 반응

예수님의 말씀에 베드로가 다음과 같이 반응합니다.

> 베드로가 대답하여 이르되 모두 주를 버릴지라도 나는 결코 버리지
> 않겠나이다(마 26:33).

역시 베드로입니다. 예수님과 함께 있었고, 함께 먹고 마셨고, 그분의 설교를 들었고, 기적을 보았고, 최후의 만찬까지 먹었던 베드로였지만 그는 역시 인간 베드로였습니다. 우리가 교회에 나오고, 성만찬을 먹고, 설교를 듣고, 봉사를 하지만 베드로처럼 거듭나지 않을 수 있습니다. 우리 모두는 성령으로 거듭나야 합니다. 교회에 온 것에 의미가 있는 것이 아니라 성령받고 구원받는 데 의미가 있습니다. 베드로의 말은 얼마나 충성스럽고 사나이다운 발언입니까? 그러나 "절대로, 절대로 나는 당신을 버리지 않겠습니다"라고 하는 사람을 조심해야 합니다. 정말로 충성했는지는 그 사람이 죽어 보아야 압니다. 인간이기 때문에 살아 있는 동안에는 얼마든지 쇼를 할 수 있습니다.

배신은 언제나 가까운 데서부터 나옵니다. 그것이 인간의 본질입니다. 제일 믿을 수 없는 사람이 혹시 우리 자신이 아닙니까? 자신의 마음을 다스리기가 가장 어렵지 않습니까? 우리는 교양이나 도덕이나 지식이나 지성 같은 것으로 우리 자신을 얼마든지 훈련

시킬 수 있습니다. 멋있고 사리 판단이 분명하며 이성적인 사람으로 자기를 계속 만들어 갈 수 있습니다. 그렇지만 지킬 박사와 하이드처럼 우리는 두 얼굴을 가진 사람들입니다.

인간의 내면 깊은 곳에는 정욕과 탐욕, 분노와 시기와 질투가 있습니다. 그러나 그런 모든 것들을 우리는 노련한 인생 경험과 여러 가지 지식과 의지의 훈련으로 다 숨기고 살아가는 것입니다. 사실, 우리는 그렇게 훌륭한 인격자가 아닙니다. 우리는 거짓말을 밥 먹듯 합니다. 우리는 그렇게 깨끗한 영혼의 소유자가 아닙니다. 인간의 내면은 더럽습니다. 잔인합니다. 교활합니다. 그것이 인간입니다.

베드로의 인간적인 충성에 대한 예수님의 대답은 무엇입니까?

예수께서 이르시되 내가 진실로 네게 이르노니 오늘 밤 닭 울기 전에 네가 세 번 나를 부인하리라(마 26:34).

얼마나 충격적인 말씀입니까? 다른 사람은 몰라도 자신은 절대 안 버리겠다고 말한 베드로에게 예수님은 닭이 울기 전에 세 번 부인하게 될 것을 말씀하셨습니다. 이것이 예수님이 인간을 보는 통찰력입니다. 예수님은 사람을 의지하지 말라고 말씀하십니다. 우리는 사람을 사랑합니다. 사람과 교제합니다. 그러나 사람은 신뢰의 대상이 아닙니다. 사랑의 대상일 뿐입니다. 믿어야 할 대상은 하나님뿐이십니다.

베드로가 이 말을 듣고 굉장히 충격을 받았습니다.

> 베드로가 이르되 내가 주와 함께 죽을지언정 주를 부인하지 않겠나이다 하고 모든 제자도 그와 같이 말하니라(마 26:35).

이렇게 말한 것을 보니 분명히 베드로가 가슴이 떨릴 만큼 큰 충격을 받은 것 같습니다. 이 말을 하면서 베드로는 눈에 핏대가 섰을 것입니다. '예수님이 나를 무시하셔도 분수가 있지, 이럴 수가 있는가? 예수님이 나를 안 믿으시다니….' 그는 아마 이런 인간적인 반응을 보였을 것입니다.

육은 육이요, 영은 영이다

우리는 여기서 몇 가지 사실을 배우게 됩니다. 첫째는 인간의 성실함이나 의지나 노력으로 주 앞에 나갈 수 없다는 것입니다. 인간의 선행이 구원을 이룰 수 없다는 사실을 보게 됩니다. 요한복음 3장을 보면 예수님이 니고데모에게 "사람이 거듭나지 아니하면 하나님의 나라를 볼 수 없느니라"(요 3:3)는 말씀을 하십니다. 니고데모는 이렇게 다시 묻습니다. "주여, 제가 어떻게 거듭날 수 있겠습니까? 이렇게 다 컸는데 어머니의 몸속에 다시 들어갔다가 나올 수 있겠습니까?"

'거듭난다'는 뜻이 무엇입니까? 예수님은 "육으로 난 것은 육이요 영으로 난 것은 영이니 내가 네게 거듭나야 하겠다 하는 말을 놀랍게 여기지 말라"(요 3:6-7)고 말씀하십니다. 육은 육이요, 영은 영입니다. 육은 영을 이해하지 못합니다. 세상적인 방법으로는 하나님 나라를 이해하지 못합니다. 세상의 권모술수로는 하나님 나라를 얻을 수 없습니다. 세상의 지혜와 지식과 경험과 방법과 이데올로기로는 구원이 불가능합니다.

요한복음 6장 63절에서 "살리는 것은 영이니 육은 무익하니라"고 말씀하십니다. 갈라디아서 5장 17절에서는 "육체의 소욕은 성령을 거스르고 성령은 육체를 거스르나니 이 둘이 서로 대적함으로 너희가 원하는 것을 하지 못하게 하려 함이니라"고 했습니다. 이렇듯 육과 영은 다른 것입니다. 우리가 예수 그리스도를 육적으로 이해하면 결국 예수님도 사생아라고 말할 수밖에 없습니다. 그것이 다 죄인 된 인간, 육적인 인간의 발상법입니다.

"내가 주를 위하여 죽겠나이다"라는 고백은 성령을 통해서 말한 것인가, 아니면 우리 자신의 인간적인 고백인가에 따라서 달라집니다. 기도라고 해서 다 기도가 아닙니다. 인간적인 기도인가, 성령에 의해서 한 기도인가에 따라서 달라지는 것입니다. 인간적인 고백은 오래가지 않습니다. 내일 아침이면 변합니다. 이것이 인간의 실존입니다.

인간의 성실성과 의지의 한계

여기서 배우게 되는 또 한 가지는 인간의 성실과 인간의 의지는 결국 배신의 결과를 가져온다는 것입니다. 물론 베드로가 의도적으로 배신한 것은 아닙니다. 그렇지만 베드로는 인간의 연약함 때문에 무너졌습니다. 이런 예가 구약에 있습니다. 바로 왕의 궁전에서 살던 모세가 어느 날 애굽 사람이 자기 형제인 히브리 사람을 치는 것을 보았습니다. 그는 참지 못하고 결국 애굽 사람을 살인하게 되어 살인자의 모습으로 광야에서 40년의 세월을 보내게 됩니다. 인간의 애국심이 살인을 낳은 것입니다.

사도행전 5장에 나오는 아나니아와 삽비라는 초대교회 교인입니다. 얼마나 헌금을 잘 했던지 자기 집을 팔아서까지 헌금했습니다. 그 사람들이 헌금을 안 한 것도 아니고 봉사를 안 한 것도 아닙니다. 소유를 다 팔아서 헌금을 했다면서도 얼마의 돈을 감추었던 것이 문제였습니다. 성령을 속인 것입니다. 인간의 성실성이라는 것이 그런 것입니다. 인간의 종교성이라는 것이 그런 것입니다. 한편으로 좋은 일을 하고, 또 한편으로 악한 일을 합니다. 한 입으로 찬송도 부르고 욕도 합니다. 그렇게 함으로써 자기 자신의 악한 면을 보려 하지 않고 자기의 좋은 모습만 보면서 "나는 이러이러한 사람이다"라고 정의합니다. 그것이 바로 베드로에게서 발견되는 모습입니다.

우리는 마태복음 26장 75절에서 한 고뇌하는 인간 실존의 모습을 보게 됩니다. "이에 베드로가 예수의 말씀에 닭 울기 전에 네가 세 번 나를 부인하리라 하심이 생각나서 밖에 나가서 심히 통곡하니라." 어젯밤에 예수님이 하신 말씀이 새벽에 이루어진 것입니다. 베드로는 연약한 자신을 발견합니다. 예수님을 버리지 않겠다고 호언장담했던 자신이 너무도 쉽게 무너지는 모습을 보면서 괴로워하며 통곡합니다.

예수님의 용서와 사랑

"네가 세 번 나를 부인하리라"는 예수님의 말씀에서 셋째로 배우는 것이 있습니다. 그것은 인간의 연약함과 배신에도 불구하고 예수님은 우리를 용서하시고 사랑하셨다는 사실입니다. 예수님은 우리가 의인이기 때문에 사랑하시는 것이 아니요, 죄가 없기 때문에 사랑하시는 것이 아니요, 우리의 의지와 결단이 변함없었기 때문에 사랑하시는 것이 아닙니다. 우리는 변덕쟁이요, 살인자요, 연약한 인간이요, 배신하는 인간이요, 두 얼굴을 가진 인간임을 아시고 예수님이 우리를 사랑하셨다는 사실입니다. 여기에 감격이 있고 기쁨이 있고 눈물이 있습니다.

요한복음 21장을 보면 예수님이 부활하셔서 제자들보다 먼저 갈릴리 해변으로 가십니다. 그리고 숯불에 떡과 생선을 구워 놓으시고 베드로가 오기를 기다리고 계십니다. 예수님은 베드로에게 네가 어찌하여 죄를 지었느냐고 책망하지 않으셨습니다. "너는 그렇게 약한 인간이었더냐?"라고 우리의 실존을 건드리지 않으시고 "네가 나를 사랑하느냐"고 물으셨습니다. 오늘 주님은 우리의 과거의 배신과 약함과 이중적인 두 얼굴에 대해 묻지 않으십니다. 그럼에도 불구하고 지금 네가 나를 사랑하느냐고 물으십니다. 마태복음 9장 13절을 보면 "나는 의인을 부르러 온 것이 아니요 죄인을 부르러 왔노라"고 하셨습니다. 얼마나 감사한 일인지 모릅니다. 우리가 의인이기 때문에 구원을 받은 것이 아니라, 실수 많고 두 얼굴을 가진 교활하고 치사한 인간이라는 사실 때문에 구원받게 된 것입니다.

내가 구원받기 위해서 주님은 다른 것을 원하시지 않습니다. 주님만 바라보십시오. 긍휼히 여겨 주시기를 간구하십시오. 나의 선행, 나의 인격, 나의 쥐꼬리만 한 경험과 지식을 모두 땅에 내려놓으십시오. 그리고 주님만을 바라보십시오. 그러면 다시 거듭난 인격, 거듭난 지성, 거듭난 의지, 거듭난 선행을 하나님이 베풀어 주실 것입니다.

○

29

주와 함께
깨어 기도하라

마태복음 26:36 - 46

○

예수님의 생애에는 두 가지 아주 무서운 시험이 있었습니다. 첫 번째 시험은 예수님이 공생애를 시작하실 무렵에 있었던 것으로 십자가를 지시는 예수님의 구원 사역을 방해하고 좌절시키기 위해 사탄이 직접 예수님에게 찾아왔던 시험입니다.

사탄은 세 가지 시험을 했는데 40일 동안 금식하신 예수님을 찾아와서 돌로 떡을 만들어 보라며 유혹한 것입니다. 돌로 떡을 만들면 꼭 십자가를 지지 않아도 네가 하나님의 아들인 것을 모든 사람이 알게 될 것이라고 시험했습니다.

둘째 시험은 높은 산꼭대기에 예수님을 데리고 올라가서 뛰어내리라는 것이었습니다. 네가 정말 하나님의 아들이라면 다리 하나 다치지 않게 천사가 너를 보호해 줄 것이며, 그렇게 함으로써 네가 십자가를 꼭 지지 않아도 하나님의 아들임을 증명할 수 있지 않겠느냐는 유혹이었습니다.

그러나 두 가지 시험에서 다 실패한 사탄은 마지막으로 예수님에게 천하만국을 보여 주면서 자신에게 경배하면 천하만국의 권력과 부를 다 줄 것이라고 유혹했습니다. 그렇지만 예수님은 마지막 시험도 물리치셨습니다. 예수님은 이렇게 단호하고 완전하게 사탄을 물리치시고 승리하셨습니다.

자신 앞에 패배하는 연약한 인간

그러나 이러한 시험보다 더 무서운 시험이 예수님을 기다리고 있었습니다. 그것은 십자가를 지시기 바로 직전에 있었던 시험입니다. 그 시험의 대상은 사탄이 아니었습니다. 사실, 사탄은 외적인 세력입니다. 사탄은 우리를 유혹하고 괴롭게 하지만 그렇게 무서운 대상은 아닙니다. 우리는 예수 그리스도의 이름으로, 보혈의 능력으로, 기도와 말씀으로, 금식으로 모든 악한 세력을 물리칠 수 있습니다. 사탄의 세력보다 더 우리를 괴롭게 하고 당황하게 하고 곤궁에 빠지게 하는 것은 바로 우리 자신입니다.

　자기 자신보다 더 어렵고 힘든 대상이 어디 있겠습니까? 대부분의 사람은 다른 사람과 싸울 때는 잘 싸웁니다. 외부의 적은 오히려 막기 쉽습니다. 그러나 내부에 있는 자기 자신은 참으로 싸우기 어려운 대상입니다. 우리는 늘 외부에서는 승리하고 자기에게는 실패하는 연약한 인간의 모습을 보게 됩니다. 자신 앞에 좌절하며, 자신 앞에 절망하며, 자신 앞에 패배하는 일이 얼마나 많습니까? 다른 사람 앞에서는 거룩하게 나타나고, 다른 사람 앞에서는 능력 있게 나타나고, 다른 사람 앞에서는 영웅으로 나타나지만, 자기 자신 앞에서는 무력하고 연약한 것이 우리 인간입니다. 예수님은 십자가를 져야 하는 엄청난 현실 앞에서 자기 자신과 싸우셔야만 했습니다. "아버지여, 이 십자가를 내가 꼭 져야만 합니까? 십자가를 지지 않고는 갈 길이 없습니까?" 예수님은 이런 질문을 하나님에게 드렸던 것입니다.

우리는 본문 말씀에서 십자가를 지시기 전에 겟세마네 동산으로 향하시는 예수님을 보게 됩니다. 예수님은 하나님 자신이셨습니다. 앉은뱅이를 일으키시고, 귀신을 쫓으시고, 죽은 자를 살리시고, 노도광풍을 잔잔하게 하시는 능력이 있었던 분입니다. 그분이 왜 기도해야만 했습니까? 예수님은 "누구든지 나를 따라오려거든 자기를 부인하고 자기 십자가를 지고 나를 따를 것이니라"(막 8:34)고 말씀하셨습니다. 십자가를 지기 위해서는 자신을 부인해야 합니다. 자기와 싸워 이겨야 합니다. 자기를 꺾어야 합니다.

자기를 절망시켜야 합니다. 예수님은 이 과정 없이는 십자가를 지실 수가 없었습니다. 그래서 예수님은 그 무서운 고통과 무거운 짐인 십자가, 인류의 모든 죄의 무게와 같은 십자가를 지기 위하여 제자들과 함께 겟세마네 동산에 가셔서 기도하신 것입니다.

눈에 보이지 않는 사역, 기도

이에 예수께서 제자들과 함께 겟세마네라 하는 곳에 이르러 제자들에게 이르시되 내가 저기 가서 기도할 동안에 너희는 여기 앉아 있으라 하시고(마 26:36).

복음서의 여러 말씀을 종합해 보면 '앉아 있으라'는 말은 그냥 앉아 있으라는 뜻이 아니라, 깨어 기도하라는 뜻과 연관됩니다. 이제 우리는 예수님이 겟세마네 동산에서 하시는 기도를 보게 됩니다.

예수님의 사역 중간 중간에는 눈에 보이지 않는 숨은 사역이 있었습니다. 설교하는 사역, 병자를 고쳐 주는 사역, 많은 무리를 도와주었던 사역 사이에 눈에 보이지 않는 결정적으로 중요한 사역이 숨어 있었는데, 그것이 바로 기도 사역입니다.

예수님은 말씀을 선포하시고, 기적을 베푸시다가도 조용히 홀로 산에 가십니다. 밤이 늦도록 기도하십니다. 새벽 미명에 홀로 기도하십니다. 이것이 비밀입니다. 예수님의 사역이 그렇게 능력이 있고 예수님이 계속적으로 승리하실 수 있었던 비결은 밤이나 새벽에 홀로 기도하셨던 데 있습니다. 그런데 여기서는 예수님이 홀로 기도하신 것이 아니라, 제자들과 함께 기도하고 계십니다.

베드로와 세베대의 두 아들을 데리고 가실새 고민하고 슬퍼하사 이에 말씀하시되 내 마음이 매우 고민하여 죽게 되었으니 너희는 여기 머물러 나와 함께 깨어 있으라 하시고(마 26:37-38).

처음에는 제자들을 데리고 가서 한 장소에 앉아 기도하도록 시키십니다. 그다음에 예수님은 그중에서 세 명을 데리고 조금 더 앞자리로 나가십니다. "깨어 있으라"고 그 세 제자들에게 기도를 시키신 후에 좀 더 앞으로 나아가서 기도하십니다. 우리는 여기서 함께 기도하시는 예수님의 모습을 보게 됩니다.

우리가 홀로 기도할 때가 있습니다. 남모르게 기도해야 할 때가 있습니다. 밤에 기도해야 할 때가 있습니다. 새벽에 기도해야 할 때가 있습니다. 금식하며 기도해야 할 때가 있습니다. 그러나 결정적으로 중요한 사역 앞에서는 합심하여 기도하는 것이 중요합니다. 예수님이 이런 말씀을 하셨습니다.

두세 사람이 내 이름으로 모인 곳에는 나도 그들 중에 있느니라 (마 18:20).

개인 기도도 중요하지만 성령을 받은 사람들이 합심해서 기도할 때 기적과 능력이 나타나는 것입니다. 연약한 성도들이 힘을 합해 기도할 때 사탄은 떠날 것이고, 모든 악한 세력은 떠날 것이며, 우리가 감당하기 어려운 십자가라 할지라도 능히 질 수 있는 능력을 받게 됩니다.

교회의 가장 큰 적

예수님은 자신을 위해서라기보다는 제자들을 위해서 특별히 기도하기를 원하셨습니다. 누가복음 22장 40-41절에 이런 말씀이 있습니다.

"그 곳에 이르러 그들에게 이르시되 유혹에 빠지지 않게 기도하라 하시고 그들을 떠나 돌 던질 만큼 가서 무릎을 꿇고 기도하여."

왜 우리는 기도해야 합니까? 시험에 들지 않기 위해서입니다. 사람들이 왜 실패합니까? 나쁜 일을 해서 실패하는 것이 아닙니다. 노력을 안 해서 실패하는 것이 아닙니다. 실패하고 무너지는 결정적인 이유는 시험에 들기 때문입니다. 우리는 시작은 잘하고, 열심을 냅니다. 그러나 시험에 들면 흔들리게 됩니다. 그러므로 시험에 들지 않는 것도 축복입니다. 마귀는 좋은 일도 시키고 시험도 들게 합니다. 그래서 다 무너지게 만드는 것입니다. 시험에 들지 마십시오. 마귀는 인간적인 이유, 세속적인 이유, 신앙적인 이유와 같이 여러 가지 이유를 만들어 우는 사자처럼 우리를 올무에 잡아넣습니다. 우리가 믿음으로 잘 시작했던 것을 그릇되게 마치도록 만듭니다.

기도하지 않으면 마귀가 벌떼같이 달려들 것입니다. 시험은 대개 큰 사건에서 오지 않습니다. 시시하고 아무것도 아닌 일인데도 시험거리가 될 수 있습니다. 시험에 들면 신앙을 잃어버리게 됩니다. 시험에 들면 은혜를 받지 못하게 됩니다. 귀가 막히고, 눈이 덮이게 되는 것입니다. 그러므로 시험에 들지 않게 깨어 기도하라고 예수님이 말씀하셨습니다.

오늘날 교회의 가장 큰 적은 무엇입니까? 기도하지 못하게 하는 세력입니다. 기도하지 못하게 하는 세력은 여러 가지로 나타납니다. 어떤 때에는 시끄럽게 기도한다고 비판하는 사람이 있습니다. 병만 고쳐 달라고 기도하는 것은 이기적이고 기복적이기 때문에 그런 기도를 하느니 차라리 기도를 안 하겠다고 하는 사람도 있습니다. 이런 사람들은 모두가 사탄의 시험을 받고 있다는 사실을 알아야 합니다. 기도의 동기가 순수하지 못하고 이기적이고 기복적이라 할지라도 기도를 안 하는 사람보다는 하는 사람이 더 낫습니다.

연약한 기도를 하면 어떻습니까? 병 고쳐 달라는 기도를 하면 어떻습니까? 인간이기에 다 연약한 기도를 하고 이기적인 기도를 하는 것입니다. 그런 기도를 하다가 우리가 변하고 좀 더 새로워져서 언젠가는 "나의 원대로 마시옵고 아버지의 원대로 하옵소서"라는 기도를 하게 되는 것입니다. 그래서 기도가 좀 서툴고, 이기적이고 형편없어도 안 하는 것보다는 하는 것이 낫습니다.

소리 지르며 기도하는 것을 질책하지 말기를 바랍니다. 병원에는 점잖은 환자들이 있습니다. 몸이 아프니까 병원에 가서 예약하고 의사에게 이런저런 검사를 받으며 어디가 아픈지 알아보는 환자가 있습니다. 그러나 교통사고를 당한 환자는 그렇게 못합니다. 지금 다리가 부러지고 머리가 깨졌는데 언제 진료 예약을 해서 의사를 만납니까? 그런 절차가 필요 없습니다. 그냥 응급실로 직행해야 합니다.

우리 가운데는 응급실로 직행해야 할 사람들이 많습니다. 점잖게 기도할 때가 아닙니다. 이런 사람은 소리를 지르고, 눈물, 콧물을 흘리며 "하나님, 나는 어떻게 하면 좋습니까? 내가 죽게 되었나이다!" 해야 합니다. 그런 사람을 보고 비지성적이라고, 예수를 저렇게 믿으면 안 된다고 야단하면 안 됩니다. 그 사람은 그렇게 믿어야 합니다. 그런데 항상 그렇게 믿으면 곤란합니다. 중환자실에 있다가 병이 호전되면 퇴원해야 합니다.

사랑으로 인한 고민과 슬픔

예수님의 겟세마네 기도에서 두 번째로 발견하는 것은 무엇입니까?

> 베드로와 세베대의 두 아들을 데리고 가실새 고민하고 슬퍼하사 이에 말씀하시되 내 마음이 매우 고민하여 죽게 되었으니 너희는 여기 머물러 나와 함께 깨어 있으라 하시고 (마 26:37-38).

여기서 보면 예수님의 기도는 찬양하는 기도, 감사하고 기뻐하는 기도, 능력을 행하는 기도가 아니라 고민하여 죽게 되는 기도였습니다. 본문에서 예수님은 "내 마음이 매우 고민하여 죽게 되었으니"라는 말씀을 하십니다. 예수님은 고민하고 슬퍼하셨습니다.

우리가 드리는 일반적인 기도는 손을 들고 찬양하며, 기뻐하고 감사하며 능력을 행하는 기도여야 합니다. 승리의 개선가를 부르며 마귀를 내쫓는, 영적으로 승리하는 기도가 우리 그리스도인의 모든 기도일 것입니다. 예수님도 그런 기도를 많이 하셨습니다. 특별히 오병이어의 기적을 베푸실 때, 무덤 속에 누인 나사로를 살리실 때 예수님은 승리의 기도, 능력의 기도를 하셨습니다.

그러나 지금 겟세마네 동산에서의 기도는 애통하는 기도입니다. 통곡하고 고뇌하는 기도입니다. 왜 예수님은 이러한 고통과 고뇌와 슬픔의 기도를 하셔야만 했을까요? 예수님이 능력이 없으셔서 그렇게 우신 것입니까? 예수님이 자기 죄로 말미암아 죄책감에 시달려서 그렇게 고민하셔야 했던 것입니까?

예수님은 죽은 자를 살릴 만큼 능력이 있으셨고, 죄가 없으신 하나님 자신이셨습니다. 예수님은 고뇌할 필요가 없었고, 슬퍼할 필요가 없었던 분이십니다. 그러나 본문 말씀을 보면 예수님이 고민하여 죽게 될 정도로 심각한 기도를 하셨습니다. 왜 그렇게 하셨겠습니까?

사랑 때문입니다. 우리를 사랑하셨기 때문에 예수님은 슬퍼하셨고 고민하여 죽게 되신 것입니다. 히브리서 5장 7절을 보면 예수님의 이러한 모습이 다음과 같이 묘사되어 있습니다.

"그는 육체에 계실 때에 자기를 죽음에서 능히 구원하실 이에게 심한 통곡과 눈물로 간구와 소원을 올렸고 그의 경건하심으로 말미암아 들으심을 얻었느니라."

예수님은 지성적인 기도만 하시지 않았습니다. 예수님은 눈물을 흘리셨고 통곡하셨습니다. 아마 소리도 지르셨을 것입니다. 십자가에서 예수님은 "엘리 엘리 라마 사박다니!"라고 큰소리로 외치셨습니다. 33세의 젊은 나이에 십자가에서 죽어야 했을 때 인성을 가지신 예수님에게는 감당하기 어려운 고통이었을 것입니다. 그분은 한 번의 항변도 없이 도살장에 끌려가는 소처럼 죽어야 했고, 털 깎는 자 앞에서 얌전한 양처럼 순종해야만 했습니다.

저는 이런 질문을 던지고 싶습니다. "과연 우리는 이런 고통과 고뇌와 슬픔과 죽음에 이르는 기도를 해본 적이 있습니까?" 그것은 내 유익을 위한 것이 아니라, 사랑했기 때문에 사랑한 사람이 치러야 할 대가였습니다. 부모가 사랑하는 자식을 위해 치르는 대가가 있습니다. 인간의 부모에게도 자식 때문에 고독과 외로움과 슬픔에 이르는 마음이 있습니다. 그러나 우리는 하나님을 생각하면서도 "내 실수와 허물도 아니요 내가 능력이 없어서도 아니라 오직 사랑하기 때문이라"는 눈물과 아픔을 가져야 합니다.

생명을 건 기도

세 번째, 겟세마네 동산에서 하신 예수님의 기도를 보면 아주 특이한 모습이 나타납니다.

조금 나아가사 얼굴을 땅에 대시고 엎드려 기도하여(마 26:39).

　일반적으로 유대인들은 서서 기도하는 것이 정상입니다. 서서 손을 들고 성전을 향해 하루 세 번씩 기도했습니다. 그러나 예수님은 서서 기도할 만큼 그렇게 마음이 한가롭지 않으십니다. 지금 예수님은 얼굴을 땅에 대고 기도하십니다. 겟세마네 동산에서 바위 위에 손을 올려놓고 기도하시는 예수님의 성화를 본 적이 있을 것입니다. 그러나 그것은 뭔가 미화된 것 같습니다. 예수님이 기도하시는 모습은 아마도 아주 흉한 모습이었을 것입니다.

　구약시대에 히스기야라는 왕이 있었습니다. 그는 하나님의 선지자로부터 죽을 것이라는 사형 선고를 받습니다. 이때 히스기야가 어떻게 했습니까? 자기 얼굴을 벽으로 향하고 "하나님, 저를 살려 주십시오!" 하고 기도했습니다. 우리 생애에 이런 절박하고 심각한 기도가 필요합니다. 얼굴을 땅에 대고 기도하시는 예수님의 간절한 기도에 비하면 우리의 기도는 너무나 낭만적이고 감상적일 때가 많습니다. 기도는 감상적인 것이 아니라 실제적인 것입니다. 영적 전쟁이며 투쟁이며 몸부림이며 생명을 걸고 하는 것이 기도입니다. 누가복음 22장 41절을 보면 예수님이 무릎을 꿇고 기도하셨다는 표현이 있습니다. 43절을 보면 기도가 얼마나 간절했던지 천사가 나타나서 도왔습니다. 그리고 44절에는 예수님이 기도할 때 땀이 흘렀는데 그 땀이 피와 같다고 했습니다.

우리 인생에 있어서 생명을 거는 기도, 땀이 피가 되는 기도를 할 때가 지금이라고 믿습니다. 우리는 기도하지 않아도 될 만큼 안일한 상황에 있지 않습니다. 자식을 보거나, 부부 관계를 보거나, 현재의 내 사업을 보거나, 우리나라를 볼 때 우리는 그렇게 감상적으로 기도해도 될 만한 처지에 있지 않습니다. 특별히 우리 민족의 현실을 볼 때 정말 무릎 꿇고 생명을 걸고 기도해야 됩니다.

"아버지의 원대로 하옵소서"

이제 네 번째로, 예수님이 하신 기도의 내용에 대해 생각해 보겠습니다.

> 조금 나아가사 얼굴을 땅에 대시고 엎드려 기도하여 이르시되 내
> 아버지여 만일 할 만하시거든 이 잔을 내게서 지나가게 하옵소서
> 그러나 나의 원대로 마시옵고 아버지의 원대로 하옵소서 하시고
> (마 26:39).

일반적으로 대부분의 기도는 자기의 뜻과 목적을 이루기 위한 기도입니다. 그런데 예수님의 기도는 나의 뜻을 이루는 기도가 아니라 하나님 아버지의 뜻이 이루어지기를 원하는 기도입니다.

참된 기도는 하나님 아버지의 뜻이 이루어지기를 기도하는 것입니다. 기도하기 전에는 내 뜻이 있습니다. 그러나 기도할 때에는 아버지의 뜻이 있습니다. 생각할 때에는 내 계획이 여러 가지 많습

니다. 그러나 눈을 감고 기도하면 아버지의 계획이 보이기 시작합니다. 기도란 내 뜻이 아버지의 뜻에 승복하는 과정입니다. 처음에는 내 생각과 의지, 내 계획, 내 방법이 중요하지만 기도하면 할수록 "아버지, 내 뜻은 꺾이게 해주십시오"라고 기도하게 되는 것입니다.

인성을 가지신 예수님의 생각은 무엇이었습니까? "아버지여, 이 잔을 내가 꼭 마셔야 합니까? 십자가를 지지 않는 길은 없습니까?"라고 질문하는 것입니다. 우리는 여기서 완전한 인간이신 예수 그리스도를 보게 됩니다. 우리도 십자가를 피하고 싶다는 기도를 일상생활에서 많이 합니다. 그런데 그것이 바로 우리가 꼭 져야 할 십자가입니다. 우리는 도망쳐서는 안 됩니다. 하나님이 우리에게 맡겨 주신 십자가를 져야 합니다. 우리가 십자가를 지기로 결심하면 하나님이 십자가를 질 수 있는 능력을 주십니다. 질 수 있는 돈도 주십니다. 질 수 있는 모든 영적인 힘을 하나님이 공급해 주십니다.

십자가를 지기 위한 유일한 준비

겟세마네 동산에서 기도하시는 예수님의 모습과 상반되는 짝을 이루는 것은 베드로를 중심으로 한 제자들의 모습입니다. 예수님이 땀이 피가 되도록 기도하고 계셨던 그 시간에 제자들은 졸고 있었습니다.

제자들에게 오사 그 자는 것을 보시고 베드로에게 말씀하시되 너희
가 나와 함께 한 시간도 이렇게 깨어 있을 수 없더냐(마 26:40).

얼굴을 땅에 대시고 우주적인 고민을 안고 땀이 피가 되도록 기
도하시던 예수님이 돌아와 보니 제자들은 열심히 자고 있었습니
다. 그래서 예수님이 이렇게 말씀하십니다. "나와 함께 한 시간도
기도할 수 없었더냐?" 그런데 이 말씀에는 책망보다는 우리 인간
에 대한 예수님의 깊은 이해가 깔려 있습니다.

시험에 들지 않게 깨어 기도하라 마음에는 원이로되 육신이 약하도
다 하시고(마 26:41).

기도란 육신의 노력으로는 되지 않습니다. 인간적인 지혜나 의
욕, 인간적인 방법으로 되지 않습니다. 기도는 성령의 도우심을 받
아야 합니다. 육신으로 하는 것에는 언제나 패망이 따르기 마련입
니다. 마음의 소원은 간절하지만 육신의 옷을 입고 육신의 종노릇
을 하는 동안에는 영적인 열매가 없습니다. 그래서 어떤 사람은 노
력은 하지만 얻는 것이 없습니다.
그러므로 결론은 육신이 깨어져야 한다는 것입니다. 인간적인

생각, 인간적인 관점, 인간적인 가치관이 무너지지 않고 나의 옛 사람이 깨어지지 않는 한 나는 아무것도 할 수 없습니다. 제자들은 겟세마네 동산에서 예수님과 함께 있었지만 그들은 예수님의 부탁을 받고 체면치레로 기도했기 때문에 졸 수밖에 없었습니다. 성령으로 기도해야 합니다.

다시 두 번째 나아가 기도하여 이르시되 내 아버지여 만일 내가 마시지 않고는 이 잔이 내게서 지나갈 수 없거든 아버지의 원대로 되기를 원하나이다 하시고(마 26:42).

예수님이 기도하고 돌아보니 제자들이 졸고 있었습니다. 그들을 깨워 주시고 다시 가서서 두 번째 기도를 하셨습니다. 예수님도 한 번 기도하셔서는 결정이 잘 안 된 것 같습니다. 또 가서 두 번째로 똑같은 기도를 하셨습니다. 자기를 깬다는 것은 이렇게 어렵습니다. 자기를 죽인다는 것, 자기를 포기한다는 것은 어렵습니다. 두 번째로 기도하고 와서 보니 어떤 일이 있습니까?

다시 오사 보신즉 그들이 자니 이는 그들의 눈이 피곤함일러라 (마 26:43).

제자들을 깨워 놓았지만 또 잤다는 것입니다. 그다음에 "또 그

들을 두시고 나아가 세 번째 같은 말씀으로 기도하신 후"(마 26:44)
라고 했습니다. 세 번째 동일한 말씀으로 기도하시고 나서 "이제
는 자고 쉬라"고 말씀하십니다.

세 번 깨어 있어야 할 때 세 번 잠을 잤던 베드로는 계집종에게
세 번 예수님을 부인하는 실수를 범합니다. 세 번 피땀 흘려 기도
하신 예수님은 로마 군병들이 잡으러 올 때든, 재판을 받을 때든,
십자가를 져야 할 때든 흔들리거나 원망하거나 분노하지 않고 십
자가의 길을 걸으실 수 있었습니다.

일어나라 함께 가자 보라 나를 파는 자가 가까이 왔느니라(마 26:46).

예수님은 이제 승리하셨습니다. 십자가 앞에서의 모든 고민과
슬픔이 사라졌습니다. 조금도 동요함이 없이 십자가의 길을 걸어
가실 준비가 된 것입니다.

우리가 이 세상을 살아나갈 때 여러 가지 크고 작은 일들이 우리
주위에 계속 일어납니다. 그때마다 예수님처럼 기도하기를 바랍
니다. 예수님처럼 간절히 기도하여 십자가를 감당할 능력을 받고
승리하기를 바랍니다.

30

우리도 가룟 유다의 선택을
할 수 있다

마태복음 26:47-56

예수님은 십자가를 지시기 전에 겟세마네 동산에서 피땀 흘리며 기도하셨습니다. 그런데 그 기도의 결과는 무엇입니까? 예수님이 감당하셔야 할 십자가가 사라진 것입니까? 그렇지 않습니다. 십자가를 지실 수 있는 능력이 생긴 것입니다. 우리가 기도한다고 병이 다 낫는 것은 아닙니다. 나을 수도 있고 안 나을 수도 있습니다. 대학 입시를 치르는 자녀들이 기도해서 다 합격하면 얼마나 좋을까요? 그러나 거기에 기도의 목적이 있는 것이 아닙니다. 기도하면 떨어졌을지라도 좌절하거나 방황하거나 의심하지 않는 믿음이 생깁니다. 고난의 환경을 극복할 수 있는 능력이 생긴 것입니다. 기도하면 내가 원하지 않는 일이 생겼을지라도 두려워하거나 좌절하지 않으며 승리하게 됩니다.

기도로 십자가를 기다리신 예수님

말씀하실 때에 열둘 중의 하나인 유다가 왔는데 대제사장들과 백성의 장로들에게서 파송된 큰 무리가 칼과 몽치를 가지고 그와 함께 하였더라 예수를 파는 자가 그들에게 군호를 짜 이르되 내가 입 맞추는 자가 그이니 그를 잡으라 한지라(마 26:47-48).

어떤 불가항력적인 상황이 벌어졌습니다. 예루살렘 성전을 시위하는 로마 군병들이 지금 칼과 몽둥이를 가지고 떼를 지어 예수님이 기도하고 계시는 겟세마네 동산으로 몰려온 것입니다. 그리고 예수님과 삼 년 동안 동고동락하며 훈련받은 제자들 가운데 하나인 가룟 유다가 그곳에 나타난 것입니다. 폭력과 같은 물리적인 힘보다 더 고통스러운 것은 배신입니다. 차라리 매를 맞고 고문을 당하는 것이 낫습니다. 사랑하고 믿었던 사람에게서 배신을 당할 때 그 상처는 너무나 크고 괴로운 것입니다. 사랑하고 믿은 만큼 배신의 아픔은 더 큽니다. 가룟 유다가 배신의 키스를 하기 위해 온 것입니다.

곧 예수께 나아와 랍비여 안녕하시옵니까 하고 입을 맞추니(마 26:49).

지금 예수님 앞에는 검과 몽치를 가진 성전 시위대들과 예수님에게 배신의 키스를 하는 가룟 유다가 있습니다. 우리 인생에는 종종 이런 일들이 벌어집니다. 억울하게 당하는 일들이 너무 많습니다. 돈 있고 권력 있고 힘 있는 사람들 앞에서 우리는 바람 앞의 등불처럼 흔들거릴 때가 많습니다. 그리고 그렇게 믿고 사랑했던 사람들 앞에서 배신의 키스를 받을 때가 많습니다.

이런 일을 당하면 사람들은 어떻게 대응합니까? 두려워하고 좌절합니다. 당황하여 방향을 잃어버립니다. 충동적인 분노를 터뜨리게 됩니다. 미움과 복수심으로 가득 차게 됩니다. 그러나 예수 그리스도를 보십시오. 이런 상황에서 예수 그리스도는 어떤 모습입니까? 이미 다 알고 기다리고 있었다는 듯 전혀 동요함 없이 차분하고 당당하십니다. 그런데 이 당당하고 초연한 예수님의 모습은 상대방을 조롱하고 깔보는 태도가 아닙니다. 어떤 사람은 조용하기는 한데 눈을 반쯤 감고 남을 깔봅니다. 이런 사람은 사실 교만한 사람입니다. 또 어떤 사람은 힘이 없고 겁이 나서 침묵합니다. 그러나 예수님의 모습은 교만도 두려움도 아니었습니다. 그분에게는 자유함이 있었습니다. 기도하고 준비하며 십자가를 기다리고 계셨기 때문입니다.

예수께서 이르시되 친구여 네가 무엇을 하려고 왔는지 행하라 하신대 이에 그들이 나아와 예수께 손을 대어 잡는지라(마 26:50).

예수님은 가룟 유다에게 "친구여!"라고 말씀하셨습니다. "친구여 네가 무엇을 하려고 왔는지 행하라"는 예수님의 말씀 속에는 가룟 유다에 대한 원망이 없습니다. 담담히 하나님의 뜻을 받아들이고 고난의 십자가를 지려는 예수님의 겸손한 모습이 있을 뿐입니다.

기도하는 사람에게는 질병이나 패배나 고통이 더 이상 문제되지 않습니다. 우리는 어느 날 갑자기 암 선고를 받을 수 있습니다. 젊은 나이에 앞으로 3개월 이상 살 수 없다는 통고를 받을 수 있습니다. 생각하지도 못했던 환경의 폭풍우 속에 밀려갈 때가 있습니다. 감당 못할 일들이 일어납니다. 사업이 무너지고 친구들이 떠나갑니다. 믿었던 사람들이 헤어지자고 말합니다. 자신의 인생 전체가 무너지는 것 같은 위기 앞에 서게 되는 것입니다.

　그러나 예수님을 보십시오. 기도하는 사람에게는 암 선고나 사업의 실패나 어떤 고통이 찾아올지라도 두려움이 없다는 것입니다. 세상일은 좋을 때도 있고 나쁠 때도 있습니다. 잘될 때도 있고 안 될 때도 있습니다. 하지만 그러한 것은 중요하지 않습니다. 어떤 상황이 내게 임한다 할지라도, 심지어 죽음이 내 앞에 다가온다 할지라도 두려워하지 않으며, 기뻐하고 감사하고 찬양하며 하나님의 영광이 이 가운데 있다는 사실을 믿고 나아가는 사람이 기도하는 사람입니다.

　고통은 영원하지 않습니다. 패배도 영원하지 않습니다. 지나가는 순간에 불과합니다. 그러나 우리가 고통과 패배 속에 있을 때에는 그 고통이 영원할 것 같고 패배가 영원할 것 같습니다. 그러나 이런 것들은 다 지나갑니다. 우리는 지나가는 환경 때문에 두려워하고 고민하고 괴로워하지 않아야 합니다. 좋은 일들이 많고, 모든 것이 다 잘되었으면 좋겠으나, 그렇지 않을지라도 기도로써 그 고

난의 벽을 뚫고 나아가야 합니다. 그렇게 나아갈 때 하나님의 영광
이 나타납니다.

기도하지 않는 사람은 충동적이다

반대로, 기도하지 않으면 어떤 일이 생깁니까? 기도할 때 기도하
지 않고 잠을 잤던 베드로의 경우가 대표적인 예가 될 것입니다.

> 예수와 함께 있던 자 중의 하나가 손을 펴 칼을 빼어 대제사장의 종
> 을 쳐 그 귀를 떨어뜨리니(마 26:51).

위기 상황이 벌어졌습니다. 성경에는 예수님과 함께 있던 사람
들 가운데 하나라고 표현했는데, 요한복음 18장 10절을 보면 그는
바로 베드로였습니다. 졸다가 문득 잠이 깨게 되면 당황할 때가 있
습니다. 베드로가 잠을 자다가 눈을 번쩍 떠 보니, 주위에 칼과 몽
치를 든 사람들과 횃불을 든 사람들이 둘러서 있고 가룟 유다가 예
수님에게 키스하고 있습니다. 이때 베드로는 자기도 모르는 사이
에 칼을 뽑아서 순식간에 앞에 있는 사람의 귀를 쳤습니다.
　기도하지 않는 사람은 충동적으로 행동합니다. 기도하지 않는
사람은 인간적이요, 본능적으로 행동합니다. 우리가 하는 행동은
기도하고 하는 행동입니까, 충동적인 행동입니까? 육신적인 행동

입니까, 성령의 인도를 받고 하는 행동입니까? 언어 사용에서도 충동적인 말을 하면 상대방이 상처를 받습니다. 본능적이고 인간적인 말로써 평가하면 상대방이 상처를 받습니다. 그러나 기도하고 성령에 의한 말을 하면 상대방이 치료를 받습니다.

베드로는 세 번씩이나 졸았습니다. 영적 공백 상태에 있었습니다. 그는 칼을 빼어 충동적으로 앞에 있는 사람의 귀를 치고 만 것입니다. 그러나 베드로가 말고의 귀를 자른 것은 비극의 시작에 불과합니다. 계속해서 그는 무서운 결과로 빠져듭니다. 드디어 그는 예수님을 부인하고 저주하는 데까지 갑니다.

이때 예수님이 어떻게 하셨습니까? 예수님이 베드로에게 하신 말씀이 52절에 기록되어 있습니다. "이에 예수께서 이르시되 네 칼을 도로 칼집에 꽂으라 칼을 가지는 자는 다 칼로 망하느니라."

첫째는 칼을 다시 칼집에 꽂으라는 말씀입니다. 기도하지 않고 행동했다면 그 행동을 당장 취소하십시오. 기도하지 않고 충동적으로 하는 말, 충동적으로 한 행동은 어쩔 수 없습니다. 베드로는 이미 상대방의 귀를 자르고 말았습니다.

뒤돌아서는 것을 부끄럽게 생각하지 마십시오. 잘못했으면 회개하는 것이 마땅합니다. 잘못 자체가 나쁜 것이 아닙니다. 이러한 믿음의 용기가 우리에게 있을 때 가정의 문제, 사회의 문제, 교회의 많은 문제가 사라질 것입니다.

어려운 상황에서도 형제를 돕는 사랑

둘째로 예수님이 하신 말씀은 "칼을 가지는 자는 다 칼로 망하느니라"는 것입니다. 무력으로는 결코 평화나 행복이 오지 않는다는 뜻입니다. 무력을 사용하면 더 큰 무력이 나옵니다. 폭력을 사용하면 더 큰 폭력이 나옵니다. 무력이나 폭력은 어떤 의미에서 구체적이며 현실적인 힘입니다. 그러나 그것은 결코 영원한 힘이 아닙니다. 많은 사람이 이러한 칼의 힘에 의해서 권력을 잡고, 정치를 하고, 경제를 하고, 사회를 통치하려 합니다. 그러나 세계의 역사를 보십시오. 칼을 쓰다가 칼로 망하지 않는 사람이 어디 있습니까? 어느 누가 폭력을 쓰다가 폭력으로 망하지 않았습니까? 5년, 10년을 가지 못하고 망하는 것입니다.

만약 칼을 썼다면, 칼집에 다시 꽂으십시오. 그러면 칼을 써서 이미 귀가 잘려 나가 버린 결과는 어떻게 하면 좋을까요? 우리가 칼을 칼집에 다시 꽂으면 예수님이 그 사람의 귀를 고쳐 주십니다. 치유는 내가 하는 것이 아니라 하나님이 하시는 것입니다. 이 민족의 치유는 인간이 못합니다. 우리가 겸손하게 회개하고 순종하면 하나님의 손이 이 땅을 치유해 주실 것입니다.

베드로에게 불의의 일격을 당한 말고는 어떻게 되었습니까? 누가복음 22장 51절을 보면 "예수께서 일러 이르시되 이것까지 참으라 하시고 그 귀를 만져 낫게 하시더라"는 말씀이 있습니다. 여기서 예수님의 모습을 다시 한 번 생각해 보십시오. 지금 일어나는 이 위기 상황과 전혀 상관없이 매우 자유하신 사랑을 베푸시는 예수님을 보게 됩니다.

어떤 사람은 "칼보다 펜이 강하다"는 말을 했습니다. 그것은 부분적인 진리입니다. 칼은 무력을 상징하고, 펜은 정신을 상징합니다. 정신이 물질을 이길 수 있다는 뜻일 것입니다. 요즘 펜을 잡은 사람 가운데 독한 사람이 많습니다. 비록 칼은 아니더라도 펜으로 사람을 죽이는 사람이 얼마나 많습니까? 더 잔인하고 무섭게 사람을 죽입니다. 그러므로 펜보다 더 강한 것은 사랑입니다. 예수님은 우리를 사랑하셨습니다. 자기를 잡으려는 사람의 귀를 만져서 낫게 해주셨습니다. 그것이 기독교입니다.

우리는 여기서 새로운 사실을 하나 더 발견하게 됩니다. 일반적으로 사람들이 가지고 있는 미신이 있습니다. 그것은 언제나 자기 자신이 여유 있을 때 남을 도울 수 있다는 것입니다. 내가 돈이 좀 있고, 시간적으로 여유가 있을 때, 내가 건강할 때 남을 도울 수 있다고 생각합니다. 그런 생각으로 우리들 자신을 규정합니다. 그러나 예수님을 보십시오. 우리는 병들었을 때에도 남을 도울 수 있으며, 돈이 없어도 남을 도울 수 있으며, 감옥에 있어서 자유로운 몸이 아닐지라도 남을 도울 수 있습니다. 예수님은 지금 공격을 당하는 입장에 있습니다. 우리도 공격을 당하면서 남을 도울 수 있습니다.

자신이 병들었을 때에도 남을 도와주기 바랍니다. 돈이 없으면서도 남을 도와줄 수 있기를 바랍니다. 우리는 위기에 처할 수 있습니다. 우리 자신의 영혼도 긴박하고 갈급한 상황에 있을 수 있습니다. 그러나 우리가 그러한 상황에서도 주님을 생각하며 더 어려운 형제를 도와주면 기적이 일어납니다. 상황이 순식간에 변하고 말 것입니다. 우리의 마음에 평화와 기쁨과 자유와 축복이 넘치게 될 것입니다.

우리를 향한 하나님의 섭리와 계획

이제 예수님이 하신 말씀을 한 가지 더 생각해 보겠습니다. 예수님이 이와 같이 고난을 받는 이유는 무엇일까요? 왜 체포를 당하셔야 했을까요? 예수님이 무능했기 때문일까요? 아닙니다. 예수님은 말씀하시기를 "내가 이처럼 고난을 받는 이유는 능력이 없어서가 아니라 성경의 예언이 응답되도록 하기 위해서다"라고 하셨습니다.

> 너는 내가 내 아버지께 구하여 지금 열두 군단 더 되는 천사를 보내시게 할 수 없는 줄로 아느냐 내가 만일 그렇게 하면 이런 일이 있으리라 한 성경이 어떻게 이루어지겠느냐 하시더라(마 26:53-54).

예수님은 지금 당장이라도 하늘의 모든 천사 군대를 동원하여 능력을 행사할 수 있다고 말씀하십니다. 예수님은 지금 이 시간에 지체하지 않으시고 하늘의 모든 군사를 다 동원하여 악한 무리를 순식간에 쳐부수실 수 있습니다. 예수님이 무력을 사용하지 않으셨던 것은 하나님의 말씀이 응답되기 위해서입니다. 그분은 십자가를 위해 능력을 사용하시지 않았습니다.

> 그 때에 예수께서 무리에게 말씀하시되 너희가 강도를 잡는 것같이 칼과 몽치를 가지고 나를 잡으러 나왔느냐 내가 날마다 성전에 앉아 가르쳤으되 너희가 나를 잡지 아니하였도다 그러나 이렇게 된 것은 다 선지자들의 글을 이루려 함이니라 하시더라 이에 제자들이 다 예수를 버리고 도망하니라(마 26:55-56).

예수님이 체포당하신 것은 엄밀한 의미에서 성경의 응답입니다. 그분은 선지자들의 예언의 말씀이 이제 성취되는 것을 느끼신 것입니다. 예수님의 전 생애는 그 탄생에서부터 십자가의 죽음과 부활에 이르기까지 예언되지 않는 것이 하나도 없었습니다. 그분의 인생 전체는 예언의 응답이었습니다.

우리의 인생도 우연히 무의미하게 전개되는 것이 아닙니다. 하나님의 섭리와 계획이 우리의 생애 가운데 있습니다. 지금 우리 한 사람, 한 사람에게 일어나는 모든 일이 다 하나님의 주권과 계획 안에 있는 것입니다. 이러한 하나님의 주권과 계획에 대해 순종하고 응답하는 사람과 불순종하고 거부하는 사람이 있습니다. 순종하면 하나님의 섭리가 이루어집니다. 그러나 불순종하면 가룟 유다가 됩니다.

로마 군병들과 가룟 유다가 짜고 예수님을 체포한 사건은 엄밀한 의미에서 그들 자신의 의지에 의해서라기보다는 실제 성경에서 예언한 대로 이루어진 하나의 사건입니다. 문제는 여기에 있습니다. 그렇다면 가룟 유다는 하나님의 꼭두각시란 말입니까? 인간이 하나님이 예정해 놓으신 길만을 따라가는 꼭두각시인가 하는 의문이 제기됩니다.

역사는 우연이 아닙니다. 필연이요, 섭리입니다. 우리 인생은 우연히 존재하지 않습니다. 많은 실존철학자들이 인생은 우연이요, 무의미하다고 말했습니다. 많은 진화론자들은 역사는 진화한다고 말했습니다. 하나님의 창조를 거부한 것입니다. 그러나 사실은 그렇지 않습니다. 성경을 보십시오. 역사는 무의미하게 흘러가지 않습니다. 하나님의 손 안에 있는 것입니다. 하나님의 섭리 속에 있는 것입니다. 이 지상에는 반드시 최후의 날들이 올 것입니다. 심판이 있습니다. 역사는 하나님이 움직이시고 주관하십니다. 하나님이 문을 여시면 닫을 자가 없고, 하나님이 닫으시면 열 자가 없는 것입니다.

그러면 인간의 역할은 무엇입니까? 어떻게 응답하느냐에 있습니다. 인간은 하나님의 노리개나 하나님의 장난감이 아닙니다. 하나님이 역사하시고 섭리하셨지만, 인간이 자기의 의지를 잘못 사용해서 선악과를 따먹을 때에는 타락하는 것입니다. 그러나 우리가 다시 순종하고 하나님 앞에 돌아갈 때에는 축복해 주시는 것입니다.

가룟 유다를 보십시오. 가룟 유다가 아니어도 누군가 예수님을 팔아야 했습니다. 로마 군병이 아니어도 누군가 예수님을 십자가에 처형해야 했습니다. 그것은 예언이요, 하나님의 계획이었습니다. 인류의 구원을 위해 예수님이 십자가에 피 흘려 돌아가게 하신 하나님의 계획이었던 것입니다.

가룟 유다의 잘못된 선택

그렇다면 왜 하필 가룟 유다였는가에 문제가 있습니다. 예수님은 십자가에 못 박혀 돌아가셔야만 했습니다. 이것은 성경의 예언이요, 응답입니다. 그러나 예수님은 가룟 유다에게 그러지 말라고 얼마나 권면하셨습니까? 가룟 유다는 의도적으로 마귀의 일을 자행했습니다.

> 곧 창세 전에 그리스도 안에서 우리를 택하사 우리로 사랑 안에서 그 앞에 거룩하고 흠이 없게 하시려고 그 기쁘신 뜻대로 우리를 예정하사 예수 그리스도로 말미암아 자기의 아들들이 되게 하셨으니 (엡 1:4-5).

하나님은 우리를 축복의 도구로 쓰기를 원하십니다. 순종의 도구로 쓰기를 원하십니다.

우리가 아기를 낳고 키울 때, 그 아이가 공부를 잘해 주고 잘 따라 주면 고등학교는 물론 대학에 보내고 싶은 마음이 왜 없겠습니까? 만약 자녀가 그 계획대로 잘 따라 준다면 부모는 어떻게 해서라도 자식을 대학에 보낼 것입니다. 그것이 부모의 마음입니다. 그런데 공부해야 할 때 공부하지 않고 술 먹고 담배 피우고 나가서 밤늦도록 놀기나 하고 가출하면 부모의 가슴이 얼마나 아프겠습니까? 생각이 있는 부모라면 자녀의 종아리를 때려서라도 잘 살아가게 하고 싶을 것입니다. 부모는 자식을 사랑하기 때문에 그렇게 하는 것입니다. 이것이 하나님의 사랑입니다.

우리가 하나님에게 순종하고 그분의 계획대로 잘 따라가면 하나님은 우리를 상상할 수 없을 정도로 지고한 그리스도의 인격으로 만들어 주십니다. 하늘의 왕자와 공주로 우리를 세우시고 축복하십니다. 이것이 하나님의 계획입니다. 그런데 문제는 가룟 유다처럼 어긋나면 안 된다는 것입니다. 의지적으로 선택하는 일은 내가 하는 것입니다. 우리는 예수님을 잘 믿을 수도 있고 잘 안 믿을 수도 있습니다. 하나님의 뜻대로 살 수도 있고 살지 않을 수도 있습니다. 그 의지까지 하나님이 억압하시지 않습니다. 그것은 우리가 해야 합니다. 하나님의 섭리와 인간의 의지가 여기서 만나는 것입니다. 하나님에게 순종하고 늘 하나님이 기뻐하시는 쪽을 선택하십시오. 하나님이 예비하신 풍성한 복을 누리게 될 것입니다.

31

불의 앞에 굴하지 않는
믿음을 가져라

마태복음 26:57-68

겟세마네 동산에서 기도를 마치시자마자 예수님은 곧바로 성전 시위대에 체포당하십니다. 그리고 체포당하신 예수님은 그날 밤 급조된 불법 재판으로 십자가 사형을 언도받습니다. 예수님이 십자가를 지시기 전까지 세 번의 약식 재판이 있었습니다.

첫 번째 재판은 57절 말씀에 나타난 재판입니다.

"예수를 잡은 자들이 그를 끌고 대제사장 가야바에게로 가니 거기 서기관과 장로들이 모여 있더라."

예수님은 체포당하신 즉시 대제사장인 가야바의 집으로 끌려가 야간 재판을 받으시게 됩니다. 여기서 밤새도록 시달리신 예수님은 그 다음날 해뜨기 전에 또 한 번 약식 재판을 받으십니다. 이 두 번째 재판은 산헤드린 법정에서 예수님에게 사형 선고를 내리는 종교적인 재판입니다. 그러나 그들은 사형을 집행할 능력이 없었기 때문에 빌라도 총독에게 예수님을 이송하는 작업을 합니다. 다음으로 마태복음 27장 1-2절에 두 번째 약식 재판이 기록되어 있습니다.

"새벽에 모든 대제사장과 백성의 장로들이 예수를 죽이려고 함께 의논하고 결박하여 끌고 가서 총독 빌라도에게 넘겨 주니라."

예수님은 가야바의 손에서 떠나 빌라도 총독에게로 이양되십니다. 여기서 예수님은 세 번째 재판을 받게 되십니다. 마태복음 27장 11절 이하에서 총독 빌라도는 예수님을 재판해서 사형 언도를 하고 십자가에 내어 줍니다.

이 세 번의 재판은 모두 불법 재판이었고 불의한 판결이었습니다. 요즘 세상에도 어떤 정치적 목적을 가진 사람들이 사건을 조작하거나 은폐해서 불법 재판을 하는 경우를 봅니다. 그래서 세상이 여러모로 시끄럽고, 오해가 많고, 소동이 많은 것을 경험합니다.

불의한 재판

예수님은 처음부터 끝까지 철저하게 의도된 불의한 재판을 받았다는 사실을 이 짤막한 재판 과정을 통해서 알 수 있습니다. 이 내용을 잘 이해하기 위해서는 유대인의 최고 법정인 산헤드린 법정의 재판 과정을 알 필요가 있습니다. 산헤드린 법정은 정치, 종교, 입법, 행정 등 모든 것을 관할할 수 있는 일종의 권력 기관입니다. 그들은 산헤드린 법정에서 정치적인 이유나 종교적인 이유로 사형을 언도할 수 있습니다. 법정 최고형인 사형까지 내릴 수 있었던 것입니다.

그러나 그 당시는 로마의 지배 아래 있었기 때문에 그들에게는 사형을 집행할 권한까지는 없었습니다. 사형 집행 권한은 빌라도 총독이 가지고 있었습니다. 그래서 그들은 사형을 언도하고 증거를 대어서 죄수를 빌라도에게 보내 형을 집행하도록 했던 것입니다. 예수님이 빌라도 법정으로 가신 이유가 여기에 있습니다.

일반적으로 산헤드린 법정에서는 제사장이 의장이 되고 서기관과 바리새인들과 백성의 장로들이 재판관이 됩니다. 모든 재판이 다 그렇겠지만 대체로 산헤드린 법정은 밤에 재판할 수 없습니다. 낮에 해가 있을 동안에만 재판합니다. 또 유월절 절기에는 재판을 하지 않습니다. 유죄 판결을 내리거나 극형인 사형을 내릴 경우에는 즉시 시행할 수 없습니다. 그 사람이 항소할 수 있는 시간적인 여유를 줍니다. 형량을 선고할 때는 법정에서 일정한 과정을 거쳐 선고하도록 되어 있습니다. 그리고 특별히 사형선고를 할 때에는 증인이 있어야 합니다. 결정적인 증인 없이는 사형을 선고할 수 없습니다.

그러나 예수님의 재판의 경우에는 이 모든 것이 한 가지도 지켜지지 않았습니다. 겟세마네동산에서 기도를 마치신 예수님을 밤에 체포했습니다. 그리고 체포하자마자 가야바 법정으로 데리고 갔던 것입니다. 가야바 법정에서 기다리고 있던 사람들에 의해 재판이 시작되었습니다.

예수를 잡은 자들이 그를 끌고 대제사장 가야바에게로 가니 거기 서기관과 장로들이 모여 있더라(마 26:57).

그 밤에 왜 서기관들과 장로들이 가야바의 집에 모여 있었겠습니까? 분명히 예수님을 처형하기 위한 음모가 계획되었다는 것을 알 수 있습니다. 재판이 시작되었습니다. 그러나 문제는 증인을 세울 수 없다는 것이었습니다. 이들은 많은 증인을 데리고 왔지만 그 증거를 하나도 채택할 수 없었습니다.

대제사장들과 온 공회가 예수를 죽이려고 그를 칠 거짓 증거를 찾으매 거짓 증인이 많이 왔으나 얻지 못하더니 후에 두 사람이 와서 이르되 이 사람의 말이 내가 하나님의 성전을 헐고 사흘 동안에 지을 수 있다 하더라 하니(마 26:59-61).

예수님이 첫 번째 재판을 받으실 때 증인들이 많이 나왔으나 막상 이야기를 해보니 하나도 증거가 될 만한 것이 없었습니다. 그들이 했던 말 가운데 채택될 수 있었던 유일한 증거는 예수님이 성전 근방에서 "이 성전을 헐라! 내가 사흘 만에 다시 세우리라"고 하신 말씀이었습니다. 그들은 하나님을 모독한 죄로 예수님을 고발한 것입니다.

이것이 어찌 사형선고를 내릴 수 있는 근거가 되겠습니까? 그러나 그들이 예수님을 잡을 수 있는 증거는 이것밖에 없었습니다. 사실 요한복음 2장 19절에 나타난 이 말씀은 하나님을 모독하는 말이 아닙니다. 성전인 자기 몸을 가리켜 "너희들이 십자가에 못 박아 나를 죽이게 될 것이나, 나는 삼 일 후에 다시 부활하리라"고 하신 말씀이었습니다. 그들은 이 말씀을 오해해서 예수님을 죽일 수 있는 근거로 채택한 것입니다. 우리가 지금 이 시점에서 생각해 보면 참 어리석고 우스운 이야기 같지만 이 세상에서는 종종 어리석고 우스운 이야기가 정의와 진리처럼 통합니다. 그들은 예수님을 죽이고 싶었습니다. 그러나 예수님을 죽일 이유를 찾을 수가 없었습니다.

흠 없으신 구세주

여기서 우리가 배우게 되는 몇 가지 교훈이 있습니다. 예수님은 원수에게까지라도 흠 잡히지 않았다는 것입니다. 이것은 놀라운 일입니다. 대부분의 사람은 한 부분이 진실되면, 다른 한 부분은 어둡습니다. 진실된 밝은 부분을 보면 그 사람이 좋은 사람이요, 어두운 부분을 보면 그 사람이 나쁜 사람이 되는 것입니다.

그러나 예수님에게는 어두운 부분을 찾을 수 없었습니다. 그를 죽이려고 했던 모든 사람이 예수님의 공생애 3년을 샅샅이 조사했으나 예수님을 처형할 수 있는 증거가 될 만한 것을 발견할 수 없었습니다. 도덕적 흠이 있든지, 돈의 문제가 있든지, 사람이면 누구나 조금씩이라도 그런 문제가 있을 수 있으나 예수님에게서는 전혀 문제를 찾을 수 없었습니다. 여기서 우리는 놀라운 왕이신 예수 그리스도를 봅니다. 사람의 법정에 서셨지만 의롭고 깨끗하신 하나님이 보내신 인류의 구세주, 예수 그리스도를 보게 됩니다.

또 다른 교훈 한 가지는, 악한 생각을 가진 사람들은 어떤 좋은 동기도 악하게 이해한다는 것입니다. 이 가야바 법정에 있는 사람들은 예수님을 죽이려고 결정했기 때문에 예수님의 좋은 점이나 깨끗한 부분은 생각지도 못하고 있습니다. 어떻게 해서든지 예수님을 죽이려는 데만 관심이 있습니다. 이것이 악의 본질이요, 악의 성격입니다.

대제사장은 집요하고 강력하게 질문 공세를 폈습니다.

대제사장이 일어서서 예수께 묻되 아무 대답도 없느냐 이 사람들이 너를 치는 증거가 어떠하냐 하되(마 26:62).

예수님에게 거짓 증거를 인정하라고 강요하는 것입니다. 이러한 대제사장의 강한 압력에 대해 예수님은 어떻게 하셨습니까?

예수께서 침묵하시거늘(마 26:63).

예수님은 침묵하셨습니다. 침묵이 곧 대답이셨습니다. 거짓 증거와 거짓 증언 앞에 예수님은 자기를 변론하거나 변명하거나 논쟁하지 않으셨습니다. 그냥 듣고 계셨습니다. 그저 당하고 계셨습니다. 그리고 말씀하지 않으셨습니다.

진실한 그리스도인은 이 악한 세상에서 살아나갈 때 감당 못할 여러 가지 어렵고 힘든 일들을 만나게 됩니다. 거짓을 강요당하고, 불의를 강요당하고, 여러 가지 원치 않는 일들을 강요당할 때가 많습니다. 그것이 우리가 사는 현실입니다. 빛의 자녀들이 어둠의 세상 속에 살아야 하기 때문입니다. 그럴 때 우리는 어떻게 해야 합니까?

예수님이 그 숱한 질문 공세 앞에서 침묵으로 대답하고 계신 것을 봅니다. 예수님의 침묵은 최대의 언어였습니다. 부정과 불의를 고발하는 말이었습니다. 정의롭고 양심 있는 판단이 더 이상 기대될 수 없는 상황에서, 예수님은 이미 자신을 죽이기로 결정한 사람들과 논쟁하지 않으셨습니다. 논쟁을 해봐야 그것은 아무런 가치가 없었기 때문입니다. 그래서 조용히 침묵으로 그 현실을 인정하고 당하신 것입니다.

죽음 앞에서 초연한 왕의 선언

예수께서 침묵하시거늘 대제사장이 이르되 내가 너로 살아 계신 하나님께 맹세하게 하노니 네가 하나님의 아들 그리스도인지 우리에게 말하라(마 26:63).

침묵하시는 예수 그리스도 앞에서 대제사장은 더 이상 어떻게 할 수 없었습니다. 그는 더 교활한 방법을 쓰기 시작했습니다. 예수님이 평소에 자기가 하나님의 아들 그리스도라는 사실을 인정한 것을 그는 알고 있었습니다. 다른 사람들로부터 증거를 잡을 수 없었기 때문에 예수님 스스로 올무에 들어올 수 있는 방법을 선택한 것입니다.

"침묵만 하지 말고, 내게 하나님의 아들 그리스도가 아니라는 사실을 입으로 맹세하라"고 했습니다. 지금 제사장은 맹세를 강요하고 있는 것입니다. 거짓 증거 앞에서는 예수님이 침묵으로 일관하셨습니다. 그러나 예수 그리스도 자신이 메시아라는 진리 앞에서는 어떻게 대답하십니까?

예수께서 이르시되 네가 말하였느니라 그러나 내가 너희에게 이르노니 이 후에 인자가 권능의 우편에 앉아 있는 것과 하늘 구름을 타고 오는 것을 너희가 보리라 하시니(마 26:64).

예수님이 아주 간단하고 정확하고 확신 있는 말씀 한마디를 하셨습니다. "네가 말하였느니라." 얼마나 놀라운 말씀입니까? 예수님은 두려워하지 않으셨습니다. 변명하지 않으셨습니다. 침묵이 변명이 아니요, 도피가 아니라는 사실을 여기서 보여 줍니다.

대부분의 사람에게 있어서 침묵은 도피요, 변명이요, 도망가는 하나의 방법입니다. 예수님은 직설적으로 간결하게 "네가 말한 그대로다"라고 대답하십니다. 죽음 앞에서 초연한 왕의 선언입니다. 그는 자신이 하나님의 아들 그리스도이심을 맹세하시고 선언하셨습니다. 죽음 앞에서 오늘의 그리스도인에게 필요한 영적 태도가 바로 이런 것입니다. 침묵해야 할 때도 있지만, 분명한 말로 표현해야 할 때도 있습니다.

그러고 나서 예수님은 놀라운 예언의 말씀을 한 가지 더 하셨습니다. 그것은 "인자가 권능의 우편에 앉게 될 것이다"라는 말씀이었습니다. 예수님의 죽음은 죽음으로 끝나는 것이 아니라, 승리로 끝나는 것입니다. 그래서 예수님은 권능의 우편에 승리의 왕으로 앉게 될 것이며, 통치자로 앉게 될 것이라고 말씀하시는 것입니다. 그뿐만 아니라 하늘 구름을 타고 다시 이 세상에 심판주와 승리의 주로 오시게 될 것이라는 말씀입니다.

이 말씀을 들은 대제사장의 반응은 어떻습니까?

이에 대제사장이 자기 옷을 찢으며 이르되 그가 신성모독하는 말을 하였으니 어찌 더 증인을 요구하리요 보라 너희가 지금 이 신성모독하는 말을 들었도다(마 26:65).

드디어 대제사장은 자기가 듣고 싶었던 말을 예수님의 입을 통해서 듣게 되었습니다. "네가 하나님의 아들 그리스도냐?" 하고 물었을 때 "네가 말한 그대로라"고 하셨습니다.

　이때 대제사장은 옷을 찢습니다. 자기 옷을 찢으며 분노를 터뜨리면서 참람하다고 했습니다. 예수님이 사형에 해당하는 말을 스스로 했다는 것입니다. 이 말의 근거는 레위기의 말씀인 "여호와의 이름을 모독하면 그를 반드시 죽일지니 온 회중이 돌로 그를 칠 것이니라"(레 24:16)는 율법에 있습니다. 그들은 이 율법을 적용한 것입니다. 예수님이 하나님의 아들 그리스도라고 시인했기 때문에 하나님의 이름을 모독했다는 것입니다. 그래서 종교적으로 사형에 처할 수 있는 죄를 지었다는 것입니다. 그는 아주 결정적인 근거를 잡았습니다. 대제사장은 주위의 모든 동료에게 동의를 얻기 시작했습니다.

　너희 생각은 어떠하냐 대답하여 이르되 그는 사형에 해당하니라 하고(마 26:66).

우리를 위해 고난받으신 예수님

그들은 예수님을 사형에 처하는 결정을 한 것뿐만 아니라, 그분이 하나님의 이름을 모독했다는 사실 앞에서 예수님을 욕하고 침 뱉고 구타하고 뺨을 때리고 조롱하기 시작합니다. 이것이 예수님에 대한 조롱의 시작이요, 예수님에 대한 고문의 시작입니다.

이에 예수의 얼굴에 침 뱉으며 주먹으로 치고 어떤 사람은 손바닥으로 때리며 이르되 그리스도야 우리에게 선지자 노릇을 하라 너를 친 자가 누구냐 하더라(마 26:67-68).

갑자기 예수님 쪽으로 누군가의 주먹이 날아옵니다. 침을 뱉습니다. 예수 그리스도를 앞으로 밀치고 뒤로 밀치며 조롱하기 시작합니다. 예수님은 도살장에 끌려가는 소처럼, 털 깎는 자 앞에서 잠잠한 양처럼, 때리면 맞고 욕하면 그대로 듣고 밀치면 밀침을 당하는 처절한 모습으로 그 자리에서 계십니다. 그러면서도 그분은 겸손과 온유와 죽음을 두려워하지 않는 초연한 모습을 보이십니다.

우리는 이 세상에 살면서 억울하게 당하는 사람들을 가끔씩 봅니다. 그런데 억울하게 당한 사람이 소리를 지르면 별로 감동이 없습니다. 억울하게 당하면서도 소리 지르지 않고 그냥 당하는 사람을 보았을 때 충격을 받게 됩니다. 분명히 반항하고 복수하고 보복해야 하는데도, 그런 것들을 포기하고 일방적으로 수모를 당하면 거기에서 기적이 일어납니다. 능력이 나타나기 시작합니다. 대부분의 사람이 당하면서도 능력이 없는 것은 복수하기 때문입니다.

사환들아 범사에 두려워함으로 주인들에게 순종하되 선하고 관용하는 자들에게만 아니라 또한 까다로운 자들에게도 그리하라(벧전 2:18).

착한 주인에게만 순종하지 말고 악하고 까다로운 주인을 만났을 때에도 이유를 불문하고 순종하라고 성경은 말씀합니다. 그런데 우리는 사실 이 말씀에 잘 동의하지 못합니다.

> 부당하게 고난을 받아도 하나님을 생각함으로 슬픔을 참으면 이는 아름다우나(벧전 2:19).

세상에는 부당하게 받는 고난이 있습니다. 고난의 원인이 내게 있지 않은데도 억울하게 고난을 당합니다. 그래도 성경에서는 참으라고 했습니다. 참는 것이 아름답다고 했습니다.

> 죄가 있어 매를 맞고 참으면 무슨 칭찬이 있으리요(벧전 2:20).

두 번째 고난은 자기가 죄를 지어서 받는 고난입니다. 매 맞을 짓을 해서 매를 맞듯이 내가 잘못해서 고난을 받으면 그 고난은 아무 의미가 없다고 합니다.
또 세 번째 고난이 있습니다.

> 선을 행함으로 고난을 받고 참으면 이는 하나님 앞에 아름다우니라 (벧전 2:20).

선을 행하다 받는 고난이란, 남에게 잘해 주었는데 오히려 뺨을 맞는 것과 같습니다. 선을 행하다 고난을 받을 수 있습니다. 그러나 내가 그런 고난을 받아도 복수하거나 원망하지 않고 하나님을 생각하면서 잊어버리고 참으면 아름답다고 말했습니다.

이를 위하여 너희가 부르심을 받았으니 그리스도도 너희를 위하여 고난을 받으사 너희에게 본을 끼쳐 그 자취를 따라오게 하려 하셨느니라(벧전 2:21).

우리 그리스도인은 고난을 위하여 부름받았습니다. 선을 위해 고난받는 자로 부름을 받았습니다. 성경은 그런 우리에게 예수 그리스도를 제시해 줍니다. 예수님은 절대로 반사적으로 욕하지 않으셨습니다. 분노하지 않으셨습니다. 원망하지 않으셨습니다.

친히 나무에 달려 그 몸으로 우리 죄를 담당하셨으니 이는 우리로 죄에 대하여 죽고 의에 대하여 살게 하려 하심이라 그가 채찍에 맞음으로 너희는 나음을 얻었나니(벧전 2:24).

대부분의 사람은 고난을 받을 때 자기가 욥인 것으로 착각합니다. 그런데 우리가 당하는 고난의 99%는 우리의 죄 때문에 마땅히 당하는 고난이라 해도 과언이 아닙니다. 자신이 잘못해서 매를 맞아 놓고 "하나님이 이러실 수 있습니까?" 하며 하나님을 원망합니다. 우리가 받는 고난, 우리가 받는 억울함, 그것은 애매한 고난도 아니요 선을 행하다 받는 고난은 더더욱 아닙니다. 손을 가슴에 얹고 한번 생각해 보십시오. 우리가 받는 고난은 다 자기가 저지른 죄과요, 자기가 준 상처의 대가입니다.

예수님은 아무 말 없이 불의한 재판을 당하셨습니다. 우리도 그처럼 억울한 일을 당할 때가 있습니다. 말도 안 되는 일들을 겪게도 됩니다. 어떤 때에는 침묵으로, 어떤 때에는 기도로, 또 어떤 때에는 사랑으로 이런 일들을 감당해야 할 것입니다.

물과 성령으로 거듭남

이제 마지막으로 한 가지 사건을 더 생각하겠습니다.

> 베드로가 멀찍이 예수를 따라 대제사장의 집 뜰에까지 가서 그 결말을 보려고 안에 들어가 하인들과 함께 앉아 있더라(마 26:58).

베드로는 주님을 앞장서서 따라야 할 때 멀찍이 따랐습니다. 예전에 베드로는 "모두 주를 버릴지라도 나는 결코 버리지 않겠나이다. 내가 주와 함께 죽을지언정 주를 부인하지 않겠나이다"라고 고백했습니다. 그러나 결정적인 순간에 그는 예수님을 멀찍이 따랐습니다. 물론 도망간 제자보다는 낫습니다. 그렇지만 왜 이렇게 멀찍이 따라갔습니까? 가까이 따라갈 용기가 없었던 것입니다. 위기에 부딪히지 않았을 때에는 누구든지 큰소리칩니다. 그러나 자기가 위기에 부딪혔거나 어려운 상황 속에 들어가면 비겁해집니다. 그것이 인간의 본질입니다. 도망갈 수 없는 베드로, 그렇다고 예수님을 앞장서서 보호할 수도 없는 베드로, 많은 그리스도인의 모습이기도 합니다.

교회가 많고, 교인이 많아도 세상이 변하지 않는 이유는 우리가 회색 그리스도인이기 때문입니다. 의로운 소리, 정의로운 소리는 열심히 하지만, 실제로 그렇게 살지 못하는 비겁한 우리의 신앙 양심 때문입니다. 어떤 사람은 교회에 안 나오면 굉장히 괴로워합니다. 그런데 교회 일에 앞장서는 것에도 아주 괴로워합니다. 그래서 항상 턱걸이하듯이 신앙생활을 합니다. 교회에 와도 꼭 예배가 시작되고 나서 5분 후에야 오고, 앞자리에는 절대로 못 앉습니다. 우리가 인간 베드로의 신앙을 닮아 가면 나중에 예수님을 배신하는 데까지 가게 될 것입니다. 그러면 베드로는 어떤 코스를 밟아서 예수님을 배신까지 하게 되었을까요? 베드로는 사랑보다는 호기심이 있었습니다. 성경을 보십시오. 베드로가 멀찍이 예수님을 좇아 대제사장의 집 뜰에까지 간 이유는, 예수님을 보호하기 위해서라면 좋겠는데 재판의 결과를 보려고 한 것입니다. 그 결과 만약 예수님이 살아나시면 "주여, 내가 여기 있습니다"라고 말하고, 위험하게 되면 도망가려고 했을 것입니다. 이것은 비겁한 신앙이요, 성령을 받지 못한 신앙입니다. 인간적인 신앙, 지성적인 신앙, 합리적인 신앙입니다. 베드로는 예수님과 함께 3년을 살았습니다. 예수님의 설교를 다 들었습니다. 요즘 말로 하면 예수님과 일대일 성경 공부 같은 것을 다 끝낸 사람입니다. 예수님의 기적을 다 보았습니다. 예수님의 사생활을 다 보았습니다. 그 이상 어떻게 더 가르칠 수 있단 말입니까? 그 이상 어떻게 더 제자훈련을 할 수 있겠습니까? 그런데도 인간 베드로는 변하지 않았습니다.

지금, 베드로는 거듭나야만 합니다. 다시 태어나지 않으면 인간 베드로의 모습은 여전히 계속됩니다. 십자가를 보고도 베드로는 변하지 않았습니다. 부활하신 예수님을 보고도 안 변했습니다. 그런데 그가 언제 변했습니까? 예수님이 승천하신 뒤, 오순절 날 성령을 체험하고 나서 180도 달라졌습니다. 이런 베드로와 같은 변화가 우리 안에도 있기를 바랍니다.

우리가 아무리 변화하려 해도 인간의 힘으로는 불가능합니다. 인간의 힘만으로 할 때에는 예수님을 믿는 것이나 봉사에 한계가 있습니다. 열매는 없고 잎만 무성하게 되는 것입니다. 소리만 시끄럽게 나고 바쁘기만 한 것입니다. 그러나 성령으로 거듭나면, 아무도 봐주지 않는 아프리카에 홀로 던져져도 열매가 풍성히 맺히게 될 것입니다.

오늘, 우리는 중요한 기로에 서 있습니다. 요한복음 3장의 물과 성령으로 거듭나야 한다는 말씀이 초신자에게 필요한 말씀이라고 생각하지 마십시오. 바로 예수님을 오래 믿고, 잘 믿고 있다는 베드로 같은 우리에게 하시는 말씀입니다. "네가 거듭나야 된다. 봉사하기 전에, 말씀 전하기 전에 네가 성령으로 거듭났느냐? 이것이 너의 생각이냐, 성령의 생각이냐? 인간적인 노력으로 하는 것이냐, 하나님이 주시는 힘으로 하는 것이냐?" 지금 이 순간 우리에게 물과 성령으로 거듭나는 축복이 있기를 바랍니다.

○

32

제자의 삶은
닭 울음소리와 함께 시작된다

마태복음 26:69 - 75

○

위기 상황으로 몰아가는 인간적 신앙

베드로에게는 두 가지 모습이 있었습니다. 먼저 거듭나지 못한 인간 베드로의 육적인 모습입니다. 또 한 가지 모습은 성령으로 세례받고 거듭난 후에 변화된 베드로의 모습, 즉 영적인 베드로의 모습입니다.

본문 말씀에서 우리는 인간 베드로를 살펴보려고 합니다. 아무리 애쓰고 애통하고 노력해도 결국 진리에는 이를 수 없었던 베드로, 목마른 베드로, 그 인간 베드로의 클라이맥스가 본문 말씀에 나타나 있습니다.

베드로가 바깥 뜰에 앉았더니 한 여종이 나아와 이르되 너도 갈릴리 사람 예수와 함께 있었도다 하거늘(마 26:69).

여기서 두 가지를 생각해 볼 수 있습니다. 첫째는 베드로가 대제사장 가야바의 집 뜰까지 오게 되었다는 사실입니다. 그곳은 베드로가 가기를 원하지 않았던 장소입니다. 가끔 우리는 원하지 않는 상황에 빠집니다. 원하지 않는 사람을 만나게 되고, 원하지 않는 문제 속에 들어가게 됩니다. 그리고 한참을 고생하고 나서는 "내가 어쩌자고 여기까지 와서 이런 수모를 당하는가!"라는 말을 합니다. 예를 들어, 도박하려고 시작한 것은 아니었는데 친구들끼리 장난으로 즐기다가 집까지 날려 버립니다. 그저 술 한 잔 먹었는데 내 인생을 패가망신시키는 지경까지 이르고 맙니다.

베드로는 대제사장 가야바의 집 바깥뜰까지 오게 되었습니다. 인간적인 신앙은 우리를 원하지 않는 상황으로 몰아갑니다. 예수님의 재판이 벌어지는 그날 밤에 종들과 베드로가 모닥불을 피워 놓고 함께 불을 쬐고 있었습니다. 그리고 그곳에서 베드로는 여종에게 큰 수모를 당하게 됩니다.

갈수록 태산이라는 말이 있습니다. 하는 것마다 안 되는 사람이 있습니다. 어떤 사람은 계속해서 구설수와 사건에 말려듭니다. 벗어나려고 할수록 더 깊이 빠져 들어갑니다. 우리는 이런 일을 겪을 때 원망하거나 불평해서는 안 됩니다. 뭔가 일이 뒤틀리고 상황이 복잡해질 때에는 원망과 불평은 빨리 멈추고 영적으로 자신을 살피는 것이 아주 중요합니다.

로마서 1장 24절을 보면 "하나님께서 그들을 마음의 정욕대로 더러움에 내버려 두사 그들의 몸을 서로 욕되게 하게 하셨으니"라는 말씀이 있습니다. 우리가 계속해서 마음의 정욕대로 가려고 할 때 하나님이 보호해 주시지 않고 그 보호막을 포기해 버리신다는 것입니다. 우리가 여기까지 오게 된 것은 우리가 똑똑하고 잘나고 거룩해서가 아니라, 하나님의 은혜의 보호막이 있었기 때문입니다. 하나님의 은혜의 보호막이 우리의 실수와 죄를 막아 주었고, 우리의 허물을 덮어 주었습니다. 그 보호막이 없어져 버리면 우리는 인간의 본질이 그대로 다 드러나는 것입니다. 하나님이 보호막을 거두어 가시고 안전핀을 뽑아 버리시면 사건은 갈수록 커지고 고통은 확산되기 마련입니다.

우리는 인간 베드로를 봅니다. 가야바의 법정 뜰까지 온 베드로는 하나님을 믿었지만 하나님을 의지하지는 않았습니다. 그는 예수님을 따랐지만 그분을 신뢰하지 않았습니다. 그는 자기의 경험이나 의지나 방법이나 자존심 같은 것들을 통해서 주님을 섬기려고 했던 인간 베드로였습니다.

어떤 면에서는 성실한 베드로였습니다. 그래서 그는 곧잘 호언장담을 했습니다. 내가 죽기까지 주님을 버리지 않겠다고 했습니다. 그는 '절대로'라는 표현을 잘 썼습니다. 그는 또한 행동파였습니다. 다른 사람들이 비겁하게 머뭇거리고 있을 때 그는 앞질러 행동했습니다. 그러나 모든 면에서 그는 실패했습니다. 그의 인간적인 성실이 열매 맺은 것은 하나도 없었습니다. 그의 인간적인 헌신이 성공한 경우도 하나도 없었습니다. 성공한 것처럼 보였으나 다 실패하고 말았습니다.

겟세마네 동산에서 기도해야 할 그 시간에 졸고 있었던 베드로는 예수님의 기도가 끝났을 때 충동적인 발언과 행동을 했습니다. 말고의 귀를 치는 실수를 범한 것입니다. 그뿐만 아니라 체포당하신 예수님이 가야바의 법정으로 끌려가실 때 베드로는 또 한 가지 비겁한 행동을 할 수밖에 없었습니다. 예수님을 가까이서 좇아가지 못하고 멀리서 비겁하게 좇았습니다. 오늘 우리는 가야바의 집 뜰에서 종들과 함께 불을 쬐고 앉아 있는 베드로를 통하여 인간적인 신앙이란 언제나 우리를 위기 상황으로 내몰아 간다는 교훈을 얻게 됩니다.

베드로의 세 번의 부인

69절 말씀에서 발견하는 또 한 가지 사실은 가야바의 집에서 일하는 여종으로부터 베드로가 조롱을 당하고 있다는 것입니다. 마가복음이나 요한복음에 의하면 그 밤에 날씨가 추웠는지 '불을 쬐고 있었다'고 했습니다. 그때 여종이 베드로에게 와서 질문했습니다. 이 여종의 질문은 어떤 증거를 가졌거나 특별한 의도가 있는 질문이 아니라 아주 상식적인 질문입니다. "당신은 예수와 한패가 아니냐"는 단순한 질문입니다. 그러나 베드로는 순간적으로 몹시 당황하여 대답합니다.

베드로가 모든 사람 앞에서 부인하여 이르되 나는 네가 무슨 말을 하는지 알지 못하겠노라 하며(마 26:70).

베드로는 모든 사람 앞에서 대답을 해버리고 말았습니다. 그 여종에게만 몇 마디 답변할 수 있었는데, 여종의 질문이 너무 당황스럽고 고통스러운 나머지 많은 사람 앞에서 공개적으로 말하게 된 것입니다. 그의 대답은 예수님을 부인하는 내용이었습니다.

인간적인 신앙은 자기가 원하지 않는 말을 합니다. 인간적인 신앙은 언제나 배신하는 발언을 하게 됩니다. 베드로가 예수님의 제자라는 사실은 그 당시 천하가 다 아는 사실이었습니다. 어떻게 베드로가 예수님을 모른다고 말할 수 있습니까? 그러나 그는 거짓말하려던 것이 아니라, 순간적인 충동으로 그렇게 말해 버리고 만 것입니다. 이것이 바로 거듭나지 못한 신앙의 속성입니다. 인간적인 신앙은 사소한 사건에서 쉽게 무너집니다. 차라리 베드로가 좀 고문을 당했다든지, 순교할 만한 상황에서 예수님을 부인했다면 그나마 다행이었을지 모릅니다. 동정도 받을 수 있었을 것입니다. 베드로가 빌라도 총독이나 가야바 대제사장에게 이런 질문을 받았다면 적절한 핑곗거리가 됐을지 모릅니다. 그러나 여종으로부터 받은 사소한 질문 앞에 베드로는 이런 엄청난 실수를 하고 말았습니다.

상황은 여기서 끝나지 않습니다. 위기 상황이란 언제나 한 번으로 끝나지 않고 계속 반복되는 법입니다.

앞문까지 나아가니 다른 여종이 그를 보고 거기 있는 사람들에게 말하되 이 사람은 나사렛 예수와 함께 있었도다 하매(마 26:71).

베드로는 배신의 답변을 하고 너무 부끄러워 지금 도망가는 중입니다. 그러나 앞문으로 도망가려 하는데 다른 여종이 베드로의 발목을 잡습니다. "당신은 나사렛 예수와 함께 있었던 사람이야!"라고 말한 것입니다.

사실, 누군가 우리더러 "당신은 예수쟁이요!" 하고 말한다면 얼마나 좋은 일이겠습니까? 이처럼 영광스러운 일이 어디 있겠습니까? 우리의 비석에 "여기, 예수에 미쳐 살다 죽은 사람이 누워있다"는 비문이 새겨질 수 있으면 얼마나 영광이겠습니까? "당신은 예수를 따라다닌 사람이오. 당신은 예수와 한패요. 당신은 예수에 미친 사람이오." 사실은 사람들이 이런 영광스러운 말을 베드로에게 해주고 있는 것입니다. 그러나 베드로는 완강히 그 말을 거부했습니다. 예수 믿는 사람에게는 예수 냄새가 나야 합니다. 어디를 가나 그것이 영광스럽고 자랑스러운 일이 되어야 합니다.

베드로의 두 번째 대답을 들어보겠습니다.

베드로가 맹세하고 또 부인하여 이르되 나는 그 사람을 알지 못하노라 하더라(마 26:72).

첫 번째 대답에서는 단순하게 예수님을 부인했지만 두 번째 대답에서는 맹세까지 하면서 부인했습니다. 그러나 문제는 여기에서 끝나지 않습니다. 세 번째로 그 옆에 있던 사람이 또 다른 질문을 합니다.

조금 후에 곁에 섰던 사람들이 나아와 베드로에게 이르되 너도 진실로 그 도당이라 네 말소리가 너를 표명한다 하거늘(마 26:73).

차라리 베드로가 침묵했더라면 이런 수모를 당하지 않았을 것입니다. 그가 입을 열었기 때문에 일이 더 꼬입니다. 일을 잘 마무리하려고 할수록 일이 더욱 꼬이는 경우가 바로 여기 있습니다. 인간적인 방법, 인간적인 신앙이 일을 더 어렵게 만드는 것입니다.

사람들이 말하기를 "네 말소리가 너를 표명한다"고 했습니다. 이 말의 뜻은 베드로의 사투리가 예수님과 똑같다는 말입니다. 사투리가 같다고 어떻게 한패가 될 수 있겠습니까? 이런 비합리적인 논리가 어디 있습니까? 그런데 이미 이때는 베드로가 약해질 대로 약해졌고, 겁을 먹을 대로 먹은 상태입니다. 무슨 말도 다 걸립니다. 판단할 능력이 없어졌습니다. 그래서 그는 원하지 않는 기막힌 대답을 또 한 번 하게 됩니다.

그가 저주하며 맹세하여 이르되 나는 그 사람을 알지 못하노라 하니 곧 닭이 울더라(마 26:74).

베드로의 세 번째 부인은 예수님을 간단하게 한마디로 모른다고만 부인한 것이 아닙니다. 저주하며 맹세하여 모른다고 했습니다. 아무리 몰라도 저주까지 할 필요가 있을까요? 베드로가 정말 예수님을 저주했을까요? 베드로가 맹세하며 모른다고 할 만한 그런 상황이었을까요? 아닙니다. 그것은 베드로의 진심이 아니었습니다. 그런데 그렇게 말을 해버리고 만 것입니다. 이것이 인간적인 신앙이요, 거듭나지 못한 신앙입니다. 그러한 신앙이 내가 원하지 않는 말을 하게 하고, 원하지 않는 행동을 하게 하고, 원하지 않는 결과로 가게 합니다.

베드로만 이런 실수를 했을까요? 아닙니다. 우리 모두는 이런 실수를 합니다. 그것이 인간입니다. 아무리 똑똑하고 훈련이 잘되어 있고 지성적이고 의지적이라 할지라도 인간은 누구든지 이런 실수와 자기 절망을 경험하게 됩니다. 우리가 제일 깊은 절망을 느낄 때는 자기 자신에 관해서 절망할 때입니다. 자신에게 절망했을 때 사람은 갈 길이 없게 됩니다. 그렇다면 참된 신앙이란 무엇입니까? 그것은 이런 인간의 껍질을 벗고 인간적인 신앙을 탈출하는 것입니다. 이때 우리는 거듭났다는 말을 씁니다.

통곡의 순간이 거듭나는 순간

베드로는 더 이상 어찌할 수 없는 절망적인 상황에 빠지게 되었습니다. 바로 그 순간에 어디선가 새벽닭 우는 소리가 울렸습니다. 이것은 기막힌 하나님의 계획과 섭리입니다. 절묘한 순간입니다. 닭이 울었다는 것은 하나님이 닭을 사용해서 자신의 메시지를 전하셨다는 뜻입니다. 하나님은 환경을 사용하셔서 여러 가지로 우리에게 말씀하십니다. 또 하나, 닭이 울었다는 것은 전날 밤에 예수님이 말씀하셨던 예언의 성취를 의미합니다.

순간, 베드로는 모든 것을 확연히 깨닫게 됩니다. 자기 자신에 대해서 눈을 뜨기 시작했습니다. 베드로는 지금까지 자기 자신이 잘났고, 옳았다고 생각했습니다. 실패했을 때에는 변명이 있었습니다. 다른 사람을 원망하고 비판했습니다. 한 번도 자기가 잘못했다는 생각을 하지 않았습니다. 자기의 실수를 인정하지 않았습니다. 두 번째까지도 실수를 인정하지 않았습니다.

세 번째에도 닭이 안 울었다면 자기의 잘못을 인정하지 않았을지도 모릅니다. 그런데 닭이 울었습니다. 그 순간 그는 술에서 깬 사람처럼 정신이 바짝 난 것입니다. 성령이 그를 강타한 것입니다. 하나님의 예언의 말씀이 비수처럼 그를 찔러 버린 것입니다. 인간 베드로의 생애에 은빛 광채가 비취기 시작했습니다. 닭이 울던 그 순간이 베드로가 거듭나는 순간이었습니다.

이에 베드로가 예수의 말씀에 닭 울기 전에 네가 세 번 나를 부인하리라 하심이 생각나서 밖에 나가서 심히 통곡하니라(마 26:75).

닭소리를 듣는 순간 베드로의 영혼은 통곡하기 시작했습니다. 산산조각나기 시작했습니다. 닭이 우는 순간에 예수님의 말씀이 생각난 것입니다. 그렇게 오래 참고 기다리시는 예수님의 사랑이 느껴지기 시작했습니다. 자기가 배신했다는 생각을 하게 되었습니다. 자기가 얼마나 엉터리였는지 거기서 느끼기 시작한 것입니다. '내가 이렇게 나약한 존재인가? 내가 이렇게 배신하는 존재인가? 내가 이렇게 실수할 수밖에 없는 인간인가?' 그는 거기서 자기의 진실을 보게 된 것입니다. 바로 그 순간이 마귀가 떠나는 순간이었습니다. 바로 그 순간이 인간 베드로가 깨어지는 순간이었습니다.

본문 말씀을 보면 베드로가 밖에 나가서 심히 통곡했다고 했는데, 아마 일그러진 얼굴을 감싸고 머리를 쥐어뜯었을 베드로의 모습을 우리는 상상해 볼 수 있습니다. 베드로의 깊은 절망에는 베드로의 소망이 있었습니다. 그것이 베드로의 축복입니다. 이 순간이 베드로가 변화되는 순간이요, 다시 태어나는 순간이었습니다.

우리에게 이런 베드로의 축복이 있기를 바랍니다. 일그러지고, 찌그러지고, 얼굴을 감싸고, 성령의 강타를 받고, 하나님의 음성을 듣고 이렇게 고백하기를 바랍니다. "오! 주여, 저는 엉터리였습니다. 저는 위선자였습니다. 저는 인간적인 신앙으로 위장하고 살았던 사람입니다. 저는 영적이지 않았습니다. 하나님의 음성을 들이본 일도 없습니다. 저는 모든 것을 인간적으로 판단했습니다. 인간적으로 예측했습니다. 인간적으로 말하며 살아왔습니다. 주여! 저를 깨어 주시옵소서."

전승에 의하면, 베드로는 그 후에도 닭소리만 들으면 몸서리를 쳤다고 합니다. 우리를 각성하게 하는 한 소리가 필요합니다. 우리의 영혼을 깨우는 소리, 나를 보게 하는 소리, 하나님의 말씀, 하나님의 음성이 필요합니다. 우리가 가장 크게 축복을 받는 길은 겸손하게 나를 낮추는 것입니다. 자기를 돌아보는 것입니다.

심령이 가난한 자는 복이 있나니 천국이 그들의 것임이요 애통하는 자는 복이 있나니 그들이 위로를 받을 것임이요(마 5:3-4).

가슴을 치고 눈물을 흘리고 애통하며 나의 부족함을 깨달았다면 이렇게 기도해 보십시오. "오, 하나님! 당신의 보호막이 없으면 내가 어찌 살 수 있겠습니까? 당신이 지켜 주시지 않으면 내가 어찌 한 발자국이라도 움직일 수 있겠습니까? 주여, 나를 불쌍히 여겨 주시옵소서."

우리가 제일 깊은 절망을 느낄 때는 자기 자신에 관해서 절망할 때입니다. 자신에게 절망했을 때 사람은 갈 길이 없게 됩니다. 그렇다면 참된 신앙이란 무엇입니까? 그것은 이런 인간의 껍질을 벗고 인간적인 신앙을 탈출하는 것입니다.

5부

그리스도의 십자가 사랑

마태복음 27:1-66

모든 사람은 거짓과 불법과 조롱과 저주의
모든 것을 동원하여 예수님을 십자가에 죽이려고 했지만,
그리고 예수님은 실제로 돌아가셨지만,
예수님은 결코 죽지 않으셨습니다.
십자가에서 죽는 순간 다시 살아나기 시작했습니다.
이것이 십자가의 능력입니다.
이것이 십자가의 구원입니다.

○

33

은 삼십으로는
하나님 나라에 갈 수 없다

마태복음 27:1-10

○

예수님이 겟세마네 동산에서 기도하시던 밤에 가룟 유다와 성전 시위대들이 찾아와 예수님을 체포했습니다. 그들은 예수님을 가야바 법정에 세웠는데, 이것은 불법 재판이었습니다. 다음의 말씀에 밤새도록 심문하고 재판한 결과가 기록되어 있습니다.

새벽에 모든 대제사장과 백성의 장로들이 예수를 죽이려고 함께 의논하고 결박하여 끌고 가서 총독 빌라도에게 넘겨주니라(마 27:1-2).

그들은 먼저, 예수님을 죽이기로 결정했습니다. 그다음에 예수님을 결박했습니다. 그러고는 새벽에 예수님을 빌라도 총독에게 이송하는 일을 했습니다. 그들은 밤새도록 예수님을 불법 심문했고, 수많은 거짓 증거들을 댔습니다. 그러나 어느 증거 하나도 증명할 수는 없었습니다. 그들은 나중에 아주 교활한 방법을 썼는데, 예수님 자신이 하나님의 아들 그리스도임을 맹세하게 함으로써 사형을 언도할 근거를 찾아낸 것입니다.

아침이 오기도 전에 그들은 전격적으로 예수님을 사형하기로 결정합니다. 그리고 결박하고, 총독 빌라도에게 넘겨주었습니다. 이것이 예수님에 대한 재판의 전부입니다. 얼마나 속성으로 불의

한 재판을 했습니까? 모든 과정이 생략된 채 그날 밤에 체포해서 그날 밤에 심문하고, 아침이 되기도 전에 사형을 결정하고 빌라도에게 이송한 것입니다. 예수님은 여기에 대해 침묵하실 수밖에 없었습니다.

27장 이후를 보면 예수님의 처형과 깊이 관계되어 있던 네 그룹의 사람들을 만나게 됩니다. 첫 번째는 예수님을 처형하게 했던 대제사장들과 바리새인들과 서기관들, 즉 종교 지도자 그룹입니다. 그 시대의 전통과 권위와 권력을 상징하는 그룹들입니다. 두 번째는 예수님을 십자가에 팔아넘긴 장본인인 가룟 유다입니다. 세 번째는 사형에 해당하지 않는다고 생각하면서도 예수님에게 사형 언도를 내릴 수밖에 없었던 총독 빌라도입니다. 그리고 네 번째는 예수님을 처형하는 데 선동되었던 민중입니다.

때늦은 회개

그러면 먼저, 가룟 유다와 대제사장에 대해 살펴보겠습니다.

> 그 때에 예수를 판 유다가 그의 정죄됨을 보고 스스로 뉘우쳐 그 은 삼십을 대제사장들과 장로들에게 도로 갖다 주며(마 27:3).

예수님이 사형 언도를 받은 뒤에 가룟 유다는 양심의 가책을 받기 시작합니다. 가룟 유다는 그제야 자기의 판단이 잘못되었고, 자기가 잘못 행동했다는 사실을 알고 뉘우치기 시작합니다. 그러나 가룟 유다의 회개, 가룟 유다의 뉘우침에는 두 가지 문제가 있었습니다. 한 가지는 그 회개가 너무 늦었다는 점입니다. 모든 회개에는 기회와 용서가 있습니다. 늦은 회개란 존재하지 않습니다. 그러나 가룟 유다의 회개는 너무 늦은 회개가 되어 버리고 말았습니다. 예수님이 처형당하셨을 때 한 편에 있던 강도를 생각해 보십시오.

마지막 순간, 예수님이 처형당하시기 바로 전에 그 강도는 회개하고 예수님에게 구원을 요청했습니다. 예수님은 그에게 회개의 기회와 구원의 기쁨을 주셨습니다. 여기서 보면 너무 늦은 회개란 없습니다. 마지막 순간까지, 내가 생명이 끊어지는 순간까지도 구원의 길은 있다는 것을 알게 됩니다.

그러나 가룟 유다가 예수님의 정죄됨을 보고 스스로 뉘우쳤다고 하는 이 뉘우침은 조금 다릅니다. 왜냐하면 가룟 유다에게는 회개할 기회가 이미 많이 주어졌기 때문입니다. 하지만 그때마다 가룟 유다는 회개하지 않았습니다. 하나님이 수없이 기회를 주셨으나, 그때마다 그는 마음이 강퍅해졌습니다. 점점 더 의도적이고 교활하게 예수님을 팔 궁리를 했던 것입니다. 그 결과 가룟 유다는 사탄의 하수인이 되고 말았습니다.

예수님이 불법 재판을 통해 사형 언도를 받고 빌라도에게 이송되는 순간 가룟 유다의 마음에 변화가 일기 시작했습니다. 이것은 일종의 양심의 발동이요, 도덕의 발동입니다. 그동안 양심과 도덕이 다 가려져 있다가 결정적인 순간에 눈을 뜨게 된 것입니다. 그러나 시간은 이미 지나 버리고 말았습니다.

이는 마치 구약의 노아 방주 사건과 같습니다. 노아가 하나님의 명을 받고 산에서 방주를 짓습니다. 배는 바다 가까운 곳에서 지어야지 산에서 짓는 것이 아닙니다. 많은 사람이 노아를 조롱하고 미쳤다고 했습니다. 방주의 문이 닫힐 때까지 사람들은 시집가고 장가가고 먹고 마시면서 심판이 없다고 생각했습니다. 방주를 보면서도 그들은 심판을 믿지 않았습니다. 노아의 말에 귀 기울이지 않았습니다. 기회가 충분히 주어졌으나 아무도 그 기회를 붙들지 않았습니다. 드디어 때가 되어서 문이 닫혔습니다. 비가 쏟아지고 땅에서는 지하수가 터져서 홍수의 대심판이 일어났습니다. 물이 점점 차오르고 나니 그들은 비로소 뉘우치고 문을 두드리기 시작했습니다. 그러나 방주의 문은 굳게 닫힌 채 열리지 않았습니다. 우리는 열 처녀의 비유를 알고 있습니다. 신랑이 온 뒤에 문이 닫히고 나서는 더 이상 열리지 않았습니다. 이것이 가룟 유다의 회개의 실상입니다.

고린도후서 6장 2절에서 "보라 지금은 은혜받을 만한 때요 보라 지금은 구원의 날이로다"라고 했습니다. 은혜받기를 원하고 구원받기를 원하는 사람에게는 지금 하나님의 문이 활짝 열려 있습니다. 지금은 우리가 예수님을 믿을 때요, 구원받을 때요, 회개할 때요, 하나님 안으로 들어갈 수 있는 때입니다. 지금은 전 세계의 문이 활짝 열렸습니다. 러시아에 가고 싶어도 갈 수 없었는데, 하나님이 문을 여시니까 이제 그곳에 들어가서 전도할 수 있게 되었습니다. 그리고 중국에도 들어갈 수 있습니다. 곧이어 북한에도 문이 열릴 것입니다. 하나님이 문을 여시면 닫을 자가 없습니다. 그러나 영원히 열려 있는 것은 아닙니다. 때가 되면 닫혀 버립니다. 그때 우리는 가룟 유다처럼 회개의 눈물을 흘려도 구원받을 수 없는 지경에 이를지도 모릅니다. 그것이 바로 본문 말씀에서 보여 주는 회개의 문제입니다.

하나님은 우리에게 은혜의 때를 주셨습니다. 어떤 사람은 예수를 믿으라고 하면 점점 더 강퍅해지는 경우가 있습니다. 어떤 사람은 입을 열면 말이 점점 독해지고, 사나워지고, 욕을 많이 하고, 거짓말을 많이 하고, 남을 죽이는 말을 많이 합니다. 이런 말들을 안 하고 싶은데 자꾸 하게 됩니다. 우리 가운데 그런 사람을 조심해야 합니다. 빨리 마음을 바꾸십시오. 계속 강퍅해지면 가룟 유다의 자리까지 가고 맙니다. 우리 가운데 마음이 사나워지는 사람, 마음이 공격적인 사람은 빨리 마음을 풀기를 바랍니다. 하나님은 기회를 주십니다. 축복의 기회, 은혜의 기회, 구원의 기회를 주십니다. 그러나 가룟 유다는 이 기회를 사용하지 못했고, 그가 회개했을 때에는 이미 문이 닫힌 다음이었습니다.

목표와 방향이 있는 회개

가룟 유다는 예수님이 처형당하는 것을 본 후에 잘못을 뉘우쳐서 은 삼십을 다시 가지고 갔습니다. 그런데 이 가룟 유다의 회개에는 자기가 잘못한 행동에 대해 뉘우치는 모습은 있으나 하나님에게로 돌아가는 모습은 없습니다. 이것이 가룟 유다의 회개에 나타난 두 번째 문제입니다. 회개란 과거의 허물과 죄와 잘못을 인정하고 고백하는 것입니다. 그러나 그것이 회개의 전부는 아닙니다. 진정한 회개는 하나님에게로 돌아가는 것입니다.

이스라엘 백성은 애굽의 종살이에서 탈출했습니다. 그런데 탈출한 것으로 그들의 할 일이 끝난 것이 아닙니다. 젖과 꿀이 흐르는 약속의 땅 가나안으로 들어가는 데 그들의 탈출 목표가 있었습니다. 요즘은 드물지만 옛날에는 이 나라가 싫어서 떠나는 사람들이 종종 있었습니다. 그러나 떠난다고 모든 것이 해결되지 않습니다. 갈 데가 있어야 합니다. 갈 데가 없는 사람은 더 큰 방황을 합니다. 차라리 그 자리에 있는 것만 못합니다.

우리가 예수님을 믿고 거듭나고 새사람이 되었습니다. 그런데 왜 우리의 생활에 갈등과 번민이 있습니까? 과거만 단절했기 때문입니다. 내 과거의 삶을 후회하고, 회개하고, 단절하는 것으로 만족했기 때문입니다. 그것으로는 우리의 구원이 반쪽밖에 이루어지지 않습니다. 우리는 주님 품에 안겨야 합니다. 예수님의 사람으로 변해야 합니다. 그때 온전한 구원이 이루어집니다.

가룟 유다는 회개한 다음 예수님을 팔았던 은 삼십을 가지고 제사장에게 갑니다. 가룟 유다가 저지른 죄는 예수님에게 지은 죄입니다. 그런데 가룟 유다는 지금 제사장을 찾고 있습니다. 이같이 우리는 죄의 본질을 흐려 놓는 존재입니다.

내가 나 자신에게 죄를 지었습니다. 내 가정에 죄를 지었습니다. 사회에 죄를 지었습니다. 그런데 사실 그 죄는 누구와 상관이 있습니까? 예수님과 상관이 있는 것입니다. 우리가 죄를 회개해야 할 대상은 제사장이 아니라 예수님이십니다. 어떻게 대제사장이나 장로들이 가룟 유다의 죄를 용서해 줄 수 있겠습니까? 그런데 지금 가룟 유다는 예수님을 찾아가지 않고 제사장을 찾아가서 고민을 털어놓고 있습니다. 우리의 죄의 근본 문제는 사람과 관계되어 있는 것이 아니라, 하나님과 관계되어 있다는 사실을 기억해야 합니다.

죄는 죄를 책임지지 않는다

다음의 말씀에서 대제사장들과 장로들의 모습을 볼 수 있습니다.

이르되 내가 무죄한 피를 팔고 죄를 범하였도다 하니 그들이 이르되 그것이 우리에게 무슨 상관이냐 네가 당하라 하거늘(마 27:4).

간음하다 현장에서 붙잡힌 여자와 예수님은 아무 상관이 없었습니다. 예수님이 여자를 어렵게 한 일이 없고, 피해를 준 일도 없었습니다. 그런데 간음을 하다 현장에서 붙잡힌 여자가 예수님 앞에 끌려왔습니다. 사람들은 이 여자를 죽이려고 했습니다. 예수님은 "죄 없는 사람이 먼저 돌로 쳐라"고 말씀하셨습니다. 그러자 모두가 그 자리를 떠났습니다. 그때 예수님이 "너를 정죄하던 자들이 어디 갔느냐?"고 물으셨습니다. 여자가 말했습니다. "다 떠났습니다." 예수님은 "가서 다시는 죄를 범치 말라"고 말씀하셨습니다. 사실은 예수님과 여자는 아무 상관이 없습니다. 그런데 예수님이 그 여자에게 사죄의 선언을 해주십니다. "네 죄는 용서받았다."

오늘 우리에게 있는 모든 인간적 갈등과 고민과 죄와 어두운 세력이 어떤 의미에서는 예수님과 상관이 없는지도 모릅니다. 그러나 그 문제는 예수님 앞에 가야만 해결됩니다. 예수님만이 그 문제를 해결해 주실 수 있기 때문입니다.

그러나 대제사장들과 장로들은 어떻습니까? 그들은 자기에게 찾아온 가룟 유다에게 "그것이 우리에게 무슨 상관이 있느냐? 네가 당하라"고 말합니다. 우리는 여기서 영적 교훈을 한 가지 얻습니다. 죄를 짓게 한 자들은 결코 죄에 대해서 책임을 지지 않는다는 사실입니다. 어떤 사람이 나를 유혹하고 선동해서 죄를 짓게 했습니다. '이렇게 하면 돈을 많이 벌 수 있다', '이렇게 하면 권력을 가질 수 있다', '이렇게 하면 여자를 얻을 수 있다'고 유혹하고 죄를 짓게 합니다.

우리는 나를 죄 짓게 한 사람을 원망하고 그 사람에게 자꾸 책임을 묻습니다. 그렇지만 죄는 죄에 대해서 책임을 안 집니다. 이것이 대제사장과 장로들에게서 발견할 수 있는 사실입니다. 오히려 그들은 무책임하고 잔인한 말을 했습니다. "그것이 나와 무슨 상관이 있느냐? 충동은 내가 했지만 행동은 네가 한 것이 아니냐? 그러니 네가 당하라." 이것은 우리가 이 세상에서 흔히 들을 수 있는 말들입니다.

어느 젊은 남녀가 깊은 관계에 빠졌는데 여자가 원하지 않는 임신을 하게 되었습니다. 이때 남자들이 보통 어떻게 합니까? "그것이 나와 무슨 상관이 있느냐? 피차 즐긴 것이 아니냐? 네가 당하라. 가서 낙태시켜라" 하고 말합니다. 그것이 죄의 본질입니다. 우리는 직장을 위해서 열심히 일하다가 법에 어긋난 일을 할 수도 있습니다. 그러나 곤란한 일이 생겼을 때 직장은 책임을 회피하며 말합니다. "네가 당해라. 그것이 우리 회사와 무슨 상관이 있느냐?" 정부나 정당도 이렇게 책임을 지지 않으려고 하는 경우가 있습니다. 이것이 죄의 본질이요, 죄의 속성입니다. 어두운 데서 이루어진 모든 사건의 결과는 항상 이렇습니다. 이후에 가룟 유다는 어떻게 됩니까?

유다가 은을 성소에 던져 넣고 물러가서 스스로 목매어 죽은지라 (마 27:5).

가룟 유다는 그 돈을 성소에 던져 버리고 나가서 목매어 죽습니다. 가룟 유다의 회개란 자살에 이르는 비극입니다. 반면에 베드로의 통곡은 성령을 받는 축복입니다. 베드로와 가룟 유다는 둘 다 후회하고 회개했습니다. 그러나 그 결과를 보면 한 사람은 성령 충만을 받고 기독교의 최초 지도자가 되었으며, 또 한 사람은 목매어 자살하는 비극에 이르게 됩니다. 우리는 여기서 참된 회개와 거짓된 회개, 성령의 회개와 양심의 회개를 봅니다. 성령 없는 도덕, 성령 없는 양심, 인간의 휴머니즘은 언제나 좌절하게 되어 있습니다. 인간의 휴머니즘은 항상 힘 있는 자가 이기는 약육강식으로 흐릅니다.

돈으로 살 수 없는 신앙

가룟 유다가 은 삼십을 성전에 던지고 나가서 목매어 죽은 사건을 통해 우리는 두 가지를 배우게 됩니다. 첫째는 용서받을 수 없는 죄도 있다는 사실입니다. 예수님에 관한 죄는 어떠한 것도 다 용서를 받습니다. 그러나 예수님을 거부하면 용서받을 길이 없습니다. 우리가 하나님에 대해서 죄를 지을 수 있습니다. 하나님을 욕하고, 하나님이 그럴 수 있느냐고 말할 수 있습니다. 그러나 만약에 하나님 자체를 부인해 버린다면 우리는 어디서 용서를 받습니까? 예수님을 부인하지 않기를 바랍니다. 성령을 훼방하지 않기를 바랍니다. 우리는 잘못하고 실수할 수 있습니다. 그때 용서의 주인이신 예수님 앞으로 가야 합니다.

둘째, 어떤 값으로도 예수님을 살 수 없다는 사실입니다. 가룟 유다는 예수님을 은 삼십에 팔았습니다. 예수님을 팔 수 있다고 생각했던 것입니다. 이것이 바로 세속적인 생각이요, 인간적인 생각입니다. 돈이면 무엇이든 할 수 있어서 예수님을 팔아먹을 수 있고, 교회도 팔아먹을 수 있다고 생각합니다. 신앙이든, 권력이든, 여자든 돈으로 안 되는 것이 무엇이냐는 것입니다. 이것이 세상 사람의 사고방식입니다. 돈과 하나님이 구분될 수 없을 정도로 같은 위치에 와 있습니다. 그런데 가룟 유다를 통해 배우는 것은 예수님은 결코 돈으로 살 수 없다는 것입니다. 가룟 유다는 마지막에 이 돈 문제를 알게 되었습니다. 돈 문제는 죽을 때까지 우리를 끊임없이 괴롭힙니다.

가룟 유다는 예수님을 판 돈이 너무나 싫었습니다. 그는 대제사장에게 이 돈을 가질 수 없다고 했으나 대제사장이 거부했습니다. 유다는 이 돈을 성소에 던졌습니다. 제사장들은 이 돈을 받아둘 수가 없어서 다음과 같은 곳에 썼습니다.

대제사장들이 그 은을 거두며 이르되 이것은 핏값이라 성전고에 넣어 둠이 옳지 않다 하고 의논한 후 이것으로 토기장이의 밭을 사서 나그네의 묘지를 삼았으니 그러므로 오늘날까지 그 밭을 피밭이라

일컫느니라(마 27:6-8).

   이 돈은 가룟 유다도 당황하게 만든 돈이요, 제사장도 당황하게 만든 돈입니다. 혹시 그런 돈이 우리 수중에 있으면 우리를 굉장히 괴롭힐 것입니다. 교회에 이런 돈이 들어오면 교회는 부흥하지 않고 무너지고 말 것입니다. 신명기 23장 18절의 말씀을 보십시오. "창기가 번 돈과 개 같은 자의 소득은 어떤 서원하는 일로든지 네 하나님 여호와의 전에 가져오지 말라." 창기가 번 돈이나 개 같은 자의 소득은 하나님이 원하지 않으시니 그것을 성전에 가져오지 말라는 것입니다.

   결국 가룟 유다의 돈은 성전의 헌금으로도 가치가 없게 되어서 지나가는 나그네의 묘지 값으로 쓰였다는 것이 성경의 기록입니다. 가룟 유다가 성전에 돈을 탁 던지니까 들어가자마자 돈이 성전 밖으로 탁 튀어나온 것입니다. 헌신이라고 다 헌신이 아닙니다. 헌금이라고 다 헌금이 아닙니다. 하나님은 우리의 외모를 보시지 않습니다. 중심과 내용을 보십니다. 하나님은 과부의 엽전 두 닢을 아주 귀하게 생각하십니다. 순수하고 깨끗한 헌신과 헌금을 통하여 하나님은 오병이어의 기적을 일으키십니다.

회개는 위대한 시작이다

사도행전 1장에서 가룟 유다의 사건이 정리되면서부터 2장에 오순절 성령의 사건이 일어납니다. 참으로 상징적인 의미가 있습니다. 내 안에 가룟 유다 사건과 같은 것이 완전히 해결되어야 하나님의 능력과 역사가 나타나는 것입니다. 이 두 가지는 공존할 수 없습니다.

사도행전 1장 18-19절을 보면 이런 말씀이 있습니다.

"이 사람이 불의의 삯으로 밭을 사고 후에 몸이 곤두박질하여 배가 터져 창자가 다 흘러나온지라 이 일이 예루살렘에 사는 모든 사람에게 알리어져 그들의 말로는 그 밭을 아겔다마라 하니 이는 피밭이라는 뜻이라."

사도행전을 쓴 누가는 가룟 유다의 사건을 마무리하면서 1장 20절에서 시편 말씀을 인용했습니다.

"그의 거처를 황폐하게 하시며 거기 거하는 자가 없게 하소서 하였고 또 일렀으되 그의 직분을 타인이 취하게 하소서 하였도다."

이렇게 해서 가룟 유다의 이야기는 끝이 납니다. 회개는 위대한 시작입니다. 베드로처럼 통곡하고 회개하며 시작해야 합니다. 그리고 위대한 시작은 자기가 하는 일이 과연 무엇인지 생각하고 자기를 돌아보는 것입니다. 하나님은 우리의 겉모습을 보시지 않고 마음의 중심을 보십니다. 교회가 아무리 화려하고 많은 사역을 하고, 수십 만 명의 성도들이 모인다고 한들 하나님에게 어떤 의미가 있겠습니까? 그것보다도 중요한 것은 한 사람 한 사람이 누구냐는 것입니다. 나의 직장에서, 가정에서, 삶에서 내가 도대체 누구인가 하는 것에 하나님의 관심이 있습니다. 하나님은 우리에게 겸손하기를 원하십니다. 회개하며 출발하기를 원하십니다. 하나님은 순수하고 진실한 것을 원하십니다. 믿음을 원하십니다.

34

흔들리지 않는 것이
진리다

마태복음 27:11-26

새벽에 모든 대제사장과 백성의 장로들이 예수를 죽이려고 함께 의
논하고 결박하여 끌고 가서 총독 빌라도에게 넘겨주니라(마 27:1-2).

예수님은 이제 대제사장과 백성의 장로들에게서 로마 총독 빌
라도의 손으로 넘어갑니다.

예수께서 총독 앞에 섰으매 총독이 물어 이르되 네가 유대인의 왕
이냐 예수께서 대답하시되 네 말이 옳도다 하시고(마 27:11).

하나님의 아들 예수 그리스도와 세상의 권력을 상징하는 총독
빌라도가 대면합니다. 이것은 역사적인 만남입니다. 총독 빌라도
가 예수님에게 던진 첫 번째 질문은 "네가 유대인의 왕이냐?" 하
는 것이었습니다. 그것은 대제사장들과 백성의 장로들이 내세웠
던 예수님의 죄목입니다.

죄 없으신 구원자

우리는 빌라도의 재판에서 몇 가지 중요한 교훈을 얻게 됩니다. 첫

째로, 빌라도는 예수님이 죄가 없다는 사실을 누구보다도 잘 알고 있었습니다. 그는 예수님이 자기에게 이송되었을 때 처음에는 유대인의 종교 문제로 쉽게 처리하려 했습니다. 다른 복음서를 보면 빌라도는 몇 가지 질문을 하고 난 뒤에 예수님을 대제사장에게 돌려 보냅니다. 재판권을 다시 이양한 것입니다. 그러나 대제사장은 예수님을 죽일 수 있는 권한이 없기 때문에 또다시 이유를 붙여서 빌라도에게 보냅니다. 빌라도는 예수님을 재판하기 시작할 때에야 이것이 단순하지 않은 문제라는 것을 깨닫습니다.

여러 자료들을 조사해 보면 본래 빌라도는 그리 존경받을 만한 인물이 못되었습니다. 잔인하고 감정적이며 굉장히 탐욕적인 관리였습니다. 그가 잘못을 저질러서 결국은 로마로 되돌아가는 기록도 찾아볼 수 있습니다. 그러나 존경받지 못하고 잔인했던 빌라도였지만, 예수님을 재판하는 과정에서는 예수님에게서 어떤 죄나 사형 선고를 내릴 만한 혐의를 전혀 발견하지 못했습니다.

빌라도가 예수님에게 "정말 네가 유대인의 왕이라고 말한 적이 있느냐?"고 질문합니다. 예수님은 이 질문에 대해 대제사장의 법정에서 했던 것과 같이 아주 간결하고 분명하게 대답하십니다. "네가 말하였도다. 네가 말한 그대로다." 빌라도는 또 묻습니다. "이렇게 많은 증거가 있는데 너는 이 증거에 대해서 어떻게 생각하느냐?" 예수님은 거짓 증거에 대해 침묵하셨습니다. 빌라도는 예수님을 재판하면서 그분이 혐의가 없다는 사실을 알게 됩니다. 그는 예수님이 두려워하지 않고 초연하게 법정에 서 있는 모습을 보고 큰 충격을 받습니다.

> 한마디도 대답하지 아니하시니 총독이 크게 놀라워하더라
> (마 27:14).

예수님에게서 보통 사람과는 전혀 다른 어떤 모습을 느낀 것입니다.
특별히 다음의 말씀을 보면 재미있는 기록이 나옵니다.

> 총독이 재판석에 앉았을 때에 그의 아내가 사람을 보내어 이르되
> 저 옳은 사람에게 아무 상관도 하지 마옵소서 오늘 꿈에 내가 그 사
> 람으로 인하여 애를 많이 태웠나이다 하더라(마 27:19).

자료들을 조사해 보면 빌라도의 아내는 신실한 그리스도인이었습니다. 그녀는 매우 힘든 꿈을 꾸었습니다. 그래서 재판하는 중에 사람을 보내서 "내가 꿈에 무척 고생했다. 저 사람은 의로운 사람이니 상관하지 말고 당신은 손 떼라"는 말을 남편에게 전합니다. 여기서 우리가 발견하는 것은 예수님에게 혐의가 없다는 사실이 빌라도의 아내의 꿈에까지 나타났다는 점입니다.
재판이 진행되어 청중이 예수님을 십자가에 못 박으라고 소리

지를 때 빌라도는 다음과 같이 말합니다.

> 빌라도가 이르되 어찜이냐 무슨 악한 일을 하였느냐 그들이 더
> 욱 소리 질러 이르되 십자가에 못 박혀야 하겠나이다 하는지라
> (마 27:23).

많은 무리가 예수님을 십자가에 못 박으라고 여론 재판을 했을
때 빌라도는 "이 사람이 무슨 악한 일을 했느냐?"고 질문합니다.
그는 본의 아니게 예수님을 십자가에 내어 주면서 너무 괴로워서
자기의 손을 물로 씻었습니다. 그리고 "나는 이 사람의 피와 아무
상관이 없다"고 말합니다.

> 빌라도가 아무 성과도 없이 도리어 민란이 나려는 것을 보고 물을
> 가져다가 무리 앞에서 손을 씻으며 이르되 이 사람의 피에 대하여
> 나는 무죄하니 너희가 당하라(마 27:24).

이는 자기의 양심과 법 지식으로 볼 때 예수님을 사형에 내줄 만
한 근거를 전혀 발견하지 못했다는 것입니다. 그렇습니다. 모든
인류가 다 일어나서 고발하고 고소해도 예수님에게서는 죄를 찾
을 수 없습니다. 왜냐하면 그분은 하나님 자신이시기 때문입니다.
베드로전서 2장 22절은 "그는 죄를 범하지 아니하시고 그 입에

거짓도 없으시며"라고 했습니다. 큰 죄든 작은 죄든 누구든지 죄가 있다면 그는 죗값을 받아야 합니다. 죗값은 사망입니다. 소크라테스와 공자, 석가와 같이 인류의 성자로 존경받는 이들이 있습니다. 그런데 왜 그들이 구원자가 아닌 줄 압니까? 그들이 선을 행하지 않았기 때문이 아니라, 자기가 죽어야 할 죗값이 있기 때문입니다.

그러나 예수님은 흠도 티도 없으시며, 죄가 없으신 분이었습니다. 여기에 예수님의 독특성이 있습니다. 그러므로 예수님은 동정녀에 의해 태어나셨습니다. 우리와 똑같이 인간의 몸을 입고 사셨으나, 놀랍게도 지상의 33년 생애에서 죄를 발견할 수 없었습니다. 어찌 빌라도가 예수님에게서 죄를 찾을 수 있었겠습니까? 외면적인 죄든 내면적인 죄든, 아니면 도덕적인 죄든 국가법상의 죄든지 간에 예수님에게서 죄를 찾을 수 없었다는 사실입니다. 그러므로 그분은 우리의 구원자십니다.

양심의 문제에 직면한 빌라도

이 재판에서 둘째로 발견되는 것은 예수님을 재판하는 과정에서 빌라도의 양심에 몇 가지 변화가 일어난다는 것입니다.

첫 번째로, 예수님을 만난 빌라도는 양심의 눈을 뜨기 시작합니다. 진리이신 예수 그리스도, 하나님의 아들이신 예수 그리스도를 만났을 때 빌라도의 양심이 눈을 뜨기 시작한 것입니다. 어떤 사람을 보면 무서움을 느낍니까? 권력이 있거나 돈이 많거나 세상적으로 지혜롭고 똑똑한 사람을 볼 때 사람들은 그리 놀라지 않습니다. 그러나 죄가 없는 사람을 보면 충격을 받습니다.

예수님을 만났을 때 빌라도는 양심에 충격을 받아 놀라고 당황했습니다.

"한마디도 대답하지 아니하시니 총독이 크게 놀라워하더라."

그의 양심이 놀랐다는 뜻입니다. 빌라도가 예수님에게 "네가 유대인의 왕이냐?"고 질문했습니다. 예수님은 간단하게 "네가 말한 그대로다"라고 대답하셨습니다. 거짓 증거를 대었을 때 예수님은 침묵하셨습니다. 그런데 이상하게 빌라도는 도전을 받게 된 것입니다.

빌라도의 양심은 심각한 갈등을 겪는 두 번째 단계로 들어갑니다. 그의 양심은 고민하게 됩니다. 누구든지 진리 앞에 서면 양심의 눈을 뜨지만 그때부터 문제가 생기기 시작합니다. 왜냐하면 양심대로 살 수 없기 때문입니다. 양심이 말하는 대로 행동할 수 없는 환경이나 어떤 인간관계 속에 빠졌을 때, 어떤 부정적인 결정을 해야 될 때, 그 양심은 번민하고 괴로워합니다.

그들이 모였을 때에 빌라도가 물어 이르되 너희는 내가 누구를 너희에게 놓아 주기를 원하느냐 바라바냐 그리스도라 하는 예수냐 하니(마 27:17).

빌라도는 죄가 없으신 예수님을 놓아 주어야 한다는 사실을 누구보다도 잘 알고 있었습니다. 그러나 그는 현재, 양심의 명령대로 결정할 수 없는 상황에 있습니다. 이미 대제사장들과 백성의 장로들이 대중을 선동해서 정치적 압력을 가하고 있었기 때문입니다.

빌라도는 여기에 꼼짝없이 잡혔습니다. 왜냐하면 그는 정치적으로 약점이 많은 사람이었습니다. 그는 자기의 통치권을 가지고 실수를 많이 저질렀기에 로마 황제에게 호송당하는 어쩔 수 없는 상황에 처해 있었습니다. 대제사장과 백성의 장로들은 그것을 잘 알고 있었습니다. 마귀는 우리의 약점을 아주 잘 알고 있습니다. 그래서 지금 우리의 약점을 찔러서 꼼짝 못 하게 만드는 것입니다. 여론을 조성하고 대중을 선동해서 민란을 일으키는 분위기로 끌고 가는 것입니다. 목적은 하나입니다. "네가 예수에게 사형 선고를 내려라" 하는 것입니다. 여기서 빌라도의 양심은 고민하고 괴로워합니다.

양심 자체에는 능력이 없다

세 번째, 빌라도의 양심이 갈등과 고통의 영역을 지나서 현실에 타협하는 것을 볼 수 있습니다.

빌라도가 이르되 어찜이냐 무슨 악한 일을 하였느냐 그들이 더

욱 소리 질러 이르되 십자가에 못 박혀야 하겠나이다 하는지라
(마 27:23).

빌라도는 계산했습니다. '내 양심대로 할 것인가, 아니면 양심을
저버릴 것인가? 만약 양심을 따르면 어떻게 될까? 아마도 민란이
일어날 것이다. 그러면 나는 정치적으로 몹시 어려운 상황에 빠지
게 되고, 내 위치를 잃게 될 것이다. 어쩌면 내 가족의 안전도 위협
받을지 모른다.' 지금 그의 양심은 고민하고 있습니다. 그런데 양
심 자체에는 능력이 없습니다. 양심은 나를 깨우고, 옳고 그른 것
을 가르쳐 주는 힘이 있습니다. 그러나 양심대로 살게 해줄 능력은
없습니다. 그러한 힘은 진리와 영원한 것에 있습니다. 그래서 양심
만 믿고 사는 사람은 언제나 타협하게 되고, 나중에 자기가 원하지
않는 길을 걷게 됩니다.

빌라도가 아무 성과도 없이 도리어 민란이 나려는 것을 보고 물을
가져다가 무리 앞에서 손을 씻으며 이르되 이 사람의 피에 대하여
나는 무죄하니 너희가 당하라 백성이 다 대답하여 이르되 그 피를
우리와 우리 자손에게 돌릴지어다 하거늘(마 27:24-25).

우리는 여기서 양심 자체에 어떤 잘못이 있거나 결함이 있는 것
은 발견할 수 없습니다. 양심을 알기는 알았으나 정의를 선택할 힘

이 없고 내가 고난을 겪고 손해를 본다 할지라도 양심대로 살아갈
능력이 없었기 때문에 결국 그 양심은 현실과 타협하고 마는 것입
니다.

네 번째, 빌라도의 양심은 현실과 타협해서 결국에는 양심이 마
비되고 그다음에 침묵하게 됩니다.

> 이에 바라바는 그들에게 놓아 주고 예수는 채찍질하고 십자가에 못
> 박히게 넘겨주니라(마 27:26).

결국 빌라도의 양심은 결정적인 순간에 패배하고 맙니다. 그는
도덕률이나 법지식이나 양심에 따라 사형을 언도한 것이 아니라,
권력자의 만족을 위하여 대제사장들과 백성의 장로들의 눈치를
보고, 백성의 민란이 무서워서 그런 결정을 했습니다.

이러한 빌라도의 법정은 바로 우리가 살고 있는 이 세상 법정의
모습 그대로입니다. 필요하면 정의도 살인하고 불법도 정법이 되
는 재판입니다. 또한 우리는 빌라도의 양심에서 인간의 양심의 실
상을 봅니다. 인간의 양심이란 무엇입니까? 인간의 양심이 할 수
있는 역할은 어떤 것입니까? 여기서 우리는 양심과 도덕의 한계를
발견합니다. 그러나 하나님을 거부하고 믿지 않는 많은 사람이 어
리석게도 이렇게 말합니다. "나는 내 양심을 믿고 산다. 나는 진실
을 믿고 산다. 나는 정의를 믿고 산다."

그러나 그 양심과 우리가 말하는 정의와 진실과 선이라는 것이 과연 우리를 구원할 수 있습니까? 어떤 위험이나 압력이 없고, 자기를 해치는 세력이 없을 때에는 그 양심은 양심대로 말합니다. 그러나 실제로 우리의 재산과 생명에 위협이 오고, 우리의 이해관계와 얽혀 있을 때에 그 양심은 무력해지고 마비되어 타협하는 것입니다. 그 양심이 생명을 걸고 뚫고 나갈 수 있는 힘을 제공하지 않는다는 것입니다. 양심 자체가 진리거나 구원이 되는 것이 아닙니다. 인간의 양심이란 진리에 의해서 빛을 내는 전등에 불과합니다. 우리가 겸손하게 예수 그리스도를 영접해야 하며 진리이신 예수를 믿어야 할 이유가 여기에 있습니다.

진리이신 예수 그리스도를 영접하라

우리는 진리이신 예수 그리스도를 영접해야 합니다. 인간의 도덕과 양심과 휴머니즘은 우리를 구원하고 인생의 영원한 목표가 될수 없습니다. 우리는 본래 죄인입니다. 가장 어리석은 자는 전등자체로 불을 밝히려는 사람입니다. 진정 불을 밝히고 싶습니까? 그렇다면 전원을 켜야 합니다.

로마서 7장 15절에서 사도 바울이 이 문제를 다음과 같이 표현했습니다.

"내가 행하는 것을 내가 알지 못하노니 곧 내가 원하는 것은 행하지 아니하고 도리어 미워하는 것을 행함이라."

양심이 예민한 사람일수록, 고민을 많이 하고 교양과 도덕으로 살려고 애를 쓴 사람일수록 이런 고백을 합니다. "선을 행하고 싶지만 선을 행할 능력이 없다." 그런데 이상하게 내가 원하지 않는 악은 자꾸 행하게 됩니다.

악을 저질러도 사람들이 모르게 아주 멋지고 세련되게 저지릅니다. 그러나 자기 양심은 그 사실을 알고 있습니다. 바울은 이런 고민을 한 것입니다. 그는 율법적 인간의 실존에 대한 고민을 이렇게 토로하기도 했습니다.

> 내 속 곧 내 육신에 선한 것이 거하지 아니하는 줄을 아노니 원함은 내게 있으나 선을 행하는 것은 없노라(롬 7:18).

> 나는 정말 선하고 싶고 죄를 안 짓고 싶지만, 안 된다는 것입니다.

> 오호라 나는 곤고한 사람이로다 이 사망의 몸에서 누가 나를 건져내랴(롬 7:24).

이것은 또한 빌라도의 고민이었습니다. 우리는 빌라도를 단순히 나쁜 사람으로 매도할 수 없습니다. 왜냐하면 그것이 바로 우리의 양심의 문제기 때문입니다. 하나님의 성령과 생명의 법이 없다면, 어떻게 인간의 죄와 사망의 법에서 우리를 해방할 수 있겠습니까? 예수 그리스도의 진리가 없다면, 어찌 우리가 구원에 이를 수 있겠습니까?

인간의 도덕은 타협하고 마비되고 침묵하는 것입니다. 그래서 결국 나는 원하지 않는 결정을 하게 되고 원하지 않는 길을 가게 되는 것입니다. 이것을 막아 줄 수 있는 분은 예수 그리스도뿐입니다. 예수 그리스도 안에 있는 자는 죄와 사망의 법에서 해방되기 때문입니다. 우리는 이제 율법의 몽학 선생의 가르침에 머무를 것이 아니라, 그리스도와 연합해서 세례를 받아야 합니다. 그리스도의 옷으로, 의의 옷으로 우리는 다시 지음을 받아야 합니다. 여기에 인간의 겸손과 순종이 요구됩니다.

예수님과 빌라도의 관계

빌라도의 재판에서 셋째로 발견하는 것은 죄수인 예수님은 재판관이 되고 재판관인 빌라도는 죄수가 되었다는 사실입니다. 빌라도의 법정은 참 재미있는 곳입니다. 여기서 큰소리치며 호령하는 사람이 한 명 있습니다. 그는 사형을 선고하는 권한이 있고, 그의 앞에서는 모든 사람이 벌벌 떱니다. 그는 바로 재판관 빌라도입니다. 그런데 그에게서 재판받는 사람이 있습니다. 대답도 몇 가지밖에는 안 하고, 침묵하며 조용히 서 있습니다. 놀라운 일은 재판받고 있는 예수님에게는 재판관과 같은 마음의 자유와 초연함이 있다는 것입니다. 진리에 대한 확신이 있습니다. 그에게는 두려움이 없습니다.

반대로, 호령하고 사형 선고를 내리는 빌라도는 어떻습니까? 그는 양심의 갈등을 느껴서 괴로워합니다. 거짓 재판을 해서 사형 언도를 내려야 합니다. 그는 쫓기는 자가 되고, 자신이 죄인의 자리에 서 있다는 것을 발견하게 됩니다. 그것이 진리입니다.

우리는 세상에서 쫓기는 자가 되어서는 안 될 것입니다. 우리가 세상에서 큰소리치는 사람이 아니요, 세상에서 돈 많은 사람이 아니요, 권력 있는 사람은 아니지만 예수 그리스도와 함께 자유를 누리는 사람임은 분명합니다. 세상은 우리를 판단하려 할 것입니다. 그러나 거꾸로 세상이 우리의 판단을 받게 될 것입니다. 이것이 예수님과 빌라도의 관계입니다.

하나님은 역사의 주인이시다

마지막으로, 예수님의 십자가 처형에서 한몫 담당하던 그룹이 있습니다. 예수님을 십자가에 못 박으라고 선동했던 민중입니다. 민중을 영어로 피플(people)이라고 말하는데, 백성 또는 대중이라고 합니다. 여기에 나타나는 민중은 예수님의 오병이어 기적을 목격했던 사람들입니다. 예수님의 말씀도 들었고, 보리떡 다섯 개와 물고기 두 마리로 배불리 먹었던 청중입니다. 그 청중이 변해서 지금 예수님을 죽이라고 하는 것입니다. 이것이 민중의 실상입니다.

총독이 대답하여 이르되 둘 중의 누구를 너희에게 놓아 주기를 원하느냐 이르되 바라바로소이다(마 27:21).

민중은 정의를 선택하지 않았습니다. 그들은 바라바를 놓아 줘야 한다고 말했습니다. 민중은 그리스도를 십자가에 못 박으라고 소리쳤습니다. 오히려 죽어야 할 바라바를 놓아 주라고 말했습니다.

빌라도가 이르되 어찜이냐 무슨 악한 일을 하였느냐 그들이 더욱 소리 질러 이르되 십자가에 못 박혀야 하겠나이다 하는지라 (마 27:23).

예수님의 죄목이 무엇이냐고 했을 때 민중의 대답은 증거를 대는 것이 아니라 죽이라는 것이었습니다. 무조건 죽여야 한다는 감정적인 여론 재판을 한 것입니다. 그래도 빌라도는 나은 사람입니다. 손을 씻으면서 나는 이 사람의 피와 상관이 없다고 말했을 때 민중은 뭐라고 말했습니까? 우리가 그 피를 다 받겠다는 아주 무책임한 발언을 했습니다.

민중이 역사의 주체 세력이 된다는 것은 비성경적입니다. 하나님이 역사의 주체이지 어떻게 인간이 역사의 주체가 될 수 있습니까? 하나님이 역사의 주인이십니다. 하나님이 역사를 창조하시고, 인간을 섭리하십니다. 그것이 성경적입니다. 그러면 민중이란 무엇입니까? 이 민중 속에 그리스도가 계셔야 합니다. 진리가 있어야 합니다. 사탄은 우리를 죄짓게 하고 뒤에서 미소를 짓습니다. 집단 세력을 움직이는 사람들은 언제나 조종하고 뒤에서 미소 짓고 있습니다.

　성경은 우리를 집단적으로 보기보다는 개인적으로 보는 경우가 더러 있습니다. 오순절에는 성령이 집단에게 왔습니다. 어떤 때는 개인적으로, 어떤 때는 집단적으로 성령의 역사가 일어납니다. 그러나 중요한 것은 하나님이 역사의 주인이라는 사실입니다. 인간이 역사의 주인공이라고 착각했을 때 역사는 죄악을 저지르게 됩니다. 오늘 하나님이 주관하고 역사하시는 공동체가 하나 있습니다. 바로 거룩한 하나님의 교회입니다.

○

35

진짜 사랑은
끝까지 참는다

마태복음 27:27-31

○

이제 예수님은 십자가 처형을 받으시게 됩니다. 본문 말씀에서 몇 가지 예비적인 형벌이 있음을 보게 됩니다.

이에 바라바는 그들에게 놓아 주고 예수는 채찍질하고 십자가에 못 박히게 넘겨주니라(마 27:26).

십자가 처형을 위한 예비적인 첫 번째 형벌은 잔인한 채찍질이 었습니다. 로마의 채찍은 무서운 고통의 상징입니다. 채찍질당하는 사람은 옷을 벗게 됩니다. 손은 뒤로 결박당한 채 등을 구부려 채찍질당하기 좋은 자세로 기둥에 묶입니다. 그리고 채찍은 가죽으로 되어 있는데 긴 가죽 채찍에 간격을 두고 날카로운 뼈나 쇠붙이를 붙인다고 합니다. 채찍을 맞은 죄수의 등은 바둑판처럼 살갗이 찢기고 피가 고랑을 이루게 됩니다. 어떤 이는 이런 채찍을 맞으면 기절하거나 거의 미쳐 버리는 상태까지 간다고 합니다.

예수님은 채찍을 먼저 맞으셨습니다. 이때 그분은 무슨 생각을 하셨을까요? 우리는 나중에 예수님이 십자가에 못 박혀 달리실 때 하신 말씀을 기억합니다. "아버지여, 아버지여, 저들을 용서하여 주옵소서. 저들은 저들이 하는 일이 무엇인지 알지 못합니다." 예수님은 십자가에서만 그렇게 기도하신 것이 아닐 것입니다. 처절하리만큼 아픈 채찍을 맞을 때마다 "아버지여, 저들을 용서하여 주옵소서"라고 기도하셨을 것입니다. 예수님의 비명 소리가 그러한 기도의 소리였을 것입니다.

예수님을 향한 세상의 조롱

두 번째로 예수님에게 행해진 형벌은 조롱과 희롱입니다.

> 이에 총독의 군병들이 예수를 데리고 관정 안으로 들어가서 온 군대를 그에게로 모으고 그의 옷을 벗기고 홍포를 입히며(마 27:27-28).

채찍에 맞아 피투성이가 되신 예수님을 이제 관정 안으로 데려갑니다. 당시 이 시위대는 육백여 명 정도였다고 하는데 얼마가 모였는지는 확실하지 않습니다. 군인들이 예수님 주위에 모였습니다. 그리고 옷을 벗기고 홍포를 입힙니다. 예수님은 그 육체를 완전히 점령당한 것입니다. 옷을 벗긴다는 것은 어떤 의미에서는 과거로부터 모든 것이 단절되는 것을 뜻하기도 합니다. 사회적 신분이나 경제적 능력이나 지적인 모든 업적이 완전히 박탈당하는 순간입니다. 더 이상 너의 과거는 없다는 것입니다.

그리고 그들은 예수님에게 홍포를 입혔습니다. 이 홍포는 자색옷으로 설명하기도 하는데 임금이 권위의 상징으로 입는 옷입니다. 그러나 그들은 네가 유대인의 왕이냐고 예수님을 조롱하는 뜻에서 통으로 짠 자색옷을 입히는 것입니다. "너는 더 이상 아무것도 아니다. 너는 지금 비참한 죄인으로 죽어야 하는 신분이다"라는 것입니다.

계속해서 예수님을 향하는 조롱에는 가시 면류관을 씌우는 일이 남아 있었습니다.

> 가시관을 엮어 그 머리에 씌우고 갈대를 그 오른손에 들리고 그 앞에서 무릎을 꿇고 희롱하여 이르되 유대인의 왕이여 평안할지어다 하며(마 27:29).

임금의 머리에는 권위를 상징하는 관이 있습니다. 군병들은 예수님에게 금은보석이 있는 왕관 대신 가시로 엮은 면류관을 씌워 주면서 조롱했습니다. 왕의 면류관이 특권이나 영광을 상징하는 반면, 예수님의 머리에 씌워진 가시 면류관은 아픔과 고통과 조롱을 상징합니다. 그다음은 어떻게 했습니까? 왕은 화려한 자색옷을 입고 면류관을 쓸 뿐만 아니라 권위를 상징하는 물건을 듭니다. 그래서 예수님의 손에 갈대를 쥐어 준 것입니다.

지금 예수님에게 홍포를 입히고, 가시 면류관의 고통을 겪게 하고, 그 앞에 무릎을 꿇으면서 그들이 던진 말이 무엇입니까? "유대인의 왕이여 평안할지어다." 이것이 바로 세상 죄를 지고 가는 하나님의 어린 양 예수 그리스도를 향한 로마 군인들의 태도였습니다. 그러나 그것은 모든 인류의 태도였고, 오늘을 사는 우리의 태도이기도 합니다.

하나님을 믿느니 차라리 자기 주먹을 믿겠다는 사람들을 우리는 세상에서 흔히 만나 볼 수 있습니다. 그리고 돈과 권력과 쾌락과 성공이 하나님의 자리를 대신하는 이 시대에 하나님을 조롱하는 일들을 얼마나 많이 목격하는지 모릅니다. 예수님의 머리에 가시 면류관을 씌우지 않았고 그 몸에 홍포는 입히지 않았으나, 사실 그분을 부인하고 조롱하며 그 얼굴에 침을 뱉고 뺨을 때리는 일들을 얼마나 많이 하고 있습니까? 이것은 로마 군인의 행동이 아니라 하나님을 거부하는 모든 인류의 행동이었던 것입니다.

> 그에게 침 뱉고 갈대를 빼앗아 그의 머리를 치더라 희롱을 다 한 후 홍포를 벗기고 도로 그의 옷을 입혀 십자가에 못 박으려고 끌고 나가니라(마 27:30-31).

이리하여 예수님을 향한 희롱식이 다 끝났습니다.

억울함은 오직 하나님에게 고하라

불법 재판을 받으실 때 거기에 항거하거나 몸싸움을 하거나 거칠게 욕하지 않으셨던 예수님은 사람들의 희롱을 받으실 때도 똑같이 아무 말씀도 안 하셨습니다. 이 모습을 생각할 때 베드로전서 2장 22-24절을 기억하게 됩니다. 베드로는 이러한 예수 그리스도의 모습을 다음과 같이 묘사했습니다.

"그는 죄를 범하지 아니하시고 그 입에 거짓도 없으시며 욕을 당하시되 맞대어 욕하지 아니하시고 고난을 당하시되 위협하지 아니하시고 오직 공의로 심판하시는 이에게 부탁하시며 친히 나무에 달려 그 몸으로 우리 죄를 담당하셨으니 이는 우리로 죄에 대하여 죽고 의에 대하여 살게 하려 하심이라 그가 채찍에 맞음으로 너희는 나음을 얻었나니."

예수님은 욕을 받으셨습니다. 그러나 예수님은 자기에게 욕하는 사람에게 분노하시지 않았습니다. 그분에게는 욕하는 사람이 중요하지 않았습니다. 우리는 자신에게 욕하는 사람이 매우 중요합니다. 그래서 종종 문제가 생깁니다. 나와 나의 인생을 짓밟아 버린 사람, 나를 모욕한 사람, 나의 자존심을 상하게 만든 사람, 그 사람을 용서하지 못합니다.

예수님은 욕을 받으시되 욕하지 않으셨습니다. 자신을 향해 고난의 채찍을 던진 사람을 미워하시지 않았습니다. 자기에게 침을 뱉고 유대인의 왕이라고 조롱했던 그 사람에게 예수님은 어떠한 감정도 갖지 않았다는 것입니다. 고난을 받으시되 위협하지 않으신 예수님의 관심은 무엇이었습니까?

예수님의 관심은 공의로 심판하시는 자에게 부탁하는 것이었습니다. 예수님은 억울한 일을 겪었을 때 하나님에게로 가셨습니다. 예수님은 누명을 썼을 때 그 누명을 쓰게 하고 자기의 인생을 박해한 사람에게로 돌이키지 않으셨습니다. 그분은 이 모든 문제를 가지고 하나님에게로 가신 것입니다.

"주여!" 하고 오직 공의로 심판하시는 자에게 가신 것입니다.

베드로전서 2장 20절의 말씀을 보십시오.

"죄가 있어 매를 맞고 참으면 무슨 칭찬이 있으리요 그러나 선을 행함으로 고난을 받고 참으면 이는 하나님 앞에 아름다우니라."

애매하게 고난을 받을 때 그것을 원망하지 않고 자기에게 누명을 씌운 사람에게 보복하거나 감정을 갖지 않고 하나님을 생각하면 아름답다는 것입니다. 우리는 이를 위하여 부르심을 받았습니다. 이것이 그리스도인입니다. 우리가 선을 행하면서도 선의 열매를 맺지 못하고, 희생하고도 희생의 열매를 맺지 못하는 이유가 무엇입니까? 보상을 원하기 때문입니다. 우리는 보상을 받으려고 부름받은 사람이 아닙니다. 억울한 일을 당하고 누명을 쓰고 매를 맞고 욕을 당하고 불법 재판을 당할 때 그냥 당하는 것입니다. 하나님의 어린 양같이 희생을 당하고 하나님 앞에 호소하는 사람이 그리스도인입니다. 이것이 세상의 영웅이나 성자와는 다른 그리스도인의 모습입니다.

예수님이 받으신 고난의 의미

이 문제에 관해서는 이사야 53장 2-4절에서도 다루고 있습니다.

"그는 주 앞에서 자라나기를 연한 순 같고 마른 땅에서 나온 뿌리 같아서 고운 모양도 없고 풍채도 없은즉 우리가 보기에 흠모할 만한 아름다운 것이 없도다 그는 멸시를 받아 사람들에게 버림받았으며 간고를 많이 겪었으며 질고를 아는 자라 마치 사람들이 그에게서 얼굴을 가리는 것같이 멸시를 당하였고 우리도 그를 귀히 여기지 아니하였도다 그는 실로 우리의 질고를 지고 우리의 슬픔을 당하였거늘 우리는 생각하기를 그는 징벌을 받아 하나님께 맞으며 고난을 당한다 하였노라."

여기에 나타난 메시아의 모습이 그리스도인의 모습입니다. 그것이 교회의 모습입니다. 그러나 요즈음 교회는 비뚤어져 갑니다. 세상의 가치와 똑같이 숫자가 많고 헌금을 많이 하고, 어떤 권력과 능력이 있는 사람이 많이 모이면 좋은 교회라고 생각합니다. 정말 그 교회의 영성과 인격은 어떠한지, 정말 그리스도를 닮아 가는 목회를 하고 있는지는 그리 중요하지 않게 되었습니다. 그러나 이사야 53장에 나타난 그리스도의 모습이 있는 교회인가, 그런 목회자인가, 그런 당회인가, 그런 제직회인가, 그런 모든 사역이 있는가가 우선되어야 합니다. 여기에 깊이 반성해야 할 문제가 있습니다.

예수님은 연한 순 같고 마른 땅에서 나온 줄기 같아서 고운 모양도 없고 풍채도 없고 우리 보기에 흠모할 만한 아름다운 것이 없다고 말씀하셨습니다. 그분은 멸시를 받아서 사람들에게 버림을 받았고 고난을 많이 겪었으며 질고를 아셨습니다. 마치 사람에게 얼굴을 가리고 보지 않음을 받는 자 같아서 멸시를 당했고 우리도 그분을 귀히 여기지 않았다고 말씀합니다. 이분이 고난당하는 예수 그리스도, 메시아십니다. 세상 죄를 지고 가는 하나님의 어린 양이십니다. 변명 한마디 하지 못하고 무력하고 무능하게 불법의 희생물로 역사에서 사라져 버린 한 인간이셨습니다. 그때 예수님을 기억해 줄 만한 사람이 어느 누가 있었겠습니까? 제자들마저 다 도망갔습니다. 아무도 없었습니다.

그렇다면 예수님이 받으신 고난과 조롱은 무슨 의미가 있습니까?

> 그가 찔림은 우리의 허물 때문이요 그가 상함은 우리의 죄악 때문이라 그가 징계를 받으므로 우리는 평화를 누리고 그가 채찍에 맞으므로 우리는 나음을 받았도다(사 53:5).

이것이 예수님의 고난입니다. 이것이 예수님이 당하신 채찍의 의미요, 희롱과 조롱의 의미입니다. 이 말씀 가운데서 "우리"라는 말 대신에 자신의 이름을 넣어서 읽어 보십시오. "예수님이 찔리심은 ○○○의 허물 때문이요 예수님의 상하심은 ○○○의 죄악 때문이라 예수님이 징계를 받으심으로 ○○○은(는) 평화를 누리고 예수님이 채찍에 맞으심으로 ○○○은(는) 나음을 받았도다." 이것이 십자가입니다.

그가 채찍에 맞음으로 너희는 나음을 얻었나니 (벧전 2:24).

여기에 치유가 있습니다. 예수님이 채찍을 한 번 맞으실 때 내 몸의 질병이 떠나는 것입니다. 예수님이 채찍에 맞으실 때 내 마음의 상처가 치유되는 것입니다. 그리스도가 채찍에 맞아 온몸이 상처투성이가 되고 가시 면류관을 쓰시고 뺨을 맞고 조롱 당하는 일을 당할 때마다 죽었던 내가 다시 회복되고 살아나는 것입니다. 이것이 바로 희롱 당하시는 예수 그리스도의 능력, 채찍을 맞으시는 예수 그리스도의 능력입니다. 예수님은 변명하거나 보복하지 않으셨습니다. 악한 감정을 품지 않고, 욕하지 않고, 억울하게 누명을 쓰고 아무도 알아주지 않는 역사의 희생물이 되어 조용히 고난을 겪으신 것입니다.

하나님으로부터 받는 보상

그와는 반대로 우리는 세상에서 보상을 받으려고 너무 애를 씁니다. 직장에서 사람들의 갈등은 나를 대접해 주지 않는다는 생각 때문에 생깁니다. "내 월급이 왜 이런가? 내 지위가 왜 이런가? 내가 몇 년 동안이나 수고하지 않았는가, 왜 나한테 보상하지 않는가?"라고 생각합니다. 또한 남편은 아내에게, 아내는 남편에게 보상을하지 않는다고 서로 서운해 합니다. 또 며느리는 "내가 시집에서이만큼 고생했는데 왜 보상을 하지 않는가?"라고 불만을 터뜨립니다. 이러한 것들 때문에 우리 인생의 대부분을 고민하고 있습니다. 거기에 행복이 있습니까? 거기에 해답이 있습니까? 누가 우리의 허황된 욕구를 책임질 수 있겠습니까? 아무리 보상해 줘도 보상이 안 됩니다. 계속 목마른 보상만 요구합니다. 착취당한 내 인생을 보상하라고 말입니다. 누가 우리의 착취당한 인생을 보상할수 있습니까? 우리가 하나님 앞에 가기 전에는 아무도 그 보상을할 수 없습니다.

지금 이 순간 보상을 포기하십시오. 사람으로부터 오는 보상을포기하십시오. 포기하기 전까지 우리에게 평화란 없습니다.

우리가 화를 당한 연수대로 우리를 기쁘게 하소서(시 90:15).

하나님 앞에 나아가 기도하십시오. 내가 고난을 겪은 연수대로축복해 달라고 기도하십시오. 그러면 우리도 살고, 우리에게 누명을 씌웠던 그 사람들도 복 받게 될 것입니다. 우리가 살고, 우리의가족이 살고, 우리의 국가가 살게 되는 것입니다.

36

십자가는
패배가 아닌 승리다

마태복음 27:32 - 44

예수님은 대제사장과 총독 빌라도에게 불법재판을 받으셨습니다. 그리고 계속해서 성전 시위대들, 즉 로마 군병들에게 채찍을 맞으시고 희롱을 당하셨습니다. 이런 고초를 겪으신 예수님은 이제 십자가에 못 박히십니다. 본문 말씀은 십자가에 못 박히기 위해 예수님이 처형장으로 가시는 모습을 기록하고 있습니다.

당시 처형장으로 가는 죄수는 가장 먼 길을 돌아서 처형장까지 가게 된다고 합니다. 그 이유는 가능한 한 많은 사람이 십자가를 지고 가는 죄인의 모습을 보고 경각심을 갖게 하기 위해서입니다. 지난밤에 잠도 못 주무시고, 새벽에 재판을 받기 위해 끌려다니시고, 채찍에 맞으신 예수 그리스도는 탈진하셨고 기진맥진하셨음에 틀림없습니다. 그런데 이제 자신이 매달려야 할 그 무거운 십자가를 지고 골고다 언덕까지 가야 했습니다. 우리가 분명하게 짐작할 수 있는 것은 예수님은 그 십자가를 질 체력이 없으셨다는 것입니다. 예수님은 불평도 원망도 없이 최선을 다해 십자가를 지시려고 했지만 너무나 지친 육체의 한계 때문에 가다가 쓰러지시고 또 쓰러지셨습니다. 우리가 상상할 수 있는 것은 이때 로마 병정들이 십자가를 지고 가게 하려고 더 가혹한 채찍과 무력을 행사했으리라는 것입니다.

예수님의 십자가를 대신 지고 간 시몬

예수님이 십자가를 지고 골고다까지 가실 때, 많은 사람이 구경하기 위해 몰려왔습니다. 그 구경꾼들 가운데 구레네 시몬이라는 한 사람이 있었습니다. 그는 유월절을 지키기 위해 시골에서 올라온 사람입니다. 마가복음 15장 21절은 그 사람이 알렉산더와 루포의 아버지였다고 짧게 소개합니다. 그는 유월절을 지키기 위해 예루살렘에 왔다가 무심결에 그 구경에 참여하게 되었습니다. 그리고 쓰러지는 예수님을 보게 되었습니다. 지친 예수 그리스도를 보게 되었습니다. 그럼에도 불구하고 불평하지 않고, 원망하지 않는 하나님의 어린 양 그리스도를 보게 되었습니다.

결국 예수님이 더 이상 갈 수 없어 십자가를 땅에 놓으셨을 때, 로마병정은 구경하던 사람들 중에서 건장한 한 사람을 택해 억지로 그 십자가를 대신 지고 가게 했습니다.

나가다가 시몬이란 구레네 사람을 만나매 그에게 예수의 십자가를 억지로 지워 가게 하였더라(마 27:32).

구경하던 그를 억지로 같이 가게 하였다는 말을 잘 생각해 보면, 이때의 상황을 충분히 짐작할 수 있습니다. 예수님에게 헌신한 사람들을 보면 전도를 받았다거나 어떤 어려운 일을 겪음으로 인해서 예수님을 만나고 그리스도인이 되는 경우가 많습니다. 그런데 어떤 경우에는 생각도 마음도 없는데 붙들려서 예수 믿는 모임에 왔다가 예수를 믿는 경우도 있습니다. 예를 들면 미션 스쿨의 채플이 그런 경우입니다. 자기가 예수 믿으려고 대학 간 것은 아닌데, 예수 믿는 대학이다 보니 학점을 받기 위해서 채플에 참석해야만 합니다. 그러다가 예수님을 믿게 되는 경우가 있습니다.

어떤 사람은 예수 믿는 사장이 운영하는 회사에 취직했습니다. 사장이 교회에서만 예배를 드리는 것이 아니라 직장에서도 예배를 드립니다. 그리고 사원들을 전도합니다. 그래서 지겹고 싫어도 할 수 없이 예배를 드리는 경우가 있습니다. 또 아내와 부부 싸움 안 하기 위해 아내를 따라 억지로 교회에 나오는 사람도 있습니다.

우리가 제 발로 걸어왔든지 아니면 억지로 왔든지 이것은 다 하나님의 사건입니다. 구레네 시몬은 본의 아니게 저주받은 십자가를 예수님 대신 지게 되었습니다. 시몬의 입장에서 생각해 볼 때, 그는 굉장히 불쾌했을 것이고 억울했을 것입니다. 좋은 일을 하는 것도 아니고 가장 악한 죄수가 지고 가는 십자가를 대신 진다는 것은 마치 재수 없는 사건에 말려든 것처럼 기분 나빴을 것입니다.

그러나 만약 구레네 시몬이 예수님이 누군지 알았거나 예수님의 제자 중 하나였다면, 또 주님을 위해 옥합을 깨뜨린 막달라 마리아처럼 예수님을 사랑하고 있었다면, 이것은 그의 인생에 있어서 영광스럽고 감격스러운 사건이 되었을 것입니다. 인류 역사상 예수님의 십자가를 조금이라도 나눌 수 있었던 사람은 그 한 사람

뿐이었기 때문입니다. 이와 같은 일들은 우리의 삶 속에서 매일 일어납니다.

십자가에 동참하는 삶

우리가 살아가면서 겪는 일 가운데는 예수 믿었기 때문에 손해 보는 일도 있고, 억울한 일도 있고, 고통스러운 일도 있습니다. 그러나 주님을 사랑하기 때문에 그것이 고통으로 느껴지지 않고, 손해로 느껴지지 않고, 자존심의 상처로 느껴지지 않습니다. 오히려 영광스러운 축복으로 알고 감사하며 할렐루야를 부릅니다.

혹시 우리 가운데 어쩌다가 교회에 억지로 끌려간 사람이 있습니까? 그렇다면 기뻐하기 바랍니다. 억지로 교회 예배당 안에 앉아 있는 것 자체가 보통 사건이 아니라는 것을 기억하기 바랍니다. 우리 가운데 예수를 믿다가 좋은 일 하다가 전도하다가 남을 도와주다가 돈도 잃어버리고 수모도 당하고 어려운 일을 겪은 이가 있습니까? 그렇다면 고난에 함께 동참하고 있다는 사실을 깨닫게 되기를 바랍니다. 그 사람이 바로 구레네 시몬입니다. 그래서 그리스도인에게는 억울함이 없습니다. 분함도 없습니다. 그리스도인에게는 손해 보는 것이 없습니다. 모든 손해가 결국 이익으로 변하기 때문입니다.

어쨌든 구레네 시몬이 예수 그리스도의 십자가를 지고 난 후,

그는 변화되어 그리스도인이 되었습니다. 그 증거는 로마서 16장 13절에서 찾아볼 수 있습니다. 로마서를 마치면서 사도 바울이 이런 문안의 편지를 쓰고 있습니다.

"주 안에서 택하심을 입은 루포와 그의 어머니에게 문안하라 그의 어머니는 곧 내 어머니니라."

여기서 루포는 구레네 시몬의 아들입니다. 알렉산더와 루포의 아비인 구레네 시몬이라고 마가복음에 소개된 것을 보면 분명히 구레네 시몬은 그 후에 예수님을 믿었고 그의 가족이 다 구원받았다는 사실을 알 수 있습니다.

특별히 루포는 사도 바울이 로마서를 마치면서 개인적인 문안을 쓸 만큼 초대교회에서 아주 유명하고, 굉장히 신실한 그리스도인으로 변했음을 알 수 있습니다. 루포의 어머니, 다시 말해 구레네 시몬의 아내는 어떻습니까? 바울은 그녀에게도 특별히 문안해 달라고 로마서에 기록하면서 "그의 어머니는 곧 내 어머니니라"고 말하고 있습니다. 사도 바울이 자기의 어머니처럼 느꼈던 여인이었다는 것입니다. 우리는 구레네 시몬의 가정이 이렇게 변화된 것을 보게 됩니다.

사실 고난을 겪을 때 그리스도를 알고 고난을 당하면 어렵지 않습니다. 그리스도의 사랑을 깨닫고, 십자가의 복음을 깨닫고 억울한 일을 당할 때에는 그것이 그렇게 억울하지 않습니다. 그러나 아직 그것을 깨닫지 못할 때에는 그것이 굉장히 고통스러운 사건으로 여겨지게 됩니다. 그러나 우리의 생애가 억지로 붙잡혔다고 할지라도, 억지로라도 주님과 함께 갈 수 있는 것은 큰 축복입니다.

십자가에 못 박히는 고통

이제 예수 그리스도는 갈보리 언덕으로 올라가십니다.

> 골고다 즉 해골의 곳이라는 곳에 이르러(마 27:33).

예수님은 골고다, 곧 그 뜻이 해골인 곳에서 십자가형을 받게 되셨습니다. 가장 저주받은 장소, 즉 해골들이 묻혀 있고, 해골처럼 생긴 그곳이 바로 골고다였습니다.

> 쓸개 탄 포도주를 예수께 주어 마시게 하려 하였더니 예수께서 맛보시고 마시고자 하지 아니하시더라(마 27:34).

예수님은 사람들이 주는 쓸개 탄 포도주의 맛을 보셨습니다. 쓸개 탄 포도주는 일반적으로 사형수들의 고통을 덜어 주기 위한 마취제와 같은 것입니다. 이것은 시편 69편 21절에 있는 "그들이 쓸개를 나의 음식물로 주며 목마를 때에는 초를 마시게 하였사오니"라는 말씀의 응답입니다. 그러나 예수님은 온 인류의 모든 죄와 고통을 감당하시기 위해 이 쓸개 탄 포도주조차도 마시지 않으셨습니다. 인류가 겪어야 할 모든 고통을 몸소 겪으신 것입니다.

드디어 예수님은 십자가에 못 박히시게 됩니다.

그들이 예수를 십자가에 못 박은 후에 그 옷을 제비 뽑아 나누고 (마 27:35).

마태복음, 마가복음, 누가복음, 요한복음, 이 사복음서에 예수님이 십자가에 달리신 기록이 나타나는데 모든 복음서가 단 한마디로 이렇게 기록했습니다. "예수님이 십자가에 못 박히셨다." 그러나 이 짧은 한마디 말 속에는 엄청나게 많은 사건과 의미가 내포되어 있습니다.

예수님이 당하신 십자가 처형은 그 당시 로마뿐만 아니라 고대 아프리카, 애굽, 바사, 헬라 등에서 유행했던 형벌이었습니다. 십자가형은 너무나 잔인하고 끔찍하게 치욕스러운 것이기 때문에 일반적으로 로마 시민에게는 주지 않았다고 합니다. 노예나 반란자들, 극악한 강도들에게 이런 십자가형이 주어졌습니다.

보통, 십자가에 달리면 약 삼 일 정도의 고통을 겪게 되는데, 탈진과 아픔 때문에 최대한의 고통을 느끼고 난 후 사흘째에는 절명하게 됩니다. 고통과 탈진이 심할 경우에는 자비를 베풀어 주는 방법으로 다리를 부러뜨리거나 창으로 찔러서 죽음을 재촉하는 경우도 있습니다.

　사형수의 시체는 연고자가 있을 경우에는 그들에게 주어서 무덤에 장사하게 하지만 그렇지 못한 경우나 아주 극악한 사형수의 경우에는 십자가 틀에 내버려두어 독수리의 밥이 되게 합니다. 예수님은 십자가에서 삼 일을 계신 것이 아니라 오전 아홉 시에 처형을 당하셔서 오후 세 시에 운명하셨습니다. 그것이 예수님이 겪으신 십자가입니다. 성경이 "예수님이 십자가에 못 박히셨다"고 한마디로 표현한 말의 앞뒤에는 우리가 추측할 수 있는 고통스러운 순간과 우리가 상상할 수 없는 순간들이 이어졌을 것입니다. 십자가에 달리신 예수 그리스도, 어린 양 예수 그리스도, 죄가 없으신 예수 그리스도, 그분이 이렇듯 처절하게 십자가에 못 박히신 것입니다.

십자가 주변에서 일어난 일들

예수님이 십자가에 못 박히실 때, 그 십자가 밑에서, 또 주변에서 일어난 일들이 성경에 기록되어 있습니다. 첫 번째는 예수님이 처형되신 다음에 예수님의 옷이 사람들에게 나누어졌다는 것입니다.

　그들이 예수를 십자가에 못 박은 후에 그 옷을 제비 뽑아 나누고 (마 27:35).

예수님은 그의 육체만 억울하게 죽임당하신 것이 아니라, 그 육체의 치부를 가리는 옷까지도 빼앗기셨습니다. 철저하게 모든 것을 다 착취당하셨습니다. 그분에게 있었던 겉옷, 속옷, 허리띠, 신발, 어느 것 하나 남겨진 것이 없었습니다. 우리는 가끔 인격적인 모독을 당할 때, 인권이 유린될 때 소리 치고 아우성칩니다. 그러나 예수님은 인권뿐만 아니라 그가 소유한 모든 것을 하나도 남김없이 다 약탈당하셨습니다. 죄수의 옷은 그 당시 군인들의 합법적인 부수입이었습니다. 신발, 겉옷, 허리띠, 터번 같은 것들은 죄수를 처형한 사람들이 나누어 가진 것입니다. 그런데 예수님의 속옷은 통으로 짠 것이어서 나누어 가질 수가 없었기 때문에 네 사람이 제비를 뽑아 한 사람이 소유하게 되었습니다(요 19:23-24).

두 번째는 예수님을 못 박은 자들이 예수님을 지키고 있었다는 이야기가 나옵니다.

거기 앉아 지키더라(마 27:36).

인류를 위해 고난당하시는 죄 없으신 예수님을 지키고 있는 로마 병정들의 무감각한 모습을 볼 수 있습니다. 진리를 살해하고도 무감각한 사람들, 하나님의 아들이자 인류의 메시아를 지키고 있으면서도 전혀 감동하지 않는 사람들의 모습입니다.

하나님의 아들 예수 그리스도가 십자가에서 오열하며 고통을 겪는데 제비를 뽑은 로마 병정들은 그 밑에서 그냥 지키고 있었다는 것입니다. 이것이 바로 우리의 모습이 아닙니까? 우리는 매일 십자가를 보면서 감동 없이 십자가를 만납니다. 감동 없이 찬송가를 부릅니다. 십자가를 목에 걸고, 귀에 거는 것이 나쁜 것은 아닙니다. 그것을 통해서 십자가를 더 자주 생각할 수 있습니다. 그러나 우리가 그 십자가를 하나의 사치품으로, 하나의 장식품으로 가지고 있지는 않습니까? 이런 사람들은 로마 병정들과 다를 것이 없습니다. 그냥 지키고 있는 사람들일 뿐입니다.

세 번째는 예수님에게 붙은 죄패입니다.

그 머리 위에 이는 유대인의 왕 예수라 쓴 죄패를 붙였더라(마 27:37).

로마의 사형법에 따르면 십자가에는 죄목을 붙여야 합니다. 그런데 참 이해할 수 없는 죄목이 붙었습니다. "이는 유대인의 왕 예수"라는 죄패를 붙인 것입니다. 게다가 요한복음 19장 20절을 보면 그 죄패는 모든 사람이 알아보도록 히브리말로, 로마말로, 헬라말로 다 번역해서 기록되었다는 것입니다. 이것은 하나님의 놀라운 역사와 같습니다. 조롱하기 위해 붙여진 팻말이었지만 그분은 유대인의 왕이었고, 인류의 왕이었고, 우리의 구원자였습니다. 그것도 여러 가지 언어로 다 번역해서 붙여 놓았는데, 어떤 분은 이것을 이렇게 설명했습니다. "이것은 히브리의 종교와 로마의 법과 헬라의 철학이 예수님이 하나님의 아들이신 것을 인정한 것이다.”

네 번째로 예수님의 십자가 곁에서 일어나는 놀라운 일이 있습니다. 두 강도가 있었다는 사실입니다.

> 이 때에 예수와 함께 강도 둘이 십자가에 못 박히니 하나는 우편에,
> 하나는 좌편에 있더라(마 27:38).

예수 그리스도는 죄가 없으신 분입니다. 2천 년 동안 모든 인류가 다 조사해 봤지만 그에게서 죄를 찾을 수 없었습니다. 흠도 티도 없으신 하나님의 어린 양 예수 그리스도십니다. 그러나 예수님이 가장 악한 것을 상징하는 십자가에 달린 두 강도와 함께 계셨다는 것입니다. 이 얼마나 놀라운 역설입니까? 예수님은 살아 계실 때 창녀들과 함께 계셨습니다. 세리들, 병든 자들, 약한 자들과 함께 계셨습니다. 예수님은 돌아가실 때도 강도들 사이에서 돌아가셨습니다. 죄 없으신 예수님이 극악한 죄인들과 공존하신 것입니다. 이것이 십자가입니다.

다섯 번째로 주위 사람들이 예수님을 조롱하고 모욕한 사건이 소개됩니다.

> 지나가는 자들은 자기 머리를 흔들며 예수를 모욕하여 이르되 성전
> 을 헐고 사흘에 짓는 자여 네가 만일 하나님의 아들이어든 자기를

구원하고 십자가에서 내려오라 하며(마 27:39-40).

지금 영광스러운 하나님의 아들이 비참한 모습으로 나무 십자가에 못 박혀 가장 천박한 인간들에게 조롱과 모욕을 당하고 계십니다. 인간들의 조롱 속에는 사탄의 소리와 음모가 있습니다. 이것은 마치 사탄이 예수님을 성전 꼭대기에 데리고 가서 "네가 만약 하나님의 아들이어든 이 성전에서 뛰어내리라"고 유혹했던 것과 같은 소리입니다.

그다음으로 대제사장들과 서기관들과 장로들, 소위 종교 지도자들이 예수님을 조롱하는 광경이 나타납니다.

그와 같이 대제사장들도 서기관들과 장로들과 함께 희롱하여 이르되 그가 남은 구원하였으되 자기는 구원할 수 없도다 그가 이스라엘의 왕이로다 지금 십자가에서 내려올지어다 그리하면 우리가 믿겠노라 그가 하나님을 신뢰하니 하나님이 원하시면 이제 그를 구원하실지라 그의 말이 나는 하나님의 아들이라 하였도다 하며(마 27:41-43).

여기에 나타난 종교 지도자들의 조롱과 멸시 뒤에는 자기들의 음모가 이루어진 데 대한 기쁨이 있습니다. 자기들의 모든 계획이 성취된 것에 축배를 들고 있는 것입니다. 이 순간이야말로 악인이 승리하고 음모가 성취되는 순간이었습니다.

함께 십자가에 못 박힌 강도들도 이와 같이 욕하더라(마 27:44).

마지막으로 십자가 주변에는 로마 병정들과 지나가는 많은 사람, 대제사장들과 서기관들과 백성의 장로들, 그리고 두 강도가 있었습니다. 그들은 한결같이 예수님에 대해 무감각했거나 조롱하는 사람들이었습니다.

저주의 십자가가 영광의 십자가로

갈보리 언덕에서 일어나는 것은 모든 인류의 영적 상태에 대한 요약입니다. 그 당시 사람들만 무감각했고 침묵했고 예수님을 조롱했습니까? 아닙니다. 오늘도 십자가 앞에서 많은 사람이 이와 똑같은 반응을 보이고 있습니다. 십자가를 부르면서도, 십자가를 믿으면서도 무감각한 사람, 무책임한 사람, 종교를 하나의 사치품으로 가지고 있는 사람, 예수님을 믿으면서도 예수님에게 욕을 돌리는 수많은 사람이 있습니다. 교회에서 직분을 맡아 여러 가지 일을 하지만 사업이나 가정이나 삶을 통해 하나님에게 영광을 돌리지 못하고 오히려 하나님에게 수치를 주는 사람들과 2천 년 전에 십자가 앞에 서 있었던 사람들이 무엇이 다르겠습니까?

오늘날 기독교가 이렇게 부흥하고, 많은 교파가 있고, 많은 목사가 있고, 많은 교단이 있지만 그들이 과연 예수님에게 영광을 올리고 있는지 의문입니다. 오늘날의 기독교는 세상에서 아름다운 그림을 그리고 있습니까? 아니면 추악한 그림을 그리고 있습니까?

우리는 갈보리 언덕에서 이러한 모습들을 보게 됩니다. 그러나 수치스러운 십자가, 파멸의 십자가, 저주의 십자가는 수치와 파멸과 저주로 끝나지 않았습니다. 사탄은 그를 저주로 몰아세웠지만 하나님은 그 십자가를 축복과 영광의 십자가로 바꾸셨습니다.

십자가는 더 이상 감추어지지 않습니다. 빛이 오면 어둠이 드러나고 진리가 오면 거짓이 드러나듯이 모든 사람은 거짓과 불법과 조롱과 저주의 모든 것을 동원하여 예수님을 십자가에 죽이려고 했지만, 그리고 예수님은 실제로 돌아가셨지만, 예수님은 결코 죽지 않으셨습니다. 십자가에서 죽는 순간 다시 살아나기 시작했습니다. 이것이 십자가의 능력입니다. 이것이 십자가의 구원입니다.

십자가의 눈물과 감격을 회복하라

우리가 앞서 보았던 모든 사람의 특징을 두 가지로 요약할 수 있습니다. 첫째는 그들이 십자가를 목격하면서도, 십자가 앞에 있으면서도 십자가를 찾지 못한 것입니다. 바로 이것이 사탄의 장난입니다. 사탄은 우리에게 십자가를 말하기도 합니다. 십자가를 가지고 있게도 합니다. 보여 주기도 합니다. 그러나 십자가 앞에서 무감각하게 하고 아무 의미를 느끼지 못하게 하고, 십자가를 사치품으로 만들어 버립니다.

우리가 십자가 목걸이, 귀걸이를 하는 것은 문제가 안 됩니다. 다만, 정말로 십자가의 사람이 되어야 할 것입니다. 십자가를 액세서리로만 하고 다니면서 계속 죄를 범한다면 사탄이 우리를 조롱하게 될 것입니다. 그것은 더 이상 십자가가 아니기 때문입니다. 십자가의 가장 큰 위기는 십자가 앞에서 무감각한 것입니다. 그렇게 되면 "예수 나를 위하여 십자가를 질 때"(새찬송가 144장)라는 찬송을 아무 감동 없이 부르게 되는 것입니다. 그것처럼 무서운 죄가 없습니다.

둘째로 그들에게서 발견할 수 있는 것은 자신의 허물과 죄를 감추기 위해서 십자가를 저주하고 조롱했다는 사실입니다. 스데반을 기억하십니까? 그분이 설교했을 때 듣는 사람들의 마음이 성령에 감동되었습니다. 그리고 스데반의 설교가 비수처럼 그들의 마음을 찔렀습니다. 이때 사람들은 더 이상 그의 말을 들을 수가 없었습니다. 그래서 그들은 귀를 막고 스데반에게 달려들어 돌로 쳐죽였던 것입니다. 십자가는 침묵하지 않습니다. 비수가 되어서 우리의 양심을 찌릅니다. 사탄의 모든 음모를 파헤치는 것입니다. 십자가는 모든 악과 어둠과 저주를 드러내는 것입니다. 이러한 십자가의 축복과 능력이 우리에게 있어야 할 것입니다.

바로 이와 같은 사건이 한 편의 강도에게서 일어납니다. 마태복음 본문에는 나타나지 않지만 누가복음 23장 39-43절을 보면 "달린 행악자 중 하나는 비방하여 이르되 네가 그리스도가 아니냐 너와 우리를 구원하라"고 기록하고 있습니다. 이 말을 듣던 또 다른 편의 강도가 그 악한 강도를 꾸짖으며 이렇게 말합니다.

"네가 동일한 정죄를 받고서도 하나님을 두려워하지 아니하느냐 우리는 우리가 행한 일에 상당한 보응을 받는 것이니 이에 당연하거니와 이 사람이 행한 것은 옳지 않은 것이 없느니라."

그것은 '우리가 십자가에 죽는 것은 너무나 당연한 일이지만 이 사람이 행한 것은 옳은데 왜 이 사람이 십자가에 못 박혀 죽어야 하느냐'는 것입니다. 그는 또 "예수여 당신의 나라에 임하실 때에 나를 기억하소서"라고 말했습니다. 우리는 이처럼 강도와 같은 고백을 드려야 할 것입니다.

예수님은 우리를 위해 십자가에서 피 흘려 돌아가셨습니다. 그리고 아무 말씀도 하지 않으셨습니다. 조용히 죽으신 것입니다. 하나님의 성령으로 우리의 마음에 감동이 있기를 바랍니다. 무감각한 마음에 성령의 파동이 일어나기를 바랍니다. 십자가의 사랑이 우리에게 전달되기를 바랍니다. 십자가의 용서와 십자가의 긍휼과 십자가의 구원이 우리의 영혼에 파도치기를 기도합니다.

○

37

십자가와 함께
사망권세도 죽었다

마태복음 27:45-53

예수님은 드디어 제 육 시에 십자가에 못 박히셨습니다. 육 시면 오전 아홉 시에 해당하는 시간입니다. 모든 사람이 꿈과 목표를 가지고 새롭게 하루를 시작하는 아침 아홉 시에 예수님은 온 인류의 죄를 짊어지시고 십자가에 못 박히셨습니다.

제 육 시로부터 온 땅에 어둠이 임하여 제 구 시까지 계속되더니 (마 27:45).

예수님은 육 시로부터 구 시까지 어둠 속에서 십자가를 지고 계셨습니다. 우리 시간으로 오후 세 시가 되어서 예수님은 운명하십니다. 예수 그리스도가 십자가에서 죽으셨다는 것은 엄밀한 의미에서 하나님 자신의 죽음을 뜻합니다. 하나님은 우리를 사랑하셔서 자기의 아들 독생자를 십자가에서 죽게 하셨는데, 그 예수님이 바로 하나님이시기 때문입니다. 하나님 자신이 십자가에서 인류의 죄를 구속하시려고 죽으신 것입니다. 동시에 그것은 모든 인류의 죽음을 대표하는 죽음이 되었습니다.

그래서 누구든지 예수 그리스도의 십자가를 바라볼 때, 십자가에 대한 설교를 들을 때, 십자가를 만날 때 상상할 수 없는 충격을 받게 됩니다. 내 양심이나 내 인격이나 내 삶이나 심지어 나의 죽음에도, 그 십자가는 엄청난 메시지와 엄청난 능력으로 다가오는 것입니다. 그래서 마귀가 우리에게 하는 것이 있습니다. 십자가를 볼 때 감동 없이 보게 하는 것, 이것이 마귀의 최대 유혹입니다. 마귀는 십자가를 부인하게 하는 것이 아니라 십자가를 하나의 장식거리로 여기도록 만듭니다. "십자가를 이야기하라. 십자가를 설교하라. 그러나 눈물 없이 하라. 감동 없이 하라. 메마른 심정으로 십자가를 이야기하라"고 유혹하는 것입니다.

십자가에서 느끼는 충격

진정으로 십자가를 만나고 맛보았던 많은 사람은 수만 볼트의 전류에 감전되는 듯한 충격을 받습니다. 첫째는 하나님의 사랑에 대한 충격입니다. 하나님이 우리를 사랑하셨기 때문에 스스로 생명을 버리신 사랑에 대한 감동입니다.

혹시 최근에 어떤 사랑의 감동을 경험해 본 적이 있습니까? 부모님이 나를 사랑한다는 사실을 깨달았을 때 감동이 옵니다. 또 자식이 부모를 사랑한다는 것을 깨닫게 되는 어떤 사건이 있을 때, 우리는 감동하게 됩니다. 부부 사이에 사랑의 감동이 있을 수 있습니다. 또 어떤 사람은 고부간에도 늦게나마 깨달은 사랑의 감동이 있을 수 있습니다. 작은 사랑의 감동도 사람을 변화시킵니다.

십자가의 충격이란 하나님의 사랑에 대한 감동입니다. 우리는 십자가에서, 우리를 사랑하셔서 자기 아들을 십자가에 죽이셨던 하나님의 마음을 전달받게 됩니다. 또 한 가지 십자가에서 느끼는 충격은 죄에 대한 충격입니다. 예수님이 십자가를 지셨을 때 인류의 모든 죄를 함께 지셨습니다. 한 개인의 죄가 얼마나 많습니까? 평생 살아가면서 죄 때문에 느끼는 죄책감과 고통으로 잠못 이루기도 하고, 양심의 가책 때문에 병이 나기도 합니다. 한 개인이 지은 죄의 무게도 감당할 수 없이 크건만 온 인류의 죄의 무게가 이 십자가 위에 있는 것입니다. 그래서 십자가를 볼 때 우리는 자기의 죄로 인한 충격을 받게 됩니다.

그러나 십자가는 말이 없습니다. 조용히 서 있을 뿐입니다. 예수님은 재판받으실 때 말이 없으셨습니다. 원망하지 않으셨습니다. 따지지 않으셨습니다. 조용히 불법 재판을 받으셨습니다. 십자가에 못 박히신 후에 예수님은 몇 마디 말씀을 하셨는데, 그것은 원망이 아니었습니다. 예수님이 십자가에서 하신 첫 말씀이 무엇입니까? "저들의 죄를 용서하여 주옵소서"라는 중보 기도였습니다. 십자가는 말이 없습니다. 지금도 십자가는 조용히 홀로 서 있습니다. 그러나 십자가를 바라보는 모든 사람에게 십자가가 말합니다. 우리의 죄에 대해서, 또 양심에 대해서, 그리고 삶에 대해서 십자가는 계속해서 말하고 있습니다.

우리는 예수님이 십자가에 못 박히시는 사건에서 세 가지 모습을 살펴 볼 수 있습니다. 첫째, 십자가에 못 박히시는 예수님을 보고 계시는 하나님은 그때 어떻게 하셨느냐 하는 것입니다. 둘째는 인류의 모든 죄를 담당하신 예수 그리스도가 이 십자가를 어떻게 이해하셨느냐는 것입니다. 셋째는 인류의 모든 죄를 지고 가시는 예수님의 십자가를 바라보고 있던 주변 사람들은 어떻게 반응했는가입니다.

침묵하시는 하나님

처음으로 살펴볼 것은 십자가를 대하시는 하나님의 태도입니다. 본문 말씀에서 알 수 있는 놀라운 사실은 하나님이 예수 그리스도의 십자가 사건에 대해 침묵하고 계시는 것처럼 보였다는 것입니다.

예수님이 공생애의 사역을 시작하시면서 세례 요한에게 세례를 받으시고 물에서 나오시자 어떤 일이 일어났습니까? 하늘의 문이 열리고 성령이 비둘기처럼 내려오면서 "이는 내 사랑하는 아들이요 내 기뻐하는 자니"(마 17:5)라고 말씀하셨습니다. 이것이 예수님과 하나님과의 관계입니다.

또 변화산에 기도하러 가셨을 때, 예수님은 천상의 모습, 예수님이 이 세상에 오시기 전의 모습으로 변하셨습니다. 얼굴이 해같이 빛나기 시작했습니다. 예수님은 변화하셔서 모세와 엘리야와 대화하셨습니다. 그 장면을 본 제자들은 무릎을 꿇고 엎드릴 수밖에 없었습니다. 그때 홀연히 구름 속에서 빛이 나타나면서 음성이 들려왔습니다. "이는 내 사랑하는 아들이요 내 기뻐하는 자니 너희는 그의 말을 들으라." 그렇습니다. 하나님은 예수님과의 관계를 여러 번 말씀하셨습니다. 그렇게 말씀하시던 하나님이 이번에는 침묵하신 것입니다.

그러나 사실 하나님은 침묵하신 것이 아니었습니다. 하나님은 침묵하는 법이 없으십니다. 하나님이 침묵하고 계신 때는 준비하시는 때입니다. 하나님이 가장 느껴지지 않을 때, 하나님이 나와 함께 계시지 않는다고 느낄 때 하나님은 나와 가장 가까이 계십니다. 가끔 우리가 고난과 역경에 부딪히고 이해할 수 없는 일이 생길 때, 과연 하나님은 살아 계신가 하는 의문을 갖습니다. '살아 계시다면 하나님은 무슨 일을 하고 계시는가?' '하나님은 지금 나의 고통을 보고 계시는가?' 이런 질문을 우리만 하는 것이 아닙니다. 시편 기자들도 똑같이 질문하고 있습니다.

시편 73편 기자는 악인이 형통하고, 오만한 자들이 성공하며 그들이 죽을 때 고통 없이 죽는 것을 보았습니다. 그럼에도 불구하고 악인들이 심판도 재앙도 받지 않으며 그 자손들이 잘되는 것을 보고 "하나님은 과연 살아 계실까?"라는 질문을 합니다. 다윗도 이와 같은 고백을 했습니다. 억울하게 사울에게 쫓김을 받아 집에도 돌아갈 수 없었고, 사랑하는 조국에서도 살 수 없었던 다윗은 "내

하나님이여 어찌 나를 버리셨나이까"(시 22:1)라고 자신의 심경을
토로하고 있습니다.

나치에게 민족 전체가 무참하게 학살당했을 때, 신앙을 가졌던
유태인들은 "하나님, 어디 계십니까?"라고 물었을 것입니다. 유태
인뿐만 아닙니다. 일본에게 어려움을 겪었던 우리 민족도, 70년
동안 공산 치하에 있었던 구소련의 그리스도인도, 문화 대혁명을
겪으면서 신앙을 지켰던 중국의 수많은 그리스도인도 "하나님, 당
신은 과연 살아 계십니까? 살아 계시다면 지금 무엇을 하고 계십
니까?"라는 질문을 했을 것입니다.

이런 질문들은 우리 주위에도 많습니다. 그러나 이러한 질문보
다 더 큰 질문이 하나 있습니다.

어둠으로 임한 하나님의 슬픔

하나님은 예수님을 죽게 하시고, 억울한 재판을 받게 하시고, 희롱
을 받고 고통을 겪게 하셨습니다. 그런 가운데 하나님은 나타나시지
않았습니다. 아무 말씀도 없으셨습니다. 죄 없으신 예수님이 십자가
에서 돌아가실 때, 우리는 "하나님, 이게 웬일입니까? 하나님은 이
문제에 어떻게 해답을 주시겠습니까?"라고 질문할 수 있습니다. 그
렇다면 정말 하나님은 아무 반응을 나타내지 않으신 것일까요?

마태복음 27장 45절에 보면 "제 육 시로부터 온 땅에 어둠이 임

하여 제 구 시까지 계속되더니"라고 했습니다. 우리는 여기서 하나님이 침묵하시지 않았다는 사실을 발견하게 됩니다. 성경을 보면 예수님이 못 박히시는 그 순간부터 해가 빛을 잃었습니다. 어둠이 찾아온 것입니다. 이것이 하나님의 응답입니다. 예수님의 죽음에 어둠으로 응답하신 것입니다. 오전 아홉 시, 해가 가장 힘 있게 온 세상을 비추는 시간에 어둠이 찾아온 사실에서 우리는 하나님의 슬픔, 하나님의 마음, 하나님의 터질 것 같은 심장을 읽을 수 있습니다.

그럼에도 불구하고 하나님은 예수님의 죽음을 막을 수가 없었습니다. 십자가 앞에서 사람들이 "네가 정말 하나님의 아들이냐? 그러면 십자가에서 내려와 보라"고 조롱했습니다. 하나님은 예수님을 십자가에 달리지 않게 하실 능력이 있으신 분입니다. 그러나 온 인류의 죄를 대신 지게 하셨기 때문에 막을 수 없었습니다. 그러기에 하나님의 마음은 아팠고, 고통스러웠습니다. 죽어가는 자식을 보고 아파하는 부모의 심정과 다를 바가 없었습니다. '내가 대신 죽을 수 있었으면, 내 아들의 아픔을 내가 대신할 수 있었으면' 하는 부모의 심정과 같은 하나님의 마음을, 우리는 어둠을 보면서 읽을 수 있습니다.

찢어진 성소의 휘장의 의미

하나님이 침묵하시지 않았다는 두 번째 증거는 다음 말씀에서 나타납니다.

> 이에 성소 휘장이 위로부터 아래까지 찢어져 둘이 되고 땅이 진동하며 바위가 터지고 무덤들이 열리며 자던 성도의 몸이 많이 일어나되 예수의 부활 후에 그들이 무덤에서 나와서 거룩한 성에 들어가 많은 사람에게 보이니라(마 27:51-53).

말씀은 안 하셨지만 하나님은 또 한 가지 놀라운 사건을 일으키셨습니다. 그것은 예수님이 운명하시는 바로 그 순간에 성전에 있던 휘장이 위에서부터 아래까지 찢어진 것입니다. 이것이 하나님이 하신 응답입니다.

구약을 보면 일 년에 한 번씩 대제사장이 속죄일에 예복을 갖추고 자기와 백성의 죄를 속하기 위해 짐승의 피를 들고 지성소에 들어가 번제를 드렸습니다. 지성소에는 아무나 들어갈 수 없었으며 심지어 짐승의 피를 가지고 들어가는 대제사장이라 할지라도 두렵고 떨리는 마음으로 들어갔습니다. 왜냐하면 만약에 이 피를 가지고 가는 대제사장 자신에게 죄가 있다면 그는 그 자리에서 즉사하기 때문입니다. 그러므로 대제사장도 두려움과 떨림으로 먼저 자신의 죄를 위해서 제사를 드리고 그다음에 백성을 위해 제사를 드렸던 것입니다. 그것이 구약의 제사였고 예배였습니다.

그런데 성소에는 성소와 지성소 사이를 가로막은 하나의 큰 휘장이 있었습니다. 이 휘장이 예수님이 십자가에서 운명하시는 순간, 위에서 아래까지 쫙 찢어졌다는 것입니다. 이것이 십자가에 대한 하나님의 응답이요, 십자가에 대한 하나님의 태도였습니다.

그렇다면 휘장이 위에서 아래로 찢어진 것은 무엇을 의미합니까? 히브리서 9장 11-12절에 그 이유가 잘 나타나 있습니다.

"그리스도께서는 장래 좋은 일의 대제사장으로 오사 손으로 짓지 아니한 것 곧 이 창조에 속하지 아니한 더 크고 온전한 장막으로 말미암아 염소와 송아지의 피로 하지 아니하고 오직 자기의 피로 영원한 속죄를 이루사 단번에 성소에 들어가셨느니라."

구약에서는 송아지를 잡고 염소를 잡아서 그 피로 자기의 죄를 일 년에 한 번씩 용서받았지만 이제 예수님이 그 몸이 찢기시고 그 피를 흘리심으로 말미암아 영원한 속죄를 이루신 것입니다. 예수님이 물과 피를 다 쏟으시고 운명하시는 순간에 구약의 제사를 파기하는 사건이 일어났습니다. 단번에 드려진 예수 그리스도의 희생 제사로 말미암아 우리는 송아지나 염소의 피가 아니라 예수님의 피로 영원한 구원을 얻게 되었습니다. 그래서 이제는 필요 없게 된 지성소를 허물어 버리는 사건이 일어났던 것입니다. 예수님은 인류를 위한 영원한 제사요 완전한 제사로 십자가의 제사를 드렸습니다. 그 제사가 이제 완성되었기 때문에, 예수님이 십자가에서 숨이 끊어지는 순간 더 이상 필요 없어진 휘장이 쫙 찢어지고 만 것입니다.

이렇게 되어 하나님과 나 사이의 막힌 담이 헐렸습니다. 그래서 우리는 하나님과 더불어 평화를 누리게 된 것입니다. 휘장이 찢어짐으로 말미암아 이방인이라 할지라도 누구든지 예수 그리스도의 이름을 부르는 자는 하나님의 자녀가 될 수 있고, 누구든지 자유롭게 가서 죄 용서를 받을 수 있고, 예수 그리스도의 이름으로 천국 백성이 될 수 있습니다. 이것이 휘장을 찢으심으로 우리에게 말씀하시는 하나님의 음성입니다.

휘장이 찢어짐으로 이제는 구약의 제사가 다 폐기되고 예수 그리스도로 말미암아 온전한 제사를 이룬 이 사건에 동참한 성도들을 가리켜 성경은 이렇게 기록하고 있습니다.

그러나 너희는 택하신 족속이요 왕 같은 제사장들이요 거룩한 나라요 그의 소유가 된 백성이니 이는 너희를 어두운 데서 불러내어 그의 기이한 빛에 들어가게 하신 이의 아름다운 덕을 선포하게 하려 하심이라(벧전 2:9).

하나님은 십자가의 예수님을 기가 막힌 심정으로 지켜보셨습니다. 하나님이 예수님에게 주신 응답은 "너는 죽었지만 승리했다. 너는 십자가에서 인류의 모든 죄를 지고 희생했지만 모든 백성에게 부활을 확인시켜 주었고 구원을 선포해주었고 믿는 성도들에게 승리를 약속으로 주었다"는 말씀이었습니다.

예수님이 운명하셨을 때 성전의 휘장만 찢어진 것이 아니라 지진이 일어나서 땅이 진동하고 바위가 터졌다고 했습니다. 특별히 52절에는 무덤이 열리고 자던 성도들의 몸이 일어났다고 했습니다. 얼마나 놀라운 일입니까? 죽었던 자가 벌떡 일어났던 것입니다. 이스라엘을 여행하시는 분들은 예수님이 처형당하시던 자리에 있는, 이 지진의 흔적을 지금도 볼 수 있습니다. 그곳의 지층이 흔들린 모습을 보게 됩니다. 땅이 진동하고 바위가 터지고 죽은 자가 살아나는 것은 무엇을 뜻하는 것입니까? 바로 예수 그리스도의 십자가의 죽음은 완전한 죽음이고, 그의 생명이 끊어짐으로 모든 사망과 죄와 사탄의 권세가 무너졌다는 것을 의미합니다. 무덤이 열리고 죽은 자가 살아났다는 것은 죽음을 정복했음을 의미하는 것입니다. "예수는 죽었지만 승리했다"는 것을 하나님이 웅변적으로 응답해 주신 것입니다.

결론적으로 하나님은 침묵하지 않으셨습니다. 하나님은 예수님이 돌아가실 때 너무나 기막힌 심정을 표현하는 어둠을 보내 주셨고, 예수님이 완전히 운명하실 때는 구원이 완성된 표로 휘장을 찢으시고, 또 사탄의 권세, 사망의 권세가 무너지는 표현으로 무덤을 열어 주시는 응답을 하셨습니다. 고린도후서 4장 8절에 "우리가 사방으로 우겨쌈을 당하여도 싸이지 아니하며 답답한 일을 당하여도 낙심하지 아니하며 박해를 받아도 버린 바 되지 아니하며 거꾸러뜨림을 당하여도 망하지 아니하고"라는 바울의 고백이 있습니다. 하나님은 예수 그리스도의 죽음에 어떻게 응답하셨습니까? 고난 가운데서의 영광으로 응답하셨습니다. 패배 가운데서의 승리로 응답하셨습니다. 십자가를 부활로 바꾸셨습니다.

고난을 영광으로 받아들이라

우리가 그리스도인으로 이 세상을 살아갈 때 편하게만 살수는 없습니다. 진리가 우리 안에 있기 때문에, 빛이 우리 안에 있기 때문에, 그리스도가 우리 안에 있기 때문에, 우리는 사방으로 욱여쌈을 당할 때가 많습니다. 답답한 일을 만날 때가 많습니다. 낙심할 때, 박해를 받을 때가 많습니다. 거꾸러뜨림을 당할 때도 많습니다. 그러나 분명한 것은 우리가 예수 그리스도의 이름으로 계속해서 이런 고난 속에 있더라도 결코 망하지 않는다는 것입니다. 결코 패배하지 않는다는 것입니다. 결코 수치를 당하지 않는다는 것입니다. 분명 우리는 죽는 곳까지 가지만 죽는 그 순간에 하나님이 고난을 영광으로, 패배를 승리로 바꾸십니다. 그래서 우리는 담대하게 세상에 나가서 모든 악과 사탄의 세력, 죄와 싸우는 것입니다.

우리 하나님은 침묵하지 않으십니다. 혹시 하나님이 침묵하고 계시는 것처럼 느껴지는 이가 있습니까? 억울하다고 느끼는 이가 있습니까? 내 인생은 왜 이러냐고 한탄하는 이가 있습니까? 그렇지 않다는 사실을 오늘 십자가 사건에 나타나신 하나님의 모습으로 깨닫기를 바랍니다. 우리가 병들었을 때 하나님은 멀리 계시지 않습니다. 자녀가 불치병에 걸려서 죽게 되었을 때 귀찮아서 도망가는 부모가 어디 있습니까? 돈이 없는 부모라 할지라도, 치료할 능력이 없는 부모라 할지라도 그 자식을 부둥켜안고 우는 것이 부모의 마음입니다. 잘난 자식보다 못난 자식에게 더 애정을 갖는 것이 부모의 마음입니다. 그것이 곧 하나님의 마음입니다. 하나님은 우리의 고난을 보고 계십니다. 우리의 고독을 보고 계십니다. 우리의 억울함을 다 알고 계십니다. 우리가 계속해서 믿고 십자가를 지면 하나님이 우리의 인생을 영광스런 삶으로 바꾸실 것입니다.

예수님이 십자가에서 피를 흘리실 때 하나님은 눈을 감지 않으셨다는 사실을 기억하십시오. 예수님이 우리를 위하여 찢기실 때, 채찍에 맞으실 때 하나님은 더 크게 눈을 뜨고 계셨다는 사실을 기억하기 바랍니다. "나는 결코 너희를 버리지 않는다. 놀라지 말고 두려워 말라. 나는 네 하나님이라. 내가 너를 항상 지켜 주리라. 내가 너를 보호하여 주리라. 나의 의로운 오른 손으로 너를 붙들어 주리라." 하나님은 지금도 우리에게 이렇게 말씀하십니다.

38

희생은 가장 큰 용서요 사랑이다

마태복음 27:45-53

침묵하신 예수님

십자가를 지시는 예수님이 십자가 사건을 어떻게 이해하셨는지는 예수님이 십자가에 달리신 동안에 하신 일곱 마디의 말씀을 보면 알 수 있습니다. 그런데 십자가에서 하신 예수님의 말씀을 살펴보기 전에 우리가 먼저 생각해야 할 예수님의 태도가 있습니다. 그것은 침묵입니다. 십자가를 지시는 예수님의 침묵입니다.

그는 불법 체포를 당하셨습니다. 불법 재판을 당하셨습니다. 한밤중에 재판을 받으시고 여론 재판의 결과에 따라 사형 언도를 받으셨습니다. 사형 언도를 받으신 예수님은 즉시 가혹한 채찍을 맞으셨습니다. 그리고 사람들에게 조롱과 희롱을 받으셨습니다. 그는 피를 쏟으셨습니다. 그는 탈진하셨습니다. 그가 육체적으로 가질 수 있는 힘은 하나도 남김없이 소진되어 버렸습니다. 그 무거운 십자가를 지고 그는 골고다 언덕으로 가셔야만 했습니다.

그런데 재미있는 것은 불법 체포를 당하시고 넘어지면서까지 십자가를 지고 가시던 예수님의 태도입니다. 원망과 불평이 있습니까? 분노와 배신감이 있습니까? 그 엄청난 고통 속에서 누구도 원망하지 않고 조용히 십자가를 지신 것, 이것이 십자가에 대한 예수님의 태도입니다. 우리는 작은 일에도 쉽게 흥분합니다. 나를 모독한다든지, 나에게 손해를 끼쳤다든지 하는 일은 참을 수가 없습니다. 그러나 죄 없으신 예수님은 그 엄청난 십자가, 그 엄청난 조롱, 그 엄청난 고통을 겪으시면서 한마디 원망도 안 하시고 책임 전가도 안 하시고 억울한 불법과 불의를 다 당하셨습니다.

예수님이 할 말이 없어서 아무 말씀도 안 하신 것이 아닙니다. 십자가를 거부할 능력이 없어서 할 수 없이 지신 것이 아닙니다. 예수님이 이렇게 침묵하시며 모든 고통을 스스로 짊어지신 유일한 이유는 하나님에게 순종하기 위해서였습니다. 아버지 하나님의 뜻을 이루기 위해서였습니다. 로마서 5장 8절을 보면 "우리가 아직 죄인 되었을 때에 그리스도께서 우리를 위하여 죽으심으로 하나님께서 우리에 대한 자기의 사랑을 확증하셨느니라"고 했습니다. 예수님은 변명할 수도, 불평할 수도 없으셨습니다. 만약 예수님이 불평하셨다면 하나님의 뜻은 이루어지지 않았을 것입니다.

예수님이 만약 십자가를 거부했다면 우리의 죄는 용서되지 않고 그대로 남아 있었을 것입니다. 이는 자식 때문에 희생을 당하는 어머니와 같습니다. 자식 때문에 누명을 쓴 부모와 같습니다. 부모가 잘못한 것은 아닌데 자식의 잘못 때문에 말도 못 하고 그대로 당할 수밖에 없는 부모의 심정이 바로 예수님의 심정이었습니다. 예수님은 죄를 짓지 않으셨습니다. 그가 실수하신 것이 아닙니다. 그러나 이 억울한 재판, 이 억울한 사형 선고, 이 억울한 고통을 한마디 불평 없이 지셔야만 했던 것입니다.

용서의 말씀

그러면 예수님이 십자가에 못 박히실 때부터 운명하실 때까지 무슨 말씀을 하셨는지 살펴보겠습니다. 본문 말씀에는 일곱 마디 가운데 "엘리 엘리 라마 사박다니"라는 한마디만 나옵니다. 그러나 사복음서를 보면 일곱 마디가 있습니다. 예수님이 십자가에 못 박히시는 바로 그 순간에 맨 처음 하신 말씀은 용서의 말씀입니다.

> 이에 예수께서 이르시되 아버지 저들을 사하여 주옵소서 자기들이 하는 것을 알지 못함이니이다(눅 23:34).

예수님이 두 손과 두 발에 못을 박힌 바로 그 순간 그분의 첫 번째 반응은 "아버지, 저들을 사하여 주옵소서"입니다. 예수님이 십자가에 못 박히실 때 분명히 뼈가 부러지고 살이 찢어지고 모든 신경과 핏줄이 파괴되었을 것입니다. 그들은 그렇게 무자비하게 예수님의 손과 발에 못을 박았습니다.

그리고 그들은 피 흘리시는 예수 그리스도 바로 밑에서 제비를 뽑고 그분의 옷을 나누어 가졌습니다. 그런데도 자기를 죽이고, 자기의 인격을 파멸시키는 사람들 앞에서 "아버지 저들을 사하여 주옵소서"라고 기도하신 것입니다. 예수님의 기도 가운데 더 놀라운 기도가 그다음에 있습니다. "자기들이 하는 것을 알지 못함이니이다."

예수님은 우리의 나쁜 동기를 보기 원하지 않으십니다. 예수님은 언제나 우리의 좋은 점을 보기 원하십니다. "아버지, 저들은 나쁜 동기로 한 것이 아니었습니다. 환경 때문에, 저들의 직장에서의 위치 때문에, 저들의 형편 때문에, 저들이 나를 죽였지만 저들은 사실 착한 사람들입니다. 아버지, 용서해 주옵소서." 이것이 예수님의 기도였습니다.

그러나 우리는 어떻게 합니까? 나한테 해코지한 사람은 비록 그 사람이 선한 동기로 했을지라도 악한 동기로 했다고 오해하고, 미워합니다. 왜냐하면 나를 고통스럽게 만들었기 때문입니다. 우리가 무슨 일을 할 때 나는 좋은 동기로 했지만 결과가 나쁘게 나올 수도 있습니다. 그러나 예수님은 자기를 죽이는 사람들, 자기의 옷을 제비뽑는 그 사람들을 향하여 "아버지여, 저들의 죄를 용서하여 주옵소서. 저들이 저렇게 하는 것은 몰라서 그런 것입니다"라고 말씀하십니다. 이것이 십자가에 대한 예수님의 첫 번째 반응입니다.

영혼 구원의 말씀

예수께서 이르시되 내가 진실로 네게 이르노니 오늘 네가 나와 함께 낙원에 있으리라(눅 23:43).

예수님이 십자가에 못 박히셨던 그 시간에 양 옆에는 추악한 강도 두 사람이 있었습니다. 이 두 사람은 예수님을 욕하고 있었습니다. 그런데 그중에 한 강도가 갑자기 회개하기 시작합니다. 하나님의 어린 양, 죄 없으신 예수 그리스도를 십자가 위에서 발견하게 된 것입니다. 이때 그는 옆에 있는 강도를 꾸짖고 "예수여 당신의 나라에 임하실 때에 나를 기억하소서" 하고 구원을 요청합니다.

이때 예수님은 거절하지 않으시고, "오늘 네가 나와 함께 낙원에 있으리라"고 하시면서 천국과 구원을 보장해 주셨습니다. 예수 그리스도의 십자가는 영혼 구원입니다.

효도의 말씀

예수께서 자기의 어머니와 사랑하시는 제자가 곁에 서 있는 것을 보시고 자기 어머니께 말씀하시되 여자여 보소서 아들이니이다 하시고 또 그 제자에게 이르시되 보라 네 어머니라 하신대 그 때부터 그 제자가 자기 집에 모시니라(요 19:26-27).

사람은 누구든지 자기가 고통을 당할 때는 주위 환경이 잘 안 보이는 법입니다. 자기 병이 제일 심각해 보입니다. 자기가 감기·걸리면 남이 아픈 것은 중요하지 않습니다. 그것이 보통 인간입니다.

자기 고통이 크면 자식도 안 보이고 부모도 보이지 않습니다. 옆 사람도 보이지 않고 예수님도 보이지 않습니다. 자기 고통만 보입니다. 그 고통이 절대적으로 크게 느껴집니다.

그런데 예수님은 인류의 모든 죄를 위하여, 하나님의 뜻을 위하여, 그 엄청난 고통을 겪을 때 자기를 생각하지 않으셨습니다. 용서를 말씀하셨고 구원을 말씀하셨습니다. 또한 사랑하는 육신의 어머니의 노년을 걱정하셨습니다. 주님의 일을 할 때나 선교사로 나갈 때 사람들이 부모 문제 때문에 몹시 고민하는 것을 볼 수 있습니다. 예수님은 십자가를 져야 했고 죽어야 했을 때 사랑하는 제자에게 어머니를 위탁하셨습니다.

많은 사람이 양자를 데려옵니다. 그런데 양부모를 데려와 돌보는 사람은 거의 없습니다. 자식이 없을 때는 남의 아이를 데려다가 키우려는 의지가 있으면서도 의탁할 곳이 없는 버려진 노인네를 입양해서 부모로 모시고 죽을 때까지 섬기는 사람은 없는 것입니다. 심지어 시퍼렇게 살아 있는 자기 부모도 공부한다는 이유로, 전도한다는 이유로, 사업한다는 이유로 쉽게 버리지 않습니까? 예수님은 죽어 가시면서도 부모 문제를 심각하게 생각하셨습니다.

참다운 선교와 교회 사역은 부모 공경과 자녀 교육을 포함합니다. 주의 이름으로 자녀 교육을 소홀히 해서는 안 됩니다. 주의 이름으로 부모님을 소홀히 하는 것은 성경적이 아닙니다. 우리는 자녀를 사랑으로 보살펴야 하고, 부모를 공경하며 잘 모셔야 합니다.

하나님의 사랑을 선포하신 말씀

제 구 시쯤에 예수께서 크게 소리 질러 이르시되 엘리 엘리 라마 사박다니 하시니 이는 곧 나의 하나님, 나의 하나님, 어찌하여 나를 버리셨나이까 하는 뜻이라(마 27:46).

일곱 마디 말씀 중에서 아마 이 말씀이 클라이맥스일 것입니다. 예수님은 '십자가는 용서다', '십자가는 영혼 구원이다', '십자가는 효도다', '십자가는 자녀 교육이다'라는 것을 가르쳐 주셨습니다. 그러나 이제 예수님이 하늘을 향하여 소리 지르시기 시작했습니다. "나의 하나님, 나의 하나님, 어찌하여 나를 버리셨습니까?" 이 말씀을 피상적으로 생각하면 예수님이 지금 하나님에게 원망하고 불평하는 것처럼 보입니다. "나는 이렇게 고통을 당하는데 하나님은 왜 침묵하십니까? 나는 이렇게 죽게 되었는데 하나님은 왜 기적을 일으켜 주시지 않습니까? 정말 나를 버리신 것입니까?" 지금 이렇게 예수님이 말씀하시는 것 같습니다. 그러나 그런 뜻이 아닙니다.

첫째, 예수님과 하나님의 관계를 생각해 보면 절대로 예수님이 원망하고 있지 않다는 것을 알 수 있습니다. 예수님이 정말 원망하고 불평했다면 겟세마네 동산에서 고민할 때 십자가를 택하시지 않았을 것입니다. 그는 다 아시고 "내가 십자가를 지겠습니다"라고 하셨습니다. 예수님은 "아버지와 나는 하나"라고 말씀하셨습니다. 예수님은 누구보다도 하나님과 가까이 계셨던 분입니다.

둘째, 우리는 예수님의 표현에서 하나님을 원망하시지 않았음을 찾아볼 수 있습니다. 이것은 가장 친밀한 관계를 표현하는 "나의 하나님, 나의 하나님"이라는 부름에서 나타납니다. 예수님은 하나님을 객관적으로 부르시지 않았습니다. 예수님이 자신과의 관계에 있어서 하나님이라고 표현하신 것을 보면 그것이 원망이나 불평이 아닌 것을 알 수 있습니다. 시편 22편을 생각해 보면 그것이 원망이 아니라 하나님에 대한 더 깊은 사랑의 외침이요 고난의 절규라는 사실을 깨닫게 됩니다. 시편 22편은 십자가 장입니다. 거기서 다윗은 말할 수 없이 깊은 영혼의 좌절과 고민과 고통을 이야기합니다. 그러나 시편 22편으로 끝나지 않습니다. 시편 23편으로 넘어갑니다. 고난이 있었기에 "여호와는 나의 목자"라고 고백할 수 있었고, 부활을 노래할 수 있었던 것입니다.

일반적으로 하나님은 두 가지로 인간에게 나타나시는 것을 볼 수 있습니다. 먼저 응답하시는 하나님, 나타나시고 드러나시는 하나님의 모습으로 우리에게 오십니다. 말씀하시고, 길을 인도하시고, 격려하시고, 피난처가 되시고, 구원의 뿌리가 되시는 하나님입니다. 원수를 목전에서 물리쳐 주시고 사망의 음침한 골짜기에서 나를 보호해 주시는 하나님, 보여지고 나타나시는 하나님입니다.

그러나 또 하나의 하나님은 침묵하시는 하나님, 숨어 계시는 하나님, 나의 고통에 대해 답이 없으신 하나님입니다. 내가 절망 속에 있을 때 하나님은 나에게 아무런 말씀도 하지 않으십니다. 전혀 하나님이 느껴지지 않습니다.

숨어 계시는 하나님과 나타나시는 하나님, 침묵하시는 하나님과 응답하시는 하나님, 고통을 허락하시는 하나님과 축복하시는 하나님. 하나님의 모습에는 이러한 양면성이 있습니다. 그런데 사실 하나님이 침묵하시는 것처럼 보이고 하나님이 숨어 계시는 것처럼 보일 때 오히려 하나님은 더 가까이 우리와 함께 계십니다. 고통과 절망에 처했으나 하나님이 침묵하실 때 인간은 두 가지로 반응합니다. 믿음이 없는 사람에게는 하나님이 침묵하는 하나님, 숨어 있는 하나님으로 느껴집니다. 그 하나님 앞에서 "하나님은 없다. 하나님은 죽었다"라고 말합니다. 반면에 참된 신앙이 있는 사람은 침묵하시는 하나님 앞에서 고통을 허락하시면서도 그 고통 속에서 영광을 주시는 하나님을 발견합니다.

고통을 통과하지 않고는 하나님의 깊은 곳에 들어갈 수 없습니다. 고통, 고난, 실패 없이 하나님을 볼 때는 하나님의 겉모습만 보게 됩니다. 그러나 좌절하고 병들고 죽어가고 무시당하고 파괴되어 가는 상황 속에서 하나님을 바라볼 때는 하나님의 중심을 느낄

수 있습니다. 하나님의 사랑의 깊이를 깨닫게 되는 것입니다. 이것
이 진정한 믿음으로 가는 길입니다. 그래서 하나님은 우리에게 고
통을 허락하시고 고난과 역경 속에 우리를 내버려 두기도 하십니
다. 고통받는 시간은 축복의 시간입니다. 영광의 시간입니다.

대가를 치르신 하나님

십자가의 죽음은 죽음이 아니라 부활입니다. 이런 의미에서 예수
님의 십자가상의 절규를 잘 해석해야 합니다. "나의 하나님, 나의
하나님, 어찌하여 나를 버리셨나이까"라는 예수님의 절규는 원망
과 불평이 아닙니다. 그것은 이렇게 해석할 수 있습니다. "그렇게
나를 사랑하시면서도 나를 죽일 수밖에 없을 만큼 저 인간들을 사
랑하셨다는 말입니까?"

　그가 죽어 가면서 절규하고 고통스러워하는 것은, 하나님은 그
를 버리셨지만 그를 버리실 만큼 우리를 사랑하셨다는 선언입니
다. 이 엄청난 하나님의 사랑을 예수님은 죽어 가시면서 온 우주에
선언하신 것입니다. 우리는 그렇게 사랑을 받고 구원을 받은 사람
들입니다. 물론 "하나님, 나의 하나님, 나를 버리실 만큼 저들을 그
렇게 사랑하셨습니까?"라는 예수님의 절규는 하나님이 자기를 버
리고 외면하심으로 인한 절대적인 고독으로부터 나온 말일 것입
니다. 하나님은 인간을 용서하셔야 했고, 구원하셔야 했습니다. 하

나님은 자기 아들 예수 그리스도가 십자가에서 죽는 대가를 치르지 않고서는 우리를 구원할 길이 없으셨습니다. 이것은 하나님의 딜레마였습니다.

어떤 천박한 사람들은 이렇게 말합니다. "하나님이 능력이 있다면 무한하신 능력으로 그냥 용서해 주시면 되지 꼭 자기 아들을 십자가에 죽게 할 필요가 뭐가 있는가? 죽음을 통과하지 않고 심판을 통과하지 않고 용서하면 되지 않는가?" 그러나 그렇지 않습니다. 죄의 삯은 사망입니다. 죽음의 형벌을 거치지 않으면 진정한 용서와 구원은 없습니다.

만약 하나님이 능력이 있으시니까 죄의 대가인 죽음, 죄의 대가인 십자가의 형벌을 거치지 않고 우리를 용서해 주셨다면 하나님은 스스로 하나님임을 포기하신 것입니다. 하나님은 자기의 법을 스스로 어긴 것입니다. 하나님이 하나님 되시기 위하여, 하나님이 정의이시기 위하여, 하나님이 정말 사랑이시기 위하여, 인류가 저지른 모든 죄의 대가를 없애 버리는 것이 아니라 치르셔야 했던 것입니다. 그렇기 때문에 하나님은 능력이 있으시면서도 그 능력을 사용하실 수 없었습니다. 그분이 쉽게 우리의 죄를 용서해 주실 수도 있었지만 용서해 주실 수 없었던 이유는 바로 하나님이시기 때문입니다. 다른 방법이 없었습니다. 그러기에 독생자 예수 그리스도를 죽여 대가를 치르게 함으로써 우리를 구원하신 것입니다.

우리가 사람들을 용서할 때 용서가 잘 안 되는 이유는 대가를 치르지 않기 때문입니다. 어떤 사람이 잘못을 했습니다. 그래서 내가 그 사람을 "그래, 용서해 주지"라고 했습니다. 그러나 말로만 용서해 줍니다. 내가 용서해 주겠다고 말했을 때는 대가를 치러야 합니다. 그 사람이 저지른 죄에 대한 대가를 내가 치르겠다는 것입니다. 그러나 사람들은 대가를 치르는 것이 힘드니까 치르지 않으려고 합니다. 우리의 용서가 힘이 없는 이유는 대가를 치르지 않기 때문입니다.

하나님이 우리 죄를 용서해 주셨을 때 그냥 하신 것이 아닙니다. 자기의 아들 예수 그리스도를 그 무서운 고통 속에 내버려두는 대가를 치르셨기 때문에 우리가 구원받은 것입니다. 그것이 희생입니다. 우리는 예수님을 너무나 감상적으로 믿습니다. 예수님은 누구든지 나를 따라오려거든 자기를 부인하고 자기 십자가를 지고 따르라고 말씀하셨습니다. 우리는 나 대신 누군가 고통을 겪는 것을 볼 때 감동합니다. 그때 정말 눈물이 나는 것입니다. 말로 하는 것에는 감동이 없습니다.

오늘날 한국 교회가 세상의 빛이 안 되는 이유는 교회가 성공하고 성장하고 자기 왕국을 만들면서 세상을 위한 대가는 치르지 않기 때문입니다. 자기 이익만을 위해서 살았지 정말 그리스도의 이름으로 세상에서 희생하지 않았다는 것입니다. 우리는 아주 작은 고통에도 말이 많습니다. 작은 오해에도 원망이 많습니다. 그러나 진정한 그리스도인이라면 손해 보고 희생당하고 누명을 쓰고도 조용히 침묵해야 합니다. 대가를 치러야 합니다. 그때 십자가가 우리 안에서 새롭게 살아나기 시작할 것입니다.

우리가 용서받은 것은, 예수님이 우리 죄를 씻어 주시기 위해 십자가에서 그 많은 피를 흘리시고 단말마의 고통을 당하시고 하나님마저도 외면해 버릴 수밖에 없었던 절대 고독 속에서 대가를 치르셨기 때문이라는 사실을 알아야 합니다.

39

모든 부르심은
십자가를 통해 완성된다

마태복음 27:45-56

예수님은 십자가에 못 박히실 때부터 운명하실 때까지 약 여섯 시간 동안 일곱 마디의 말씀을 하셨습니다. 여기서는 다섯 번째 말씀부터 살펴보겠습니다.

육신의 고통을 표현하신 말씀

다섯 번째 고백은 다음의 말씀에서 나타납니다.

> 그 후에 예수께서 모든 일이 이미 이루어진 줄 아시고 성경을 응하게 하려 하사 이르시되 내가 목마르다 하시니(요 19:28).

예수님이 목마르다고 하신 것은 정신적인 목마름이 아니라 육신적으로 탈진해서, 더 이상 육신의 기력을 감당할 수 없어서 하신 말씀입니다. 예수님이 한 인간으로서 겪고 계신 육신의 고통을 표현한 것입니다. 이 다섯 번째 말씀은 네 번째 말씀 "엘리 엘리 라마 사박다니"와 구별되는데, 그런 의미에서 "엘리 엘리 라마 사박다니"는 육신적 고통의 표현이 아니었습니다. 이것은 하나님이 행하신 위대한 행동에 대한 예수님의 선언이었습니다.

그것은 하나님이 우리를 위해서 완전히 예수님을 버리셨다는 뜻입니다. 이 말씀으로써 예수님은 완전히 하나님으로부터 버림 받으셨음을 확인하셨습니다. 그것은 인류의 모든 죄가 예수님의 십자가 형벌로 깨끗이 씻겨졌음을 의미합니다. 우리의 모든 죄는 예수님에게 전가되었습니다. 예수님에게 전가된 우리의 모든 죄는 예수님이 십자가 처형을 받으시고 그 대가를 치러 주심으로 이미 씻겨진 것입니다.

"엘리 엘리 라마 사박다니"와 "내가 목마르다", 이 두 말씀을 통해 우리는 다음과 같은 결론을 내릴 수 있습니다. 예수님은 실제로 죽으셨다는 것입니다. 예수님의 죽으심은 상징이나 형식이 아니라 실제였습니다. 어떤 사람들은 예수님의 부활을 믿을 수 없어서 예수님이 가사하셨고, 십자가에서 잠깐 기절하셨다는 기절설을 주장합니다. 그러나 예수님은 기절하신 것이 아니라 진짜 죽으셨습니다. 그래서 "나는 탈진했다. 더 이상 버틸 힘이 없다. 아, 나는 목마르다"라고 말씀하신 것입니다.

우리는 이 말씀에서 두 가지를 알 수 있습니다. 하나는 하나님의 일을 하는 사람에게도 육체적 고통이 있을 수 있다는 것입니다. 배고플 수도 있고 목마를 수도 있고 병들 수도 있습니다. 어떤 사람은 예수님을 믿으면 만사형통한다고 생각합니다. 예수님에게 기도하면 병이 반드시 낫는다고 생각하는 사람도 있고, 예수님을 믿으면 부자가 된다고 믿는 사람도 있습니다.

예수님을 믿으면 모든 악한 세력이 다 떠나가고 완전히 보호받는다고 생각하는 사람도 있습니다. 물론 그렇습니다. 그러나 진정으로 예수님을 믿고 따르는 사람에게는 고통이 뒤따릅니다. 병이 들 수도 있고 일찍 죽을 수도 있습니다. 비참하게 죽을 수도 있다는 것입니다. 이것이 예수님이 보여 주신 "내가 목마르다"라는 말씀의 의미입니다. 우리는 영원한 것, 온전한 것을 위해 죽을 수도 있고 병들 수도 있고 고통을 당할 수도 있습니다. 예수 그리스도도 이러한 어려움을 겪으셨습니다.

또 한 가지 이 말씀에서 발견하는 것은 예수님의 솔직함입니다. 대체로 사람들은 자기를 잘 노출하려고 하지 않습니다. 힘들어도 힘들다는 말을 안 합니다. 배고파도 배고프다는 말을 잘 안 합니다. 병들어도 병들었다는 말을 잘 안 합니다. 끝까지 자존심으로 버티고 견딥니다. 그러나 예수님은 배고플 때 배고프다고 말씀하시고, 피곤할 때 피곤하다고 말씀하시고, 목마를 때 목마르다고 말씀하셨습니다. 우리는 여기서 인간적이고 솔직하신 예수 그리스도를 만나게 됩니다.

마지막 신앙고백

여섯 번째 말씀은 누가복음에 기록되어 있습니다. 그것은 부탁의 말씀이었습니다.

예수께서 큰 소리로 불러 이르시되 아버지 내 영혼을 아버지 손에 부탁하나이다 하고 이 말씀을 하신 후 숨지시니라(눅 23:46).

예수님은 바로 그 순간 죽음이 찾아온 것을 아셨습니다. 이제 자신의 생명이 자신의 것이 아니라 하나님의 손으로 옮겨 간다는 사실을 아셨습니다.

그래서 예수님은 "아버지여 내 영혼을 부탁하나이다"라고 소리 지르신 것입니다. 이 얼마나 장엄하고 거룩하고 완전한 종말입니까? 예수님은 드디어 모든 것을 다 해내셨습니다. 그러므로 그는 마지막 순간이 되었을 때 자기의 영혼을 하나님에게 부탁할 수 있었습니다.

우리는 여섯 번째 말씀을 통해 "엘리 엘리 라마 사박다니"가 원망과 불평의 말씀이 아니었다는 것을 다시 한 번 확인할 수 있습니다. 여섯 번째 말씀을 보면 예수님은 하나님을 완전히 신뢰하고 있습니다. 그래서 죽음의 상황에서도 자기 생명을 하나님의 손에 부탁한다는 신뢰의 말씀, 믿음의 말씀, 확신의 말씀을 하실 수 있었던 것입니다.

어떤 사람은 평소에 예수님을 잘 믿다가 죽음이 임박해 오면 신앙이 흔들리는 사람이 있습니다. 그렇게 예수님을 잘 믿던 목사님이, 그렇게 예수님을 잘 믿던 장로님이, 그렇게 예수님을 잘 믿던 권사님이, 평생 전도하던 분이, 암이라는 불치병에 걸렸을 때, 사업이 안 될 때, 계획하던 일이 안 될 때 신앙이 흔들립니다. "하나님이 나한테 이렇게 보답하실 수 있는 것일까? 하나님이 나를 버리셨구나!"라고 생각합니다.

우리는 마지막에 어떤 신앙을 고백하느냐가 중요합니다. 잘 되거나 못 되더라도, 내가 원하는 길을 가거나 원하지 않는 길을 가게 되더라도 "하나님, 내 영혼을 당신 손에 부탁합니다. 당신을 신뢰합니다"라고 고백해야 합니다. 예수님은 마지막 운명의 순간에 하나님과의 관계를 이렇게 정리하셨습니다.

사도 바울은 디모데후서에서 비슷한 고백을 합니다.

전제와 같이 내가 벌써 부어지고 나의 떠날 시각이 가까웠도다 나는 선한 싸움을 싸우고 나의 달려갈 길을 마치고 믿음을 지켰으니 이제 후로는 나를 위하여 의의 면류관이 예비되었으므로 주 곧 의로우신 재판장이 그 날에 내게 주실 것이며(딤후 4:6-8).

죽음이 다가오고 있다는 사실을 알았을 때 우리는 더 이상 치사하게 생명에 연연해서는 안 됩니다. 정리해야 합니다. "자, 이제 병원에서 집으로 갑시다"라고 말할 수 있어야 합니다. 자녀들을 모아 놓고 영광스런 하늘나라에 대한 환상을 이야기해 줄 수 있어야 합니다. 사도 바울은 지금 그렇게 하고 있습니다. "죽음이 지금 내게 가까이 다가오고 있다. 내 생애를 돌이켜 보니 나는 선한 싸움을 다 싸웠다. 나의 달려갈 길을 다 마쳤다. 그리고 믿음을 지켰다. 이제 이후로는 하나님이 나를 위해 예비하신 의의 면류관을 내가 바라본다"라고 말입니다.

얼마나 아름답습니까? 의로운 재판장이 내게 주실 의의 면류관을 바라보며 마지막을 정리해야 합니다. 사도 바울은 그것이 나에게만이 아니라 주의 나타나심을 사모하는 모든 자에게도 똑같이 의의 면류관이 축복으로 주어질 것이라고 말합니다. 우리가 생애를 마칠 때, 사랑의 수고와 믿음의 역사와 소망의 인내를 통해 모든 고난의 터널을 통과한 후에, 우리도 이렇게 고백할 수 있기를 바랍니다.

우리가 어디에서 왔습니까? 우리는 무엇을 하기 위해 세상에 삽니까? 그리고 우리는 어디로 갑니까? 예수님은 33세밖에 살지 않으셨습니다. 예수님은 결혼하지 않으셨습니다. 집 한 칸 없으셨습니다. 그러고는 세상을 떠나셨습니다. 우리는 왜 삽니까? 살면 또 얼마나 살겠습니까? 우리는 죽을 때 무슨 말을 하고 죽을까요? 어떻게 죽을까요? 그것은 먼 이야기가 아닙니다. 이제 우리의 삶을 정리하고 미래를 바라보며 짧은 인생을 진정 값지게 살아야 할 것입니다.

구원을 완성하신 말씀

일곱 번째 말씀은 '완성의 말씀'입니다.

예수께서 신 포도주를 받으신 후에 이르시되 다 이루었다 하시고 머리를 숙이니 영혼이 떠나가시니라(요 19:30).

"다 이루었다"는 말씀은 우리의 구원을 완성시켜 줍니다. 구원은 쉼표가 아니라 마침표입니다. 선교사를 선발할 때 그 사람에 대한 여러 가지 사항을 점검하는데 그중 빠뜨릴 수 없는 매우 중요한 두 가지 사항이 있습니다. 첫째는 선교사로 가는 사람의 성격을 점검하는 것입니다. 다른 사람과 화합을 잘하는가를 봅니다. 선교사로 가는 분 중에 고집이 세고 성격이 괴팍한 사람들이 많습니다. 그만큼 자기 주관이 강한 것입니다. 그래서 남의 이야기를 잘 듣지 않습니다. 남과 조화를 이루는 일을 잘 못 합니다. 그래서 선교사로 가기 전에 누구하고도 조화를 이루는 사람이 되도록 도와주는 훈련이 필요합니다. 싫어하는 유형의 사람과 함께 살면서 서로 부딪쳐 모난 부분이 깎이도록 만드는 훈련이 필요합니다.

또 하나 선교사를 선발할 때 보는 것이 있습니다. 그것은 그 사람이 무슨 일을 끝마쳐 본 경험이 있는가 하는 것입니다. 주어진 일을 끝마치지 못하는 사람은 인내와 책임감이 없는 사람입니다. 직장도 한 곳에 계속 머물지 못하고 조금 문제가 생기면 옮겨 다니는 사람이 있습니다. 무슨 일이든지 끝마쳐 보지 못한 사람은 새로운 일이 주어져도 여전히 마치지 못합니다. 일을 마치려면 고통이 따르고 손해가 따르기 때문에 인내가 필요합니다.

예수님이 "다 이루었다"라고 말씀하셨기 때문에 우리의 구원은 완전한 것입니다. 십자가를 대가로 치르시고, 고통을 대가로 치르신 예수님은 다 이루셨습니다.

십자가를 바라본 사람들의 반응

지금까지 우리는 십자가를 생각했습니다. 십자가를 바라보시는 하나님의 입장을 살펴보았고 십자가를 지시는 예수님 자신의 입장을 살펴보았습니다. 이제는 십자가를 바라보고 있는 십자가 주변의 사람들은 어떤 태도를 보이는지 알아보겠습니다.

> 거기 섰던 자 중 어떤 이들이 듣고 이르되 이 사람이 엘리야를 부른다 하고 그 중의 한 사람이 곧 달려가서 해면을 가져다가 신 포도주에 적시어 갈대에 꿰어 마시게 하거늘(마 27:47-48).

지금 십자가에 달리신 예수님이 물과 피를 흘리고 계십니다. 고통을 당하고 계십니다. 절규하고 계십니다. 이것을 목격한 사람들은 '예수가 지금 중얼거리는 걸 보니까 너무 고통스러워서 구약 시대 능력의 예언자였던 엘리야를 부르는가 보다. 엘리야를 불러 도움을 요청하는가 보다'라고 생각했습니다. 또 어떤 사람은 예수님이 너무나 고통을 당하고 있기 때문에 지금 비명을 지르고 있다고 생각했습니다. 그래서 마취제의 기능을 하는 신 포도주를 해융에 묻혀서 예수님의 입술에 넣어 주었습니다. 또 어떤 사람은 '어, 예수가 엘리야를 부르네? 정말 엘리야가 오는지 안 오는지 보자'라고 조롱 섞인 눈으로 십자가를 바라보고 있었습니다.

이것이 바로 십자가 주변에 있었던 사람들의 반응입니다. 이것이 오늘날 전 세계 인류 대다수의 사람이 십자가를 바라보는 태도입니다. 사람은 누구든지 자기의 생각과 경험을 넘어선 그 이상은 품지 못합니다. 십자가 주변에 있던 사람들은 십자가 가까이에 있으면서도 십자가를 보지 못했습니다. 교회에 와서 예배드리는 사람 중에도 하나님을 전혀 만나지 못하고 돌아가는 사람이 있습니다. 예배 형식에만 참여하고 돌아가는 사람이 많습니다.

죄인은 아무리 자신을 변명해도 역시 죄인입니다. 어떤 환자가 아무리 좋은 옷을 입고 화장을 하고 좋은 자동차를 타고 다녀도 그는 환자입니다. 우리가 아무리 겉치레를 할지라도 우리의 죄를 없게 할 수 없습니다. 믿음이 없고 성령을 경험하지 않은 사람에게 있어서 십자가란 황량한 갈보리 언덕에 세워진 하나의 사형 도구에 불과합니다. 그것은 치욕과 수치의 상징이요, 패배와 절망의 상징일 뿐 더 이상 아무 의미가 없습니다. 그저 나무 십자가일 뿐입니다.

그러나 회개한 양심과 성령의 감화 감동을 받은 사람에게 십자가는 살아 움직이는 하나님의 구원의 능력으로 변화됩니다. 십자가 자체는 침묵하고 있습니다. 그러나 십자가를 바라보는 사람에게 십자가는 말하고 움직이고 영향력을 주기 시작합니다. 처음에는 조용히 미미하게 움직입니다. 그러나 그것은 어느 순간에 파도가 되고 폭풍이 되고 원자탄이 되어 우리의 영혼을 산산조각 내버리고 맙니다. 내 안에 숨어 있는 모든 악한 세력의 뿌리를 근본적으로 흔들어 대는 것입니다. 이것이 십자가입니다. 우리는 이러한 능력의 십자가를 바라보고 있습니까? 십자가의 음성을 듣고 있습니까?

> 그가 찔림은 우리의 허물 때문이요 그가 상함은 우리의 죄악 때문이라 그가 징계를 받으므로 우리는 평화를 누리고 그가 채찍에 맞으므로 우리는 나음을 받았도다(사 53:5).

많은 사람이 예수님은 자기의 죄로 말미암아 십자가를 진다고 말했습니다. 그러나 사실 예수님의 죄가 아니라 우리의 죄 때문입니다. 조용히 우리의 양심에 파도가 일어나기 시작합니다. 우리의 지성이 흔들리기 시작합니다. 우리의 가치관과 모든 생각과 의지들이 녹아나기 시작합니다. 그리고 말없이 세상 죄를 지고 가시는 하나님의 어린 양, 인류의 모든 죄를 지고 가시는 하나님의 어린 양을 보게 됩니다.

그때 우리 안에는 통회의 자복이 일어납니다. 성령의 비수가 우리의 영혼을 찌르는 것을 발견하게 됩니다. 십자가는 우리의 양심을 찌르고, 우리의 모든 죄와 허물과 나쁜 생각과 습관을 뚫고 들어옵니다. 이것을 막을 자는 아무도 없습니다.

그것이 십자가의 능력입니다. 십자가의 보혈입니다. 십자가의 메시지입니다. 만약 예수님이 십자가를 지시면서 불평했거나 원망했거나 하소연했다면 이러한 능력은 나타나지 않았을 것입니다. 예수님은 철저하게 변명하지 않으시고 원망하지 않으시고 하소연하지 않으시고 오히려 위대한 하나님의 사랑을 고백하는 어린 양으로, 세상 죄를 지고 가는 하나님의 어린 양으로 죽으셨습니다. 그랬기 때문에 그의 십자가는 우리의 구원이 된 것입니다.

"진실로 하나님의 아들이었도다."

예수님이 십자가에서 운명하실 때 성전의 휘장이 위에서부터 아래로 찢어졌습니다. 이것은 더 이상 염소나 송아지의 피를 빌리지 않고 예수 그리스도의 이름을 부르는 자는 누구든지 하나님 앞에 나아갈 수 있는 길이 열렸다는 것을 보여 준 것입니다. 바위가 터지고 땅이 진동하고 무덤이 열렸다는 것은 죽음의 권세가 깨어졌고 악의 세력이 무너졌다는 것을 보여 줍니다. 죽은 성도의 몸이 많이 일어났다는 것은 부활을 상징합니다. 새 하늘과 새 땅, 승리의 주님, 재림의 주님이 영광스럽게 다시 오시는 것을 이들에게 보여 주신 것입니다. 이런 광경을 보았을 때 그들의 반응은 어떠했습니까? 한마디로 두려움과 충격이었습니다. 그들은 태도를 바꾸고 맙니다.

> 백부장과 및 함께 예수를 지키던 자들이 지진과 그 일어난 일들을
> 보고 심히 두려워하여 이르되 이는 진실로 하나님의 아들이었도다
> 하더라(마 27:54).

조금 전까지도 조롱하고 박해하고 무관심했던 그들이 놀라운 충격적인 사건 앞에서 "아, 이분이야말로 정말 하나님의 아들이었구나!"라고 고백하기 시작했습니다. 우리의 생명이 끝나는 날, 우리는 어쩌면 이런 고백을 할지 모릅니다. 제자 도마도 처음에는 예수님이 부활하셨다는 사실을 믿지 않았습니다.

그러나 예수님이 친히 나타나셔서 두 손의 못자국과 옆구리의 창 자국을 보여 주셨을 때 "나의 주, 나의 하나님"이라는 고백을 드리며 무릎을 꿇었습니다. 오늘 우리도 이렇게 무릎을 꿇어야 할 것입니다.

멀리서 바라보기만 한 제자들

그러면 예수님의 제자들은 어떤 반응을 보였을까요?

> 예수를 섬기며 갈릴리에서부터 따라온 많은 여자가 거기 있어 멀리

서 바라보고 있으니(마 27:55).

예수님을 평소에 섬기던 사람들, 인간적으로 사랑하던 사람들, 예수님과 피를 나누었던 어머니, 형제, 친척, 갈릴리에서부터 좇아온 많은 여자가 있었습니다. 그들이 십자가까지 좇아왔으나 그저 '멀리서' 바라봅니다. 예수님의 제자들은 지금 온데간데없습니다. 나타나지도 않습니다.

예수님을 인간적으로 사랑하는 것과 성령으로 사랑하는 것은 하늘과 땅 차이입니다. 말씀을 보면 예수님의 사랑하는 제자, 형제, 부모까지도 그리스도의 십자가를 '알았다'는 표현을 발견할 수가 없습니다. 예수님이 십자가에 못 박혀 돌아가실 때, 이것이 바로 구원이라고 말하는 사람은 한 명도 없었고 다시 살아날 것이라고 선언한 사람도 없었습니다. 두려움과 충격 속에 떨고만 있었던 것이 예수님의 제자들이었습니다.

그 중에는 막달라 마리아와 또 야고보와 요셉의 어머니 마리아와 또 세베대의 아들들의 어머니도 있더라(마 27:56).

여기서 "있더라"는 말은 '거기 있었지만 십자가를 몰랐더라'는 뜻입니다. 우리가 교회에 나왔느냐 안 나왔느냐보다는 우리가 십자가 앞에 무릎을 꿇었느냐 아니냐가 중요합니다. 교회에 오래 다니고, 봉사를 많이 하고, 충성했지만 십자가와 아무런 상관이 없을 수도 있다는 것입니다. 십자가 앞에서 눈물을 흘려 본 적이 없는 사람, 양심의 가책을 느껴 본 일이 없는 사람, "예수님, 예수님, 내가 죽을 그 십자가에 당신이 대신 죽었습니다!"라고 고백해 보지 못한 사람이 과연 예수를 믿고 있는 것일까요?

우리는 종교에 익숙할 수 있습니다. 교회에 익숙할 수 있습니다. 전통에 익숙할 수 있습니다. 그러나 진정 그리스도 십자가의 보혈을 경험했습니까? 예수님의 피와 살을 먹었습니까? 예수님의 십자가가 우리의 허물과 죄를 씻어 주고 용서하는 경험을 했습니까? 예수 그리스도로 말미암아 우리의 영혼이 하나님의 자녀로 인침받은 것을 확인했습니까? 이것이 신앙입니다. 이것이 구원입니다.

교회의 위기는 십자가의 복음을 알지 못하고 종교적인 하나의 형식 속에서 위로받는 사람이 많다는 데 있습니다. "주여, 당신은 하나님의 아들입니다. 당신이 십자가에 못 박혀 죽은 것은 당신의 죄 때문이 아니라 내 죄 때문이었습니다. 당신이 십자가에서 고통을 겪으신 것은 바로 나를 구원하기 위해서였습니다"라고 고백하기 바랍니다. 통회의 눈물을 흘리며 십자가 앞에 무릎을 꿇고 "나의 주, 나의 하나님"이라고 고백하고 인정하는 우리가 되기를 바랍니다.

십자가와 성령

그러면 예수님의 제자들이 언제 십자가를 정확하게 이해했을까요? 그들에게는 세 번의 기회가 있었습니다. 첫 번째는 십자가의 현장입니다. 두 번째는 부활의 현장입니다. 세 번째는 오순절의 마가 다락방입니다. 예수님의 제자들은 십자가의 현장에서 십자가를 보지 못하고 충격만 받았습니다. 그들이 십자가를 재해석하고 십자가에 대해서 눈을 뜨기 시작한 사건이 바로 예수님의 부활입니다. 예수님이 부활하신 몸으로 나타나셨을 때 그들의 머리는 온통 혼돈으로 가득 차고 말았습니다. 그들의 가치관, 생각, 모든 것이 흔들린 것입니다. "아니, 죽은 사람이 살아나다니, 정말 예수가 살아났다면 예수의 십자가는 나에게 무슨 의미가 있는가?" 그런데 중요한 것은 부활을 경험한 그들이 충격을 받고 일대 혼란을 겪었지만 아직 십자가의 의미는 몰랐다는 것입니다. 예수님의 제자들은 부활의 예수님을 만났음에도 불구하고 고기잡이하러 다시 돌아갔습니다. 그들을 변하게 하고 새롭게 할 십자가의 능력을 경험한 제자는 하나도 없었던 것입니다.

그렇다면 이들은 언제 십자가를 체험하고 발견하게 되었습니까? 오순절 날 마가의 다락방에 성령이 임한 때였습니다. 성령이 불의 혀같이 갈라지는 사건을 경험하는 순간 그들은 변하기 시작합니다. 부활의 능력이 나타나기 시작합니다. 그들은 이제 죽음이 두렵지 않게 되었습니다. 그들이 기도할 때 기적이 나타나기 시작했습니다. 앉은뱅이가 일어납니다. 죽은 자가 살아납니다. 사람들이 변화합니다. 그들이 십자가의 복음을 설교할 때 듣는 자들이 가슴을 치며 회개하는 역사가 일어났던 것입니다.

여기서 우리는 중요한 주제를 발견하게 됩니다. 바로 '십자가'와 '성령'입니다. 우리 모두가 십자가를 체험하고, 성령을 체험하기를 바랍니다.

40

날마다
십자가의 삶을 살라

마태복음 27:57-66

어떤 사람은 십자가를 이렇게 묘사합니다. 예수 그리스도가 십자가에 못 박히시는 순간 예수님의 한 손이 하나님의 손을 붙잡았다는 것입니다. 그리고 또 한 손은 절망하고 있는 인간의 손, 병들어 죽게 된 인간의 손을 붙잡았다는 것입니다. 그러고는 한번은 하나님의 이름을 부르면서 "하나님! 여기에 당신의 자녀가 있습니다" 하시고, 또 한 번은 절망한 인간의 영혼을 향하여 "이분이 너의 아버지시다" 하셨다는 것입니다. 이렇게 십자가에서 하나님의 손과 인간의 손을 만나게 하신 것이 십자가의 의미라고 이야기합니다.

또 어떤 사람은 십자가를 이렇게 설명합니다. 첫째로, "십자가란 하나님이 죄를 얼마나 미워하시는지 보여 준다"는 것입니다. 하나님은 자신의 아들 예수를 십자가에 죽이지 않으면 안 될 만큼 죄를 미워하셨습니다. 둘째로, "십자가는 하나님이 죄인을 얼마나 사랑하시는지를 보여 준다"는 것입니다. 하나님은 자신의 아들 예수를 십자가에 죽게 할 만큼 우리를 사랑하셨습니다. "십자가는 하나님이 어떻게 죄인을 용서하시고 사랑하셨는지를 보여 주고 있다"는 것입니다.

예수님의 제자 아리마대 요셉

우리는 지금까지 십자가를 묵상해 왔습니다. 이제는 십자가 주변에 있었던 다른 사람들을 생각해 보려 합니다.

> 저물었을 때에 아리마대의 부자 요셉이라 하는 사람이 왔으니 그도 예수의 제자라 빌라도에게 가서 예수의 시체를 달라 하니 이에 빌라도가 내주라 명령하거늘(마 27:57-58).

예수님이 십자가에 못 박혀 운명하시고 나자 그동안 숨어 있다가 나타난 한 사람이 있었습니다. 그 사람은 예수님의 시체를 돌무덤에 장사했던 아리마대 요셉입니다. 마가복음 15장 43절에 의하면 그는 존귀한 공회원이었고 하나님 나라를 기다리는 사람이었습니다. 또 누가복음 23장 50-51절은 그가 공회원이었고, '선하고 의로운 요셉'이라고 불린 사람이라고 소개합니다. 그런데 재미있는 것은 그다음에 "이 사람은 예수가 사형 선고를 받을 때 유일하게 반대했던 자"라고 기록하고 있다는 점입니다. 마태복음에 의하면 아리마대 요셉은 부자였습니다. 굉장한 재력가였던 것 같습니다. 그리고 '예수의 제자'였다고 설명하고 있습니다.

존귀한 공회원이란 그 당시 산헤드린 회원으로서 재판할 수 있는 공적 지위가 있는 사람임을 의미합니다. 요즘으로 말하면 고위 공직자인데 굉장히 상류 계급에 속한 자로 재력도 있고, 권력도 있고, 존경받는 위치에 있는 사람입니다. 아리마대 요셉은 당시 부패하고 타락한 종교 지도자들과는 달리 경건하고 의로운 사람이었습니다. 고위 공직에 있는 사람은 예수 믿기가 참 어렵습니다. 높은 위치로 갈수록 아랫사람이 상상하지 못하는 고민과 양심의 가책이 많습니다. 그들은 매일 중요한 결정을 해야 합니다. 그러나 항상 의로운 결정을 하는 것은 아닙니다. 자기의 자리와 위치를 지키려면 원하지 않는 결정을 해야만 할 때도 있습니다. 일반인들이 하는 결정과는 달리 그들의 결정은 모든 조직과 사회와 역사 앞에 굉장히 큰 영향력을 미치게 됩니다. 그러기에 남다른 고통과 고민이 많습니다. 그런데 아리마대 요셉은 예수님을 반대하는 자들이 정치 지도자들, 종교 지도자들과 결탁해서 예수님을 죽이려고 할 때 사형을 반대했던 유일한 공직자였습니다.

또한 아리마대 요셉은 돈이 많은 사람이었습니다. 돈 많은 사람은 예수 믿기가 참 어렵습니다. 왜냐하면 하나님보다 돈을 더 중요시하기 때문입니다. 그래서 돈 많은 사람은 일반적으로 하나님을 사치품으로, 하나의 부적같이 믿게 되기가 쉽습니다. 그런데 그는 돈이 많은 사람이면서도 '예수의 제자'였습니다. 모든 것을 버리고 주님을 따르는 열두 제자와 같은 입장은 아니었지만 예수님을 지극히 사랑하기 때문에 그분을 따르고 사모하며 스스로 '예수의 제자'라고 생각하고 있었습니다.

모든 직업을 다 버리고 신학교에 가는 것은 어찌 보면 쉬운 일입니다. 예수 믿고 전문적인 전도인이 되는 것, 선교사가 되는 것도 어쩌면 차라리 쉬운 일일지 모릅니다. 그러나 직장에 남아서 예수님의 제자처럼 사는 것은 또 하나의 십자가를 져야 하는 일이므로 어렵습니다. 내가 이 세상의 악의 구조 속에서 그리스도의 제자로 살아간다는 것은 참으로 쉬운 일이 아닙니다. 이런 상황 속에서 헌신한 사람들은 아리마대 요셉의 모습같이 귀한 사람들입니다.

우리 주위에는 고위 공직에 있거나 직장의 높은 자리에 있으면서도 경건하게 신앙생활 하는 분들이 있습니다. 큰 사업도 하고 재력도 든든한 사람이 겸손하게 주님을 섬기는 것을 봅니다. 은밀하게 장학 사업에 동참하고 가난한 사람들을 돕고 열심히 사는 것을 봅니다. 머리가 저절로 숙여집니다. 정말 귀한 분들입니다. 아리마대 요셉이 바로 그런 사람이었습니다.

아리마대 요셉의 위대한 신앙

그는 세 가지 점에서 아주 위대한 신앙이 있었습니다.

첫째로, 누가복음 23장 51절에 나타난 것처럼 강한 여론과 많은 정치적 압력이 있었음에도 불구하고 예수님의 사형에 반대했다는 점을 들 수 있습니다.

둘째로, 신분의 위협에도 불구하고 예수님을 장사지내는 데 앞장섰다는 점입니다. 예수님이 십자가에 못 박혀 죽으신 뒤 시체를 처리하는 문제가 모든 사람의 고민이었습니다. 빌라도에게도 고민이고, 대제사장과 바리새인들에게도 고민이고, 제자들의 입장에서도 고민입니다. 누가 예수님의 시체를 치울 것입니까? 이때 아리마대 요셉은 결정적인 시간, 필요한 시간에 자신의 신분이 노출되어 생명을 위협받게 될지도 모르지만 예수님의 시체를 장사하기 위해 앞장섰다는 것입니다. 이것은 쉬운 일이 아닙니다.

셋째로, 그는 부자였지만 결코 돈의 노예가 아니었다는 사실을 발견하게 됩니다.

요셉이 시체를 가져다가 깨끗한 세마포로 싸서 바위 속에 판 자기 새 무덤에 넣어 두고 큰 돌을 굴려 무덤 문에 놓고 가니(마 27:59-60).

이 사람은 돈이 있었기 때문에 자기가 앞으로 묻혀야 할 무덤, 아주 값비싸고 좋은 새 무덤, 한 사람도 써본 일이 없는 무덤이 있었습니다. 그는 그 무덤을 기꺼이 예수님에게 드렸습니다.

우리는 주님 앞에 헌금하거나 봉사할 때 제일 좋은 것을 드리지 않습니다. 자기 쓸 것을 다 쓰고 남으면 줄까 말까 망설입니다. 남에게 무엇을 줄 때 정말 좋은 것은 안 줍니다. 아리마대 요셉은 자기가 묻힐 좋은 새 무덤을 예수님을 위해 아낌없이 내어 놓았습니다. 장례를 치르려면 돈이 많이 듭니다. 격식을 갖추어서 시체를 세마포로 싸야 하고 향을 내야 합니다. 이 모든 비용을 그가 다 감당했습니다.

얼마나 아름답고 놀라운 믿음입니까? 분명히 아리마대 요셉은 예수님의 다른 제자들이나 여인들처럼 십자가의 의미를 알지 못했습니다. 십자가의 비밀을 아는 사람이 아니었습니다. 또한 예수님이 다시 부활할 것을 믿었던 사람도 아니었습니다. 그냥 단순히 예수님에 대한 충성과 헌신이 있었던 것입니다. 이것이 믿음입니다. 아무도 보지 않을 때 예수님의 시체를 뒤치다꺼리하는 믿음, 이런 충성스럽고 감격스러운 믿음이 우리에게 있기를 바랍니다.

또한 아리마대 요셉은 큰 공헌을 했습니다. 예수님에게 정상적인 장례를 치러 드린 것입니다. 세마포로 싸고 장례 절차를 거쳐서 장사지내 드리고 돌로 닫았습니다. 만약 그렇지 않았더라면 예수님의 부활이 의심받을 뻔했습니다. 만약 제자들이 예수님의 시체를 그냥 가져가 버리고 부활했다고 하면 조작했다는 말을 들을 수 있었습니다. 그런데 아리마대 요셉이 정식으로 예수님의 시체를 장사해 놓음으로써 부활을 더욱 확신하게 하는 중요한 역할을 한 것입니다.

무덤을 향해 앉은 여인들

십자가 주변에 있었던 또 다른 한 부류는 여인들이었습니다.

거기 막달라 마리아와 다른 마리아가 무덤을 향하여 앉았더라 (마 27:61).

아리마대 요셉이 예수님을 장사했습니다. 아주 좋은 새 무덤에 예수님을 모시고 돌로 닫았습니다. 그리고 아리마대 요셉은 그 무덤을 떠났습니다. 그런데 무덤을 떠나지 않고 그곳을 향해 앉아서 지켜보던 여인들이 있었습니다.

분명히 십자가 사건 이전에도 예수님을 따라다녔던 여인들이었습니다. 예수님이 십자가를 지시는 동안에도 예수님 곁에 있었습니다. 그리고 예수님이 십자가에서 운명하시고 시체가 되었을 때에도 계속해서 예수님 곁에 있었습니다. "무덤을 향하여 앉았더라"는 표현에서 우리는 제자들도, 아리마대 요셉도 다 떠났는데 사랑하는 예수님을 잊지 못해서 무덤 앞에 앉아 있는 두 여인의 마음을 헤아리게 됩니다. 우리는 이 여인들에게서 참된 사랑과 믿음과 헌신, 그리고 용기가 무엇인가를 배웁니다.

물론 이 여인들도 십자가의 비밀을 다 알았던 사람들은 아닙니다. 예수님이 다시 부활할 것을 믿었던 사람들도 아닙니다. 그런 표현이 성경에 하나도 없습니다. 그들은 그냥 예수님을 사랑했던 사람들일 뿐입니다. 아무런 능력과 기적도 보여 주지 않는 예수님의 시체를 바라보고 있는 여인들의 마음, 그것이 믿음입니다.

대부분의 사람은 큰 일이 있으면 열심을 냅니다. 그러나 일이 없으면 열심히 하지 않습니다. 어떤 자리를 주면 열심히 합니다. 그러나 자리를 주지 않으면 열심히 하지 않습니다. 입장을 세워 주면 열심히 합니다. 그러나 입장을 세워 주지 않으면 슬그머니 어디론가 사라져 버립니다. 그것은 바른 믿음이 아닙니다. 일이 있거나 없거나 주님을 바라보고 있는 사람, 교회 봉사할 때도 일이 주어졌거나 주어지지 않았거나 너무 좋고 사랑해서 일하는 사람, 그런 사람이 믿음이 있는 사람입니다. 참 사랑이 있는 사람입니다.

한 성도가 교회 식당에서 밥을 먹습니다. "왜 오셨습니까?" 하고 물으면 그냥 밥 먹고 싶어서 왔다고 합니다. 이것이 사랑입니다. 그냥 교회 한 번 들러 보고 싶은 마음, 우리 교회 식구 한 번 더 만나 보고 싶은 마음이 사랑입니다. 다른 이유가 없습니다. 바로 이것이 이 여인들의 믿음입니다.

주님과의 아름다운 관계

우리는 너무나 일과 사역에만 머리가 세뇌되어 있습니다. 사역이 있어야만 주님의 일이라고 생각합니다. 그러나 사역보다 더 중요한 것이 예배입니다. 일보다 더 중요한 것이 관계입니다. 주님을 사랑하기 때문에 일합니까? 일 때문에 주님을 사랑합니까?

이 여인들에게서 우리는 아름다운 믿음을 발견합니다. 그들은 무슨 일이 있어서 무덤 앞에 있었던 것이 아닙니다. 예수님을 너무나 사랑하기 때문에, 그분에게 빚진 것이 많았기 때문에 예수님의 시체를 향하여, 무덤을 향하여, 그냥 눈물을 흘리며 넋 빠진 채 앉아 있었던 것입니다. 이것이 신앙입니다. 이것이 애정입니다. 이것이 헌신입니다. 문제는 우리에게 이런 따뜻한 감격이 없다는 데 있습니다. 모든 것이 일 중심적입니다. 거기에 무슨 사랑이 있겠습니까? 일은 했을지라도 주님과 나와의 은밀한 감격스러운 관계는 찾아볼 수 없습니다.

예수님이 살았을 때도 사랑하고, 죽었을 때도 사랑하고, 병들었을 때도 사랑하고, 건강할 때도 사랑할 수 있습니까? 우리의 병을 고쳐 주시고 사업을 부흥하게 하셔야만 예수님을 잘 믿습니까? 아이들이 고등학교, 대학교에 합격해야만 예수님을 잘 믿습니까? 우리 아이들이 합격을 못 하고, 내 몸이 병들고, 내가 어려움을 겪을 때 주님을 멀리하지는 않습니까? 그것은 신앙이 아닙니다. 죽어도 주를 위하여, 살아도 주를 위하여, 영광을 받아도 주를 위하여, 수치를 당해도 주를 위하여 하는 것이 바로 이 여인들과 같은 믿음입니다.

어거스틴이 의미심장한 말을 했습니다. "우리가 주님을 위해서 아무것도 할 수 없다 하여도 이 여인들처럼 주님을 바라보고 있을 수 있으면 그것이 축복이다." 여인들이 받은 축복은 무엇입니까? 최초로 부활을 목격한 증인이 된 것입니다. 부활하신 예수님을 처음 만나 볼 수 있었던 사람들은 제자들이 아니었습니다. 시체를 지키고 있었을 뿐 부활을 기대하지 않았던 이 여인들에게 부활의 첫 번째 증인이 되는 축복이 주어졌습니다. 우리도 이런 은밀하고 소박하고 아름다운 믿음의 소유자가 되어야 할 것입니다. 어떤 큰 일의 책임을 맡는 것은 그다음 이야기입니다. 참으로 주님과의 아름다운 관계가 먼저 이루어져야 합니다.

부활을 두려워하는 행악자들

십자가 옆에 있었던 또 다른 사람들은 대제사장들과 바리새인들이었습니다.

> 그 이튿날은 준비일 다음 날이라 대제사장들과 바리새인들이 함께 빌라도에게 모여 이르되 주여 저 속이던 자가 살아 있을 때에 말하되 내가 사흘 후에 다시 살아나리라 한 것을 우리가 기억하노니 그러므로 명령하여 그 무덤을 사흘까지 굳게 지키게 하소서 그의 제자들이 와서 시체를 도둑질하여 가고 백성에게 말하되 그가 죽은 자 가운데서 살아났다 하면 후의 속임이 전보다 더 클까 하나이다 하니(마 27:62-64).

우리는 여기서 놀라운 사실을 발견할 수 있습니다. 대제사장들과 바리새인들은 예수님의 부활에 신경을 곤두세우고 있었습니다. 예수님의 부활을 정작 믿었던 사람은 예수님의 제자도 아니었고, 여인들도 아니었고, 기타 주변 사람들도 아니었습니다. 예수님의 부활을 신경 쓰고 기억하고 그런 일이 생길지 모른다는 불길한 예감을 가지고 잠 못 이루었던 사람들은 바로 예수님을 죽이고자 했던 대제사장들과 바리새인들이었습니다. 이 얼마나 놀라운 역설입니까?

기독교의 가장 중요한 핵심 교리에 대해 우리보다 이단들이 더 많은 관심을 가집니다. 우리는 예수님의 제자들처럼 어리석습니다. 주님의 사랑의 울타리 안에 있기 때문에 예민하게 깨닫지 못합니다. 기독교에서 구원보다 더 중요한 것은 없습니다. 그것을 구원파가 알고 기독교를 공격해 왔습니다. 주님이 다시 오시는 재림이 얼마나 영광스러운 교리입니까? 우리 기독교인들이 재림 교리에 무지했을 때 다미 선교회가 일어나서 파고 들어온 것입니다. 기독교 교리 중에 성령의 교리가 얼마나 귀합니까? 그러나 우리가 성령 충만하지 않고 있었을 때 극단적인 오순절 계통의 이상한 사람들이 와서 성령론을 다 흩어 놓습니다.

바리새인들과 서기관들은 예수님의 부활에 대해 신경을 쓰고 있었습니다. 그래서 빌라도에게 찾아와 예수님의 무덤에 대한 특별 경계를 부탁했던 것입니다. 이들은 "주여 저 속이던 자가 살아 있을 때에 말하되 내가 사흘 후에 다시 살아나리라 한 것을 우리가 기억하노니"라고 말했습니다. 이 사람들은 부활을 기억하고 있었습니다. 제자들은 예수님의 말씀을 전혀 기억하지 못하고 있었는데 말입니다.

대제사장과 바리새인들이 왜 빌라도를 찾아왔을까요? 간단합니다. 불안하니까 찾아온 것입니다. 그들에게는 미신적 불안이 있었습니다. 병적인 공포감이 있었습니다. 그들은 잠을 잘 수가 없었습니다. 자기들이 그렇게 바라던 대로 예수가 죽었는데도 편안하지가 않았습니다. 이것이 악인의 모습입니다.

자기들의 목적을 다 달성했는데도 편안하지 않습니다. 재산을 다 빼앗았는데도 편안하지 않습니다. 원하는 권력을 가졌는데도 편안하지 않습니다. 불안하고 초조한 것입니다. 이것이 대제사장과 바리새인들의 모습입니다.

> 빌라도가 이르되 너희에게 경비병이 있으니 가서 힘대로 굳게 지키라 하거늘(마 27:65).

빌라도의 대답이 참 묘합니다. 이 말씀을 우리는 어떻게 이해해야 할까요? 정말 빌라도가 예수님의 부활을 믿었기 때문에 두려워서 이런 말을 했을까요? 아니면 특별 경계령을 내려 달라는 대제사장과 바리새인들이 미워서, 자기를 이 사건에 말려들게 한 그들이 미워서 적대 감정으로 이런 말을 했을까요? 아니면 '나는 이제 더 이상 예수의 문제는 상관하고 싶지 않다'는 방관적인 태도로 이런 말을 했을까요? 어떤 태도였든지 간에 빌라도는 불법 사형 언도를 내린 장본인이 되었습니다. 유죄를 면할 길이 없습니다. 그것이 빌라도의 운명입니다.

무덤에 계신 예수 그리스도

> 그들이 경비병과 함께 가서 돌을 인봉하고 무덤을 굳게 지키니라
> (마 27:66).

그들은 아무도 시체를 훔쳐갈 수 없도록 파수꾼을 세우고 인봉하기 시작했습니다. 무덤을 막은 돌을 밧줄로 동이고 밧줄 중앙에 초나 흙으로 봉하여 누구든지 와서 돌문을 열려면 그 인봉을 뜯어야만 열 수 있게 안전장치를 해 놓은 것입니다. 그리고 안식일을 기다렸습니다.

이제 예수님의 시체는 무덤에 갇혀 있습니다. 십자가에서 운명하신 후 예수님은 세 가지 모습으로 나타나십니다.

첫째 모습은, 무덤에 그 시체가 갇힌, 이제 정말 죽어서 안식하시는 예수님입니다. 그러나 이 안식은 영원한 안식이 아니라 부활로 나타납니다. 그래서 둘째 모습은, 이제 이 우주를 통치하시고 세상을 심판하고 계십니다. 따라서 셋째 모습은, 통치자 예수 그리

스도입니다.

예수님의 육체는 이미 죽었습니다. 그러나 영은 살리심을 받았습니다. 예수님의 시체는 침묵하고 있습니다. 그러나 영원한 침묵은 아닙니다. 부활을 위한 침묵입니다. 무덤 안에는 절망만 있습니다. 그러나 그것은 영원한 절망이 아니라 소망을 위한 절망입니다. 무덤에는 칠흑 같은 어둠이 있습니다. 그러나 그 어둠은 새벽을 기다리는 어둠입니다.

무덤에 계시는 예수님은 안식하시는 삼 일 동안 무엇을 하셨을까요? 베드로전서 3장 18절을 보면 삼 일 동안 예수님의 영은 옥에 있는 모든 영에게 복음을 전파하셨습니다. 십자가 이전에 있었던 모든 영에게 전도받을 기회를 주신 것입니다. 예수님은 십자가 이후에 누구든지 예수 그리스도를 믿으면 구원을 얻을 수 있는 길을 열어 주셨습니다. 우리는 옥에 있는 영들에게 전파하시는 예수 그리스도를 상상할 수 있습니다. 예수님은 무덤에 계십니다. 그러나 결코 무덤에 갇혀 계시지 않습니다. 삼 일 동안 안식하신 예수님이 이제 곧 부활하시기 때문입니다.

십자가는 하나님이 죄인을 얼마나 사랑하시는지를 보여 줍니다. 하나님은 자신의 아들을 십자가에 달려 죽게 할 만큼 우리를 사랑하셨습니다. 십자가는 하나님의 용서와 사랑의 결정체입니다.

6부

부활의 꽃을 피우신 그리스도

마태복음 28:1- 20

부활을 지식으로 믿을 때 신앙고백은 될 수 있으나 능력은 안 됩니다.

부활이 능력이 되려면 성령 체험을 해야 합니다.

오순절 체험을 해야 하는 것입니다.

부활과 십자가는 우리 구원의 시초요, 근거요, 전부입니다.

그러나 십자가와 부활은 오순절의 성령 사건과 만날 때

삶의 능력으로 나타납니다.

41

부활의 주님을 만나라

마태복음 28:1-10

대제사장들과 바리새인들은 예수가 부활할지도 모른다는 두려움에 싸여 무덤을 막은 돌에 단단히 인봉을 했습니다. 또한 특별 경계령을 내려 파수꾼을 세워 무덤을 지키게 했습니다. 예수님의 시체는 이제 아무도 손댈 수 없는 굳게 닫힌 돌문 안에 갇혀 있습니다. 하루가 지났습니다. 아무 변화가 없었습니다. 이틀이 지났습니다. 여전히 아무 변화가 없었습니다. 그런데 삼 일째인 안식일 다음날 새벽, 엄청나고 놀라운 변화가 일어났습니다. 우리는 그것을 가리켜 '부활'이라고 말합니다. 부활하시는 예수님을 목격한 사람은 아무도 없습니다. 사람들은 이미 부활하신 예수님을 만났을 뿐입니다.

빈 무덤을 목격한 여인들

안식일이 다 지나고 안식 후 첫날이 되려는 새벽에 막달라 마리아와 다른 마리아가 무덤을 보려고 갔더니(마 28:1).

예수님의 부활은 예수님을 사랑했던 여인들이 처음으로 목격했습니다. 그러나 예수님을 사랑했던 이 여인들은 부활을 믿은 사람들이 아니었습니다. 그들은 단지 인간적으로 예수님을 사랑하고 있었을 뿐입니다.

"안식 후 첫날이 되려는 새벽"이란 안식일이 지난 주일, 즉 우리가 지금 말하는 일요일 새벽을 의미합니다. 우리는 지금 안식일 대신 주일을 안식일로 지키고 있습니다. 왜냐하면 그날 예수님이 부활하셨기 때문입니다. 율법상 안식일에는 행동을 많이 할 수 없게 되어 있었습니다. 그래서 여인들은 안식일이 끝날 때까지 기다렸다가 안식일이 끝나자마자 해도 뜨기 전 새벽에 사랑하는 주님의 시체가 있는 무덤을 향해 뛰어갔던 것입니다. 무덤에 도착했을 때 이 여인들의 눈앞에는 상상할 수 없는 엄청난 일이 벌어져 있었습니다.

> 큰 지진이 나며 주의 천사가 하늘로부터 내려와 돌을 굴려 내고 그 위에 앉았는데 그 형상이 번개 같고 그 옷은 눈같이 희거늘 지키던 자들이 그를 무서워하여 떨며 죽은 사람과 같이 되었더라(마 28:2-4).

그들이 발견한 것은 '형상이 번개 같고 그 옷은 눈같이 흰 천사'였습니다. 지진이 일어나면서 하늘에서 온 번개와 같은 형상의 천사가 무거운 돌문을 굴려 내고, 그 돌 위에 앉아 있는 장면을 목격한 것입니다. 무덤을 지키고 있던 파수꾼들도 그 장면을 보고 얼굴이 사색이 되었습니다.

예수님의 시체가 갇혀 있던 무덤은 뻥 뚫려 버렸습니다. 부활을
믿지 못하고 있었던 여인들, 부활 신앙이 없었던 여인들, 인간적으
로만 예수님을 사랑하고 있었던 여인들에게 큰 충격이 아닐 수 없
었습니다. 전혀 예기치 못했던 사건이기에 엄청난 충격이었고, 한
편으로는 불길한 예감이 들었습니다. 예수님이 부활하셨다고 믿
지 못했기 때문에 '누군가 와서 예수님의 시체를 도굴해 갔다, 훔
쳐갔다'고 생각했습니다. 이렇게 생각하니까 이것은 보통 일이 아
니었습니다.

천사가 여자들에게 말하여 이르되 너희는 무서워하지 말라 십자가
에 못 박히신 예수를 너희가 찾는 줄을 내가 아노라 그가 여기 계시
지 않고 그가 말씀하시던 대로 살아나셨느니라 와서 그가 누우셨던
곳을 보라(마 28:5-6).

두려워하고, 불안해하고, 불길한 예감에 싸여 있던 이 여인들에
게 천사는 세 가지의 놀라운 메시지를 전하고 있습니다.

무서워하지 말라

첫 번째 메시지는 "무서워하지 말라"입니다. 오늘날 많은 사람이 교회에 찾아옵니다. 그러나 문제는 그들이 예수를 믿고 교회에 나오면서도 불안해하고 있다는 것입니다. 두려워하고 있다는 것입니다. 여인들이 예수님을 사랑하고 믿고 따르면서도 불안해하고 두려워한 것과 같습니다. 왜 그렇습니까? 부활 신앙이 없기 때문입니다. 교회에 나오더라도 십자가를 분명히 바라보지 못하는 사람은 자신의 죄가 용서받았는지 용서받지 못했는지 의심합니다. 그래서 늘 죄책감과 갈등 속에서 양심의 자유를 누리지 못하고 살아갑니다.

'내가 교회를 열심히 나오면 주님이 좀 더 용서해 주실까?', '헌금을 많이 하면 하나님이 좀 더 봐주실까?', '내가 전도를 많이 하면 하나님이 내 죄를 좀 더 많이 용서해 주실까?' 이런 생각을 하고 있습니다. 주님의 뜻대로 좀 더 열심히 살지 못하면 자기 죄가 용서받지 못한 것으로 생각합니다.

이미 우리의 행위와 상관없이 우리의 모든 죄는 용서받았습니다. 그러나 부활 신앙이 없는 사람은 자신의 죄가 용서받았다고 생각하면서도 계속 불안해합니다. 미래가 불안합니다. 세상살이가 불안합니다. '예수님은 과연 살아 계실까? 지금 여기 계실까?'라고 의심합니다. 여인들은 예수님의 시체를 찾았지만 살아 계신 예수님을 찾지 않았습니다. 불안의 원인이 여기에 있습니다. 교회에 나오면서도, 신앙생활을 하면서도 부활하신 예수님을 만나지 못한 사람들은 교리에 파묻히고, 전통에 파묻히고, 형식에 파묻혀서 단지 종교적인 생활을 하고 있을 뿐입니다.

요한복음 14장 1절을 보면 예수님이 사랑하는 제자들에게 이렇게 말씀하셨습니다.

"너희는 마음에 근심하지 말라 하나님을 믿으니 또 나를 믿으라."

우리 삶에 불안이 없게 되기를 바랍니다. 염려가 없게 되기를 바랍니다. 우리가 근본적으로 죽음이 두렵지 않은 이유는 부활이 있기 때문입니다. 우리가 불안한 세상, 위험이 많은 세상, 내일 일도 예측할 수 없는 세상에 살면서도 분명한 확신과 믿음을 가지고 사는 이유는 예수님이 부활하셨기 때문입니다. 예수님의 시체를 누가 훔쳐갔다고 생각하면 불안합니다. 그러나 예수님의 시체가 없어진 것이 부활이라는 사실을 알았을 때는 기쁨과 감사와 감격과 승리만이 있을 것입니다. 시체가 없어진 것이 더 이상 슬퍼할 사건이 아닌 것입니다.

그렇습니다. 우리가 세상에서 당하는 모든 고통과 고통과 역경과 억울함과 손해가 고난이 아닙니다. 우리가 이 모든 것을 살아계신 예수 그리스도를 통해 볼 때, 즉 부활하신 예수 그리스도를 믿을 때 그 모든 것은 축복이 될 수 있습니다. 내가 받는 고난은 장차 올 영광과는 비교도 할 수 없습니다.

내가 아픈 것도 더 이상 저주가 아닙니다. 병이 저주가 될 수 없습니다. 실패가 저주가 될 수 없습니다. 세상에서의 억울함도 저주가 될 수 없습니다. 우리가 부활의 믿음을 가지고 뚫고 나가면 그것은 영광스러운 사건으로 변하게 됩니다.

살아나심의 의미

천사들의 두 번째 메시지는 무엇입니까?

"그가 여기 계시지 않고 그가 말씀하시던 대로 살아나셨느니라 와서 그가 누우셨던 곳을 보라."

두 번째 메시지는 예수님의 시체가 없어진 것은 예수님이 실종되셨기 때문이 아니라 다시 살아나셨기 때문입니다. 예수님이 생전에 예언하셨던 것처럼 삼 일 후에 다시 부활하셨다는 것입니다.

마가복음 16장 6절을 보면 천사가 "놀라지 말라 너희가 십자가에 못 박히신 나사렛 예수를 찾는구나 그가 살아나셨고 여기 계시지 아니하니라 보라 그를 두었던 곳이니라"고 말합니다. 예수님의 시체를 두었던 곳에서 이미 시체가 이미 사라져 버리고 말았습니다. 살아 계신 하나님이 예수님을 다시 일으키셨으므로 부활하신 것입니다.

누가복음 24장 5-7절에도 다음과 같은 말씀이 있습니다.

"여자들이 두려워 얼굴을 땅에 대니 두 사람이 이르되 어찌하여 살아 있는 자를 죽은 자 가운데서 찾느냐 여기 계시지 않고 살아 나셨느니라 갈릴리에 계실 때에 너희에게 어떻게 말씀하셨는지를 기억하라 이르시기를 인자가 죄인의 손에 넘겨져 십자가에 못 박히고 제 삼 일에 다시 살아나야 하리라 하셨느니라."

예수님은 약속대로 다시 살아나셨고, 천사들은 이 기쁜 소식을 여인들에게 전해 주었습니다. "그는 살아나셨느니라!"

'살아나셨다'는 말의 의미는 무엇입니까? 2천 년 전에 아리마대 요셉이 예비한 새 무덤에 예수님의 시체가 뉘어 있지 않고 살아나 셨다는 것은 그때만 살아나셨다는 뜻이 아니라 2천 년이 지난 지 금에도 살아 계신다는 뜻입니다. 이것이 살아나셨다는 진정한 의 미입니다.

기독교가 2천 년 전의 초대교회로 끝나는 것이 아닙니다. 예수 님이 부활하셨기 때문에, 지금도 살아 계시기 때문에, 2천 년 동안 전 세계에 전파되고 있는 것입니다. 성경이 영원한 베스트셀러가 된 이유는 죽은 책이 아니기 때문입니다. 예수님이 소크라테스나 석가모니나 공자처럼 위대한 성자에 불과했다면, 예수님도 성자 들과 같이 땅 속에 그대로 있었을 것입니다. 그러나 그분은 살아나 셨습니다. 그분은 지금도 역사를 통치하시고 지배하시고 앞으로 심판주로 다시 오실 것입니다.

우리는 빈 무덤을 목격한 여인들의 영적 상태, 마음의 상태를 짐 작해 볼 수 있습니다. 분명 그들은 자신의 눈을 의심했을 것입니다. 자신의 귀를 의심했을 것입니다. 현재 일어나고 있는 상황을 믿을 수도, 믿지 않을 수도 있었을 것입니다.

사실 부활 사건은 그렇게 쉽게 믿어지는 것이 아닙니다. 우리는 이성이나 경험, 상식, 합리적 사고의 틀 속에 살고 있기 때문에 부활 사건이 처음 전달되었을 때 그것을 쉽게 받아들이기가 어렵습니다. 우리는 예수님이 물 위를 걸어가셨다는 말을 객관적으로는 이해할 수 있습니다. 그러나 믿어지기까지는 시간이 걸립니다. 확신하기까지는 시간이 걸립니다. 말씀을 읽고, 기도하고, 의심하다가 또 믿었다가 세월이 지나가면서 점점 내 마음속에 자리 잡히는 것입니다.

그런데 이 부활 사건이 언제 결정적으로 역사합니까? 오순절입니다. 오순절에 성령이 임했을 때 십자가 사건과 부활 사건이 제자들의 마음속에 완전히 통하게 된 것입니다. 그때부터 제자들은 죽음이 두렵지 않고, 세상살이가 두렵지 않고, 성공과 명예가 중요하지 않게 되었고, 그리스도의 증인이 되었습니다. 이것이 초대교회입니다.

부활하신 예수님을 만나라

그러나 부활의 첫 목격자였던 여인들은 아직도 충격에서 헤어나지 못한 상태에 있었습니다. 신앙이란 그냥 교회에 나오는 것만을 의미하지 않습니다. 십자가 앞에서 무릎을 꿇을 때에야 우리는 신앙에 대해서 눈을 뜨게 됩니다. 그러나 십자가 앞에서 무릎만 꿇었다고 모든 것이 다 되는 것은 아닙니다. 부활하신 예수님을 만나야 합니다. 도마처럼 예수님의 손을 만져 보고 그의 옆구리를 만져 보아 살아 있는 인격체를 내 삶 속에서 경험할 때, 정말로 살아 역사하시는 주님을 목격할 때에야 내 삶과 인생이 결정적으로 변하게 되는 것입니다.

유감스럽게도 많은 사람이 교회만 오고 있을 뿐이지 부활을 경험하지 못하고 있습니다. 교회에서 봉사하고, 헌금하고, 찬송도 부르지만 부활하신 주님을 만나 보지 못한 사람들이 너무나 많다는 것입니다. 그들의 생애에는 변화가 없습니다. 세상적인 육의 생활을 그대로 간직하고 있을 뿐입니다.

요한복음 20장 13-14절에는 다른 세 복음서에 없는 아주 독특한 기사가 있습니다.

"천사들이 이르되 여자여 어찌하여 우느냐 이르되 사람들이 내 주님을 옮겨다가 어디 두었는지 내가 알지 못함이니이다 이 말을 하고 뒤로 돌이켜 예수께서 서 계신 것을 보았으나 예수이신 줄은 알지 못하더라."

예수님이 거기 서 계셨습니다. 그러나 여인들은 그가 예수신지를 알지 못했습니다. 동산지기인 줄로 착각했습니다. 이 여인들은 예수님을 사랑해서 이른 새벽부터 무덤까지 찾아왔습니다. 예수님의 시체가 없어진 것을 걱정하고 있었습니다. 그러나 그들은 막상 찾던 주님이 서 계실 때는 알아보지 못했습니다. 이것이 우리의 영적 상태입니다. 예수님이 바로 옆에 계신데 멀리 계신 것처럼 예수님을 크게 부릅니다. 지금 이 순간 우리 옆에 계신 예수님이 느껴집니까? 예수님은 바로 이곳에 계십니다. 우리의 마음속에 계십니다.

여인들의 문제는 예수님이 바로 옆에 계신데도 몰랐다는 것입니다. 여인들은 예수님의 시체에만 관심이 있었지 부활하신 예수님에게는 관심이 없었습니다. 이것이 우리 신앙의 모습하고 똑같습니다. 우리도 교회 생활하고, 신앙생활 하면서 예수님의 시체만 붙들고 있을 수 있습니다. 그렇기 때문에 아무런 기적도 능력도 위로도 축복도 없는 것입니다. 껍데기를 찾지 마십시오. 신앙의 형식을 대담하게 벗어 버리십시오. 부활하신 예수님, 바로 그분을 만나야 합니다.

요한복음 20장 15절에 예수님과 여인들 사이의 대화가 나옵니다. "여자여 어찌하여 울며 누구를 찾느냐 하시니 마리아는 그가 동산지기인 줄 알고 이르되 주여 당신이 옮겼거든 어디 두었는지 내게 이르소서 그리하면 내가 가져가리이다."

예수님을 사랑하는 여인들의 마음은 정말 말로 다 표현할 수 없습니다. 그러나 그렇게 예수님을 사랑해도 부활의 예수님을 모르고 있습니다. 이것이 우리가 가지고 있는 맹목적 신앙입니다. 그렇게 예수님을 사랑하여 교회에 나오고 봉사를 하는데도 예수님을 못 볼 수 있다는 것입니다. 여인들은 "당신이 혹시 시체를 옮겼다면 가르쳐 주십시오. 내가 가져가겠습니다"라고 하면서 애원합니다. 우리는 여인들의 모습을 통해 성령의 눈을 뜨지 못한 신앙, 육신적인 신앙에 갇혀 있는 모습을 보게 됩니다.

여인들이 못 알아보니까 예수님이 요한복음 20장 16절에서 "마리아야!" 하며 그녀의 이름을 부르십니다. 이때 여인들은 동산지기의 음성이 아니라 사랑하는 주님의 부드러운 음성, 바로 나의 이름을 불러 주는 음성인 것을 깨닫습니다. 그러고는 히브리말로 "랍오니여(선생님)"라고 반응했습니다. 드디어 눈에서 비늘이 떨어지고 옆에 계신 주님을 보게 된 것입니다. 지금도 주님은 우리의 이름을 불러 주고 계십니다. "마리아야!" 하고 불러 주셨던 것처럼 영적으로 어둠 가운데 있는 우리를 향해 우리의 이름을 불러 주십니다.

우리에게 예수님을 보는 눈이 있기를 바랍니다. 그는 우리를 사랑하시고 용서하시고 위로하시고 축복해 주시는 분입니다. 그는 멀리 계시지 않습니다. 지금 우리 안에 계십니다. 바로 우리 옆에 계십니다. 우리가 배신을 당할 때도 옆에 계셨고, 실패할 때도 옆에 계셨습니다. 그가 바로 부활하신 예수 그리스도입니다. 아마 그 순간부터 이 여인들은 변화하기 시작했을 것입니다. 신앙이란 부활에 눈을 뜰 때부터 능력과 역사가 나타납니다.

십자가 앞에서 모든 제자들이 도망갔다는 사실을 기억하십시오. 십자가를 보고 예수 믿을 사람은 아무도 없습니다. 너무나 무섭고 처절하고 잔인하기 때문에 십자가 앞에서 '나도 십자가를 지겠다'고 말하는 사람은 아무도 없습니다. 그러나 부활하신 주님을 만날 때 십자가가 영광의 십자가가 되는 것입니다. 십자가와 부활은 떨어져 있는 두 개의 사건이 아닙니다. 십자가와 부활은 동전의 앞뒤와 같은 하나의 사건입니다. 십자가 없는 부활이 없고, 부활 없는 십자가는 존재하지 않습니다.

우리의 신앙의 내용은 십자가와 부활의 주 되시는 예수 그리스도이십니다. 나의 죄를 위하여 십자가를 지셨던 예수 그리스도, 모든 사망 권세와 사탄의 권세를 깨뜨리고 승리하셔서 나를 영광스런 하나님의 자녀로 만들어 주시는 부활의 주님, 이것이 바로 우리의 신앙의 내용입니다.

가서 전하라!

이제 천사의 세 번째 메시지를 들어 보겠습니다.

또 빨리 가서 그의 제자들에게 이르되 그가 죽은 자 가운데서 살아나셨고 너희보다 먼저 갈릴리로 가시나니 거기서 너희가 뵈오리라 하라 보라 내가 너희에게 일렀느니라 하거늘(마 28:7).

부활 사건을 경험한 사람들에게 주시는 세 번째 메시지는 "가라!"는 것입니다. "더 이상 여기 무덤에 있지 말라"는 것입니다. 우리는 무덤을 떠나야 합니다. 무덤에는 예수님이 계시지 않기 때문입니다. 그런데 요즘 기독교가 예수 없는 무덤을 지키고 있습니다. 교회 건물만 지키고 있을 뿐입니다. 교파만 지키고 앉아 있습니다. 인간이 만들어 놓은 종교적 제도 안에 머물러 있으려고만 합니다. 그것은 기독교가 아닙니다. 부활 종교가 아닙니다.

부활에 대한 믿음이 없는 사람은 절대로 못 떠납니다. 가족이 걸리고, 사업이 걸리고, 인간관계가 걸려 못 떠납니다. 아브라함은 하나님의 음성을 듣고 '갈대아 우르의 고향과 친척과 아버지의 집'을 떠났습니다. 아브라함에게는 부활 신앙이 있었습니다. 히브리서에서 그것을 확인할 수 있습니다. 아브라함이 어떻게 이삭을 번제물로 바칠 수 있었습니까? 그에게는 부활 신앙이 있었기 때문입니다. 부활 신앙이 없는 사람들은 절대로 못 떠납니다. 언제나 현실에서만 왕국을 만들려고 합니다. 희생하지 않습니다.

헌신이란 무엇입니까? 부활 신앙이 있을 때만 헌신이 가능합니다. 왜 못 떠납니까? 왜 헌신이 안 됩니까? 왜 예수님이 믿어지지 않습니까? 부활을 믿는다고 입술로는 말하지만 마음속에는 부활 신앙이 없기 때문입니다. 왜 죄책감에 빠져 있습니까? 예수님을 믿는다고 하지만 보혈의 능력을 믿지 않기 때문입니다. 그래서 죄책감과 양심의 가책의 노예가 되는 것입니다.

예수님의 이름으로, 보혈의 능력으로, 우리의 모든 죄책감이 사라지기를 바랍니다. 그리스도가 부활했다는 것을 사도신경을 통해 고백하는 정도가 아니라 실제로 믿게 되기를 바랍니다. 부활을 믿으면 받게 되는 메시지가 "가라! 가서 전하라"입니다. 예수님이 부활하셨다는 사실을 캠퍼스에 가서도 전하고, 직장에 가서도 전하고, 복음을 들어 보지 못한 인류 절반의 사람들에게 가서도 전하라는 것입니다.

"예수께서 부활하셨다. 그가 살아나셨다"는 것은 2천 년 전에 예수님이 무덤에 갇혀 있다가 그 시대에만 살아나셨다는 뜻이 아닙니다. 2천 년의 시간과 공간을 초월하여 그분은 지금도 살아 역사하신다는 뜻입니다. 그리고 심판주로 다시 오신다는 것을 의미합니다.

"마리아야!"라고 불러 주셨던 주님이 우리에게도 찾아오셔서 우리의 이름을 부르면서 말씀하십니다. "나는 너를 위하여 죽었노라. 너를 위하여 피를 흘렸노라. 네 죄를 용서하기 위하여 내 몸이 갈기갈기 다 찢겼노라. 내 몸을 너에게 주노라. 이 피를 너에게 주노라." 주님은 우리의 이름을 부르시며 우리의 상처와 세상의 무거웠던 모든 짐과 열등감과 패배감을 치유해 주실 것입니다. 그러고 나서 말씀하실 것입니다. "나와 함께 세계로 가자. 나와 함께 부활의 소식을 전하러 가자."

42

무덤에서 일어나
부활의 향기를 전하라

마태복음 28:8-15

예수님의 무덤을 찾아간 여인들에게 천사는 "두려워 말라. 예수님은 다시 살아나셨다. 가서 전하라"는 메시지를 주었습니다. 7절 서두에서 천사는 "빨리 가서" 전하라고 말합니다. 이 말에서 우리는 부활의 소식은 어떤 소식보다 빨리, 급히 전해져야 할 소식이며, 어떤 사건보다 우선하는 사건임을 알게 됩니다. 부활의 소식을 접한 사람은 누구든지 급해집니다. 이것이 바로 부활의 긴급성입니다. 부활의 소식을 들은 사람들은 여유가 없습니다. 부활의 소식을 전하는 사람은 한순간도 주저할 수가 없습니다. "예수님이 부활하셨다"는 이 엄청난 사실, 모든 사망 권세가 무너지고 모든 죄악의 세력이 깨어지고 모든 사탄의 세력이 박살난 이 엄청난 사실을 빨리 전해야 하는 것입니다.

신앙은 살아 움직이는 것

기독교는 도덕적입니다. 기독교는 윤리적입니다. 그러나 기독교는 도덕이나 윤리의 종교가 아닙니다. 기독교는 부활의 종교입니다. 기독교는 "착하게 살아라. 나쁜 짓 하지 말아라. 정의롭게 살아라"가 아닙니다. 기독교는 예수님이 죽었다가 살아났다는 것을 믿는 종교입니다. 부활을 믿는 사람은 정직하게 살게 되어 있습니다. 부활을 믿는 사람은 불의와 타협하지 않게 되어 있습니다. 부활을 믿는 사람은 세상의 권력과 재물, 그리고 어떤 세력에도 타협하지 않고 살게 됩니다. 그래서 자연히 기독교는 도덕적이고 윤리적인 종교가 됩니다. 그러나 기독교 메시지의 핵심은 도덕이나 윤리가 아니라 부활입니다. 부활은 죽음에 대한 생명의 선언이요, 절망에 대한 소망의 선언이요, 현재에 대한 영원의 선언이요, 지옥에 대한 천국의 선언입니다.

> 또 빨리 가서 그의 제자들에게 이르되 그가 죽은 자 가운데서 살아 나셨고 너희보다 먼저 갈릴리로 가시나니 거기서 너희가 뵈오리라 하라 보라 내가 너희에게 일렀느니라 하거늘(마 28:7).

천사의 메시지를 들은 여인들은 일대 혼란에 빠지게 되었습니다. 믿을 수가 없었기 때문입니다. 부활은 우리의 이성과 경험, 그리고 지식의 사전에는 존재하지 않습니다. 죽은 사람이 어떻게 살아날 수 있습니까? 그러나 분명한 것은 천사가 부활의 메시지를 전했다는 사실입니다. 무덤의 돌문이 굴려져 있었습니다. 예수의 시체가 뉘어 있던 무덤이 비어 있었습니다. 이 사실이 한편으로는 믿어지고, 다른 한편으로는 믿어지지 않습니다. 주님의 부활을 부인하지는 않습니다. 감히 누가 예수님의 부활을 부인할 수 있겠습니까? 그러나 부활을 부인하지 못하면서도 적극적으로 믿지도 못합니다. 그것이 이 여인들의 신앙 상태입니다.

그 여자들이 무서움과 큰 기쁨으로 빨리 무덤을 떠나 제자들에게 알리려고 달음질할새(마 28:8).

여인들의 영적 상태는 두 가지로 설명되고 있습니다. 첫째는 '두려움'이요, 둘째는 '큰 기쁨'입니다. 왜 무서워합니까? 너무나 충격적이기 때문에, 이성과 경험과 지식으로는 해석할 수 없기 때문입니다. 죽은 신앙, 썩은 신앙은 긴박감이 없습니다. 신앙이 도덕화되고 철학화되고 교리화되는 것입니다. 어제나 오늘이나 변함없이 차지도 덥지도 않은 것은 신앙이 아닙니다. 신앙은 살아 움직이는 것입니다. 역사하는 것입니다. 기적을 목격하는 것입니다. 앉은뱅이가 일어나는 기적을 목격하지 않았다 할지라도, 내가 용서할 수 없었던 사람을 기도하다가 용서했다면 기적이 일어난 것입니다. 절대 포기할 수 없었던 것을 포기하게 됩니다.

나의 성품을 고칠 수가 없었는데 성품이 고쳐지기 시작합니다. 이것이 부활 신앙입니다. "나는 어젯밤에 담배를 끊었습니다", "나는 어제 술을 끊었습니다." 이렇게 고백하는 것도 부활 신앙입니다. 사건이 일어나는 것입니다. 기독교의 사건은 죽은 사건이 아닙니다. 살아 움직이는 사건입니다. 무엇인가 변하는 것입니다. 바로 이 여인들의 마음속에 이것이 생기기 시작했습니다.

한편으로는 두려움, 다른 한편으로는 큰 기쁨 속에서 여인들은 갈등을 느끼고 있습니다. 신앙생활을 하다 보면 어떤 사람은 믿으려고 하지만 잘 안 믿어지는 사람이 있습니다. 의심하면서 믿고, 믿으면서 의심합니다. 무덤을 찾아간 여인들과 같습니다.

여인들은 부활의 사건을 접했지만, 십자가를 보고 도망갔던 예수님의 제자들과 똑같습니다. 그래서 예수님이 부활하신 사실을 보고도 도망갔습니다. 예수님의 제자들이 부활의 예수님을 만나고 못 박혔던 손을 만져 보고 "나의 주, 나의 하나님"이라고 고백했어도 옛 직업으로 돌아갔습니다. 그것이 인간적인 신앙입니다. 육적인 신앙입니다. 하나님을 부인하지도 못하고 긍정하지도 못하면서 부활을 믿기는 하나, 능력은 없습니다.

그런데 이들이 언제 깨어났습니까? 오순절 성령이 임했을 때입니다. 그들은 그때 근본적인 대전환을 경험하게 되었습니다. 죽음이 두렵지 않게 되었습니다. 관원이 무섭지 않습니다. 감옥에 가는 것이 무섭지 않습니다. 그들이 말할 때마다 기적과 능력이 일어나기 시작했습니다. 부활은 곧 능력이 되고 만 것입니다.

그러므로 부활은 무엇과 만나야 합니까? 오순절과 만나야 합니다. 부활을 지식으로 믿을 때 신앙고백은 될 수 있으나 능력은 안 됩니다. 부활이 능력이 되려면 성령 체험을 해야 합니다. 오순절 체험을 해야 하는 것입니다. 부활과 십자가는 우리 구원의 시초요,

근거요, 전부입니다. 그러나 십자가와 부활은 오순절의 성령 사건과 만날 때 삶의 능력으로 나타납니다.

달음박질하는 신앙

여인들은 두려움과 큰 기쁨을 가지고 제자들에게 뛰어갔습니다. 신앙은 무덤을 떠나는 것입니다. 거듭나지 못한 사람들, 인간적으로 사랑하고 인간적으로 헌신한 사람들은 무덤을 좇아가는 신앙입니다. 단지 예수님의 시신만을 추구하는 신앙입니다. 그러나 시신 자체는 의미가 없습니다. 예수님의 시신은 영원히 무덤에 갇힌 것이 아니라 부활하여 다시 살아났습니다. 그러므로 우리가 만나야 할 분은 시신인 예수가 아니라 부활하신 예수님입니다. 우리가 찾아가야 할 것은 예수님의 시신이 누워 있는 무덤이 아니라 무덤을 떠나 살아 계신 예수 그리스도입니다.

무덤을 떠나는 것이 부활 신앙입니다. 부활 신앙을 가졌던 대표적인 사람이 구약의 아브라함입니다. 그는 본토 친척 아비의 집을 떠나 하나님이 지시하실 땅으로 갔습니다. 부활 신앙을 가진 사람은 오늘 이 세상을 두려워하지 않습니다. 돈을 떠날 수 있습니다. 명예를 떠날 수 있습니다. 직장도 떠날 수 있습니다. 무덤을 파고 살지 않습니다. 예수님을 믿되, 시신인 예수님을 믿는 것이 아니라 부활하신 예수님을 믿어야 하는 것입니다. 이러한 살아 있는 신앙을 소유하기를 바랍니다. 무덤을 찾는 신앙이 아니라 무덤을 떠나는 신앙, 교리적 신앙이나 제도적 신앙이 아닌, 살아 계셔서 역사하시는 예수님을 경험하기 바랍니다.

여인들은 무덤을 떠나 제자들에게 알리려고 뛰어갔습니다. 신앙은 달려가는 것입니다. 걸어갈 수가 없습니다. 절박성, 긴급성, 이것이 바로 신앙입니다. 긴급성이 없는 것, 절박성이 없는 것은 신앙이 아닙니다. 오늘 할 수도 있고, 내일 할 수도 있는 것은 신앙이 아닙니다. 신앙은 현실성이 있어야 합니다. 우리에게 이런 기대와 흥분과 모험이 있기를 바랍니다. 신앙은 모험입니다. 우리의 삶은 근본적으로 변화되어야 합니다. 터를 움직여야 합니다. 그것이 부활 신앙이기 때문입니다. 이것은 서두르거나 조급한 것과는 다릅니다. 어떤 사람은 성격이 급해서 뛰는 사람이 있습니다. 그러나 그것과는 다릅니다. 부활하신 주님의 소식을 전하는 데는 걸어갈 수가 없습니다. 우리는 뛰어가며 걸어가며 찬양하며 노래하며 기적을 선포하는 신앙인이 되어야 합니다.

부활하신 예수님의 메시지

천사의 말을 듣고 부활하신 예수님의 소식을 전하려고 급히 뛰어가는 여인들에게 무슨 일이 생겼습니까? 주님이 나타나셨습니다.

예수께서 그들을 만나 이르시되 평안하냐 하시거늘 여자들이 나아가 그 발을 붙잡고 경배하니(마 28:9).

주님이 부활 후 하신 첫 번째 메시지는 "평안하냐"입니다. 이 말씀은 "평안이 그대에게 있을지어다"라는 뜻입니다. 절망하고 좌절하고 무서워하고 두려워하고 있던 사람들에게 주님이 오셔서 주시는 메시지는 '평화'입니다. 왜 평화입니까? 예수님이 십자가로 승리하셨기 때문입니다. 예수님이 사탄의 세력을 꺾으셨기 때문입니다. 예수님이 모든 불의와 부정을 꺾으셨기 때문입니다. 예수님이 사망 권세를 무너뜨리셨기 때문입니다. 그래서 "이제 너는 평화를 얻을 수 있다. 전쟁은 끝났다. 고난은 끝났다. 이제 너의 눈물을 닦아 주고 다시는 고통도 애통한 것도 없는 새 하늘과 새 땅의 축복을 주리라. 네게 평안이 있을지어다"라고 하십니다.

이 평화는 세상이 주는 평화가 아닙니다. 하늘이 주는 평화입니다. 세상의 육체적인 쾌락이나 지위로, 물질적인 만족감으로 얻어지는 평화가 아닙니다. 그것은 그리스도로 말미암은 부활의 평화입니다. 우리는 이 평화를 소유해야 할 것입니다.

예수님이 나타나셔서 "평화가 그대들에게 있을지어다"라고 하셨을 때 여인들은 "나아가 그 발을 붙잡고 경배"했습니다. 부활에 대한 여인들의 반응은 먼저 무릎을 꿇는 것이었습니다. 그러고 나서 경배하는 것이었습니다. 무릎을 꿇고 경배했다는 것은 겸손과 예배를 의미합니다.

예수님이 베들레헴 말구유에서 태어나셨을 때 들에서 양을 지키던 목자들이 말구유까지 가서 무릎을 꿇고 아기 예수에게 경배했습니다. 멀리서 동방 박사들이 찾아와 황금과 유향과 몰약을 드리면서 아기 예수에게 무릎 꿇고 경배했습니다. 영광스러운 그분에게 경배한 것입니다. 모든 교만과 높아진 마음을 꺾고, 무릎 꿇어 그분의 발을 붙들고 경배한 것입니다.

우리가 왜 하나님을 잘 믿지 않습니까? 그 이유는 하나님을 대적하기 때문입니다. 하나님을 인정하지 않기 때문입니다. 우리의 마음이 높아져 있기 때문입니다. 우리의 생각이 교만하기 때문입니다. '나도 무엇이 있다'고 생각하기 때문입니다. 지식이 있고, 돈이 있고, 세상의 명예가 있기에 교회에서 대접을 받아야 한다고 생각합니다. 그러기에 예배가 이루어지지 않습니다.

우리는 교회에 올 때 무릎을 꿇고 와야 합니다. 사람에게 대접받으려고 할 때 참된 예배는 이미 없습니다. 봉사하러 와야 합니다. 형제를 지배하러 오면 안 됩니다. 형제를 섬기러 와야 합니다. 겸손한 마음으로, 세상의 지위를 버리고, 하나님 앞에 무릎을 꿇고, 그분의 발을 붙들어야 합니다. 이것은 바로 한 여인이 옥합을 깨뜨려 예수님의 발에 향유를 붓는 행위와 똑같습니다.

우리의 신앙생활이 왜 피곤합니까? 예배가 없기 때문입니다. 예배는 없고 사역만 있을 때 우리의 신앙에는 원망과 불평과 갈등이 연속됩니다. 우리는 지금 이 시간 부활하신 주님 앞에 꿇어 엎드려 이렇게 노래해야 할 것입니다. "나의 주, 나의 하나님, 주님을 찬양합니다."

예수님의 두 번째 메시지는 다음의 말씀에 나타나 있습니다.

> 이에 예수께서 이르시되 무서워하지 말라 가서 내 형제들에게 갈릴리로 가라 하라 거기서 나를 보리라 하시니라(마 28:10).

의심하고 두려워하는 여인들에게 말씀하시는 주님의 자비로운 음성은 "평안하냐? 무서워 말라"입니다. 이 메시지는 바로 우리에게 주시는 메시지기도 합니다. 혹시 며칠밖에 살 수 없는 질병의 고통으로 절망하는 분이 있습니까? 주님은 말씀하십니다. "무서워하지 말라."

저는 이 말씀을 믿습니다. 그분은 승리하셨습니다. 그분은 우리의 모든 질병을 짊어지셨습니다. 우리는 죽어도 다시 살 것입니다. 죽음이 우리를 괴롭히지 못합니다. "사망아, 너의 이기는 것이 어디 있느냐? 사망아, 너의 쏘는 것이 어디 있느냐?"

혹시 사업에 어려움을 겪고 있는 분이 있습니까? 무서워하지 마십시오. 그것은 어쩌면 하나님의 더 놀라운 계획일지도 모릅니다. 우리는 절대 망하지 않습니다. 죽어도 다시 삽니다. 사업이 부도가 나도 다시 삽니다. 걱정하지 마십시오. 하나님을 바라보십시오. 이것이 부활 신앙입니다.

예수님의 세 번째 메시지는 무엇입니까?

> 가서 내 형제들에게 갈릴리로 가라 하라 거기서 나를 보리라 하시
> 니라(마 28:10).

천사들의 메시지와 똑같습니다. 주님이 왜 모든 제자들에게 갈릴리로 돌아가라고 하셨습니까? 주님은 제자들을 사랑하셨습니다. 그래서 주님이 십자가에 못 박히실 때 도망갔던 배신자들, 좌절하고 절망하고 있던 제자들에게 회복할 수 있는 기회와 축복을 주려고 갈릴리로 부르신 것입니다. 우리가 배신해도 주님은 우리를 버리시지 않습니다. 우리가 주님을 못 박아도 주님은 우리를 용서하십니다. 다시 기회를 주십니다.

갈릴리는 어떤 곳입니까? 예수님이 제자들을 불렀던 곳입니다. 삼 년 전에 사랑하는 제자들을, 무지하고 영적으로 훈련되지 않았던 오합지졸과 같던 제자들을 불러 훈련시키신 곳이 바로 갈릴리였습니다. 그러나 삼 년 동안의 훈련은 실패였습니다. 그들은 다떠나고 말았습니다. 갈릴리에 있던 제자들은 예수님의 삶의 증인이었습니다. 그러나 삶의 증인으로는 예수님의 온전한 증인이 되지 못합니다. 부활의 증인이 되어야 합니다. 주님은 제자들을 부활의 증인으로 삼기 위해 다시 갈릴리로 부르신 것입니다.

혹시 과거에 주님의 부름을 받고 헌신했다가 지금은 신앙을 다 잃어버리고 절망하고 좌절해 있습니까? 왕년에 신학교까지 가려고 생각했다가, 선교사로 가려고 불타는 신앙을 가지고 하나님을 섬겼다가 지금은 낙심한 상태에 있습니까? 그런 사람에게 주님은 다시 "갈릴리로 오라. 이제 너에게 참된 신앙을 주겠다"고 초청하십니다.

요즈음 신앙의 좌절감을 맛보고 신앙을 잃어버린 분이 있으면 첫 은혜를 받았던 장소로 다시 돌아가십시오. 그곳이 기도의 동산이면 그곳에 가서 다시 무릎을 꿇고, 새벽 기도에서 은혜를 받았다면 새벽 기도 제단에 다시 나가고, 철야 기도에서 은혜 받았다면 다시 철야 기도회에 나가십시오. 그 곳에 다시 가서 주님의 음성을 듣고 신앙의 기적을 체험하기 바랍니다. 첫사랑을 회복하기 바랍니다.

진리를 왜곡시키는 고전적인 방법들

마지막으로 예수님을 만나고 부활의 소식을 들었던 또 한 부류의 사람들에 대해서 생각해 보겠습니다. 그들은 대제사장들과 장로들입니다.

여자들이 갈 때 경비병 중 몇이 성에 들어가 모든 된 일을 대제사장들에게 알리니 그들이 장로들과 함께 모여 의논하고 군인들에게 돈을 많이 주며 이르되 너희는 말하기를 그의 제자들이 밤에 와서 우리가 잘 때에 그를 도둑질하여 갔다 하라(마 28:11-13).

대제사장들과 장로들은 부활의 엄연한 진실을 받아들일 수가 없었습니다. 그래서 진실을 감추고 왜곡하려 했습니다. 이것이 인간의 마음입니다. 불신앙이란 사실이어도 안 믿는 것입니다. 기적을 보고도 안 믿는 것입니다. 산천초목을 보십시오. 꽃 한 송이를 보십시오. 만물에 하나님의 이름이 다 기록되어 있습니다. 역사가 돌아가는 것을 보십시오. 누가 하나님을 부인할 수 있겠습니까?

그래도 하나님을 거부합니다. 증거를 대도 안 믿는 것이 불신앙입니다. 사실을 보여 주어도 안 믿는 것이 불신앙입니다. 불신앙에는 사탄의 악한 것이 숨어 있습니다. 대제사장들과 장로들은 군인들에게 돈을 주면서 "예수가 부활했다는 사실을 말하지 말고 시체를 누가 훔쳐 갔다고 소문을 내라"고 시켰습니다.

우리는 본문을 통해 대제사장들과 장로들이 마지막 순간까지 진리를 거부하고 왜곡하려고 했던 고전적인 방법 세 가지를 발견하게 됩니다. 이 방법들은 2천 년 전이나 지금이나 똑같이 아주 악한 사람들이 쓰는 방법, 사탄이 쓰는 방법입니다.

첫 번째 방법은, 돈으로 매수하려는 것입니다.

그들이 장로들과 함께 모여 의논하고 군인들에게 돈을 많이 주며
(마 28:12).

군병들에게 돈을 많이 주었습니다. 돈은 적게 주면 안 됩니다.
돈이란 항상 상대방이 말 못 할 만큼 많이 줘야 합니다. 돈 주는 방
법, 돈으로 매수하는 방법은 고전적인 방법입니다. 돈은 위력이 있
습니다. 그러나 돈으로 진실을 살 수는 없습니다. 돈이 진실을 살
만큼 위력 있는 것은 아닙니다. 돈으로 모든 것을 해결하려는 것,
바로 이것이 대제사장들과 장로들의 방법이었습니다. 요즘도 이
런 방법을 즐겨 쓰는 사람들이 많습니다.

이르되 너희는 말하기를 그의 제자들이 밤에 와서 우리가 잘 때에
그를 도둑질하여 갔다 하라(마 28:13).

두 번째 방법은, 진실을 왜곡하는 거짓말입니다. 예수님이 부활
하신 사건을 실종 사건으로 왜곡한 것입니다. 거짓말은 일시적으
로는 통하고 성공할 수도 있습니다. 그러나 영원히 통하지 않습니
다. 한 시대에는 통할 수 있습니다. 그러나 모든 시대에는 통하지
못합니다. 거짓말은 이 지상에서는 통할 수 있습니다. 어떤 거짓말
은 역사가 백 년, 천 년이 지났는데도 계속 통할 수도 있습니다. 그
러나 안심하십시오. 천국에 가면 안 통합니다. 누가 거짓말을 합니

까? 마귀의 자식들이 거짓말을 합니다. 하나님은 절대로 우리에게 거짓의 영을 주시지 않았습니다. 귀신이 있는 사람들은 거짓말을 합니다.

대제사장들과 장로들이 썼던 또 한 가지 방법이 있습니다. "만일 이 말이 총독에게 들리면 우리가 권하여 너희로 근심하지 않게 하리라 하니"(14절). 권력 비호의 방법입니다. 그들은 군병들에게 아주 많은 돈을 주었습니다. 사실이 아닌 것을 선포하도록 거짓말의 메시지를 주었습니다. 그리고 "혹시 들켜도 안심해라. 내가 빌라도에게 손을 써 놨다"고 말했습니다. 거짓말이 총독에게 들어간다 해도 손을 다 써 놔서 절대 문제가 없을 테니 안심하고 거짓말을 하라는 말입니다.

지금도 이런 방법으로 모든 부정과 불의가 성행하고 있습니다. 사실 대제사장들과 장로들이 돈으로 매수하고 거짓 음모를 펼 수 있었던 까닭은 그들이 권력의 비호를 받고 있었기 때문입니다. 많은 사람이 사탄의 보호를 받고 있기 때문에 안심하고 일을 저지릅니다. 많은 사람이 안개와 같은 덧없는 인생과 십 년도 못 가는 권력을 하나님처럼 생각합니다. 권력의 자리에서 물러난 사람들을 보십시오. 권력을 의지한 것만큼 비참해집니다. 권력을 사용했던 것만큼 비참해집니다.

부활의 증인이 돼라

> 군인들이 돈을 받고 가르친 대로 하였으니 이 말이 오늘날까지 유
> 대인 가운데 두루 퍼지니라(마 28:15).

역사란 이 군병들이 소문낸 것처럼 거짓으로 기록될 수도 있습니다. 그러나 천국에 가 보면 인류의 역사가 얼마나 위선과 거짓으로 점철되어 있는지 알게 될 것입니다. 사람들은 세월이 지나면 거짓된 역사가 바르게 수정된다고 믿고 있습니다. 그러나 수정된 것보다 수정되지 않고 묻히는 것이 더 많을 것입니다. 인간이 바로잡는 역사는 완전하지 않습니다. 왜냐하면 인간은 타락한 역사에, 죄의 역사에 살고 있고, 감추어진 역사, 잘못된 역사가 계속 진행되고 있기 때문입니다.

인류 최대의 사기극은 진화론입니다. 그러나 많은 사람이 그것을 역사적인 진실로 받아들이고 있습니다. 이 시대의 가장 위대한 사기극은 무신론입니다. 하나님이 없다고 믿는 것입니다. 그러나 그것은 사실이 아닙니다. 우리가 믿든 안 믿든 하나님은 살아 계십니다. 우리가 믿든 안 믿든 태양은 존재합니다. 태양을 부인해도 오늘 다시 뜨는 것이 태양입니다. 진실은 감출 수 없습니다. 부활은 감출 수 없습니다. 성령이 임한 경건한 성도 속에 살아 계신 주님은 오늘도 역사하십니다. 부활의 능력이 오늘도 믿는 자에게 나

타나는 것입니다. 그 부활의 능력이 우리에게도 나타나기를 바랍니다.

예수님의 시신은 결코 도둑맞은 것이 아닙니다. 그분은 부활하셨습니다. 그리고 그분은 지금 여기에 계십니다. 주님은 불안해하는 우리에게 말씀하십니다. "평화가 그대 안에 있을지어다. 놀라지 말고 두려워 말라. 가서 전하라. 온 천하를 다니면서 만민에게 이 부활의 소식을 전하라. 가서 모든 족속으로 제자를 삼아 아버지와 아들과 성령의 이름으로 세례를 주라. 내가 세상 끝 날까지 너희와 항상 함께 있을 것이다. 내 증인이 되어라. 내 양을 먹이라. 성령을 받으라. 성령이 너희에게 임하면 권능을 받고 예루살렘과 온 유대와 사마리아와 땅 끝까지 이르러 나의 증인이 될 것이다."

43

예수님의
마지막 명령을 지키라

마태복음 28:16-20

예수님의 제자들이 지금 갈릴리의 한 산에 모여 있습니다.

> 열한 제자가 갈릴리에 가서 예수께서 지시하신 산에 이르러(마 28:16).

그 산은 예수님이 명하신 바로 그 산입니다. 예수님의 부활을 목격한 여인들, 부활의 소식을 전하는 천사들의 메시지를 들었던 여인들은 급히 제자들에게 뛰어가 예루살렘이 아닌 갈릴리로 집합하라는 명령을 전했습니다. 제자들은 여인들의 말을 듣고 모이게 된 것입니다.

16절에서 우리는 두 가지 사실을 발견할 수 있습니다. 먼저 예수님의 제자가 열두 명이 아니라 열한 명으로 기록되고 있다는 사실입니다. 누가 빠졌습니까? 자살한 가룟 유다입니다. 그는 예수님의 제자로 시작했습니다. 시작은 잘한 사람입니다. 그러나 끝을 잘못 맺은 사람입니다. 많은 사람이 시작은 잘합니다. 그러나 끝을 잘못 맺는 경우가 참 많습니다. 그는 사탄의 유혹에 빠져 예수님을 팔게 되었고, 그 결과 자살했습니다. 왜 그렇게 되었을까요?

첫째 이유는, 교만 때문입니다. 그는 삼 년 동안 예수님을 따라다녔지만 예수님의 말씀과 행동에 순종하지 않았습니다. 그는 예수님의 말씀과 행동에 동의할 수가 없었습니다. 그것이 교만입니다. 원래 사탄은 교만한 자입니다. 모든 교만한 자의 마음속에는 사탄의 음모가 있습니다.

둘째 이유는, 가룟 유다의 생애를 살펴볼 때 자기주장이 많았다는 점에서 찾을 수 있습니다. 자기 의견, 자기 생각이 많습니다. 그리고 항상 냉소적이고 비판적이었습니다. 그의 사고와 의지가 언제나 부정적이었다는 것입니다.

셋째 이유는, 가룟 유다가 야망의 사람이었다는 것입니다. 그는 욕심이 있었습니다. 말은 정의롭게 합리적으로 합니다. 그러나 그 동기의 깊은 곳에는 욕망이 있었습니다. 성경은 그를 도적이라고 했습니다. 돈궤에 관심이 있다고 했습니다. 삼 년이 지난 후에 가룟 유다는 자기의 생각과 예수님의 생각이 달랐다는 사실을 깨닫게 됩니다. 결국 가룟 유다는 예수님을 팔아 버리고 맙니다.

영적인 고향으로의 부름

16절에서 발견하는 또 다른 사실은 예수님이 제자들을 부르실 때 예루살렘으로 부르지 않으시고 갈릴리로 부르셨다는 것입니다. 왜 예수님은 제자들을 예루살렘이 아닌 갈릴리로 부르셨을까요? 여기에는 아주 깊은 의미가 숨어 있습니다. 사실 예루살렘은 예수님에게도, 기독교에 있어서도 아주 중요한 장소입니다.

모든 사건이 예루살렘을 중심으로 일어납니다. 예수님의 탄생이 예루살렘 주변입니다. 예수님이 십자가에 못 박혀 돌아가셨던 곳도, 부활하신 곳도 예루살렘입니다. 기독교의 탄생이라 할 수 있는 오순절 사건도 예루살렘에서 일어났습니다. 예루살렘은 하나의 사건입니다. 그런데 예수님은 제자들을 예루살렘으로 부르시지 않고 갈릴리로 부르셨습니다. 갈릴리는 어떤 곳입니까? 예수님이 자라나신 곳입니다. 예수님의 영혼의 고향입니다. 제자들과 함께 울며 함께 웃고 기적을 베풀며 하나님의 말씀을 나누었던 곳이 갈릴리입니다.

우리에게 이런 갈릴리가 필요합니다. 일할 수 있는 예루살렘도 필요하지만 내 영혼을 깊이 변화시킬 수 있는, 예수 그리스도와의 비밀스러운 은혜의 관계에 들어갈 수 있는 갈릴리가 필요한 것입니다.

제가 좋아하는 찬송가 중 하나가 새찬송가 134장입니다.

"나 어느 날 꿈속을 헤매며 어느 바닷가 거닐 때 그 갈릴리 오신 이 따르는 많은 무리를 보았네 나 그때에 확실히 맹인이 눈을 뜨는 것 보았네 그 갈릴리 오신 이 능력이 나를 놀라게 하였네."

해변가를 거닐며, 제자들과 함께 말씀을 나누시며, 병든 자를 고쳐 주시며, 약한 자를 일으켜 세워 주시며, 연약한 자들을 격려해 주시던 우리 예수님을 갈릴리에서 보게 됩니다. 예수를 믿는 구원의 기쁨, 죄 용서받은 기쁨, 하나님의 자녀가 된 감격을 경험할 수 있는 곳, 바로 그곳이 예수님의 갈릴리였습니다.

예루살렘이 외향적이고 사건 중심이라고 한다면, 갈릴리는 내면적이고 영적인 고향과 같은 곳입니다. 예수님은 사건 중심인 예루살렘으로 제자들을 부르지 않으시고, 영적 변화의 산실인 갈릴리를 택하셔서 제자들에게 제2의 탄생이 있게 하시고, 제2의 사명을 맡기셨습니다. 예수님은 부활하셨습니다. 이제는 예전 모습으로는 안 된다는 것입니다. 예수님은 제자들에게 부활의 증인이 되도록 다시 제2의 선택, 제2의 부름을 요구하십니다.

우리 모두는 구원의 부름을 받았습니다. 그러나 그렇다고 해서 모든 사람이 다 사명에 부름을 받은 것은 아닙니다. 부활하신 예수님은 이제 사명을 주시기 위해 갈릴리에서 제자들을 다시 만나십니다. 오늘 우리에게도 바로 이 갈릴리에서의 예수님과의 만남이 필요합니다. 주님은 우리를 새롭게 만나기를 원하십니다. 우리의 병을 고쳐 주시고, 죄를 용서해 주시고, 상처를 치유해 주시기를 원하십니다. "다시 갈릴리에서 만나자." 부활하신 우리 주님은 그 권능과 영광을 가지시고 우리를 새롭게 부르고 계십니다.

살아나신 주님에게 드리는 경배

갈릴리에서 제자들은 어떤 경험을 합니까?

예수를 뵈옵고 경배하나 아직도 의심하는 사람들이 있더라(마 28:17).

약속한 장소에 가 보니 예수님이 먼저 와 계셨습니다. 갈릴리에서 일어난 사건은 예수님을 만난 사건입니다. 예수님을 만나는 사건보다 더 위대한 사건이 어디에 있습니까? 일보다 더 중요한 것은 예수님을 만나는 것입니다. 봉사보다 더 중요한 것은 예수님을 만나는 것입니다.

제자들은 예수님을 만났습니다. 부활하신 주님을 만난 것입니다. 이때 제자들의 마음이 어떠했을까요? 이것이 신앙입니다. 신앙은 긴장입니다. 긴장을 잃어버린 것은 신앙이 아닙니다. 그것은 죽어 버린 것입니다. 그것은 싸늘한 교리입니다. 그것은 하나의 전통에 불과한 것입니다. 신앙이란 살아 역사하는 것입니다. 움직이는 것입니다. 느끼는 것입니다. 하나님만이 하실 수 있는 사건입니다. 지금 제자들은 바로 이것을 경험하고 있는 것입니다.

우리가 믿는 예수님은 어떤 분입니까? 아무런 영향력을 주지 않는 예수, 우리의 성격 하나 고칠 수 없는 예수, 우리의 인격 하나 고칠 수 없는 예수입니까? 그렇게 교회를 오래 다녔고, 그렇게 기도를 많이 했는데, 무슨 변화가 있었습니까? 무슨 역사가 있었습니까? 우리의 신앙은 부활의 신앙이 되어야 합니다. 살아 움직이는 신앙, 역사하는 신앙, 생동하는 신앙이 되어야 합니다.

예수님을 만났을 때 제자들은 두 가지 반응을 보였습니다.

"예수를 뵈옵고 경배하나".

제자들의 첫째 반응은 경배입니다. 이것은 부활하신 예수님을 뵙고 그 자리에 엎드려 발을 붙잡고 경배했던 여인들과 같습니다. 부활하신 예수님을 목격한 순간, 상상할 수 없는 경이와 기적의 현장 앞에서 무릎을 꿇고 "주님, 당신은 참주님이십니다. 영광을 받아 주시옵소서. 당신은 죽음을 이기셨습니다. 승리하셨습니다" 하면서 경배가 터져 나오는 것입니다. 진정한 예배는 부활하신 예수님을 만날 때 일어납니다.

우리나라에서는 조상에게, 죽은 사람에게 제사를 드립니다. 우리는 어떤 의미에서 살아 있는 제사를 드리지 못하고 죽은 자를 제사하는 것 같은 예배를 드릴 때가 많습니다. 순서에 따라서 "다 같이 묵도합시다. 찬송합시다" 하면서 설교하고 기념하고 끝나는 것입니다. 그것은 예배가 아닙니다. 그것은 신앙이 아닙니다. 진짜 예배는 부활하신 예수님을 만날 때부터 시작됩니다.

또 다른 반응이 있었습니다. 예수님의 제자 가운데는 의심하는 사람도 있었다는 것입니다. 이 사람은 진리를 보면서도 거부하는 사람이요, 기적과 부활을 목격하면서도 믿지 않으려는 사람입니다. 사람들이 하나님을 믿지 않고 신앙을 갖지 않는 이유가 무엇인지 압니까? 사실을 확인하지 못했기 때문이 아닙니다. 그들에게 믿지 않으려는 의지가 있기 때문입니다. 거부하려는 의지가 있기 때문입니다. 그래서 그 사람에게는 아무리 진리를 가르쳐 줘도 일단 거부하는 것입니다. 그 속에는 악한 사탄의 영이 있습니다. 예수님이 부활하셨다는 사실을 눈앞에서 보면서도 믿지 않으려 합니다. 이것이 불신앙입니다.

그러나 우리는 여기서 놀라운 사실 하나를 더 발견하게 됩니다. 그것은 예수님의 태도입니다. 믿지 않으려는 의지를 가진 사람, 비뚤어진 마음을 가진 사람, 진리를 보고도 외면하려는 사람들을 예수님이 택하셨다는 사실입니다. 그런 사람들에게 예수님이 지상 명령을 주셨다는 것입니다. 우리는 여기서 예수님은 어떤 허물과 실수와 부족함이 있어도 용서하시고 새롭게 사용하신다는 사실을 발견하게 됩니다.

이 사람들이 언제 변화를 받았습니까? 오순절입니다. 오순절 날 그들은 변했습니다. 겁을 내고 도망갔던 제자들, 의심하던 제자들이 성령의 불에 녹아져서 순식간에 새사람으로 변한 것입니다. 모두가 위대한 십자가와 부활의 증인이 되었고, 복음을 위한 순교자요, 사랑의 화신으로 변화되었습니다. 혹시 우리의 믿음이 조금 부족하여 의심하고 하나님 보시기에 준비된 그릇이 아니라 할지라도 안심하기 바랍니다. 만약 우리가 쓰임받기를 원한다면 하나님은 우리를 고쳐 쓰실 것입니다. 성령의 능력으로 옷 입혀 새로운 인간으로 만들어서 하나님 나라의 증인으로 삼아 주실 것입니다.

부족한 제자들에게 주신 큰 명령

예수님은 갈릴리에서 제자들을 만나 세 가지 메시지를 주셨습니다.

> 예수께서 나아와 말씀하여 이르시되 하늘과 땅의 모든 권세를 내게
> 주셨으니(마 28:18).

첫 번째 메시지는 예수님 자신이 하늘과 땅의 모든 권세를 가지
신 분이라는 사실을 선포하신 것입니다. 이것은 굉장히 중요합니
다. 예수님은 지금까지 땅의 권세를 지배하고 계셨습니다. 그러나
이제 부활하셔서 땅의 권세만이 아니라 하늘의 권세까지도 모두
가지셨다고 선언하시는 것입니다.

예수님의 두 번째 메시지는 다음의 말씀입니다.

> 그러므로 너희는 가서 모든 민족을 제자로 삼아 아버지와 아들과
> 성령의 이름으로 세례를 베풀고 내가 너희에게 분부한 모든 것을
> 가르쳐 지키게 하라(마 28:19-20).

하늘과 땅의 권세를 가지신 분이 주신 이 명령 안에 기독교의 모
든 명령이 다 들어 있습니다. 이 명령 하나를 우리의 일생에 성취한
다면 우리는 하나님의 뜻을 다 이루는 것입니다. 그만큼 중요한 명
령입니다. 이 명령의 의미는 두 가지입니다. 먼저 엄청난 명령이라

는 것입니다. 이것은 성경 전체를 요약할 수 있는 명령입니다. 이것은 인간이 감당할 수 없는 명령이며 하늘과 땅의 권세를 가지신 분만이 이룰 수 있는 명령입니다. 그래서 우리는 이 명령에 별명을 하나 붙였습니다. "지상 최대의 명령." 성경에서 이렇게 별명을 붙인 것은 이것 하나뿐입니다. 또 다른 의미는 이 명령을 의심하는 사람에게 주었다는 것입니다. 불완전한 사람에게 주었다는 것입니다. 열한 명의 사람들, 비겁하고 변덕 많고 큰소리 잘 치고 뒤로 가서 딴 짓 하는 사람들에게 엄청난 명령을 주셨다는 사실입니다.

저는 예수님이 믿음이 좋으셨다는 사실에 가끔 놀랍니다. 어떻게 이러한 명령을 의심하는 제자들에게 맡기고 하늘로 승천하셨을까요? 마치 재산을 다 맡기고 어디론가 떠나는 사람과 같습니다. 다른 사람이 재산을 다 없애 버리면 어떻게 합니까? 예수님이 얼마나 믿음이 좋으신가는 세계의 복음화를 열한 명에게 넘겨주고 떠나셨다는 것에서 알 수 있습니다. 이것은 기적입니다. 주님은 이 명령을 오늘 우리에게 맡기고 계십니다.

우리에게 내려진 문화 명령, 삶의 명령

이 지상 명령, 선교 명령을 잘 이해하기 위해서는 성경에 나타난 중요한 핵심적인 세 가지의 명령을 이해할 필요가 있습니다. 하나님이 인간에게 주신 첫 번째 명령은 창세기 1장 28절에 나오는 명령입니다.

"생육하고 번성하여 땅에 충만하라, 땅을 정복하라, 바다의 물고기와 하늘의 새와 땅에 움직이는 모든 생물을 다스리라."

하나님은 우주 만물을 창조하셨습니다. 지구 위의 온갖 동물과 바다의 고기와 하늘의 새와 온갖 육축을 다 만들어 주셨습니다. 그리고 그것을 다스릴 수 있는 인간을 창조하셨습니다. 하나님은 인간에게 이런 명령을 내리셨습니다. "내가 만들어 놓은 이 지구를 잘 관리해라. 여기서 너는 생육하고 번성하라. 땅에 충만하라. 땅을 다스려라." 이 명령은 문화적 명령입니다. 이런 의미에서 환경 보호 운동은 성경적인 운동입니다. 우리는 지구를 돌볼 책임이 있습니다. 환경을 하나님이 만들어 주신 그대로 보존할 책임이 있습니다.

그러나 죄로 타락한 인간은 어떻게 했습니까? 이 지구를 망가뜨리기 시작했습니다. 환경을 오염시키기 시작했습니다. 하나님의 명령은 "생육하고 번성하라. 땅에 충만하라. 땅을 정복하라. 모든 생물을 다스려라"입니다.

두 번째 명령은 요한복음 13장 34절입니다.

"새 계명을 너희에게 주노니 서로 사랑하라 내가 너희를 사랑한 것같이 너희도 서로 사랑하라."

두 번째 명령인 "서로 사랑하라"는 것은 기독교의 핵심적인 주제입니다. 여기에 하나님의 창조 원리와 예수님의 구원 정신이 담겨 있습니다. 그러나 죄가 들어온 이후에 인간은 어떻게 살고 있습니까? 사랑 대신에 미워하며, 용서 대신에 복수의 철학을 가지고 인간관계를 맺어 오고 있습니다. 주님의 명령은 "서로 사랑하라" 입니다.

선교는 하나님이 하신다

문화 명령, 삶의 명령에 이어 세 번째 중요한 명령은 선교 명령입니다. "가서 모든 민족을 제자로 삼으라"는 것입니다. 원래 사람과 하나님은 교제하며 하나 되는 관계였습니다. 그러나 죄가 들어온 이후 인간은 하나님을 거부했습니다. 하나님 기억상실증에 걸린 것입니다. 하나님이 계신지조차도 알 수가 없었습니다. 인간은 우연의 존재라고 생각했습니다. 인간은 창조의 산물이 아니라 진화의 산물이라고 생각하기 시작했습니다.

그런데 예수 그리스도가 우리의 죄를 대신하여 십자가에 못 박혀 죽으심으로 말미암아 우리를 구원하셨습니다. 이것이 십자가입니다. 그러나 구원은 십자가로 끝나는 것이 아닙니다. 죽어서 무덤에 갇혀 있는 예수님을 삼 일 후에 하나님이 부활하게 하심으로 십자가를 승리의 십자가로 바꾸어 주셨습니다. 예수님은 다시 부활하셨습니다. 그러므로 예수 그리스도를 믿음으로 말미암아 인간은 본질적인 원죄를 다 용서받게 되고, 하나님의 자녀가 되는 것입니다.

그러므로 선교 명령은 "예수 그리스도를 믿기만 하면 누구든지 구원을 얻으리라. 예수 그리스도를 믿는 자에게는 내가 하나님의 자녀가 되는 권세를 주리라"는 놀라운 구원의 메시지를 선포하라는 것입니다. 죄 기억상실증, 하나님 기억상실증에 걸려서 하나님의 이름을 잃어버린 모든 인간에게 이 메시지를 전하라는 것입니다. 이 선교 명령 속에는 문화 명령이 포함되어 있습니다. 이 선교 명령 속에는 생활 명령이 포함되어 있습니다. 바로 이것이 지상 최후, 최대의 명령입니다.

교회는 왜 존재합니까? 그리스도인이 이 세상에 존재하는 이유가 무엇입니까? 사도 바울은 이런 말을 했습니다. "차라리 내가 더 빨리 죽을 수 있으면 좋겠다. 주님을 만나기 때문이다. 그러나 죽지 않고 이 세상에 남아 있는 이유는 복음을 전하기 위해서이다." 그렇습니다. 우리는 그리스도를 증거하기 위해 이 세상에 남아 있는 것입니다. 많은 사람이 이 세상에서 오래 살기를 원합니다. 이 세상에서 행복하게 살기를 원합니다. 그러나 그것은 잘못된 목표입니다. 우리가 이 세상에서 생명을 연장하여 살고 있는 유일한 목표는 그리스도를 전하기 위해서입니다. 하나님이 우리를 이 땅에 남겨 두신 이유는 선교 명령을 성취하기 위해서입니다. 그런데 이 명령은 우리가 감당할 수 없는 명령입니다. 교회가 감당할 수 없는 내용의 명령입니다. 그러나 예수님은 승천하시면서 이 명령을 행할 수 있는 힘을 주시겠다고 약속하셨습니다.

오직 성령이 너희에게 임하시면 너희가 권능을 받고 예루살렘과 온 유대와 사마리아와 땅 끝까지 이르러 내 증인이 되리라(행 1:8).

예수님은 우리에게 "사랑하라"고 말씀합니다. 그러나 우리에게는 사랑할 힘이 없습니다. 주님은 우리에게 "전도하라"고 하십니다. 그러나 우리에게는 전도할 힘도 없습니다. 주님은 "너는 순종하고 기도하고 믿고 나아가기만 해라. 사람의 마음을 변화시키는 것은 내가 한다"고 하십니다. 누구를 사랑하고 전도하는 것은 우리의 인격과 말로 하는 것이 아닙니다. 주님이 하시는 것입니다.

선교는 교회가 하는 것이 아닙니다. 교인들이 하는 것도 아닙니다. 하나님이 하시는 것입니다. 누구를 통해서 합니까? 우리를 통하여, 우리의 순종을 통하여 선교하는 것입니다. 우리가 믿음과 순종을 하나님에게 내어 놓기만 하면 우리를 통해 하나님이 세계를 변화시키십니다. 이것이 선교 명령입니다. 이것이 지상 명령입니다. 우리는 선교하기 위해 돈을 벌고, 선교하기 위해 가르치는 것입니다.

어떤 사람은 너무나 단세포적인 논리라고 말할지 모릅니다. 어떤 사람은 너무나 흑백 논리로 말한다고 할지 모릅니다. 그러나 이것은 분명한 사실입니다. 우리가 죽는 것이 분명한 사실인 것처럼 남아 있는 우리 생애에서 마지막으로 유일하게 감당해야 할 목적과 사명은 "가서 모든 민족을 제자로 삼으라. 땅을 정복하고 땅을

지배하라. 그리고 서로 사랑하라"는 것입니다. 병들었든지 건강하
든지, 부자든지 가난하든지, 능력이 있든지 없든지, 우리 모두는
선교를 위하여 존재하는 것입니다.

우리와 끝 날까지 함께하시는 주님

그런데 이렇게 명령하신 주님이 놀라운 말씀을 덧붙여 주셨습니
다. "그것은 네가 감당할 수 없는 명령이다. 네가 인간적으로는 도
저히 이행할 수 없는 명령이다. 그렇지만 걱정하지 마라. 세상 끝
날까지 내가 너와 함께 있을 것이다." 이 얼마나 놀라운 메시지입
니까? 여호수아 1장 5절 이하를 보면 모세가 죽은 후 하나님이 여
호수아에게 이렇게 말씀하십니다.

"너의 평생에 너를 능히 당할 자가 없을 것이다. 내가 모세와 함
께 있었던 것같이 너와 함께 있을 것이다. 나는 너를 떠나지 않을
것이다. 나는 결코 너를 버리지 않을 것이다. 네가 어디로 가든지
나 여호와가 너와 함께할 것이다. 말씀을 지켜라. 율법대로 행하
라. 그러면 네가 형통하리라."

요한복음 14장 1절에서 두려워하는 제자들에게 "너희는 마음에
근심하지 말라 하나님을 믿으니 또 나를 믿으라"고 하셨습니다.
요한복음 16장 33절에서는 "세상에서는 너희가 환난을 당하나 담
대하라 내가 세상을 이기었노라"고 말씀하셨습니다.

주님은 인간이 감당할 수 없는 엄청난 하늘의 명령, 최대의 명령, 최후의 명령, 인간 역사를 근본적으로 둘로 갈라놓을 수 있는 명령을 우리에게 주신 것입니다. "두려워 말라. 나는 너와 함께할 것이다. 너를 버리지 아니할 것이다. 네가 순종하기로 결정했느냐? 나는 끝까지 책임지겠다. 병들었느냐? 걱정하지 말아라. 돈이 없느냐? 걱정하지 말아라. 조직이 없느냐? 사람이 없느냐? 걱정하지 말아라. 네가 정말 이 명령이 하나님으로부터 온 말씀인 줄 믿고 순종하고 앞으로 나가기만 하면 네 생애가 형통할 것이다. 모든 것을 다 허락할 것이다. 돈은 하나님의 것이다. 건강도 하나님이 주신다. 사람도 하나님이 주신다. 방법도 하나님이 주신다. 너는 믿고 나아가기만 해라." 우리는, 또 우리 교회는 이 지상 명령을 받아야 할 것입니다.

　　주님은 우리로 하여금 세계를 변화시키기를 원하십니다. 주님은 우리로 하여금 한국을 변화시키기를 원하십니다. 주위를 한번 살펴보십시오. 지구를 바라보십시오. 얼마나 불안하고 두려움이 많습니까? 지구 도처에서 전쟁의 총소리가 계속 들려오고, 학살, 고문, 기근, 경제 불황, 도덕적 문화적 타락, 폭력, 마약, 성범죄, 부정부패, 환경오염, 핵 문제, 에이즈 등 수많은 위기 앞에 인류는 직면해 있습니다. 주님은 이러한 세상을 향하여 명령하십니다. "가라. 가서 모든 족속을 그리스도의 제자로 삼으라."